上海·愛
SHANGHAI LOVE

名妓、洋場才子和娛樂文化
COURTESANS, INTELLECTUALS,
& ENTERTAINMENT CULTURE

1850-1910

葉凱蒂〔美〕·著　　楊可·譯

JPC
HK

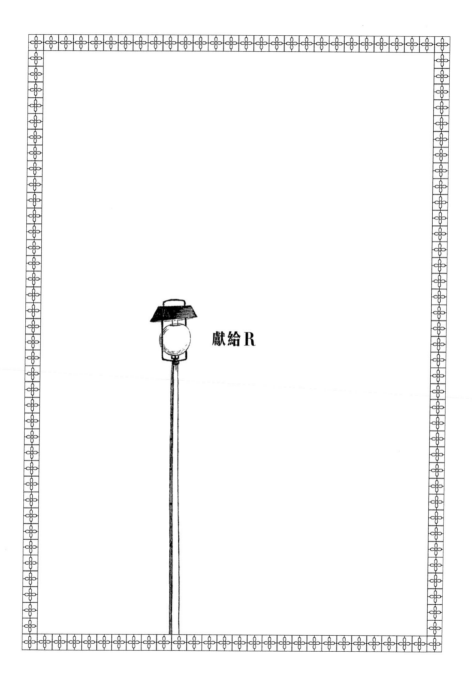

獻給 R

目錄

致謝

許多人為本書的完成提供了大力幫助。一切都緣起於 1988 年，當時我在中國做富布萊特訪問學者，定期與吳曉玲教授見面。有一次吳教授聽到我對晚清青樓文化感興趣，就拿出來許多他的私人藏書。他笑著告訴我，他可比鄭振鐸教授下手早，這些書五十年代初在東安市場的二手書店都找得到。多年以後，當我開始著手進行這方面的研究並系統地搜集相關著述時才發現，這是極其珍貴、特別的一批藏書，有許多在任何大圖書館都找不到。在此我向已故的吳曉玲教授致以最深摯的謝意。還有一些學者也非常慷慨地跟我分享了他們的材料，包括普林斯頓大學的羅南熙（Nancy Norton Tomasko）和海德堡大學中國研究中心的瓦格納（Lothar Wagner），十分感謝他們惠允我使用其收藏的上海城市指南書。巴黎的狄瑞景（Régine Thiriez）為我提供了她珍藏的上海名妓的照片，還指點我如何進行照片分析。海德堡大學的克林格（Ingeborg Klinger）幫我翻拍了相關照片。上海圖書館、上海檔案館、哈佛燕京圖書館、哥倫比亞大學東亞圖書館、倫敦大學亞非學院和海德堡大學中國研究中心的工作人員都非常友好地為我的研究提供了幫助。

同時，感謝海德堡大學近代中國公共空間結構與發展研究小組的成員，本書原稿許多章節都經過了他們的討論。他們的批評幫我理清了思路。還要感謝閱讀全部手稿並提出評論意見的米特勒（Barbara Mittler）、在最後成書階段幫我整理手稿的

金蘭中（Nanny Kim）和庫恩勒（Holger Kühnle），還有孫敏學（Michael Schön）也閱讀、評論和校訂了城市指南那一章。

很感激最後為本書提供了重要幫助的李歐梵和安克強，他們耐心地閱讀了我的全部手稿，給出了詳細、深刻的批評意見，還糾正了很多錯誤。也要感謝為華盛頓大學出版社做匿名評審的四位學者充滿鼓勵的豐富評論和建議，以及為本書校訂所做的工作。

本書中的許多章節都由會議論文發展而來。在此我也向巴黎的巴斯蒂（Bastid-Bruguiere）表示感謝，她邀請我參加了 1995 年度在法國加爾希（Garchy）舉行的 20 世紀初中國文人文化中的西方思想研討會。感謝白光華（Charles Le Blanc）教授邀請我參加蒙特利爾的歐美學者交流活動、賀麥曉（Micheal Hockx）邀請我參加萊頓舉行的「20 世紀中國文學界」研討會，以及上海社科院邀請我參加城市研究研討會，我也因此得以與熊月之教授、羅蘇文教授以及其他學者進行深入的討論。加州大學伯克利分校、聖巴巴拉分校、牛津大學、倫敦大學亞非學院和哈佛大學邀請我就我的研究發表演講，非常感謝他們。

本書的完成離不開各個基金會的慷慨支持。感謝蔣經國國際學術交流基金會為我的研究提供了兩年的資助，還有德國研究基金會的「戲劇性」（Theatricality）研究計劃也支持了我三年的研究。「戲劇性」研究小組中，德國馬堡大學的莫尼卡（Monica Übelhör）教授、柏林自由大學的費雪（Erika Fischer-Lichte）教授與我的激烈討論引發了我的思考，在此一併表示感謝。

最後，我深深地感謝魯道夫·瓦格納（Rudolf Wagner），這些年來，他總是第一個傾聽我的所有想法，第一個閱讀全部章節，並給予我愛和批評。

導言

上海賽馬盛事每年分春秋兩季進行，1899年春賽期間，《遊戲報》有這麼一則報道：

> 昨日為賽馬第二日，遊人較第一日為盛，而各校書尤無不靚妝艷服馳騁於洋場十里間，足以遊目騁懷，洵足樂也。計是日林黛玉藍緞珠邊衫，坐四輪黑馬車，馬伕灰色縐紗短黑邊草帽。陸蘭芬湖色珠邊衫，坐黑皮篷，馬伕竹布號衣黑背心草帽。金小寶白地黑蝶花衣，坐黃色紅輪馬車，馬伕湖色綢號衣黑邊草帽。張書玉藍珠邊衫坐黑皮篷馬車，同坐者為顧，穿月白珠邊衣，馬伕各戴黑線涼帽穿鴨蛋色號衣。[1]

這則報道詳細地描寫了前來看賽馬的海上名妓，她們乘著寶馬香車，在服飾和車騎上爭奇鬥艷，競相展示時髦與豪奢，連她們的馬伕也穿戴整齊，加入到「秀場」之中。在19世紀末的上海，林黛玉、陸蘭芬、金小寶和張書玉是第一流的名妓，她們的名字就是風尚和聲望的象徵。作為時尚風向標和公眾人物，製造轟動就是她們的職責。

從很多方面來看，上面這個場景都非同一般。首先，上海的名妓可以十分高調

地在租界招搖，再者，有關她們新發展起來的娛樂業以及她們在公共場所的一系列活動，居然報道於那時剛剛興起的娛樂小報上，報道的口氣就好像她們是上海的頭面人物和主要風景。即使從大的歷史層面來看，她們出現在公眾前的姿態也的確令人驚訝。在大清帝國的其他任何地方，甚至帝都北京，女性幾乎完全不准參與公共娛樂活動，妓女也不例外。所有女性都被排斥在公共空間之外。相比之下，這些光天化日之下乘馬車參加時尚盛會的上海名妓就更不尋常了。

那麼，為什麼這些上海名妓可以隨心所欲地展示她們的新行頭？這需要什麼社會條件？作為在公眾場合拋頭露面的女性，她們不但沒有招來輕視，反而取代了後宮佳麗成為時尚先鋒，這一切是怎麼做到的？以前在其他城市裡，妓女對女性時尚和社會行為也產生過重大影響，例如唐代的長安（618—907）、明代的南京（1368—1644）、文藝復興時期的威尼斯（1420—1600）、幕府時期的江戶（1603—1867）以及第二帝國時期的巴黎（1852—1870）。但是，妓女在其他地方所具有的重大影響力，並不能解釋為何當時上海名妓的曝光率如此之高，對大眾品位的影響力如此之大，甚至震撼了城裡的達官貴人。

自 1870 年代開始，上海的報紙作為一種新的大眾傳播媒介慢慢從租界發展起來，晚清的名妓們也藉報紙之力，樹立了第一代「現代職業婦女」的形象，率先擺出了都會女性的姿態。她們的這些行為，從很多方面影響了後來民國時代上海市民的生活方式和生活習慣。

本研究的目標是進一步闡釋 19 世紀晚期上海租界內的娛樂文化，正如上述場景所體現的，這是一種商業驅動的新興文化；它在巨大的時代變遷中所發揮的作用也是本研究考察的內容。我們要研究的三位主角便是城市、名妓和作為新階級出現的

城市知識分子，後者大多數都是中國的第一代記者。租界提供了市民文化、制度和法律環境，以及發展新的城市娛樂所需的經濟基礎。上海名妓則是一支最大膽的力量，推動著傳統文化和社會價值觀念的變革。她們把西方的物質器具引入到奢侈、休閒和歡愉的世界中來，這些新玩意兒使她們的生活方式不復從前的低賤，反倒令人艷羨；她們對公共領域的謀求也有助於我們勾勒上海城市文化的輪廓。緊隨其後的是文人群體，他們大多來自周邊富庶的江南地區，在上海變成了第一代城市知識分子，重新定義了自己的社會地位。他們供職於發達的新聞出版業與教育業，是摩登時代的「形象製造者」（image maker）。上海城市文化在很大程度上都與「形象」和「形象製造」有關，對當時的人來說，上海的新事物讓人既驚且喜。為了調和這種矛盾，在對這座城市的敘述中人們找到了一個相應的符號，那就是租界獨特的產物──上海名妓。

理解這種新型娛樂文化的方式之一，是研究這座城市和它所孕育出的名妓之間的共生和象徵關係。然而，這是否說明我們的聚焦點僅僅是放在這些所謂的「邊緣現象」和「邊緣群體」上嗎？按照通常的理解，她們對近代中國大轉型的影響是微乎其微的。對近代中國在政治、社會和價值觀上發生的巨大轉變，到目前為止，大部分的相關研究還只是建立在分析官方文件或是探討政治、經濟與文化精英行為的基礎上。這種研究方法是否站得住腳是個觀點問題，就我看來，由於中國近代特殊的歷史現實，這種方法得出的結果是否正確，還沒得到充分的印證與肯定。

首先，我們必須承認這裡存在著結構不平衡，才使得被王韜（1828─1897）稱為「海上一隅」的邊緣地區變成了這個巨大帝國現代化進程的發動機。第二，來自全國乃至全世界的旅人都寓居在這裡，由於上海道路交通委員會（後來的工部局）

董事只是由外國商會成員兼任，不發薪、任期短，他們對德治和壟斷專制都沒什麼興趣，於是多元文化的邊緣人社區開始逐漸融合，形成了一種混合的生活方式。第三，現代出版業發展迅猛，報紙、雜誌等新興媒體很快在全國都建立了發行渠道，因此新的生活方式、價值觀念、思維模式可以向外輻射出去。最後，在新興的市民文化環境中出現了一個令人目眩神迷的邊緣世界，它以妓女為核心，提供假裝遊戲、角色扮演等等選擇。這些因素合在一起，吸引了越來越多的旅人過客，同時，不需要借助什麼鴻篇偉論或計劃，上海書刊報紙上就會用各種驚人的報道和圖片將這種「摩登」散佈到全國各地。在這樣的社會條件下，「邊緣」似乎並不是一個不好的稱呼。上海的娛樂文化處於觸手可及的、開放的公共空間中，一種現代而獨特的都市感從底層發育起來，超越了那些政治家和革命者的宏論。

　　實際上，很多混亂而真實的現代化過程，恰恰可能就是在這裡突生出來的——所以本研究關注上海租界中的城市娛樂文化，以及它對社會變革、文化變革的影響。可以說，上海娛樂這一概念及其內容是全新的、城市性的、現代性的、世界性的，從世界範圍來看，可以與巴黎這樣的城市中心的發展相勾連，阿蘭·科賓（Alain Corbin）曾經在其巴黎研究中稱「休閒娛樂的到來」就在 1850 年。[2]

　　從 1860 年代到 1910 年代這五十年間，上海租界在中國向現代社會轉型的過程中逐漸佔據關鍵的地理位置，扮演核心角色；它的商業活動、城市發展和生活方式都被後世所借鑒。雖然未必是全盤照搬，但這個模板始終在起作用，甚至在反對者身上也難免留下印記。研究娛樂文化會遇到多方面的挑戰，其中最主要的便是主題的問題。一般來說，在考察都市文化時，無論從經濟還是文化的角度，娛樂都很少成為關注對象。比起對政治家、改革家以及著名將士的研究來說，以娛樂作為學術

研究的主題難免會令人擔心是不是太沒分量了。這種顧慮反映出人們對娛樂業從業者道德狀況的憂慮。此外，在那些用來理解現實的各種學術話語和框架中，也很難給娛樂找到一個恰當的位置——它難以明確歸類，在各種話語之間遊蕩。

從 19 世紀的官方文件中可以看出，娛樂業在經濟上完全不重要，它既不涉及商品貿易，也不牽扯工業生產或者資本流動。上海租界的外國領事沒有為娛樂設立單獨的類別，雖然他們的季度報告細緻到每件進港出港的青花瓷器都要登記在案，但從來沒提起過上海經濟中這麼重要的一個支脈。話說回來，即使是像倫敦、紐約、巴黎這些最古老的金融和工業中心今天也離不開娛樂業，得靠它廣迎賓客，提升城市魅力。如今這幾個城市中娛樂業都是最重要的稅收來源，並且整個國家都以旅遊娛樂業作為主要的收入來源。城市規劃者和管理者也不得不接受這個令人頭大的事實，並據此重新安排了工作重心。但是，據我所知，在城市史研究中，尤其是中國的城市史研究中，娛樂業還沒有得到相應的承認。一個絕佳的例子是施堅雅所編纂的《中華帝國晚期的城市》，這部里程碑式的作品引領著中國的城市研究，而「娛樂」這個字眼根本沒列入索引。[3]

關於上海的研究有很多視角，對應著各不相同的假設：上海可以是改革的發動機，是了解現代中國的關鍵所在，也可以是帝國主義孤立的橋頭堡，是工人運動之城，或是中國民族主義的發源地。[4] 此外，有些學者從行政管理、貿易、商業等角度來觀察上海，把上海看成一個移民社會，或者把它當作在洋人到來之前就紅火了幾百年的商貿中心。[5] 最近，有些學術著作開始關注上海普通人的日常生活。[6] 這些研究的確在諸多方面推進了我們對上海歷史和結構的理解，但令人吃驚的是，上海作為 19 世紀晚期中國最重要的娛樂中心的地位一直被忽視。事實上，上海城市形象的

關鍵正是娛樂業,是它讓各路金融鉅子、往來客商慕名而來。

近年來這種情況有了一些可喜的改觀。最近大量有關上海妓女的研究得以出版,這些內容翔實的作品當然也繞不開對娛樂業的討論。以西方語言出版的有安克強(Christian Henriot)的《上海妓女:19—20世紀中國的賣淫與性》(*Belles de Shanghai*,1997),該書饒有趣味的主題和學術價值吸引了眾多關注,其英譯本 *Prostitution and Sexuality in Shanghai* 也於2001年問世。[7] 賀蕭(Gail Hershatter)出版了其作品《危險的愉悅》(*Dangerous Pleasure*),王德威(David Der-wei Wang)的《被壓抑的現代性:晚清小說新論》(*Fin-de-Siecle Splendor*)中,專門用了一章來討論晚清小說中上海青樓的內容。

史學家安克強的老師阿蘭·科賓著有《供租用的女人:1850年後法國的娼妓業和性》(*Women for Hire: Prostitution and Sexuality in France after 1850*)。安克強繼承了偉大的史學傳統,以史學家的視角來處理上海妓女問題,他以嚴謹的文獻材料,對19世紀晚期到20世紀中期上海妓業管理相關的各種制度、權威和機構作了精妙的分析。比如,他細緻地討論了上海名妓從老城廂搬往租界的歷史背景。這一搬遷始於1863年,主要都是在小刀會起事期間(1853—1855)。後來,那些為躲避太平天國之亂(1850—1864)而從江南各鎮逃來的名妓們也加入了她們的行列。安克強畫出了青樓的地區分佈圖,考察了這些女子的年紀、地域背景、入行時間和脫離此業的時間。他所採用的材料既有公開出版的文獻,也有法租界警方的原始數據,後者在「野雞」方面的資料尤其豐富。

安克強主要的觀點是:上海妓業的發展反映了性行為的重大變化——以前只是精英階層的男性才享有包養名妓的特權,而現在變成了大眾化的市場。自上海開埠

以來直到第一次世界大戰結束，狎妓行為「性」的含義和商品化的特徵越來越濃。安克強主要採用了法租界警方的檔案材料，希望給讀者提供一個客觀的說法。（對於那些道德上令人尷尬的研究主題，這不失為一個好辦法，科賓對巴黎賣淫業的研究就是一個成功的例子。）[8] 此外，在安克強的分析中，我們也隱約可以感受到，作者也試圖從文化上來理解狎妓行為。[9]

對安先生大致的思路我很贊同，也從中受到了很多啟發，但我自己的研究使我堅信，儘管新的都市妓業代替了舊式的名妓陪侍，在這個看似線性的過程中，上海租界還是有一些與眾不同的獨特經歷。在長達二十餘年的時間裡，風頭最勁的上海名妓，在空間、儀式、功能和社會意義上衝破了為傳統妓女所框定的圈子，重新界定了她們與客人之間的關係，為自己積聚能量。作為強大、自信、面向公眾的女藝人，她們真可謂「公眾女性」。她們不斷創造、捕捉這個繁華都會的精髓，最終成了它最驕傲的代表。

19世紀最後十年，當新的城市知識分子已經變得相當世故和尖刻的時候，他們描寫這座城市及其名妓時才開始表現其紙醉金迷的一面。風月場的社會現實並沒有變化，這裡反映的不過是知識分子們態度的轉變。翻閱 1920 年代的中文文獻，例如《晶報》等小報，可以看到實際上青樓文化在「一戰」之後仍然很流行。之所以有人說這種文化消失了，大概是因為 1917 年之後，在新文化運動的背景下它不再被視為真正的娛樂，而變成了落後的傳統。我的研究關注 1870 年到 1900 年這一重要時間段裡上海最一流的名妓。上海會聚了中國所有新鮮時髦的東西，彷彿一切皆有可能。

賀蕭的《危險的愉悅》考察的歷史時段與安克強相似。她從女性主義的視角著手，對娼妓業作了細緻的梳理和生動豐富的探討。她將幾位最紅的名妓的生平傳記

一一連綴起來，替她們發出聲音。賀蕭的此項研究大大有助於我們理解名妓私人生活和職業生涯的複雜互動關係，也增進了我們對她們與上海的關係的認識。當我們翻閱青樓的歷史畫卷時，這本書提供了一個新的視角。我受賀蕭這本書的啟發，開始追問一個問題：這些女子如何看待自己？又如何評價她們對於中國現代性的貢獻？

在其他方面，我的研究路徑與賀蕭大不相同。賀蕭關注的核心是將她們放在更廣闊的背景中，講述她們作為性工作者受到社會壓迫和經濟剝削的生活與勞動。她主要是從權力與控制的視角來處理這一主題的。從更廣泛的時代背景來說，當時中國正在向現代國家邁進，民國政府幾度試圖規範和控制娼妓業。「在動盪不定的、事實上已經殖民化了的上海」，賀蕭寫道，社會上層人士更痛切地感受到「中國半殖民地狀況之不穩定」。[10] 因此，在娼妓問題上的大辯論，與中國（男性）精英對於主權脆弱的焦慮之情和界定中國現代性的努力是密不可分的。[11]

我處理權力與控制問題的方式更為開放一些。聚焦於娛樂業和娛樂文化使我們更容易看到某些娛樂文化及其背後的人物是怎樣影響社會變遷的。在這個劇本裡，權力與控制並不是事先設定的。比如，對上海的娛樂文化及其改變社會的能量而言，中國政府並不是一個重要的角色，當然這種情況後來在民國時期有了一定的變化。因此，分析必須限制在特定的時間範圍之內。我特別要指出的是，賀蕭所說的「男性的焦慮」有特定的時間性，在 20 世紀中國民族主義興起之前沒有這個。當然，在它形成之前有個雛形，就是 1870 年代以來新到上海的文人身份認同的焦慮。這種焦慮感與主權和民族地位關係不大，倒是跟租界毫不掩飾的商品精神聯繫更深。我的分析展現了這些男子描述狎妓和城市的方式是如何變化的，從中可以看出他們的自我認知和心態的變遷。

王德威在他的《被壓抑的現代性：晚清小說中新論》中也談到了我在本書中討論的幾本小說。這些書20世紀初在上海出版，以上海名妓為主人公。王德威的論述從一種「五四」作家和文學史作家中流行的說法展開：直到1920年代一批小說家以新白話文寫作之後，中國文學中的現代性才開始出現。由於這個廣為人知的說法，王德威書中所討論的晚清小說中的現代感也就變成了「被壓抑的現代性」了。晚清名妓小說中的現代性，體現在她們對於愛情王國的重新定義，以及她們對情與色的超越與反諷。這些小說常描寫性事和慾望，初看上去給人的印象頗為頹廢，但這正是掩飾在「狹邪」（waywardness）的面具之下的新行為規範。「狹邪」這個詞來自魯迅（1881—1936），中國小說史早期最著名的作家。王德威認為，與明顯以西方小說為樣板的「五四」小說不同，晚清小說獨特的現代性基本上產生於中國內部的文化進程。不能用線性的發展模式來理解現代性。現代性並非先產生於某一處，然後其他地方接著發生「後起現代性」（belated moderns）。在王德威看來，「在任何特定歷史節點，現代性的到來都是各種新的可能性激烈競爭的結果。」[12] 沒錯，19世紀的現代性在不同的地方有不同的形態，但我還是發現，有很多甚至是壓倒多數的材料表明，這些小說的作者從很多方面來看都非常全球化。他們的小說在雜誌、報紙等西式媒體上連載，而且這些作者大部分都是這些媒體機構的記者。他們搬到上海去就是因為它是中國的「西方」，他們在小說中也出現了真正現代的虛擬主角——作為大城市和大都會的上海。他們是當時世界時尚的一部分。時尚是多變的，但它有一些核心特徵，各個都會城市對它加以吸收和改造，只是有一些時差而已。說到小說主要的人物——上海名妓，情況也是一樣，其形象與人們對傳統名妓的理解大相逕庭，倒是積極地吸收了許多世界性的時尚元素和奇思妙想。通過上海

的名妓們，西方現代的玩意兒不知不覺地成了天堂的室內裝飾的一部分。她們沒有高唱現代化的調子，但其巨大的影響力毋庸置疑，尤其是考慮到她們從未試圖說服他人。王德威提到了這些小說，尤其是《海上花列傳》所描寫的新城市中心的重要性，但他的分析沒有進一步深入下去。

我的研究直接受到了王德威的影響，他指出，晚清小說裡的名妓「可能充分地預示著 1920 年代的女性寫作中思想叛逆、行為出格的『新女性』形象」的出現。[13] 儘管他沒有對此深加討論，但這無疑是大膽而深刻的洞見。同樣，從比喻和文學的意義上來說，上海這座城市和它孕育出的「新女性」之間的重要關聯也不是虛構的。王德威強調上海和上海名妓之間的關係，主要是把後者當成慾望的呈現。[14] 如果我們把狹邪小說當作一個整體來考察，就可以清楚地看到，慾望只是作者們遮掩上海的無恥荒淫的熟悉的外衣。所有的狹邪小說共有的一個基本結構就是這座城市。從這一角度來看，從魯迅的道德立場立論到王德威從敘事創新著眼，對這類小說的批評脫離不了人們對於「上海究竟代表什麼」這一問題的理解。[15] 我的研究集中於作為文學形象的上海和上海名妓之間的關係。作為小說主導元素的場域（locale）興起、指向都市中心的象徵主義都意味著現代的到來。

有關上海娼妓業的著作還有孫國群的《舊上海娼妓秘史》和薛理勇的《上海妓女史》。儘管兩部作品材料都很豐富，但在文獻應用上都有所不足，反映出這一領域的研究在形式上還是更像趣聞軼事而非學術研究。孫國群的著作是首批出自中國學者之手的妓女研究之一，但她沒有和國家的宏大敘述保持適當的距離，沒有脫離所謂賣淫邪惡的假設。因此，她對歷史的討論也按照揭露女性如何受資本主義剝削的路線去展開。薛理勇曾經發表過一篇有關上海妓女的論文，他認為上海名妓是上海不斷發展的

商業文化的組成部分，在上海城市文化形成中扮演了重要角色。不幸的是，這個蘊含重大潛力的研究有不少事實上的錯誤，作者的一些議論也缺乏歷史文獻的支持。

儘管如此，這些研究還是以其城市社會史、性別研究和文學象徵等視角大大增進了我們對於上海名妓的了解。與這些作品進行了對話後，我考察了如今仍無人問津的史料並進行了深入的調查。本研究力求回答解釋這樣一個問題：為什麼在表現19世紀晚期，尤其是19世紀晚期的上海時，上海名妓的形象無所不在？這一聯繫是如何表現和反映她所能產生的特殊影響的？這種影響對於新型都市娛樂文化和現代生活方式的形成來說極為重要。在這一新興的移民地區中，人們建構起了新的文化身份認同，東方和西方的事物也自然而然地融合在一起。

本書採用闡釋學的文化史研究方法，不忽視各種文獻的類型局限和媒體意涵，不偏重任何一種文獻，以多種文獻互相參校印證。本書希望運用這些文獻自身的詞彙來解讀這個曾經存在過的鮮活的意義世界，同時，本書也提供了當代的概念和視角以發掘文獻的多重意義，雖然原作者對此未必有清楚的認識。

這一研究方法並不聚焦於可證的史實，而認為上海和上海名妓的形象與這個實實在在的（actual）城市和人群一樣是真實（real）而有力的存在，甚至比後者更甚。這一研究法認為，描寫和敘述不是僅建基於作家的想像和主觀動機的、對現實的簡單建構，虛構的作品也可能以廣泛的準社會學觀察為基礎，而關於名妓生平的現實主義描寫大概也與男性作家私底下的自我反思相交織。本研究的目的不是記錄女性受壓迫的歷史，而是接受這樣一種可能：上海名妓主動地、創造性地利用新的環境，不知不覺間趟出了一條中國的城市現代文化之路，這可比維新派大人物們唱高調奏效多了。

歷史背景與娛樂業的興起

第一次鴉片戰爭導致了《南京條約》的簽訂，根據《南京條約》的約定，1841年在黃浦江的河灘上建立起了上海租界。當時與「上海」這個名字聯繫在一起的還只是比較偏南的老縣城，租界——包括由英國人和美國人管理的公共租界和法國租界——都和上海老縣城隔著一條江，保持著安全的距離。當不同背景的人們帶著各自的憧憬與期望來到租界，甚至逃向租界的時候，他們對於未來的城市面貌的想像不受任何舊框框的限制，無論在實際上、在想像中，還是就傳統的權力關係來說都是如此。因此，他們也就能以一種果決的方式影響這座城市的發展之路。

自從 1860 年代早期開始，西方人就開始採用「模範租界」（model settlement）來指稱這一地區，儘管它的含義從來沒有被清晰地界定過，但從其上下文來看它意味著不同種族之間關係和睦、秩序文明、公共利益和私人利益得到了不錯的平衡。[16] 租界中的居民也為其生氣勃勃的社會生活和文化活動感到自豪。正如上海的一位老居民在 20 世紀初所寫：「上海的娛樂業比任何別的通商口岸都發達，我們應該引以為豪。」[17]

1850 年代晚期，為了躲避太平天國的戰亂，很多富有的中國人湧入了上海租界，一時間，這裡富商和高級官員雲集。後來幾年，戰爭局面更加混亂，上海城裡已經做不到像當初條約裡約定的那樣讓中國人和西方人的生活區彼此隔離，儘管這些不同的區域還是存在，而且在諸如天津等其他通商口岸還一直有。上海的這種獨特狀況使得來自中國各地的居民和外國人能在管理良好的城市裡互相融合。

租界迅速發展成中國最重要的商業中心，作為上海經濟生活重要組成部分的娛樂業也快速地繁榮起來，這使上海成了海內外中國人最神往的樂土。到 1910 年，它

甚至成為外國旅遊者的目的地。對於吸引商業和金融投資來說，城市生活質量和它的娛樂業起到了很大的作用。

到 1880 年代，來上海的中國遊人提到上海時，常用「蓬萊仙境」這樣的字眼，這也就是傳說中的仙島。儘管也有懷舊的聲音，但這個城市對公共空間的關注更令人印象深刻，它鋪設了從大馬路到獨立上下水系統等城市基礎設施，由此提供了舒適安逸的城市生活。1887 年《申江百詠》的作者讚歎道：「一入吳淞眼界開，此身疑是入蓬萊。若借劉阮今重到，錯認桃花不肯回。」[18]

來過上海的人都對寬闊乾淨的馬路和井然有序的交通印象深刻，特別是人們都有一種沿著馬路同一側步行和駕駛的奇怪習慣。風格各異的宏偉建築、公共花園、水龍頭（1880）、抽水馬桶，還有外灘兩岸的樹木和居民區的街道都令他們讚歎不已。亮閃閃的街燈簡直讓他們著迷，這些用煤氣（1864）、電（1882）的明燈把黑夜變成了白晝。後來，穿行其間的上海名妓的魔力更把這些奇妙的東西美化了。

對中國人來說，「仙境」和「島」這兩個概念彷彿有一種因果關係；只有在一個很小的、隔絕的地方，仙境才是可能的。租界是由外國人管理的，因此成了中國土壤中的一個島，實際上是一個獨立的政治實體。在這裡可以躲避肆虐各地的戰火，做生意掙錢也不會受到傳統社會的約束和清朝官僚的干擾。同時，外國領事也常常感到無法控制這座城市和其中的外國居民，包括工部局（the Municipal Council）也是。

租界為上海娛樂業的發展提供了兩個至關重要的條件。首先是對有組織犯罪的有效控制，這在 1900 年之後才受到社會的密切關注。[19] 有組織犯罪常常壓榨娛樂界；這些幫會組織會削弱娛樂的文化地位，阻礙其進行革新。第二個重要條件是對城市公共區域的有效管理。城市清潔有序的形象和現代化的設施共同營造了一種令

人愉悅的外在環境和文化氛圍。從這兩方面來說，上海的娛樂業都和中國早期的城市中心大相逕庭。

上海獨特的多文化混融的格局賦予了它「東方巴黎」和「人間仙境」的名聲。儘管上海是一個半殖民的政治實體，但採用帝國主義的範式無助於我們理解它獨特的格局與活力。上海工部局是由外國人管理的，但是除了維護治安，外國政府也沒什麼發言權，在公共租界裡尤其如此。實際上，在歐洲的政府和外國居住者之間常常有一些根本的分歧與衝突。[20] 同時，上海城裡形成了一種多民族的文化，中西文化的元素在多個層面互相混合、聯繫起來。生意買賣和理解別人做生意的文化是一個重要的例子。再比如，中國商人得在西方的法律框架和稅收系統裡做生意。這座城市來來往往的旅人過客之間交流混雜著各個不同地區、乃至世界各地的語言，最典型的是生意人用的洋涇濱英語。這座城市至少有七種郵局，還有很多不同的計時和曆法系統。不同社區的成員互相妥協、互相適應。上海工部局為建造能與巴黎和倫敦媲美的城市基礎設施不遺餘力，上海因此迅速得到了遊人稱道，市民們也為此而自豪。

有關權力和外國統治的情況又是怎樣的呢？交稅的中國商人不能參加外國納稅人聯合會（Foreign Ratepayers' Association），也不能參與城市管理。儘管如此，似乎早期的中國人也沒為這些事花多少心思；看起來他們對於能直接向工部局申冤，且能在必要的時候採取獨立行動感到挺滿意。[21] 帝國主義和殖民主義等道德控訴的話語在這裡顯得有點不合時宜，若是強行照此追溯，在 19 世紀晚期客居上海的人看來必是莫名其妙。這種情境用「混血」（hybridity）這一概念來把握可能更適合。[22] 這個臨時社區的成員跨越了國家與文化的界限，接受了這個地方的規則，因

為好處是顯而易見的。在這裡，即使所謂的中國人也遠非同質性的群體，比起他們的「國家」，他們更認同的是時常可以回去的家鄉。也有很多人是從今天的馬來西亞、新加坡等地以大英帝國臣民的身份來到上海的，他們也堅持得到相應的對待。很多孩子都有多民族血統（上海第一所學校就是給他們建的），這些混血兒代表著這個城市。這種文化的相互影響和交流使得上海成了中國最為開放的城市。

從租界建立的早期開始，娛樂的文化重要性就凸顯了出來。這是協調中國傳統文化和來自外國的現代挑戰之間最明顯可見和最為有效的力量之一。在本研究中，娛樂界的背景是一個剛剛出現的、摩登的城市社區，它在復調的城市奏鳴曲中努力尋找自己的身份。

上海娛樂文化的製造者

一些勇於開拓的玩家發現了自由市場中的機會，開始努力謀求，在他們與自由市場的博弈中，追求安逸逐漸變成了上海經濟的一個關鍵部分。發展所需的資金和各種制度也很到位，便於對娛樂業進行商業開發，以服務那些沒有妻兒與家眷、隻身寓居上海的富人。名妓首先發現了這種環境的便利，幾乎沒遇到什麼阻力，她們就把自己重新改造成了在租界生活和做生意的公共人物。

妓業在中國有悠久的歷史，歷代首都和重要的行政樞紐、商業中心都定下了這個基調。與此相反，清朝統治期間（1644—1911），清朝建立之後不久就在首都首先廢除了官妓，後來禁令推行到全國。賣淫和私妓沒有消失，但一直在官方關停的陰影之下。妓業可以存在，甚至在有些城市得以興盛，但這都取決於當地官員的自由

決定，因為沒有任何法律保護它。[23] 清朝禁止官員狎妓，違反者將會遭受嚴厲的處罰。由來已久的聯繫官員和名妓的恩客文化受到了抑制。

導言開篇引述的《遊戲報》所描寫的場面特別是上海，不可能在清帝國任何其他地方發生。在租界的對比之下，旁邊的上海縣城顯得反差很大，它城牆高築，拒絕新的生活方式和現代的城市管理，也不像租界那樣對黃浦江岸密佈的道路和下水系統進行改造。[24] 可能這個城牆之外的吵吵嚷嚷的競爭者反而使得城裡的老爺們更保守了。租界和老縣城與往日一樣睦鄰友好。但最後租界在經濟上和空間上都開始佔據主導，漸漸地，在報紙的新讀者和潛在的遊客心中，「上海」這個名字激起的只是租界的誘惑。

從 1850 年代開始，在租界獨特的社會、金融和法律環境下，妓業迅速發展起來。早期的名妓和別人一樣都是逃難來的，為了躲避老縣城裡的戰火，她們搬到了租界這個避風港。隨後從蘇州等城市，也即廣義的江南地區又來了不少名妓。想當年蘇州的城市娛樂業可是令上海縣自慚形穢的。實際上，溫軟的蘇州方言仍然是上海名妓的職業語言，就是在上海市裡長大的名妓也急切地想要學習。租界是個移民社區，每個人都有幾分是上海人。[25] 這裡沒有傳統的士紳階層，他們的社會地位會賦予他們規範乃至強制人們行為的權利。這裡缺席的還有——更多的是從實際意義而非嚴格的法律意義上來說——清政府以及它的道德規範和節制消費的法律。[26] 這裡不缺的是機會，名妓們急於抓住這些機會，以發展出反映新的社會關係的規則和制度。

當時有人注意到了名妓和租界之間的這種共生關係。寫於 1907 年的一本名妓傳記中有這樣的字句：

大抵洋場開闢以來，外人申其治外法權於我地，所行者皆外人之法律，雖妓女亦同受其保護，不如我國以娼察為屬禁也。故夫洋場諸娼亦彰明較著，以張其艷幟，而冶遊者亦復視為坦途，無所顧忌，不似在內地之躑躅觀望，躊躇而不敢驟前者矣。[27]

　　按照嚴格的法律術語來說，公共租界並沒有保護妓女的特別規定；法租界給她們登記、收她們的稅，法律地位也只是略好一點。工部局總的政策是要削弱中國政府在租界的法律上的勢力，即使事關中國居民也是一樣，因此名妓們也就獲得了充分的掩護與保護，得以免於中國當局的干涉。就租界的訴訟案件來看，名妓們的職業合法性從來不是問題。

　　在這本書中，我經常採用「名妓」（courtesan）這個單數的詞來表達一個群體。這個群體的組成一直在隨著時間變化。但是，從上海娛樂業及其文化興起的視角來看，這個群體與不斷變動的信息、時尚和競爭捆綁在一起。普通妓女（prostitutes）和名妓之間的差別體現在她們的訓練和營業範圍上：普通妓女只是出賣肉體，名妓提供的是文化娛樂。儘管她們都要以各式各樣的時尚迎合男人的幻想，但一流的名妓們生活在聚光燈下，勾起的公眾興趣要大得多。因此，她們對公眾的影響力也更大。

　　名妓們堪稱海上奇觀的地位不僅是她們自我標榜的結果，也得益於上海的出版業，尤其是娛樂新聞對這一形象的推廣。出版界注意到名妓象徵著上海的魅力和墮落，具有市場價值，開發了包括圖譜、傳記、每日新聞等等有關名妓的印刷產品。這樣一來，通過媒體對名妓和這座獨特城市的敘述和描繪，作為上海時尚風向標和

公眾人物的名妓們自我展現的形象得到了進一步的映射、加強和改進。

除了名妓，媒體同樣也是租界獨有的，尤其是娛樂媒體，在清帝國別的地方都是不可想像的。隨著中文報紙《申報》的發行和 1872 年出版圖書的申報館開張，租界迅速發展成為中國的印刷中心，正如魯道夫・瓦格納（Rudolf Wagner）所說的那樣，和「現代的」中國公共領域密切關聯起來。[28] 人們常以為，在這樣劇烈變遷的時代，在中國向一個民族國家轉變的過程中，整個國家的社會結構和精英階層都在經歷劇烈的重組和調整，媒體毫無疑問會一直對這些關鍵的歷史時刻保持關注和深入思考，但上海又一次打破了這種想像。最近才有研究揭示了很長時間以來都不為人所知的事實（當然仍需更多關注）——其實上海的中文報紙和其他的外語報紙一樣，相當多的版面貢獻給了休閒娛樂。後來，這個市場的發育使得娛樂小報以其混合了名妓報道、劇院新聞和政治諷刺的獨特風格獲得了商業上的成功。在這些小報的每日報道中，名妓們的形象開始變得有血有肉，她們是上海繁華的標誌，也象徵著它的荒唐和不羈。

供職於報界和出版業的男性有個略帶幾分譏誚的稱呼——洋場才子。[29] 他們通過名妓的形象表達著自己對這座城市的矛盾情感。這些文人學士從士紳精英階層變成了城市裡的工薪族，漸成氣候的上海名妓對他們來說是一個挑戰。他們素來和名妓關係密切，最具代表性的就是明末名妓們和當時著名文人學士之間癡纏的傳奇，但現在這成了文人的負擔，因為名妓的存在會時刻提醒他們：昨天的風光已不在。[30]

我稱這些男性為文人學士（literati）、文人（men of letters, wenren），但他們並非一個界限清晰的穩固的群體。當時的文獻稱他們是「冶遊」的男人。他們可能是商人、官員、教師、軍人，也可能是供職於外國公司的記者、編輯，或者是買辦。其

實，這個群體最根本的特點是受教育水平高，因此，儘管他們也不得不打工餬口，還是有一定的文化鑒賞力。（名妓們也不是一個邊界清晰的群體。前面已經說過，名妓們不停地在各種角色之中出入，她們也是妻子、小妾、鴇母、演員、藝人、情人，她們可以同時身兼數職，也可能按部就班地扮演完一個角色再換下一個。）

也許是為了應付這種新環境，文人們回歸到一種歷史悠久的傳統：他們採取了一種「遊戲」的態度。古代的文人學士若感到懷才不遇、對世界不滿但又無力改變時，常常以這樣一副面目示人。「遊戲」態度因此也成了一個很容易被人認出的符號。上海文人以這種姿態宣告他們對世界不滿，也為他們放下身段捲入市場尋找到藉口。所以說，他們筆下的名妓的形象也間接反映出他們如何評價自身價值以及他們和上海的關係。

文章安排

本研究不以時間為序，而是按照幾條不同的線索來佈置篇章。

第一章主要討論上海名妓對於城市公共文化的影響。通過分析一流名妓的服飾時尚、家具陳設、公共場合的行為舉止以及時人對名妓的迷戀，第一章考察了這些名妓是如何成為海上繁華終極標誌的。她們的營業場所由過去閉塞的室內發展到了上海的公共空間，因此能對時尚、品位以及社會行為產生有力的影響。於是，她們無意之中變成了現代性的榜樣。

第二章考察的是租界的妓院中實行的新規矩。與以前上海縣城的妓院和江南地區的妓院規制相比，可以說上海的租界發展出了一套獨特的規矩，從上海一流名妓與顧客、鴇母和公眾的互動中可以窺見她們為自己打造的新身份以及大為增加的自由度。

第三章關注儀式性表演這一新模式，討論了上海名妓們用來充實這一抽象框架的角色榜樣。角色扮演緣起於名妓對曹雪芹（1715—1763）的小說《紅樓夢》的迷戀，而且客人們通常也對這個故事非常熟悉。這一遊戲的核心是所謂的「情」，即崇高的愛情或激情。角色扮演依據的是小說中最著名的兩個人物原型（病美人林黛玉和賈寶玉）之間的愛情故事。這個遊戲可謂是含義深遠。它把上海當作了大觀園式的幻境，年輕人在其間可以自由地追逐愛情，不受外界打擾。它還把名妓和客人比作飽受相思之苦的男女主角。名妓們通過這個戲劇腳本確立了一種新的身份，表明了遊戲的性質、規則，以及她們的期待。在這個遊戲中，客人的角色是浪漫的，但毫無疑問也是溫馴的，而名妓們扮演的則是一個全新的帶點頑皮的強勢角色。

第四章考察了上海文人塑造上海名妓形象的過程。生產這一文化產品的過程也是這些文人自己的人生過渡期，那時候許多文人已經開始在上海飛速發展的新聞出版界中爬格子了。對 1860 年代到 1890 年代的各類出版物的研究表明，儘管從根本上說，「名妓」這個文化產品源自於文人與妓女交遊的歷史傳統，但文人們在各種出版物中表達的是他們對於自身、對於這座城市以及它所孕育的名妓的矛盾情感。於是，在這一時期發展出來的娛樂報章上，名妓也就成了當仁不讓的主角。

第五章研究了娛樂媒體的角色和上海名妓的興起。在傳統社會，她們地位卑微，現在卻變成了最早的風靡全國的明星（national star），圍繞著她們甚至形成了一種明星文化，此後，20 世紀二三十年代中國的電影工業蓬勃發展起來之後也有圍繞電影明星的造星活動，可以說就是以此為雛形。在推廣名妓的活動中最重要的方式之一就是出現於 1897 年的娛樂報紙，後來被稱為「小報」。這些報紙主要都用來報道上海的名妓，它們在報道中遴選名妓中的花魁，把她們的美名和故事傳揚到

各大城市。名妓們也很快就認識到了這些媒體的潛力，開始利用它來宣傳自己的活動。就這樣，明星和明星文化變成上海商業媒體和娛樂文化中的新風景。

在晚清小說中，名妓成了主要人物之一，第六章研究的便是她們在這些小說中不斷變化的形象。通過分析新的狹邪小說潮裡關於名妓的文學描寫和典型刻畫，第六章提出了一個觀點：這一批文獻可以說是中國最早的城市小說。進一步而言，那些插圖將女性的形象引入了城市風景，其本身也可謂是一個突破。

第七章涉及塑造城市集體認同的問題。1870 年以後的城市指南書中有關城市的表述常常互相衝突，這一章記錄了早期的中國旅客和西方遊人在描述城市形象時的不同敘述策略。這些城市指南書裡講得更多的是人們對這個城市的期望，而不是它實際的樣貌。統一的城市認同在歷史資料裡不容易看到，倒是在旅人過客對上海的想像和期盼裡，從他們描畫上海的語言、意象和符號發展起來。

結論部分討論了 19 世紀末 20 世紀初上海娛樂文化研究的三個大問題。第一個問題是娛樂無意間在社會變遷和所謂現代化進程中扮演的角色。第二個問題是娛樂文化與商業利益，以及形成中的中國公共領域之間的關係是什麼。第三個問題是對於考察上海名妓和上海娛樂文化的發展來說，諸如社會性別（gender）和殖民主義研究等研究方法的潛力如何。

原始資料

把娛樂作為文化現象來研究的複雜之處在於原始資料難以確定邊界，而且那些「邊緣的」材料印數少，難以查找，還要找到適於處理和整合這些資料的方法。原始

資料種類十分龐雜，包括明信片、地圖、人口統計數據、廣告、建築、家具、服飾時尚的描寫和圖片介紹，還有小報和回憶錄等等。一般來說這些資料都不是學術意義上的正式文獻。當年這些資料有自己的用途，但我們要透過這些原始用途，洞察它無意間所扮演的創造文化氛圍的角色，這可是個艱巨的任務。

比如，以一張名妓的照片為例，它首先是個集體作品：照相館提供了陳設、燈光和背景等選擇，由名妓自己或別人設計的服裝可供人們想像，她的表情也告訴我們正在上演的是什麼戲碼。照片本身也會有很多種功能：

它可能是名妓送給客人的禮物，也可能是她生命歷程中某次慶祝活動的紀念，或是照相館洗印出來製成明信片並當作賣給當地人或遊客的新鮮玩意，從這種明信片身上可以看出，它逐漸成為了城市表現自身的工具，它可以證明新技術如何為人所接納並逐漸流行，可以向我們展示一個想像中的商業市場，同時還可能為報紙雜誌上插圖文章提供了底板。因為我不是攝影或任何相關領域的專家，我只能一邊研究一邊學習，當然業餘選手總是會遇到險境，有時候專家會出手相救。我發現，對不同資料保持開放使我獲益匪淺，獲得了許多信息，同時，當看到其他學者在文化研究領域也在大膽地往前走時，我也深受鼓勵。

我用來做上海娛樂文化研究的資料必然面對一個嚴肅的質疑。可能有人會認為這些資料都屬於同一種類型的敘事，基本價值觀和視角都一樣，幾乎沒什麼唱反調的。比如，「筆記」、「竹枝詞」和娛樂小報所提供的信息看上去是一種聲音，但其實它們代表的立場和觀點可能大異其趣。任何話語都有自己的偏見和盲點，我們這裡看到的各種話語也是如此，即使是最不願意承認這一點的統計資料也不例外。統計資料可能看起來特別公正，沒有先入之見，給人一種一切都以計量結果說話的印

象。本研究用到的統計資料並非來自有代表性的樣本，而是出自於有著自己特定品位、交際圈子和信息渠道的名妓鑒賞者之手，他們按自己的意思選擇和記錄了這些資料。如果我覺得資料需要更紮實一點，我會努力把這些本來不太信得過的材料彙集起來，加以互證。但是，要是真的去做統計抽樣，會模糊我真正的焦點，我關心的是人們是如何感受和看待這些事物的。

與名妓相關的資料是個重要的例子。有人已經指出，我們對這個群體的了解來源於一批口徑相當一致的文本——這些文字都是由男性文化精英留下的，以一種相當理想化的態度來描寫名妓，因此也沒有提供諸如街頭妓女等其他群體的信息，甚至可能會隱藏有關名妓的事實真相。[31] 就我自己對上海娛樂文化的深入研究而言，我沒有把這裡所蘊含的信息當作社會志（sociographic）的事實，而把它看成圍繞著上海娛樂業所展開的神話製造過程的一部分。神話和幻想就像人口與經濟數據一樣真實，它們也能轉換成工作、市場、投資、遷移，也能實現它們的目標。在對都市神話製造過程的考察中，我試圖去探求它是如何起源的，上海的名妓們又是如何利用它來得到好處的。

對這一時期來說，諸如晚清小說等文學資料有著重大的價值。儘管小說材料不提供原始的社會學數據，但把它僅僅看作「虛擬」的數據而放棄，這實在是太草率了。我們必須考慮它特定的目的。整個晚清時期，最流行的就是揭露社會、政治黑暗的黑幕小說，而判斷作者及其作品是否可靠依賴於局內人的知識，這也包括了對名妓及其恩客構成的隱秘世界的敏銳的「社會學」觀察。作者們都聲稱要解釋這個世界中不為眾人所知的內部真相，但他們寫得好不好也取決於其他局內人和行家的判斷。這一文學類型自然帶有誇張和建構，但是這些作者的初衷還是要把它寫好。

他們對一般社會現象和過程進行觀察，把它精心地化為一個個小說人物，當然很多都是以真實人物為原型，僅做了一點改寫。為了保險起見，我廣泛地採用非虛擬的寫實文學和口述材料來建立基本論點，小說用來充實這些觀點，但並非唯一的和主要的材料。

娛樂報紙自身是否能作為資料來使用也受到質疑。這些早期的報紙有時候會被錯誤地歸為所謂「小報」一類。沒錯，早期小報的報道內容是和《申報》等重要日報不同，但這些小報的編輯和記者都以那些大的日報為榜樣和標桿，像李伯元這樣的記者對報道的準確性要求也很高。所以對記錄事實和上海娛樂文化來說，最早的小報是極重要的材料。通過這些小報，我們發現了娛樂生活這一維度，儘管大多數對娛樂業的報道出自於大的日報和其他材料，但小報對各種事件、生活和人物個性星星點點的記錄也參與形塑了上海的娛樂業。小報是娛樂業的一部分，同時也扮演著批評家的角色。

秀摩登

19世紀末上海名妓的
時尚、家具和舉止

從 19 世紀 60 年代起到 20 世紀初，人們一直對上海的名妓津津樂道，她們在公共場合的行為舉止、裝束打扮，乃至其閨房陳設，都成了大家關注的焦點。她們的身份、性格和生活方式，俘獲了公眾的想像力。儘管人們有時候不懷好意，但這種強烈的關注還是顯示出，上海名妓已經成為了一種不可忽略的力量——就和她們在 16 世紀的威尼斯、18 世紀的江戶〔譯註：東京舊稱〕以及 19 世紀的巴黎的同行們一樣。她們的社會行為和生活方式撩動著人們，在公眾中產生了相當大的影響，在時尚和品位上的影響力尤巨。中國晚明時期，名妓就曾作為時尚先鋒引領風騷，在上海，她們的身份又增加了一個維度[1]——她們是作為公眾人物進行活動的，影響力無處不在。她們是上海租界文化的標誌，作為最不羈的一群，她們對中西合璧、傳統與現代雜糅的租界文化十分擁護。

19 世紀下半葉，當上海娛樂業不斷繁榮發展，日益成為吸引遊人過客的主要賺錢行當時，這些地位超群、追求時尚魅惑、喜歡「驚世駭俗」的上海名妓也成為時尚的風向標。由於她們在公眾場合頻繁出現且頗具影響，上海名妓在清帝國內的影響範圍之廣無人能敵。17 世紀，清朝建立後不久官妓即被禁止，在此之前名妓可以參與官方和公開的活動，可以出去春遊踏青並在官方宴會上娛樂賓客。廢官妓之後，賣春和狎妓只能在私設機構中進行，沒有牌照，也無須上稅。在蘇州、揚州、南京和廣東等商業和行政中心地區，煙花柳巷到處都是。廢官妓一事對北京打擊最大，官立的妓院解散後就再也沒有恢復起來。新妓院在前門外的劇場一帶興盛起來，但由於清朝法律禁止官員和候補官員包養妓女或光顧妓館，妓院生意每況愈下。[2] 雖然有些地區差異，狎妓和賣春還是在地下，不再屬於公開領域。結果這些生意變成了嚴格意義的「室內」生意，從廣大公眾面前消失，藏匿於有限而獨立的社

會空間之中。這些行當在法律上的模糊地位也意味著它們得看地方長官的臉色過日子。很多清代文獻都講到,合法地位的取締經常給妓館帶來毀滅性的打擊。[3]

這種威力也傳到了上海這個地方小鎮——當時,它與南京、蘇州相比還只是一潭死水。地方官員不斷威脅妓院要關門,同時仗著妓業沒有法律保護,不斷敲詐勒索,終於,在小刀會起事期間,名妓們跑到了新的地方——上海租界,再也沒有回去。[4] 再往後,上海老城廂也禁止她們去豫園、也是園等公共花園。[5] 對於老城廂狹窄的街巷來說,用於展示自己的西式四輪馬車實在太寬了;於是,租界就成了她們獨一無二的舞台。[6] 在那裡,她們抓住一切機會,成功地將「生意」拓展到了公共領域,她們建立女書場、進行戲劇表演,還跟客人們坐車到公園去喝下午茶。就這樣,她們有效地利用了公共領域,將其當作推銷自己的舞台,從而改變了自己的職業形象。

安克強與賀蕭近期的作品闡釋了晚清上海名妓生活的制度因素和社會層面。在這裡,我試圖考察的是名妓在文化上的影響。從這個角度來看,她們更像依靠自身能力的行動者,而非男人臆想和描述中的純粹客體。本書要介紹的是名妓的各種自我表演以及包括媒體在內的公眾反應。

西方的物質文化和名妓的形象

上海迅速發展的出版業折射出這個城市的繁榮和自信,大量的城市娛樂指南和畫質精美的上海畫冊不斷面市,這些印刷品內容豐富、風格迥異,在對這個城市滔滔不絕的誇讚中,它們不約而同地為上海名妓保留了一個光榮的位置,她們是這些

書裡面最常見的主角。一般說來，關於名妓和妓館的圖像表現的都是一種奢華、休閒和新奇的氛圍。表現名妓的方式很多：她可以是獨立的「名妓」或是藝人，也可以是以姓名稱呼的職業女性，或是直接表現拿服務當幌子的狎妓活動。

傳統上繁華的觀念與名妓的形象是聯繫在一起的，「繁華」是有權力、有魅力的城市的核心特徵之一。正是在這個意義上，對南京這樣的前朝古都或揚州等貿易中心的描述之中出現了名妓。有關上海的描寫在語言和圖畫風格上還和從前的作品有著關聯，但也有了新的特點。即便是用最傳統的方式表現名妓時也是如此。圖 1.1 中從天花板上垂下來的吊燈是西式的煤油燈，當時的描寫稱它「化夜為晝」，任多少蠟燭也無法與之匹敵。[7] 圖中所畫的蠟燭只是上海名妓一年一度的「菊花山」儀式中一個傳統的元素。右面的窗戶上是玻璃而不是傳統的窗戶紙。另外兩幅表現傳統狎妓場面的圖畫，表明西式的煤油燈和大鏡子已經成了妓館內部裝飾中的固定擺設。

儘管這些描寫名妓肖像、服務項目以及具體地址的圖畫和文字就像是個別妓女的廣告，但它還是使名妓成為整個城市自我呈現的一部分。名妓的身影就在這西化的城市中、精巧的設施旁得以展現。我們從中也看到了上海著名的救火隊、警察、街燈、暢通無阻的大馬路、公共花園、自來水、抽水馬桶等等西式市政設施及其獨特的財政、法律機構。上海的歷史、經濟實力或文化等其他方面常常是被獨立表現的，但在表現名妓時總有新奇事物環繞其間，這些東西或是源於西方世界，或是上海的西式設施，但已經成了她們的世界的組成部分。

那麼，用名妓的形象來刻畫這座城市傳遞的是什麼呢？名妓在這裡的功能又是什麼？既然這些指南書認為上海是獨一無二的，那麼這裡的名妓形象相比從前對她們的刻畫又有什麼新穎之處呢？通過對幾幅圖畫的仔細考察，一些新的信息凸顯出

1.1 《菊花山下挾妓飲酒》。石版畫。樓梯的突出位置在中國建築和圖畫中都很少見，表現出上海典型的中西合璧的風格。請注意天花板上和樓梯口的煤油燈，還有較遠處右面牆上的玻璃格窗，無疑都是上海的標誌。（點石齋，《申江勝景圖》，1884，2:4）樂指南和畫質精美的上海畫冊不斷面市，這些印刷品內容豐富、風格迥異，在對這個城市滔滔不絕的誇讚中，它們不約而同地為上海名妓保留了一個光榮的位置，她們是這些書裡面最常見的主角。

來，這為我們帶來了新的理解。

有一幅圖畫是名妓和客人一起在張氏味蓴園玩西式的打彈子，這裡一般被稱作張園，是上海第一個提供「現代」娛樂的公園，1885年向公眾開放。在另一幅圖中，名妓陪著客人在四馬路（在西人地圖上叫做福州路）上著名的番菜館「一品香」吃大菜（圖1.2）。這個餐館所有的裝修和設備都是高檔的西式風格——西式的餐桌椅、壁爐、牆壁上的時鐘、天花板上垂下來的煤油燈——妓女和她的客人可以用刀叉來享受美餐。

在有的插圖中，妓女還和客人一起乘著西式敞篷馬車在鬧市或大路上招搖而過。她們穿行於典型的上海的城市環境中，途經各種西式建築、電燈、消防栓以及各種款式的馬車。畫幅裡西式家具和陳設擺在中心，其中心位置明白無誤地顯示著時髦的品位。名妓的形象在這樣的新環境中獲得了新的意涵。

傳統繪畫中的名妓不是身處鄉間便是在富有的恩客的宅院裡，又或是在自己的房間倚窗眺望花園，而在新式的上海圖像中，她們是城市風景不可或缺的代表。圖1.3表現了名妓和城市的具體關係。這幅圖可以看作由兩部分組成，左邊畫的是這個有著西式建築和電燈電線的城市，右邊則是同乘馬車的名妓和客人。在這幅圖裡，名妓的角色為這個城市增添了一種特殊的解讀。她是這些西式新發明的中國註腳。作為娛樂繁華的標誌和輕鬆生活的象徵，她使得西化的城市景觀和設施在時髦、迷人、貴氣的同時並不顯得咄咄逼人。可以說，她的新角色就是根據上海的特點去重新定義什麼是「繁華」。

到了1880年代，上海名妓就像第二帝國時期巴黎的名妓一樣，儘管「從前僅存在於社會邊緣，但現在逐漸攫取了中心位置，彷彿用她的形象重新塑造了這個城市」[8]這座城市要求變成娛樂、舒適和財富的天堂，名妓則成了它的象徵，而外國人

1.2 《海上快樂圖:四馬路一品香吃大菜》。石版畫。名妓、娘姨與恩客和他的朋友一起在上海最著名的飯店用餐,這裡的用餐環境都是西式的。(滬上遊戲主,《海上遊戲圖說》,5)

1.3　《電氣燈，鋼絲馬車》。石版畫。這幅圖畫裡表現了諸多不同尋常的景象：電燈、西式敞篷馬車，還有和妓女一起坐馬車都是上海勝景。（梅花主，《申江時下勝景圖說》，1894，1:15）

看不見的手則為這一切提供了保障。作為一個娛人的藝人，她保證自己提供的都是商品，不論客人在傳統社會裡屬於什麼身份等級都可以享受。這些圖畫有兩方面的意義：城市在其中展現它能提供什麼，而遊人則可以從中看出他們能得到什麼。

在「繁華」的旗幟之下，名妓最恰當地代表了傳統和西式發明的結合。不同於任何其他的人物，她的顛覆可以做到不冒犯。在傳統文化中，她的標新立異甚至放肆乖張都已得到了恩准。名妓身上的文學和藝術氣息給了她表現新奇事物的潛力，而她成功地吸引了公眾的注意力，使得這些新事物慢慢為人所接受。上海名妓裝點了這座城市的繁華，在傳統文化和新鮮的西式新發明之間進行了調和。在這一過程中，西方的新發明不是作為科技和商業的新項目來到上海的，而是作為新奇有趣的異國情調被社會接納了。

於是，名妓的形象就從補充傳統文化和突破限制轉變成了新事物的風向標和傳播者。在這種潮流之下，城市指南書的作者們都把她們當成了城市的新偶像。她們的形象常被拿來和西方物質文化聯繫在一起，以使這種關聯深入讀者心中。上海的名妓也使盡了渾身解數來推動和支持這種聯繫。在租界裡，她們邊緣性的社會地位使得傳統力量不會對她們的行為太過關注；租界裡中國行政權力相對缺位，也給了她們很大的空間去發展自己的生意；而她們所從事的職業也促使她們不斷標新立異。名妓被當作闡釋和代表這座新奇洋派的城市的最佳人選，因為她們最生動、最容易為人所接受，她們就是上海的華麗與豪奢的象徵。這些由她們自己設計並精心造型的插圖，在視覺上建立了這種聯繫。

妓院

　　在插圖中畫上名妓身邊的這些東西顯然是受到了她們的生活方式的啟發。1880年代，她們的聲名已經十分顯赫，足以引領上海的時尚潮流。為了展示自己作為時尚風向標的地位，她們把這些西式設施轉化成了新奇奢華的高級時尚的代表。在城市指南書裡，這些插畫直觀地強化了她們的地位。值得注意的是，上海名妓和西方設施之間的聯繫在對諸如北京、蘇州、南京等其他城市的描寫裡是看不到的，在表現上海官員宅邸和富裕家庭的圖畫裡也沒有得到呈現。[9]

　　大致說來，上海名妓的時尚發展歷程可以分為三個階段。第一個階段是她們搬到租界之前，蘇州是時尚的中心。[10]第二個階段是1860年代，上海租界裡的名妓們將北京、廣東和西方的元素混合在一起發展出了一種高級時尚。[11]第三階段是1880年代到1890年代，上海名妓引領著整個江南地區的時尚潮流，逐漸聞名全國。下面將會詳細說明這一點。

　　就家具和室內陳設來說，上海的店舖提供了許多選擇，有些看似舶來品的東西很可能是出口轉內銷的廣東貨。根據1876年出版的第一本中文上海城市指南的記載，上海到處都是來自西方、北京和廣東的時髦貨品。

　　「京貨舖」專門經銷羽毛扇、朝靴和繡品；這些舖子都集中在東棋盤街和西棋盤街（在英國人1902年的地圖上稱作 Se Ge Bae Ka and Tong De Bae Ka），以及寶山路（廣東路中段，即今天的廣東路），這裡是人氣頗旺的中國貨售賣區，在1870年代到1880年代大約有四五家公司已經在做這個生意了。洋貨舖主要位於南京路一帶。[12]最有名的洋貨店之一便是江西路2號的亨達利（Vrard & Company, L.）——在

指南書裡它是「非去不可」的一個地方，它已經成了晚清的小說中永恆的經典。[13]
這家成立於 1864 年的德國店舖專賣鐘錶和西方的科學儀器，商品裡既有顯微鏡、
樂器，也有鳴鳥音樂盒、發條跳舞獅等好玩的小擺設。1909 年的一本指南書列出了
十四家這樣的商行。[14] 在諸多的店舖中，有些只賣西式的家具和燈具，「洋廣貨舖」
顯然是最受歡迎的。[15]1870 年代到 1880 年代，指南書列出了老城廂和租界內的一百
家雜貨舖，悅生、全亨和華彰是最有名的。[16] 本書也關注廣式籐編家具店，這些舖
子可以按西方樣式製作家具以供出口。這種家具常常和真正從西方進口的家具一起
出現在妓院，也被當作是舶來品。[17]

　　自 1870 年起，無論是上海人描寫城市生活的竹枝詞、名妓指南和筆記還是過
往遊客的日記，都說追求風格與名聲的海上名花們開啟了許多新風尚。1870 年代以
前，大部分對狎妓的描寫還僅限於敘述相關的規矩，名妓的生活還是一個獨立的世
界。王韜（1828—1897）是最早寓居上海的人之一，我們對這一時期的了解大部分
來自於他。王韜對老城廂的風月場作了詳盡的描寫，但絲毫沒有注意到家具或是服
飾時尚，顯然是沒有什麼特別值得記錄的。後來他和其他人寫到租界的名妓時，才
提到她們開創了服飾、家具和公共場合行為舉止的新風氣。[18]

　　1870 年代到 1880 年代，個人裝飾品的流行趨勢也發生了變化。名妓們更喜
歡在自己的衣服、床榻和身上用進口的香水，而不是她們的前輩們用了千百年的熏
香。[19] 帶著骨雕手柄的羽毛扇是從北京進口的新品，它取代了以前南京名妓喜愛的
傳統的團扇。[20] 而從前象徵著蘇州名妓的編花髮簪也被最新鮮的珠花頭飾代替了，
上海對炫耀性消費的嗜好由此可見一斑（圖 1.4），儘管珍珠來自廣東，但這個裝飾
品很好地代表了這座城市作為世界貿易中心的精神氣質。[21]

1.4　中國影樓裡手持男士羽扇的上海高級名妓。照片。上海，1870 年代到 1880 年代。這位高級名妓的裙子前面垂下來的飾帶是 1860 年代中期到 1880 年代晚期的流行時尚。她頭上戴著珍珠髮飾和珍珠耳環，腦後的髮髻上還簪著花。這種髮型說明本照片應拍攝於 1870 年代中期到 1880 年代中期。如同這一時期的許多名妓照片一樣，書籍是表明其文化地位上升的重要道具。類似的髮型可參見圖 1.1。（倫敦大學亞非學院提供）

通過那些表現名妓家居的圖畫、描摹名妓世界的新鮮刺激的文字，以及各種版本的上海花界指南，我們得以鑒賞那些名妓們率先引入公共視野的飾品。這些指南書不同於城市指南，它們只關注名妓的世界。它們描寫最高級的兩種妓女——書寓和長三[22]——的家居風格時，一般都說「精雅絕倫，儼若王侯」。[23]1870年代來到上海的一位觀光客寫道，這些家裡陳設的物品每件都十分精美，「燦然閃目，大有金迷紙醉之慨」。[24]

自1870年代和1880年代開始，頂尖名妓對她們住的地方就很在意，她們必須住在最時髦的地方，尤其是得靠近福州路一帶的娛樂區。[25]1890年代，頂級的名妓住在這一帶的西式建築裡。陸蘭芬住在福州路拐角的兆貴裡，金小寶住在附近的大興裡，張書玉則住在尚仁西裡。[26]林黛玉剛剛從天津回來，也把家安在大興裡，但她還在考慮要搬到南京路上一所五間房的宅子裡去，那裡更寬敞一些，不過也是生活最貴的地方。[27]1890年成名的祝如椿之前在衍慶裡的宅子是那裡第一棟五間房的二層小樓，報上還說她把家裡裝飾得格調很高雅。[28]

這幾位名妓典型的家居陳設是這樣的：牆上掛著西式大鏡子，煤油燈或煤氣燈光線明亮，各式鐘錶隨處可見，西式鑄鐵爐代替了傳統的燒煤平鍋。印有書法的玻璃燈罩或絲質燈罩從天花板上垂下來，家裡擺著歐式三腿圓茶几——在妓院裡因它形似鳥籠裡的餵食用的小檯子而被稱作「百靈台」。西式的窗簾優雅地掩映著窗戶。[29]從描繪當時的西餐廳的圖畫裡，我們不難發現這些名妓們的靈感從何而來。

其他常見的家具包括窗邊可供斜躺的西式籐藝沙發和皮製扶手椅。[30]各種插圖中還出現了帶圓形靠背的帶墊座椅、斜掛在牆上的鑲框風景人物畫、帶鏡子的盥洗台，還有結合了中式木器和西式墊子的沙發。西式的壁紙廣受歡迎。[31]當時有一本

小說裡寫道，西式的靠枕和燭台在高級妓館裡也很受歡迎。[32] 名妓們最喜愛的樂器之一就是便於攜帶的西式管樂器，也就是亨達利洋行所謂的「八音盒」。[33]

可能風格變化最大的家具是床。早在 1880 年代中期就有資料提到「無帳幔的床」或「鐵床」。[34] 在較晚時期的插圖裡，例如圖 1.5 中，這種床和其他的西式家具和陳設出現在一起。[35] 所有這些新東西都和傳統的中式家具與裝飾混在一起。在這些不同的元素之間似乎不存在任何衝突或緊張。在高級妓館的環境中，這些舶來品成了魅惑與吸引的象徵。

發行於 1898 年的小說《海上繁華夢》曾經列出了一張上海名妓給流行家具專營店開列的購物單。這位名妓剛剛遇到了一位情定於她的客人，於是她提出要給自己的家裡配上一套全新的家具。後來這位客人和她一起吃飯的時候看見了賬單，但他唯一看得懂的只有五百二十六塊四角五分洋錢。

因為他剛從蘇州來，還搞不懂這張單子上寫的都是什麼意思。這張單據是張福利公司（也叫做福利公司）開的，這家公司 1893 年在南京路上開業，是上海第一家百貨商店，以供應最時尚的貨品著稱。後來這位客人的一個朋友替他一一解釋了這張單據上的項目，他在一家外國公司當買辦，見多識廣。單子上的東西包括：一個「四潑玲跑托姆沙發」（spring-bottom sofa，彈簧沙發〔床〕）、一個「沙發」、一個「疊來新退勃而」（dressing table，梳妝台）、一張「狄玲退勃而」（dining table，餐桌）、一個「華頭魯勃」（wardrobe，衣櫃）、兩把「開痕西鐵欠挨」（cane chairs，籐椅）、一個「六根鬠拉司」（looking glass，鏡子）、一個「華庶司退痕特」（washstand，盥洗台）、一隻「辨新脫勃」（bathing tub，浴缸）、六把「欠愛」（chair，椅子）、兩對「梯怕哀」（tea table，茶几），以及「特來酸」（大菜

上海中法藥房新發明外
科二藥，一名黑鬼血，外治
極效，無論癰疽發背、對口
搭手，以及癩疥惡瘡、無名
腫毒，每一切凡不潰者，以毛
筆蘸數患處，無不立愈。每
瓶洋五角。一名白鶴涎，
乃內消聖藥，善解血毒，並
每風寒火毒諸疾，並山
嵐瘴癘等毒，外治以黑
鬼血塗治，內服白鶴涎退
病消，永無後患。者外以黑
售洋五角。每瓶白鶴涎
病消永無後患者，每瓶並
山嵐瘴癘等毒外治之
消，窩謂外科當無不治之
症，況價極廉，應家當樂
於購服也。

上海社會之現象
妓院砍斧頭之重疊

妓院中流行語有所謂砍斧頭
者，文言之即婪索之意。蓋
客逛妓即要倚心懷，水行樂，一至沾滿
倘心懷水不定意思，真情清
魂，則衣服首飾以及種種游戲之事紛
至沓來，任情要索而不止
者，此亦青樓中常事，要非閣巷己瀆不
易得此中曲折也，在繪為圖并彷彿
丁娘十索歌為世況淪於妓家
嚳馬

嚳馬行語有所謂
珠鑽花何以為
金表記朝曦
皎時記朝出門
山嵐新來意
渡骨珠從容
振簪花從容
振釵花從容
歡來圓新意
大贊歡圓新
鐵床好作鄉
少奇好風
鈔為宵郎
郎愛識郎
呢從事郎
圓愛歡治
圓記取
圓洋錢

1.5 《上海社會之現象：妓院砍斧頭之重疊》。石版畫。圖中不但有無帳幔的西式臥床，還有諸如檯布、沙發、座椅、帶框鏡子等西式家具。（《圖畫日報》，no.54，1909，7）

台上的碗碟東西）等一切器具。[36]

這張單子口氣誇張譏誚，卻道出了一個歷史事實——在名妓們看來，這些舶來品，乃至它們的音譯名字都是時髦的。而恩客情願掏錢給她買這些東西，則是其感情和財力的明證。這也並不是一個孤立的事件。看樣子這間百貨公司的老闆十分熟悉這一套程序，而那位買辦朋友能拿著這張收據單說得頭頭是道，說明他們都已經老於此道，早就是時尚中人了。[37]

從重獲青睞的舊詞——「時髦」之中，也可以見到這個點石成金的時尚。「時髦」一詞最初用於花界時便有「流行」的意思，它被重新啟用可能因為其發音與英文的「smart」一詞相近。自 18 世紀以來，不列顛諸島通常用「smart」一詞來說明服飾上的時尚。「時髦出眾」的名妓被稱作「時髦官人」，[38]而拚命追趕最新時尚潮流的人則被人嘲笑是在「趕時髦」。[39]19 世紀以前，用來形容時尚衣著、化妝和配飾的詞是「時世」裝。[40]1850 年代末，王韜稱呼時髦名妓的用詞是「時下妓」，但「時下」也用來形容衣裝。[41]如今，「時髦」一詞已經成為了都市時尚的代表。

整個 1870 年代和 1880 年代早期，名妓胡寶玉都是都市時尚界的一位風雲人物。[42]當時她是最受人追捧的名妓，她的裝束、性技巧、室內裝飾、上等廚子，以及她對新奇事物的追崇令她名噪一時。她在世時就已成為傳奇人物，小說《九尾狐》完全就是她傳奇一生的寫照。[43]

胡寶玉也是第一部上海名妓長篇傳記的主人公，據說傳記作者是晚清最著名的官場小說家吳趼人。[44]這部傳記乾脆把胡寶玉的成就歸於她「製造風氣」的能力，稱她是上海灘最精於此道、老謀深算的名妓。當她見到一位新客人時，可以立刻對他的個性和潛在的消費力作出判斷。她「具如日如電之眼，環視諸客，則其最能揮

霍者，獨與之厚」。同時，她「每擇年少而貌都者，以酬其放蕩之素志」。這位作者為了證明自己所言不虛，還指出胡寶玉在上海租界文化形成之初影響的確不小，她不斷追新，同時維持著很高的職業標準，因此始終能生意興旺。[45]

當時胡寶玉盛名一時，這位富有開創精神的生意人也是坊間流傳的不少軼事的主角。在蘇妓一統天下的上海花界裡，她感到難以伸展手腳，於是離開滬上尋找機會，甚至遠涉廣東。她回來時帶了不少廣式家具，上海妓館喜好以紅木家具做裝飾的風氣就是由她開始的。[46] 還有人說她找鹹水妹（廣東名妓，也接待西方客人）學了英語。遊人看見她和鹹水妹一起得意洋洋地乘著馬車在大馬路上跑，這事在當時可是非同小可，因為按照名妓裡的等級區分，她是不應該和這些低賤的鹹水妹往來的。她引發的另一潮流是額前留起廣東名妓一樣的劉海，據說這麼打扮是因為對經常光顧廣東名妓的外國男人感到好奇。[47] 當然這也有可能是出於生意上的考慮。其他文獻也指出，胡寶玉的第一桶金來自於一位西方客人。[48] 馬相伯（1840—1939）是上海當時最著名的學者之一，據他記載，香港匯豐銀行 1865 年成立的時候，存款人主要是常做外國人生意的廣東名妓。[49] 看起來胡寶玉在鹹水妹那裡「上課」之後很快就贏得了外國客人的青睞。出身蘇州的長三妓女本來是不屑於做這些客人的生意的，胡寶玉打破了這一傳統（圖 1.6）。

胡寶玉家裡還有一間著名的「西式房間」，這裡為中外客人準備的都是進口家具。有關這個房間的記載在很多名妓傳記和介紹中都看得到。根據一部小說中的描述，她的寓所包括一幢五間房的小樓，包括一個寬敞的大廳、一個客人休息室、一個餐廳，還有一間書房。這些房間裝修豪華，甚至有人將它比作「水晶宮」。[50] 有一位客人留下了這樣的描述：

1.6 《嘗異味，身陪外國人》。石版畫。胡寶玉跟一個西方客人的關係被寫進了小說《九尾狐》，1918。第二卷第十章的這幅插圖中，胡寶玉梳著廣式的新髮型。牆上的照片也肯定是胡寶玉自己。（夢花館主江陰香，《九尾狐》，中國近代小說大系列，無日期）

其室家中牙籤、玉軸、寶鼎、金爐、冷玉一杯，圖書四壁，華麗而兼風雅，該有人為之位置也。另闢精室一間，潔無纖塵，其中陳設盡是西洋器具，以銀光紙糊壁，地鋪五彩絨毯。夏則西洋風扇懸掛空中，涼生一室；冬置外國火爐，奇煖異常。床亦係西式，不用帳幔，窮極奢美。[51]

在使用西方家具的過程中，名妓和她們的家也在變化，其新形象傳達出一套新的價值觀念。她帶進自己家裡的不僅是象徵變化的西式家具，更重要的是，這種變化意味著對西方商品的接納。名妓用自己的家對富貴、時尚的傳統觀念做了新的解讀。儘管至少從唐代開始，接納新奇的外國貨就是歷史的一部分，但上海租界的環境使它顯得更強大，更刺激。對上海名妓來說，爭奇鬥艷本來就是在這座城市做生意必須的。

最紅的名妓所在的妓院，通常是全國各地各種階層的男人雲集宴飲的地方。作為一個外人莫入的所在，它是私密的，但同時又具有公共性。但是，與茶館或公園等明面上的公共空間不同，妓院又因其排外性而具有一種顛覆的色彩。藉由名妓的好奇和彼此之間的競爭，西式文明通過討人歡喜的各種擺設，帶著精緻的城市品位的標記進入了中國人的生活，裝點著私密與公共的空間。

指南書中的描述和插圖，在新時尚新品位的傳播中功不可沒，它們將中國與西方的物質文化融匯在一起，從名妓的住所傳佈到公共意識之中。當然客人們也會口耳相傳。當時的狹邪小說曾寫到女人們會去找那些丈夫光顧妓館的妻子，向她們打聽名妓的時尚趣味和行為舉止。[52] 有些為人妻妾的女子，甚至是做女兒的，也在好奇心的驅使下女扮男裝，跟丈夫或父親一起前往妓院。[53] 也有一些妻子因為性取向

特殊也會去妓館。[54] 有一個故事描寫一位官員為了滿足老母親一睹上海妓院的心願，特意在妓院舉行晚宴，令妻妾都前去陪同。老太太被這些名妓哄得十分開心，甚至還從頭上拔下金簪賞給她們。[55]

其他的娛樂場所使這些新式家具面向公眾，讓它們能夠為人所了解。有當紅名妓表演的女書場便是一例。小說《海上繁華夢》上記載，1890年代時，書場的經理為了迎接新年，照著妓院裡典型的家具陳設和裝飾把書場裡重新裝修了一番。這種特殊的陳設風格最早在1870年代見諸文字記錄，後來1880年代發展得更為繁複——廳裡上好的桌子上鋪著厚實的「台毯」，每張桌子上都擺放著盛滿水果和甜點的玻璃碗、座鐘，還有鮮花插在花籃或花瓶裡。[56] 這種供唱書的名妓表演的新公共空間不僅在室內裝飾上體現了名妓引起的時尚潮流，它還是名妓展示新式時裝的舞台。

家具用自己的方式塑造著身體和人物的關係。這種新家具帶來了不同的坐臥方式，與他人的關係更緊密。如果說傳統家具傳遞的是距離、秩序和一種廣義的宗族結構，那麼新的家具則以摩登和舒適訴說著一種親密。這種家具的文化結構代表並且支持城市裡的核心家庭，也即後來人們所說的「小家庭」的小資產階級的生活方式。上海的名妓是首先公然向舊式家庭結構叫板的人，她們結婚或與相好同居的前提是在上海保持這種生活方式，不再搬到男方的家裡去，以免受其妻子的控制。例如，陸蘭芬和瑞康顏料號主人奚某曾經在六馬路的裡弄置了一處「私第」，陸蘭芬還在這裡生下了孩子。他們的同居關係最終以悲劇收場——陸蘭芬以前的相好，一位嫉妒的戲子找上門來尋晦氣，奚某因為胸口被踢傷不幸殞命。[57] 到了1890年代，對上海高級名妓來說，佈置房間已經是家常便飯。[58] 上海的西式樓宇和裡弄住宅也有利於推廣這種家具及其附加的社會意涵，因為這種家具本來就是為小家庭設計的。

名妓們成功地把西方物質文明當作「奇」展現給大眾，妓院成了名副其實的西方時尚秀場，各種指南書以豐富的細節記載了這一點。名妓的形象也隨著妓院的變化而變化。許多有關上海名妓的插圖和後來的照片都表現了鏡子這一主題，名妓的倩影常常出現在鏡中。1887年刊刻的《鏡影簫聲初集》中有一幅插圖模仿西畫中的人物肖像，通過鏡框來展現名妓的面容。[59] 這本集子裡的另一幅插圖中，兩位名妓通過類似鏡子的東西互相張望。在這些插圖中，名妓們不再直面觀眾，而是一個影像，一個鏡中肖像。鏡子雙倍地表現了名妓的影像，在展現名妓背面的同時又可以顯現她鏡子裡映照出來的面容，帶來一種新鮮的色情和審美趣味。這樣的場景是名妓飄若浮雲的短暫生命中的一齣戲，而有關鏡子的比喻基本都來自於佛教材料。

上海名妓所代表的「繁華」的概念輕輕鬆鬆地融入了西方的擺設之中。

這一開創性的完美結合通過名妓斜倚豪華皮沙發的影像表現出來（圖1.7）。我們在其中沒有看到尷尬的東施效顰，相反卻能感到這件稀罕的商品帶有渾然天成般的強烈魅惑，令人眼前一亮。

獵人帽與離經叛道的內衣

上海名妓引入中國的西方時尚還包括對西式服裝的大膽採用與模仿。如果說家具的最新潮流是通過廣東來間接轉變風氣的，那麼衣飾方面上海名妓就是先鋒人物。當她們進入公共領域之後，在公眾面前更多的曝光機會進一步突出了她們的角色，就算是在上海，這也被不少衛道士視為是公然挑釁。在中國其他地方，服裝的式樣和色彩都有特定的社會意涵，不能隨意選擇，而上海是漢人、滿人、日本人、

1.7 《清末的名妓》。照片。她的髮式和服飾說明該照片大約攝於 1900 年。（唐振常編，《近代上海繁華錄》）

西方人混居之地，身著各式正裝、便服的男男女女熙來攘往，上海名妓在這裡有相當大的自由，而她們也充分利用了這種自由。

正如 16 世紀威尼斯的高級妓女（cortegiane）、18 世紀日本元祿時代的藝妓、19 世紀法蘭西第二帝國的名妓一樣，名妓們被視為衣著最奢華的女人。[60] 但是在蘇州與揚州等早期城市中心，如同日本江戶時代（1600—1867）和明治時代（1868—1902）一樣，名妓也只能在諸如江戶的吉原、京都的島原等城郊的娛樂場所工作，不可能對社會產生廣泛的影響。[61] 而上海名妓之所以能對時尚產生與其身份不相稱的影響力，與她們能自由進入公共領域有著直接的關係。她們對時尚、叛逆與新奇的追求，不僅令女性大受感染，甚至還影響了男子的著裝。名妓們以其炫目的衣著、豪奢的室內裝潢以及公共場所的自由派頭，對北京的至尊地位形成了實實在在的挑戰。從前宮廷不說是一統江山，起碼也對全國的品位與服飾有著舉足輕重的影響。此外，也許更深刻的是，這些名妓通過她們追求的事物以及公共場合的表現，形塑了一種新的都市人的樣子，看和被看都成了饒有趣味的事。[62]

清代法律對服飾有很多規定和限制，例如，禁止商人穿戴標誌官員品級的服裝和顏色。中國以及其他地區的紡織博物館收藏了大量的這一時期的服裝，說明事實上人們的服飾穿戴也基本符合法律的規定。儘管相關規定主要是針對男性的，但受其影響，穿戴皇家、皇上專享的某種特定材質和顏色就成了一種禁忌。但上海租界裡的名妓們不受這些法律規定的約束，而且她們這一行本來也有亂穿衣的權利，於是名妓們逐漸發展出適合她們自己的、在旁人看來常常有點「扎眼」的顏色風格。無獨有偶，上海的年輕男性也有自己獨特的服裝色調。名妓們亮麗的裝束在當時轟動一時，引起了不少的震撼和騷動，我們從時人的筆記中可以讀到這些新聞，也能

感受到作者不以為然的態度。

有些名妓選梔子花黃色做內衣，而這主要是男性覲見師長時穿著的顏色。[63] 春節時名妓們身穿大紅縐紗裙，而這一般是婚禮上新娘的穿著，或者高級官員在參加朝廷慶典時才會如此著裝。[64] 有人評論道：「此風惟海上為然，他處斷不敢僭越焉。」[65]

禁令和實際情況常會有出入。著於17世紀的《閱世編》記載了上海老城廂的生活與風俗，也描寫了明末清初時期的時尚發展和地方上違反冠服制度的案例。有時候名妓、戲子，或者「下等女婢」會逾越這些規定。[66] 但這部書沒有記載當時社會對此有何反應，只是說「主持世道者」為此而憂慮。[67] 自1860年代開始，上海名妓的風采和時尚開始成為攝影鏡頭和各種圖譜（圖1.8）捕捉的對象。這些新鮮的式樣與態度終於得到了新興都市媒體的關注。

流行報刊經常報道上海花界內的時尚潮流，官場小說家李伯元1897年創辦的《遊戲報》便是一例。《遊戲報》幾乎每天都有關於上海名妓的時尚報道，她們的新裝又用了什麼亮麗顏色，又有什麼新式剪裁，各種細節全都有聞必錄。一篇題為《林黛玉衣裳出色》的文章熱情讚美了在上海秋季賽馬會上爭奇鬥艷的諸位名妓。[68] 另一篇報道詳細描寫了林黛玉的珠花大衣，惹得一幫貴婦心生怨念。[69] 還有一篇文章寫四大金剛——林黛玉、金小寶、張書玉和陸蘭芬，這篇文章關心的是，今年冬天究竟什麼時候她們才會戴上冬帽去時髦的張園喝下午茶。文章不無諷刺地說：「可見金剛既大，其戴帽子必先期十日，選擇吉辰，非尋常所得而比擬也。」[70] 名妓們為了出風頭可以說是不遺餘力。一篇題為《輿服炫奇》的文章慨歎名妓們打扮車伕實在過了頭，「衣之以花樣西洋織錦緞、覊金氊帽與靴子，如同戲子」，其中最後一句是挖苦最近名妓中流行的包養戲子之風。[71]

1.8　戴帽子的上海名妓。1860 年代。請注意這件外衣袖子特別寬大，沒有領子，這位名妓手裡還拿著手絹。這張照片攝於典型的西式影樓，裡面的陳設包括痰盂、地毯、書籍，這都是名妓照片裡常見的擺設。（私人收藏，洛杉磯）

《清稗類鈔》對 1890 年代和 20 世紀初上海名妓中的時尚潮流做了如下總結：

至光、宣間，則更奇詭萬狀，衣之長及腰而已。身若束薪，袖短露肘，蓋欲
以標新領異，取悅於狎客耳。而風尚所趨，良家婦女無不尤而效之，未幾，
且及於內地矣。又有戴西式之獵帽，披西式之大衣者，皆泰西男子所服者
也。徒步而行，雜稠人中，幾不辨其為女矣。[72]

名妓們著西式男裝或女裝也是常常上報紙的新聞。我們以 1888 年《點石齋畫
報》上的一幅石版畫為例（圖 1.9）。[73] 其中的文字記載稱，有些時髦先生舉行了一
個宴會，要求所有到場的名妓都身穿不同風格的時裝；圖中的名妓們穿著西式、日
式和滿洲婦人的服裝，也有身著晚清滿族或漢族男子服裝的。上海名妓把北京滿族
男女的時尚也穿在身上，滿族和首都同樣被歸入了以西方和日本元素為主的「新奇」
主題。

1897 年，《遊戲報》報道了一位名妓身著男裝亮相在公眾面前：「前晚九點鐘
時，有某校書改裝男子，身著熟羅接衫、鐵線紗半臂鑲鞋套褲，手執全牙扇，口吸
呂宋煙，徜徉於四馬路一帶，東張西望，笑容可掬。」[74]

由於名妓們都是小腳，沒人幫忙的話走路十分不易。於是一種為她們特製的新
式鞋子應運而生，這種鞋子在小腳腳背和鞋子之間有一層足弓形的墊子。後來的皮
靴中也加上了這種墊子，於是小腳的女人也能把靴子牢牢地穿在腳上了。[75]

報紙評價這一新潮流時透露出惱怒之情。它被視作傳統服飾的復興，歐洲時尚
對上海名妓沒有絲毫影響。[76] 但是，這些名妓們所展示的服裝新花樣，尤其是緊身

1.9 《花樣一新》。石版畫。圖中前來赴宴的名妓都穿著不同花樣的服裝。(《點石齋畫報》,寅集,〔1888〕:18)

上衣，很明顯地證明了這種影響的確存在。[77] 在上海這種國際化的環境中，名妓們有大量的機會近距離地觀察西方男女的時裝。一本 1894 年的指南書寫道，名妓們乘馬車出遊的時候也在比拚西式服裝。[78] 她們把洋貨店 [79] 裡買來的洋布和中國傳統布料混搭起來，叫裁縫來全套量身訂做。[80]

　　上海的名妓們吸收了西方以及其他元素的影響，很快創造出一系列新形象，毫無疑問，這些形象屬於上海自己。[81] 當時的觀察家已經注意到這一群女性對時尚的影響力已經不限於上海這座城市。Fritz Seeker 是當時上海的德語報紙《德文新報》的編輯，他在1913年這樣寫道：「上海發生的一切影響著整個中國。這裡男男女女越來越窮奢極欲。就拿服裝來說，良家婦女和蕩婦也沒什麼分別 ……從前交際花穿戴的東西現在得到了大家的認可。舊風俗已經蕩然無存了。」[82] 類似《申報》這樣的正規報紙常常慨歎名妓們腐蝕了「誠實」的婦女時尚，即使是娛樂小報也憂心忡忡，害怕這些名妓（與戲子）的時尚會影響上海女性。[83] 有社論指出，在社會各個不同的群體中，尤其是在女性中，正當的趣味和階級間的界限正在急速地消失。《遊戲報》的一則評論文章原諒了名妓們的「惡行」，因為這是她們職業的自然的要求，但憤怒地譴責那些出身富貴之家的女性，在各方面急於向名妓看齊，每天只關心衣服顏色樣式是否與名妓相匹，即便是妝容和行路等細微之處也要模仿名妓。評論感歎道，這樣做使得這些女性就像名妓一樣。但是，「嗟乎！名妓靚妝乃為討客人歡心，至於士紳百姓之婦，應以節儉為佳，而無事不效仿名妓，余不解其將討何人歡心？」[84]《指南報》的一篇評論文章也有同樣的論調：「巨室之姬姜，顯宦之妾媵，亦復尤而效之，不自尊重，雜坐於戲院之內，高坐於馬車之中，供眾目之窺瞻，聽千人之訾議，而顧自鳴得意，顧盼稱豪，（既已為人妻妾）是誠何心而忍出此？」[85]

報紙還譴責了名妓們擾亂社會秩序的種種行為：她們佩戴著從前只能賜給官員的名貴首飾，身著奇裝異服與客人們拍照，在大街上與客人一起駕著敞篷馬車跑快車出風頭。[86] 報紙抗議說，這些行為會帶來一種炫耀消費、比拚豪奢的不良風氣，它已經在都市男女中瘟疫般地蔓延開了。[87]

梳妝是名妓的職業生活中不可或缺的一個部分。通常名妓們都在中午梳妝（當時的娛樂指南書和小說都說上海名妓們習慣晚睡晚起，因為有煤氣燈以及 1880 年代以後引進的電燈）。名妓們一般中午前後才起床，梳頭就要花去很長時間。有專人每天上門為她們梳理頭髮。梳好頭以後就是化妝。儘管專寫這些內容的材料不多，但名妓的傳記中記載說，有些名妓更傾心於「濃」妝，不喜歡「淡」妝。所謂「淡」，在英文裡沒有完全對應的詞，翻譯成「insipid」（清淡）、「without flavor」（無味）都有負面含義。林黛玉是第一個嘗試濃妝的名妓，她以極濃的眉妝聞名。[88] 歷史上標準的美人可不是這樣，介紹如何成為美人的指南書可以給我們提供一點參考。根據《悅容編》的記載，化妝講究的是精妙，濃淡相宜，髮飾只用一個就夠了。這本指南強調說，要塑造一種簡潔之美，以襯托美人絕世獨立、空谷幽蘭的氣質。[89] 林黛玉對時尚的感覺顯然與此大相逕庭。在上海這樣公共的、都市的環境裡，林黛玉對不合時宜的古典美沒什麼興趣，這裡受歡迎的是大膽的、充滿挑逗的美人。自我展現原本就是名妓的公共形象的重要部分，而林黛玉自己也是著名的戲劇演員，活躍在張園貓兒戲（一種完全由女性演出的戲劇。——譯註）的舞台上。她有可能就是從戲劇舞台上得到了化妝的靈感。

新的服裝式樣雕塑著身體，賦予它一種新的語言。上海名妓身著的最新時裝成為都市變遷的標誌。從 1890 年代到 1910 年代的照片中可以看出，名妓們的衣服越

來越緊身了（圖 1.10）。上衣袖子變得更短了，露出了手腕和一點兒手臂；褲子也更合體了，更能表現身體的曲線。

這些衣服不僅勾勒出了女性的身體輪廓，也影響著她們的活動與姿態。包裹在這些衣服裡的身體成了都市裡不斷流動著的公共雕塑。當她們的活動方式發生改變時，也產生了新的儀態舉止。名妓著男裝時這一點最明顯（圖 1.11）。她們擺出一副男人常見的姿勢，傳達著一種權力感和自由感。這種新的身體動作，也是她們和所有女性新角色的標誌。她們是公眾人物，整個城市就是她們的舞台。

馬車和妓女明星

1870 年代和客人一起坐馬車是一種時尚，不過還沒成為名妓陪客的常規節目。但幾十年後，1894 年，有一位駐上海的外國記者這樣描寫福州路：「從夜幕降臨時分開始，整個晚上馬車幾乎絕跡，轎子在這裡川流不息，上面坐著的多是身著華服、杏眼媚人的美女。她們究竟前去何方，這是福州路之夜的秘密。」[90] 後來，《德文新報》的編輯 Fritz Seeker 也注意到，白天的福州路（當時叫四馬路）「與其他馬路沒什麼不同。一樣的安靜，有著各種營生……入夜時分，福州路彷彿被施了魔法，這位魔法師是一位酷愛享受與揮霍的邪惡女子」[91]。傍晚成了名妓們最忙碌的時候，她們忙著去宴席和戲院出堂差，或是去女書場表演。她們來來往往的身影立刻使馬路上的氣氛為之一變。

不過，在白天也很容易見到名妓坐著敞篷馬車出遊。[92] 維多利亞馬車是最受名妓青睞的，1880 年代被引入上海，因為彈簧轎廂很舒適，橡膠輪胎也沒有噪

1.10 《上海第五次十美圖攝影》。照片。這張照片拍攝時,穿更緊身、更能展示身材的服裝在名妓中非常流行。(《小說時報》,no.9〔1911.1〕)

1.11 《翁倩梅，林黛玉，藍橋別墅，梁溪李寓》。照片。這些 19 世紀末 20 世紀初的妓女明星都穿著男裝。(《海上驚鴻影》，1913，無日期)

音，所以受到了普遍歡迎。其他流行的馬車包括面對面維多利亞馬車（the double victoria）、朗道馬車（the landau），還有惡劣天氣也能方便出行的四輪有篷馬車（the brougham）。面對面維多利亞馬車空間更寬大，能讓裡面的乘客面對面坐著，適合社交。[93] 上海的遊客們覺得馬車中名妓的驚鴻一瞥是上海最奪目的風景，經常留下一些評論。[94] 1870 年代，藉著上海出版的竹枝詞，遠在香港的王韜寫道：「近日西洋馬車多減價出賃，青樓中人，晚妝初罷，喜作閒遊。每當夕陽西下，怒馬車馳，飆飛雷邁。其過如瞥，真覺目迷神眩。」[95]

這樣的場景後來也上了報紙。1884 年《點石齋畫報》上有這樣一則配圖報道：「馬車之盛，無逾於本部，妓館之多，亦惟本埠首屈一指。故每日五六點鐘時，或招朋儕，或挾名妓，出番餅枚餘便可向靜安寺一走。柳蔭路曲，駟接連鑣，列滬江名勝之一。」另一幅配圖新聞則畫著一位衣衫破舊的母親正把兒子從馬車上往下拽，車上還坐著一名名妓。這位母親告訴旁人，兒子擅自拿走了家裡的錢財出去揮霍，日久不歸。[96] 後來 1890 年的一則新聞也用同樣平淡的方式描寫這種出遊，這則新聞標題是《坐馬車》：

> 每日申正後，人人爭坐馬車馳騁靜安寺道中或沿浦灘一帶，極盛之時，各行
>
> 車馬為之一罄。間有攜妓同車，必於四馬路來去一二次，以耀人目。男則京
>
> 式裝束，女則各種艷服，甚有效旗人衣飾，西婦衣飾，束洋婦衣飾招搖過
>
> 市，以此為榮，陋俗可哂。[97]

後來，這樣的公開出遊經常成為報紙上的新聞。[98] 1898 年，報紙上有一則新聞

寫祝如椿離婚後重操風塵舊業：

「祝如椿校書」[99] 重墮風塵，本報亦有聞必錄，茲又悉廿二日校書攜一侍婢
同坐馬車，在四馬路一帶招搖過市，晚間即至一品香三十號房間吃大菜，座
中有女客兩人，如椿仍著繡花夾衫，惟形容憔悴，非復曩時風采。[100]

坐馬車，吃大菜，上劇院，這便是當時上海名妓日常的消遣和營生。上海名妓
愛出風頭，追新求異，藉此表現一種新的都會性格。她活動的世界比絕大多數上海
男人還要大，而且一定程度上更自由。她與這個城市有一種特殊的關係。名妓們來
往的都是上流社會的人物，有的客人是最高級的國家官員、最著名的學者，或是最
富有的商人。一方面她們是按著這行的規矩對客人言聽計從，召她去哪兒她就去哪
兒，另一方面她們也喜歡嘗試冒險，不斷探索這座城市公共領域：安靜的巷子、可
愛的馬路、公園、跑馬場。[101] 她們整個人都沉浸在這城市的海洋裡，對它的壓力和
速度做出靈敏的反應。沒錯，她們在公眾面前的放肆行為招來了不少蔑視，但她們
成功地讓自己成為上海公眾面前最絢麗的風景。

到了 1890 年代，娛樂小報也開始刊登一些批評，抨擊租界年輕男子的生活方
式。有一篇文章用尖刻的語調感歎說，生活方式已經有了這麼大的改變，但政治改
革還是很難實現。「或曰最易變易者是滬上之少年也。彼乃習見西人之起居、飲食、
衣服而從而效之，出必馬車，食必番菜，言必西語。」這篇文章繼續批評這些年輕
人，「西人馬車多樸實，而華人則盛飾，執御者之衣奢靡已極。西人於飲食之道最有
條理，而華人於番館之中飛花醉月，淫樂無度」。[102] 他們樂於讓人們見到自己與美貌

的名妓出雙入對，因為這是老於世故和奢侈生活的明確標誌。

在小藍田懺情使者的筆下，和一流名妓同乘馬車是一種浪漫的體驗：

> 猶憶中秋夜，偕姬乘西洋船式馬車作月下遊，雷轟電掣，宿鳥翔鳴，涼風徐
> 來，玉宇澄清。至靜安寺，見香車寶馬，霧沛雲屯，下車入申園，則吳娃宋
> 艷，褰裳聯袂，姍姍而來，花氣襲人……小憩淪茗，徘徊不忍去，從者執轡
> 相待，乃登車折回拋球場，觀電氣燈清光映碧，與蟾魄爭輝，奇制也！於是
> 由黃埔灘至虹口大橋，一路回視浦江，帆檣稠密，上出重霄，鐵艦輪舟，如
> 成圖畫。[103]

對這位作者來說，這種體驗就是享受最時尚的消遣，重演才子配佳人的神話。
這位名妓可能也意識到了這種情境被她的客人賦予了文化意涵，一直賣力地配合演
出。這也是她提供的娛樂，是她工作的一部分。

到了 1890 年代，名妓提供的服務裡顯然包含出席公共場合這一項。這包括陪客
人去各種玩樂的地方，在公共領域中被「叫局」。她們陪著客人踏遍了上海。有一份
材料簡單介紹了她所走的路線。[104]

行程從福州路開始，這條路是名妓最集中的區域，在各種中西語言的指南書裡
也是介紹得最多的。這裡是上海娛樂業的心臟，道路兩旁或附近不遠分佈著許多著
名的茶樓、餐廳、戲館、書場。[105] 她們經過了著名的茶樓四海昇平樓和更上一層
樓、一品香番菜館、華眾會和闐苑檯球廳、印書館，[106] 繼續向麥家圈（Medhurst
Circle）駛去。麥家圈是以傳教士麥德赫斯特（Walter Henry Medhurst）的名字

命名的。麥家圈的草坪很有名，因為它周圍沒有圍牆，只有柵欄；麥家圈也是墨海書館的所在地，這是第一家教會印書館，它旁邊還有天安堂（Grand English Church）和上海第一家慈善醫院。馬車從山東路經廣東路路口拐進了寶山路，這是福州路附近最豪華的商業區及娛樂區。[107] 馬車駛過北海路，經過了上海第一所理學院——格致公學及其附屬公共閱覽室，又過了中泥城橋，最後在跑馬場兜了一圈。

馬車在靜安寺路上看了二十分鐘風景，這條路上有不少精美的西式宅邸，申報編輯美查（Ernest Major）修造的私宅也在這兒。最後馬車進了張園。[108] 傳說中的安塏第樓就在張園裡，這個名字直接由英語「Arcadia」音譯而來，原本指的是希臘的世外桃源，也是大量古希臘愛情小說的背景所在地。安塏第最初是由一位中國商人建造的，包括一個表演京劇和蘇劇的有五百座位的戲院、一個供貓兒戲班女演員們天天演出的小型劇場、一個茶館、一個西式舞廳、一個檯球廳，還有一個集中了所有西洋「精妙」玩意兒的電氣遊戲廳——這兒有電燈、電扇、電門鈴，還有一隻電動獅子，一按鈕就會發出獅吼。[109] 這個戲院後來成了中國首個提供會場出租的會堂。[110]

馬車回城的路上由南京路轉進望平街，再掉頭向南駛進了棋盤街。這兩條街有不少出版社、報社、書店，這兒是大多數新式文人工作和生活的地方，是整個城市的文化生活和出版業的中心。

馬車離開棋盤街又向東駛向了外灘。外灘沿岸矗立著各種中西商業機構的宏偉建築，這段路雖短，但極能體現上海的商業實力。用晚清小說裡的話來說，當名妓和客人一起經過外灘的英屬部分時，他「但見黃浦內波平如鏡，帆檣林立。猛然抬頭，見著戈登銅像，矗立江表；再行過去，迎面一個石塔，曉得是紀念碑」。[111]

最後，馬車拐進了南京路，這裡遍佈著花哨的商店，是整個上海城的主要商業

街。這兒就是上海的時代廣場，膚色不同、背景各異的人都會聚在這裡。[112] 這條路上中西建築都可以見到，但只有兩個街區道路兩旁都是外國建築，到江西路為止。也就是說，從 1870 年代到 1900 年代早期，南京路上雖然到處是賣舶來品的商店，但大部分的建築都是中式的。馬車駛過了虹廟、司徒廟，這裡是租界裡香火最旺的寺廟，名妓和伶人是常客。接下來馬車又經過了好幾個公共建築，先是會審公廨——這個創設於 1869 年的混合法庭華人陪審員和洋人陪審員各設一名，專門審理中國人和外國人之間的官司；還有高大宏偉的市政廳、令人讚歎的公共圖書館以及大棚菜市。大棚菜市 1860 年代之後逐漸發展起來，是最早的西式公共機構之一。以前小販們都在馬路邊支個小攤子，很影響交通，現在有了專門為他們開闢的一塊地方。馬車最後從市場經由湖北路回到福州路，這次上海遊才宣告結束。[113]

由名妓選擇的這條路線突出了上海的名勝，她有了決定和定義什麼是上海名勝的話語權。是她帶領著客人進行遊覽，她選擇的地方都和自己的生活方式最密切相關、她喜愛並且經常光顧的地方。她設計路線的時候，也要對觀眾進行取捨，她得想好把自己展示給誰看，因為這些觀眾可能變成她潛在的客戶。名妓就這樣穿行在這城市中，帶著客人匆匆掠影，同時也在不斷勾勒著它的複雜面貌。她娛人的身份是傳統的，但其自由度之大卻是現代的產物。她在這些街道上展示自己，把自己對城市的印象投射出去，即使不願接受的人也不得不承認她的存在。對客人們來說，她就是上海魅力與誘惑的象徵，是她為他們打開了這扇花花世界之門。而遊客們也在上海繁盛的商業氛圍和西洋環境帶來的相對安定中去品評名妓。通過「被看」，客人們在這樣的環境裡可以炫耀財富和派頭，而名妓和時髦客人在一起則可以提升身價，遠播艷名。跑馬出遊將他們雙方都置於世外桃源的虛幻描述之中。

上海名妓展示自己的另一重大活動就是去賽馬場。來自不同地區和國家的各色人等都來這裡賭上一把。[114] 據說胡寶玉帶起了名妓坐馬車觀賽馬的風氣，喜歡標新立異的她，頭一個用紅蝴蝶結來裝點馬匹和馬車，也引起不少人跟風。[115] 穿著各種華服的名妓爭奇鬥艷，還比賽誰的相好、恩客和朋友更多。她們在人群中高高在上，展示著剛換的新裝，像今天的電影明星一樣享受著仰慕者的目光。[116]

名妓之間搶風頭經常釀成公害。有很多新聞都報道了名妓的車伕或客人在擁擠的街道上飛車賽馬引起的車禍。[117] 名妓們喜歡夏天晚上和相好或客人一起乘車去乘涼，偶爾在馬車裡做愛被人發現（這是不合法的），醜事就上了報紙。[118]《點石齋畫報》報道了不少這樣的糗事，還有一次甚至弄得客人意外受傷了（圖1.12）。這些報道可能會招來蔑視，但還是搞笑的成分居多。其實報道會突出名妓的公共形象，反過來倒是有助於她們的生意。

公共場合的舉止、生活方式以及新的生意

上海租界幫助人們培育起了公共領域的觀念，公共領域成了合法的生意場，名妓們藉著這個空間在公眾面前亮相並推銷自己。每天下午，上海商業區最時髦的街道上都可以見到她們的身影，她們聚集在茶館裡，進行另一場公開演出。在安塏第茶樓，四大金剛統治著舞台。她們一到這裡，所有的目光都被吸引了。她們佔據著最顯眼的位置，保證從每個門進來都看得到。她們每天都從頭到腳地被人觀察，一舉一動都被細細研究，說的話也有人記錄。和家人一起去茶樓的「良家婦女」肯定也從她們身上了解到了最新的時尚、禮儀，還有醜事。

1.12 《貪色忘命》。石版畫。這幅圖畫的是一名客人與名妓在馬車裡做愛。據說他興奮得難以自持，引起了旁人的注意也不願停下來。這位名妓聽了身邊娘姨的建議，試圖咬他上唇的穴位使他冷靜下來，但不幸咬到了他的鼻子。(《點石齋畫報》，乙集，3〔1885〕:22)

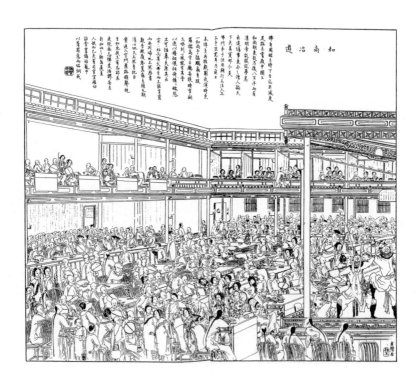

1.13 《和尚冶遊》。石版畫。一位手搖羽扇，身穿羅袍的和尚在丹桂戲院和名妓嬉鬧。

戲園是名妓們做生意和找樂子的另一個重要公共空間。在北京和天津等地，直到 19 世紀末女子都不能踏入戲園，[119] 她們只能在私人環境裡，比如家裡的「堂會」上欣賞戲曲。北京後來允許女子進入戲院，但從上海來京的遊客吃驚地發現，男女觀眾席是分開的。自從上海租界的戲園開張以來，名妓就是最忠實的觀眾，其他女性觀眾很快也紛至沓來。[120] 許多竹枝詞的作者對如此獨特的一景都有記載。[121] 女人出現在這些公共娛樂場合一直讓有些中國官員、學者不快，不過他們可能也意識到了禁止女人去戲園不可行，因為工部局不會答應；住在租界裡的西方婦女常常去戲園看戲，給中國婦女樹立了榜樣。於是官員們轉而禁止演出淫詞艷曲，並且禁止女演員在公共場合登台表演。[122]

對於女性在公共場所露面，租界一直非常寬鬆。在中國官方致力於禁止女性去戲院時，有報道稱西方和日本的演員被請到了丹桂戲院表演，這是上海最早，也是最著名的京劇舞台（圖 1.13）。這些表演獲得了非常友好的評論。[123] 京劇作為正宗中國文化遺產的地位逐漸提升，不再只是外國人所謂的刺耳噪音，於是法租界工部局 1886 年批准中國京劇演員可以在新開放的公園進行表演。[124] 後來京劇女伶很受尊敬。1906 年，中文報紙和西方報紙都報道了中國女演員在南京路市政廳進行慈善演出的新聞。[125] 不難看出，租界遵循的是另一套社會習俗；這挫敗了中國官方的企圖。

黃式權（1852—1924）在 1890 年到 1905 年間擔任《申報》主編，他也寫了很多有關上海的書，他筆下 1880 年代的戲院氛圍是這樣的：

> 上燈時候，車馬紛來。鬢影衣香，丁歌甲舞，如入眾香國裡，令人目不暇賞，迨至銅龍將盡，玉兔漸低，而青樓之姍姍來遲者，猶復蘭麝煙迷，綺羅

雲集，誠不夜之芳城。[126]

1909 年《圖畫日報》有一則配圖報道，語調稍為平實：

滬上戲園林立，每值散戲之時，紅男綠女，蜂擁出門，而馬車、東洋車、轎
子車又每每攔截途中，擠軋萬狀，最為可畏。彼時更有游手及竊賊等混跡人
叢，起意攫竊，殊令人防不勝防，漫成此圖。[127]

自 1870 年代起，名妓們就在書場和戲院公開表演，完全由女子組成的貓兒戲班
成了上海的一個標誌。她們表演的時候，也有女性觀眾前去捧場。

上海名妓點子很多，開發了不少好玩的新花樣，引得人們議論紛紛。其中一種
花樣便是角色反串。有反串的時候，名妓們在飯館或戲院辦招待，邀請最心儀的客
人。《遊戲報》立刻報道了這個特別的舉動：

本年各校書大半在詠仙茶園請客，緣該園所用案目類皆善於逢迎，故人皆樂
於往觀，廿四日金小寶請客，廿五日謝倩雲、花小二寶請客，廿六日陸蘭芬
請客，每請一次客所費約在四五十元至七八十元不等，[128] 今年市面蕭索，中
人雖素要場面，亦復頗費躊躇。[129]

這樣的場面花費很大，但毫無疑問，做東請客是名妓公共形象的一部分。這樣
做也可以證明名妓們將自己看做職業婦女，大膽模仿生意場上人情往來、請客戶吃

飯看戲的做法。

這些公共活動把上海的名妓與其他城市的名妓區別開來。清朝時期，唯一能看到名妓的公共場合就是在「花船」或「花燈船」上——蘇州和揚州就以此聞名。[130] 其實她們並非真正身處公共領域。1850 年代，在搬去租界之前，上海老城廂的名妓甚至可以在城裡的各種花園裡公開唱戲、講書。但她們的出現惹惱了一些政府官員和地方士紳，後來這些表演都被禁止了，[131] 老城廂甚至不准妓女踏入花園，以免她們出現在公共場所會敗壞道德。根據鄒弢的描述，名妓們試著規避這條禁令：

> 惟青樓眾人不許涉足，故欲遊其中，每學良家妝束，輕脂薄粉，紺素無華，衣裳文飾之間一洗青樓習氣，而縉紳婦女反有衣服麗都，效青樓時尚者。冠裳倒置，良賤相淆，殊不解也。[132]

在這樣的情況下，光天化日出現在公共場合是很冒險的，因此老城廂裡的名妓並沒有這個習慣。

後來上海的工部局獲得了包括中國人和外國人在內的所有人的好評。從工部局這個名字就可以看出來，它的責任就是進行上海的基礎建設，維持公共秩序，對人們的道德和信仰則不加過問。當時有人評論道，正是外國當局的這種態度滋長和庇護了上海名妓的種種大膽行為。[133]

工部局也為名妓做生意創造了物質條件。從 1860 年代起，上海租界鋪上了大馬路，裡弄小巷安上了木地板，就連張園裡的小路也維護得很好。公共場合禁止大小便，違者罰款。相比之下，北京前門外的老城也是戲院妓館林立，但道路泥濘，污

水橫流，甚至滿地都是人畜糞便。去北京的上海遊客看到這種遍地污物、臭氣熏天的狀況大為震驚，在他們看來，體弱的人甚至會因此得病。在北京，下雨天去妓館肯定會沾上滿腳泥。[134] 與之相比，上海乾淨的街道為名妓的公共形象提供了高品位的環境。

上海名妓能真正規劃自己的角色、掌握自己的命運到什麼程度，從她們找相好這件事上就看得出來。她們經常選戲子當相好，戲子不可能成為她們的客人——這種禁忌由來已久，當時名妓們也循此舊例，她們也認為戲子顯然社會地位更低。[135]娛樂小報對這種緋聞多有報道，晚清的狹邪小說也常以此為主題。名妓們去聽戲不只是為了展示最新的髮型和衣服，也不只是為了吸引潛在的客人，也是為了好好打量俊俏的戲子。

另一部胡寶玉的精彩傳記指出，這位厲害的名妓有個毛病——她是第一個公開包養戲子的名妓，還引起了不少人效仿。[136] 大約 1873 年到 1874 年左右，胡寶玉與京劇演員十三旦好上了，當他離開上海去北京時，她也放棄了上海的生意跟他去了北京。十三旦不再愛她之後（或者與之相反），她不得不回到上海重操舊業，胡寶玉歸來的消息又成了新聞的標題。[137] 很快她的生意甚至比走之前還好。[138]

胡寶玉似乎繼續去戲院為自己選相好。《申報》1878 年 11 月間報道說，胡寶玉和另一位名妓李巧玲藉口爭戲院包廂大動干戈，其實是為了爭搶一個京劇名角。[139]

其實，名妓們給城市文人帶來的刺激和矛盾心理主要源於她們在公共場所的舉止，與她們的生活方式和大膽服飾並沒有很大的關係。在文人的眼裡，這種態度威脅到了傳統的等級制度和社會界限。就算是那些明確反對清政府及其保守官員的

人，也對名妓無視權威感到頭疼。上層社會的女子穿得像名妓是一回事，但名妓穿得像朝廷大員卻完全是另一回事。《遊戲報》頭版的這個報道，其語氣在諷刺、懷疑、玩笑、震驚之間不斷轉換：

> 滬上妓女，惟長三最為貴重，每逢出局，乘坐藍呢大轎，腿持燈前導，娘姨大姐在後相隨，及至抵門則高呼一聲，必有人接應，入座之後不過酒一巡，歌一曲，匆匆又赴他局。其應酬之忙碌，直與官場無異。有浙東某甲者，初次過滬，前夕獨步於四馬路，見前面一乘飛轎軒然而來，轎夫吆喝之聲氣焰薰赫，前燈籠大書「正堂公務」字樣，某急避路側，以為轎中人必是那一局委員，大約非藍頂即水晶頂也。[140] 留心看視，乃絕妙女子，旁倚琵琶，大為詫異，曰：此婊子也，何以稱正堂公務！此須臾出局，轎子東西齊來，儘是「正堂公務」字樣。[141]

　　名妓希望傳揚艷名，以吸引一擲千金的豪客。其行為舉止、服飾妝容反映著潛在客人的欲求：他在尋找上海獨特的東西，一種別的地方得不到的體驗。艷俗、反叛、逗趣都是上海花界的舞台上常見的戲碼。1867 年，上海的英文報紙《北華捷報》（the *North China Herald*）上說，來自江蘇、廣東的好奇紳商會集在上海，為的就是從名花身上尋找大上海的獨特韻味。[142]

　　名妓是租界最掙錢的群體之一，但是她們對稅收到底有多大貢獻也很難判斷。根據安克強的統計，法租界的年度稅收裡有相當一部分來自於「腐化」的活動；1862 年，超過 42% 的稅收來源於名妓，此後這一比例有所下降，其原因不太清

楚。[143] 公共租界工部局的年度報告沒有將妓館列入統計；但是，我們可以估計出娛樂相關產業在城市經濟生活中的相對重要性。1876年，中國戲院、酒商、鴉片館、酒樓和妓館的執照費總計達到二萬兩，除去一般財產稅不計的話，這佔工部局總收入的三分之一。[144] 1893年的報告中增加了「歌女」的執照費一項；當時租界裡有三十個這樣的場所，繳納的費用總計七百八十兩。從這些報表可以看出，妓院可能除了繳納財產費，不必再額外納稅，但它有助於其他生意的繁榮，給整個城市和工部局帶來了可觀的收入。

一流名妓將自己視為職業婦女，她們也使用一種名片，樣子就像今天的商務名片。小名片是妓館請客吃飯時當作請柬用的，名妓們帶在身上的是一種超大的名片。[145]

弄清一流名妓到底有多少個人財產很困難。[146] 她們似乎總是債台高築，但花起錢來還是大手大腳。她們真正的資本不是錢財，不是文化，而是自身的名氣。胡寶玉與上海最富有的買辦胡雪巖、著名的海派畫家胡公壽齊名，人稱「上海三胡」。[147] 胡寶玉中年的時候曾經跟自己的侄女、同為倡優的吳月仙一起去漢口怡園戲院表演，即便是在漢口，胡寶玉的名頭也很響，戲院一時人滿為患，大家都想來一睹傳說中的海上名妓的風采。[148]

作為新型的自由職業者，上海名妓把只在一地做生意的舊例也拋在腦後，她們帶著獨特的時尚和做派走遍了全國。但她們只在外國租界做生意，最重要的幾個地方是天津、漢口和廣東，在這些地方，她們的營生能得到一定的保護。有一本名花圖譜收錄了名妓之間的通信，可以看到，住在租界外的名妓會去信給租界裡的姐妹，詢問租界裡有些什麼機會，她是否能前去拜訪。[149]

名妓們的往來信件中傳遞出一種獨立感，有些名妓也是自立門戶做生意的。儘管有些信可能有專人代筆，但信中所討論的內容的確是她們關心的。[150] 身在漢口的劉素卿寫給上海張蘭仙的信頗有意義：

妹自別蘭閨，於十八日抵漢，寓桃源坊裡，數椽小屋，聊借棲身。房價每月三十二元，日用開銷萬難節省。進來遊客皆非揮霍之流，雖送舊迎新，終日忙無少暇，然纏頭無幾，空有排場，來日大難在所不免，即欲仍回上海，而局賬恐無著落，故俟端節再商矣。吾姊萬勿來漢，蓋徒有虛名，毫無實益也。[151]

在她們自己和旁人的敘述中，上海名妓都是以都市職業人的形象出現的。這些信件說明，她們和其他租界裡受保護的名妓有生意往來。1900 年以前，上海的一流名妓沒有去過北京。林黛玉 1900 年去了天津，但據她的自傳記載，這次去天津幾乎是悲劇。[152] 義和團事件（1898—1900）之後，上海名妓才敢搬到北京去。第一個吃螃蟹的人就是大名鼎鼎的賽金花。[153] 她給朝廷高官當小妾時在北京建立的人脈為她做生意提供了保護和支持。

上海的名妓都熱衷於旅遊，對她們來說，出去跑似乎是很輕鬆平常的事情，她們的目的跟當時的伶人差不多——去看看當地市場是否有潛力，撈點錢，賺點名氣。雖然明末的名妓也四處遊歷，但她們主要是為了欣賞各地河山，而清末的上海名妓似乎傾向於探尋商業機會。她們每次旅行必定會成為新聞，進而又為她們吸引了更多關注的目光。

名妓「調頭」的時候也會有意製造新聞輿論，吸引公眾關注。報紙則藉此機會

引出贊助名妓搬家和佈置新居的新恩客。

　　就這樣，上海名妓把原本不足為外人道的冶遊轉向了公共領域。同時，她們也把自己從一個地方人物變成了全國性的人物，從討少數人歡心變成了娛樂大眾。可以說，是她們塑造了都市女性行為舉止的風格，指出了通往新的現代心態的道路。名妓的都會生活與這座城市的行動、權力和財富難分難解，她們是這座城市的第一批名人，是它的明星和文化偶像。她們與城市空間發生關聯的方式，以及表達現代女性之獨立的手段，逐漸發展成上海女性的標誌性風格。簡單地說，她們就是新型都市女性的樣板。

照片與褪色的影像

　　上海名妓一直都迷戀照相，也喜歡新鮮，照相風靡上海也有她們的功勞。[154] 她們在影樓留下自己的倩影，送給客人當禮物或紀念品，或者用來提醒客人們下次來滬時去照顧她們的生意。不難猜到，上海的影樓大多數都分佈在南京路和福州路這一片文化娛樂區。照相讓名妓和影樓都有利可圖。一本 1877 年的指南書上，有一文題為「拍小照」：

　　　西人有照相之術，能以藥水照人全影於方寸紙上，神采畢肖。凡有勾欄中人，
　　　莫不爭相照像，懸之壁間，或以贈客，近則流傳外省，無處無之。至於名妓數
　　　人，則該舖中必存留原拍之玻璃，隨時印出，任人購買，獲利誠無已時。[155]

因為照相能幫名妓提高公眾認知度，所以很受她們歡迎。親眼見到名妓芳容一直以來都只是某些客人的特權，得有人引見，或是博得了美人歡心。但照相出現以後，上海名妓就從一類美女變成了一個個獨立的人。[156] 最初名妓們是把照片當作送給客人的禮物，在影樓發現了這些照片的商業價值後，名妓們不但沒有退縮，反而樂享其成，讓影樓也變成娛樂小報一樣的不用付錢的宣傳員。直接和名妓見面還是和以前一樣不容易，但知名度的提高甚至抬高了有她相伴的客人的地位，他們很清楚，很多旁觀者都能認出來身邊的女人是誰。照片使人們可以窺探這個隱秘的世界，但又與此保持著一定的距離，這個所謂的距離不是把名妓隔離在深巷的院子和圍牆，而是冉冉升起的明星和仰望星星的芸芸眾生之間的地位差距。

照相這門新技術促進了名妓形象的傳播。諸如照相術、娛樂小報等西方文化產品，和大城市的名妓一起塑造了一個新的形象——摩登的名人、明星，在她身旁圍繞著各種新奇的商品和商業機會。照相技術讓明星崇拜成為可能，明星崇拜大概就始於搜集名妓照片的風潮。舉例來說，1897 年《遊戲報》上刊登了一封信，作者恭賀金小寶喬遷之喜。他說自己從未見過金小寶本人，但收藏了不少她的照片。[157]

名妓們可不只是等著被拍照。照片是集體作品，攝影師、主人公，乃至不會說話的服裝和道具都參與了創作。名妓自己選擇服裝，偶爾也會穿男裝或戲裝；她們還自己設計表情和眼神。最後的照片通常都是從好幾張備選照片裡精心挑選出來的。這位名妓（圖 1.14）蹺著二郎腿，手托著頭，散發出一種自信，與傳統照片裡婦女的標準姿勢大不相同。在另一張照片中，通過名妓的腳踝上的帶子來看，可能是一位天津名妓在模仿上海的時尚。她斜倚在沙發上，蹺著二郎腿，望著鏡頭自信地淺笑，形成一種毫不掩飾的挑逗（圖 1.15）。Timothy J. Clark 曾經說馬奈

1.14 上海名妓。照片。1890年代。（承蒙巴黎狄瑞景提供圖片）

14. - CITÉ. - Chinoise au repos   CITY. - Chinese woman at rest

1.15　名妓。天津（？）。影樓的明信片，約攝於 1900 年。（承蒙巴黎狄瑞景提供圖片）

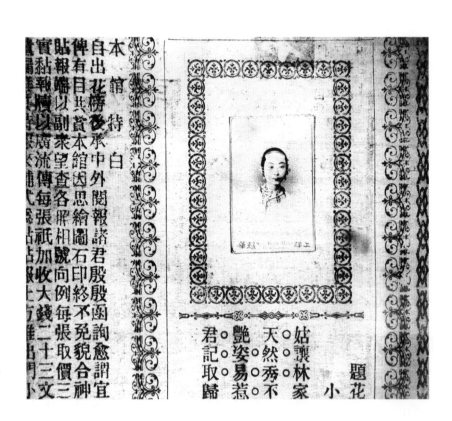

本館特白

自出花榜名承中外閱報諸君殷殷圖詢愈謂宜

俾有目共賞本館因思繪圖石印終不免貌合神

貼報端以副眾望查各照相號向例每張取價三

實黏報端以廣流傳毎張祇收大錢二十三文下

題花

姑讓林家　小

天然秀不

艷姿易惹

君記取歸

1.16　上海名妓花麗娟。上海耀華影樓攝影，1898。花麗娟在 1898 年的花榜名列一甲第三。為了宣傳這次活動，《遊戲報》貼上了獲得前三甲的名花的照片。（《遊戲報》，1898 年 10 月 3 日，1）

（Edouard Manet）塑造的名妓形象奧林匹婭身體誘人但拒絕順服，是一個現代性的人物；[158]上海名妓的照片也顯示出了類似的特點。雖然不是有意冒犯，但她們的身體姿態挑戰著看客心中對「誘人」的定義。

一家名叫耀華的影樓發現了這個生意機會，加入到了《遊戲報》和名妓的聯盟中。1890年代，它公開宣傳名妓，致力於開發這個市場。每年「花榜」發榜時，《遊戲報》上的上榜者照片都是由耀華拍攝洗印的，這些照片宣傳了影樓、評花榜活動，還宣傳了報紙。[159]幾方面都很清楚公開宣傳對他們的生意很有價值。

1880年代，施德之（當時寫作 Sze Yuen Ming）創辦耀華影樓，他原本是一名電氣工程師，著名攝影師區炎庭也曾一度主持業務。1890年代，耀華已經成了上海照相業的「四大天王」之一。1900年後，耀華分設東西兩號，東號設在「拋球場」，就在亨達利洋行對面，施德之主持拍照。西號位於南京路四十二號，在跑馬場附近，施德之的長女主持拍攝。她曾在上海法租界內的法國學堂受過教育。李伯元主持的另一份報紙《世界繁華報》曾對施德之把女兒培養成攝影師表示稱讚，這樣那些不願意在陌生男性面前照相的女子也可以前去拍照。[160]她的影樓廣告也強調了這點便利。[161]

施德之非常講究光效，還曾經登報闡說在照相的時候如何科學用光（他也強調說影樓裡的德國高級設備增進了他對於攝影藝術的理解）。[162]上文提到的貼在報紙上的照片（圖1.16）說明他的技藝非常精湛，而且他也以拍攝女性肖像著稱。[163]為了從當紅名妓的生意裡分一杯羹，施德之在《世界繁華報》上打廣告宣稱，名妓來他的影樓照相只收半價。[164]這個策略突出了名妓兩方面的商業價值：她們是被娛樂小報和照片宣傳的客體，也是傳揚影樓名聲的主體。

1900年時，一流名妓肯定是全國拍照最多的群體。她們的照片隨處可見，除了

人物肖像之外，還成了商業明信片的一個元素（圖 1.17ab）。

有了照相術以後，名妓的影像可以不斷被複製，大規模地進入市場。在這個過程中，妓女明星在公眾面前曝光變得越來越沒必要，將自身的形象作為城市名片不斷變花樣的那種特權也隨之消失了。在科技面前，代表城市變革精神的人物成了多餘的。照相機鏡頭佔據了主導，開始根據不同的標準選擇自己的模特兒。

商業化也帶來了專業化，以前名妓在市場中扮演的角色又分化出了一些新型職業。原來只出現在報紙上的廣告採取了新的形式，比如閃閃發光的大尺寸香煙月份牌上也是美女；這些廣告不再直接宣傳名妓的聲色服務，轉而推銷代表著閒適、別致、魅力和摩登的其他商品。「女學生」以其純潔無瑕的形象，與性感撩人的名妓展開了競爭。時裝圖片設計借用了中國傳統「美人圖」的元素來表現新的時尚。專業的時裝模特也出現了。

一些早期的婦女雜誌（如 1911 年的《婦女時報》，後來叫做《婦女雜誌》）和攝影雜誌（如 1926 年的《良友畫報》）都設有專門的時尚欄目。「上海小姐」選美比賽代替了花榜評選。[165] 電影工業造就了一種新的公眾人物——電影明星。代表上海大都會的超群絕艷的名妓形象，終於被銀幕上的明星取代了。

「五四」時期，技術革新、商業利潤，以及新式「文明」等概念成了知識分子心中的時尚，最終完全改變了上海名妓與其環境的關係。娛樂的概念也發生了轉變。1907 年虹口電影院開張，1917 年「大世界」等遊樂場和娛樂中心興起，短短數年間，各種咖啡館、舞廳、俱樂部迅速發展起來，高級妓館和名妓雖然還在做生意，但逐漸淡出了公眾視野。[166] 那些曾經擠滿名妓的豪華馬車和轎子的街道，已經被 1908 年出現的有軌電車佔據了。[167] 電影「明星」掌握了公開演出的舞台，高級應召

Shanghai—Chinese City   No. 9

1.17a　影樓的明信片。約攝於 1905 年到 1910 年間。照片左邊是老寶華影樓，影樓欄杆上貼著名妓的照
片，從街上就可以看到。幌子上書"精究照相，隨形放大"。（承蒙巴黎狄瑞景提供圖片）

1.17b 　照片明信片。拍的是賣日用品的上海店鋪，1910 年代。右邊的放大女子半身像可能是一位上海名妓。這張照片說明當時上海名妓的影像已經成了城市氛圍的一部分。這樣的曝光度進一步增強了名妓時尚對公眾的影響力。

女郎也出現了，曹禺的《日出》塑造的不朽形象——交際花陳白露便是一例。在這個急速現代化的世界裡，名妓的文化形象較為傳統，在「五四」的眼光下被歸為舊社會可悲的性奴。

當然，胡寶玉並沒有把電扇引入上海，首先使用電門鈴的也不是林黛玉。[168]最先把這些玩意兒帶入上海的是外國人，但是這些名妓的確把這些新奇東西帶入了公共視野和中國人的觀念之中。在公眾的眼裡，這些新的西式玩意兒是和名妓的形象聯繫在一起的。名妓們藉著這種聯繫，在西方的物質文明中注入了傳統的富貴繁華的觀念，將這個接受的過程變得更加人性化。

租界文化的弔詭之處在於，它一方面將上海名妓當作這座城市繁華與現代的根本象徵，同時又對她所擁有的權力和影響力加以嘲笑。這個矛盾讓傳統的文化假設和上海租界提供的新的可能相互競爭。上海的文人們在報紙或出版社等新型媒體供職，他們表現城市形象的時候借用了傳統文化賦予名妓的意義。名妓們也和這些文人一樣，在上海發現了新的機會，她們一舉一動不必再符合傳統的期待。上海租界在融合傳統文化價值和商業生活時的矛盾，構成了一種可稱為「上海租界文化」的基本結構。上海名妓既能代表這座新的城市，同時又可以不斷探究傳統文化中與她們相關的隱喻，足以證明這一租界文化以及與其相適應的個性特徵在不斷發展。如同指南書和報紙文章所說的那樣，上海名妓巧妙地將傳統文化規範和西方元素融合在一起，創造出一種新的活力，得把它放在一個蓬勃發展的都會中心的背景裡去理解。為了生意興隆，上海名妓不得不保持，甚至有意堅持一些有關自己的傳統假設，同時，生意興隆意味著她得不斷「標新立異」，人們認為她代表著獨一無二的上海，她就得滿足人們的期待。

清末新型城市知識分子醉心於評說名妓的原因何在？不應僅僅訴諸於他們的孤獨、迷惘和對慰藉的渴望，我們需要更複雜的解釋。如同上海名妓的神話一樣，明末的名妓也曾俘獲了人們的想像。晚明的江南經歷了一個世紀的文化復興運動，人們幸福地追憶著逝去的輝煌。晚清的上海名妓引發了另一代人的幻想，但她們的目光望向了完全相反的方向——未來。

　　名妓們大膽擁護都市摩登，她們抓住了新時代的精神，而文人們既為之癡迷，又備受挑戰。在他們對名妓的種種描述中，他們也在體味著自身的不安碰撞。

　　當中國的文人還在考慮變革的觀念和觀念的變遷時，上海的名妓已經通過她們的生活方式、商業行動、社會關係，乃至性關係當了一把新型都市文化先鋒。文人們對西方社會價值和物質文化的態度曖昧不明，說明這些價值和文化，以及與之配套的貿易、商業、公共禮儀，給傳統的等級制度帶來了威脅，挑戰了文人在其中的優勢地位。名妓社會地位邊緣，相對沒有束縛，她們只在對自己生意有利的時候才堅持傳統。不需要任何思想動機，她們就把租界賦予個人和商業的權力轉化成了身體姿態、自由行動、豪華服裝和室內裝飾。她們打破了東方與西方的界限，但並沒有意識到這樣做意義深遠，令人不安。在對個人聲價的追逐中，她們引入了一種新的大城市的心態，這毫無疑問是上海租界的獨特產物。從長期來看，上海名妓的商業實踐也為打造一種獨特的、與「美」有關的商品世界鋪設好了舞台。就連「娛樂」這個概念本身，也是在晚清時期綜合了上海的多種文化面貌才基本確定下來的。

　　對展示現代性來說，性關係是重要的組成部分。此時的上海名妓只與一位主要的恩客保持性關係，同時她可能也會養一個相好。儘管同是墮落風塵，名妓還是著意將自己和普通妓女（prostitute）區別開來。一流名妓絕不會在性交易市場上任人

挑選，她們努力追尋的是新的都市生活。有些名妓拒絕離開上海給人做妾，以免在大家族裡被正妻控制，她們堅持要在上海另設別宅，保持一種核心伴侶關係；有的名妓不懼客人和記者的議論，公然包養戲子做情人。她們所做的這一切，為其他女性開創了新的空間，並給她們提供了可供選擇的行動模式。

　　當時已經有人看到了上海名妓可能帶來的積極影響。詹塏是一位旅居上海的遊客，公開支持婦女參與公共事務。對於上海名妓爭取在公共場所進行娛樂表演，他表示十分同情，1906年他寫道：「方今四方閨秀，衣飾一切，咸以海上青樓為傚法。值此女學勃興之會，使失足青樓者亦知勉自立品，則其同化之力所漸被，必於女界前途大有影響。」[169]

上海・愛

新 的 遊 戲 規 則

上海名妓搬到租界之後，其新的社會地位很快轉化成了一套細密的新規則。這些規則重塑了各方之間的關係，恩客、名妓、妓院，以及不同級別的妓女都改變了彼此的相處之道。有些規則從舊例發展而來，有些完全是新的。在這個脫離了所謂正常生活的追逐與被追逐的世界裡，這些規則確立了一個秩序，在妓客關係中建立了新的平衡。可以說主要是上海名妓對自身利益的堅持推動了這些規則的發展，這個過程為我們觀察上海花界的內在運作提供了一個獨特的視角，更重要的是，我們還可以從中了解到名花們對自身有什麼新的評價。

迅疾的變革勾起了此道中人講述的慾望，從 1870 年代開始一直到 1900 年代，大量的名花譜、評花寶鑒問世。它們和日記、遊記、筆記、竹枝詞、小說一起，見證了上海倡優文學的繁盛。這一類文學是隨著上海租界的快速發展而蓬勃起來的，當上海租界成了中國主要的商貿、出版和娛樂中心時，讀者們也讀到了花界指南、名花小傳和各種評論。把上海名妓寫成租界特殊一景，使得商業的上海也像一個娛樂業的「遊戲場」。人們在這裡可以體驗新奇、摩登、洋派和撩人的一切。這些文字吹噓花界規則有多麼奇特，幫助塑造和傳揚了上海妓女的名聲，而和她們一起聲名遠播的，還有其戲劇般的情愛世界以及上海租界這個大舞台。

最近有兩本書寫到這些規矩。賀蕭在《危險的愉悅》中詳細地描寫了這些規矩，在她看來，這些規矩是男人為了自己的愉悅創造的文化遊戲。

她採用了一種「常識性的理解」，認為是妓院的客人制定規則，在她看來，這些花界指南所說的，「只是男人們感到自己應該了解的、處於通商口岸迅速變化的特定環境中的上層社會的習俗，同時它們也透露出這些男士願意以什麼方式整理和回憶這類上流社會的社交活動」。[1]我對這些指南書和其他講述的分析卻表明，這些規

則的結構相當新穎，應當是租界特有的產物。

意識到這一點以後就產生了一個問題，究竟是什麼東西引起了這種變化，而它又是怎樣改變妓客關係的？

安克強在《上海妓女：19—20世紀中國的賣淫與性》一書裡主要分析了這些規矩在經濟上的意義。儘管他也提到了這些規則的文化和社會功能，他認為對上層社會的客人來說這也是社會地位的象徵，但他強調滿足性慾還是第一位的。但是，我們的文獻材料顯示，這些規矩所強調的核心是以「情」裝點起來的文化娛樂而不是性，對於高級妓女而言尤其是這樣。在中國上流社會裡，男女之間避免公開接觸，只有妓女和客人來往是例外。在這個例外的脆弱空間裡，規矩起了十分重要的作用。有了規矩才能按角色演戲，也才有一個等級制度。同樣，我們的問題仍然是：變化的動力是什麼？遊戲規則是怎樣被改變的？

妓女的等級制度與老城廂裡的規矩

作為當時最受歡迎的報告文學作家和中國第一代記者，王韜（1828—1890）對上海花界的記載年代較早且內容翔實。[2]他早年的《海陬冶遊錄》寫於1860年，主要介紹了太平天國進入上海以前的老城廂的上海名妓。而後來的《餘錄》寫於1878年流亡香港之際，講的是上海租界裡名妓的生活，描述了那裡所實行的一整套複雜的規則。有人會說1860年代以前的老城廂的部分缺乏細節是因為這一切對讀者來說都太熟悉了，但是如果比較前後兩本書，會發現後來的描述之所以如此詳盡，是由於租界發展起了一套內容豐富的新規矩，這些規矩反映了租界妓女等級以及妓客關係的變革。

王韜在書中寫了老城廂三種等級的妓女和妓院：堂名、草台和私局。[3] 堂名最受歡迎，也最豪華，裡頭又分為頂層的「堂頂」和底樓的「堂底」。堂名裡可能有三五十名女子，主要根據她們音樂演奏的好壞來分等。當時大約有十家這樣的堂名。草台的地位稍低，價格也稍便宜些，不過更樂意提供性服務。據王韜稱，當時的私局不少於三百家。這些做小本買賣的妓院沒有設宴必須的廚房用具，只能從外頭叫菜，不過通常私局會提供一個溫馨的氛圍。在這三種等級之外還有一種「名媛」設立的場所，她們自稱「住家」，既不願屈尊唱歌，也不會親自服侍客人，這些事都留給女婢做，但王韜沒有說明這些地方到底提供什麼服務。[4]

除了名媛的家以外，其他妓院都是直接進去就有人來招待。王韜用自己的親身經歷來驗證了這種觀察。他所記載的規矩著眼於服務而非個人。當客人走進妓院時，鴇母會出來給他端上茶水和水果表示歡迎。如果流氓上門，沒人按這個規矩來歡迎他，他們可能會「呼朋喚友，滋生事端。名妓厭之，稱之為『茶水客』」。名妓們很怕流氓，稍微沒伺候好，他們就會帶著兄弟一起來鬧事，可能還會把妓女綁走，稱為「拔倌人」。[5] 為了不受幫會欺壓，妓院可以賄賂地方長官的主要僕從，也稱「撐頭」。妓院必須在法律難及的地方做生意，因此衙門小吏彷彿把法律捏在了自己手裡。幫會成員內部分贓稱為「黑規」。[6]

老城廂裡的女說書藝人和歌女也有不同的種類。她們按專業水平來分等級，最高的是「評書」和「唱曲」，接下來是唱「花鼓戲」的或者「說因果」的。她們的公開表演時常會受到禁演的威脅，理由是當局禁演淫詞艷曲。[7]

王韜的描述大部分都和毛祥驎相符。毛祥驎是地道的上海人，和王韜生活在同一時代。他的《墨餘錄》概略地介紹了老城廂妓女的等級和規矩。

他和王韜的記述大部分相同，唯一的不同在於對名媛的評價，毛祥驎認為名媛才是最高級的妓女。[8]

姚燮（1805—1864）1855年所著的《苦海航樂府》是有關上海老城廂淫業的一份非常早的記錄。這本書裡的一百零八首詩，全部寫的是發展租界之前的上海妓女和淫業。[9]和很多指南書一樣，這本書一開頭就是一番警世之語，勸誡年輕人要提防邪惡的貪慾和狡詐的妓女，但接下去就開始鋪陳妓院的種種程序，以豐富的細節介紹了妓院的生活、規矩和生意經。[10]他的樂府詩提供了大量珍貴的信息，我們可以藉此了解這些場所裡的規矩，並與後來的情況相比較。

根據姚燮的說法，堂名就像傳統的妓院一樣，在同一屋簷下提供性、飲食和娛樂。最有名的「寶和」與「雙秀」各有三十到五十名妓女。其中大約有一半人提供主要的服務；另一半不到十三歲或超過三十歲的叫做「陪堂」，負責普通的接待。赤腳的男僕稱作「外場」，也兼做保安。客人被叫做「闖門頭」，他任何時候都可以想來就來，不用引見。客人到的時候有一位年長的姨娘前去歡迎他，親熱地問他「您光臨過我們這兒嗎？」接著便禮貌地請教客人的籍貫和姓氏。妓女們無論年輕年老都會出來，試圖吸引新客人的目光（第三首）。

客人選好心儀的女子之後就被帶到她的房間裡去。這些女子的角色大約介於高級歌伎和普通妓女之間。妓女稱客人是她的「路頭菩薩」，謙稱自己是「鄉下官人」。客人點餐（「端正」）以後，妓女謙恭地感謝他惠賜這種榮耀，然後開始具體的打點安排（第四首）。

蠟燭（油條）點起來了，新茶泡好了，鴉片煙槍也端上來了。半隻黃梨和四錢黑瓜子供到了財神面前，也就是所謂的「黃黑供」。妓女親自獻上一杯特別的「瓜邊」

蓋碗茶，也就是「體己茶」，再寒暄幾句（第五首）。

團圓桌擺好以後，客人（可能也有朋友一起）與名妓各自入座。酒菜上來若嫌不夠就再加菜。接著可能上演「拇戰」（猜拳），做東的客人會在燭台上放下兩枚銀元，這是打點僕人的賞錢。隨著一聲「先生到！」，唱曲的名妓亮相了。她南北曲調都唱，用的是一種混合了北方話和蘇州話的方言。唱曲的時候她彈三弦或者打鼓，或者用二胡當伴奏。最後米飯上桌，表示宴席到此結束，名妓則照例請客人原諒她招呼不周（第六首）。

如果客人吃飯後不過夜就離開妓院，這就是做了「空局」，所有的花銷只有兩塊錢（姚燮沒有說「整局」要花多少錢）。因此妓院竭力避免出現這種空局。當客人想走的時候，他又被「拽」回到妓女的床上，妓女則極盡甜言蜜語之能事（第七首）。稍後她告辭去另一桌陪客。到那一桌結束時她才能回到床上來。第二天早上，妓院給客人一塊月餅當早餐，客人吃完就該離開了（第八首）。

總體來說，上海老城廂的高級堂名做生意的時候已經有了一些規矩。客人可以不經引見就去妓院，但只有在正式歡迎和自我介紹之後才可以挑選妓女。妓女用特殊的茶杯給他敬茶就表示她接受了。客人在妓院開筵，妓女在旁作陪，會唱曲的妓女還要表演助興。客人可以只選擇這些社交文化娛樂，但妓院總是急於留客人做包含性服務的整局。而且，即使這位被看上的妓女有其他的客人要陪，在這桌客人沒有吃完之前她也得一直作陪。

從這些敘述中，可以清楚地看出當時的老城廂不存在租界妓女中的等級制度。妓院裡有一些儀式和規矩，但妓女只在妓院做生意，因此並不需要一套規矩來指導在公共領域如何行事。

上海租界和新的妓女等級制度

1850 年代到 1880 年代間，從老城廂搬到租界的妓女們為自己劃分了新的類別，建立了獨特的等級制度。起先高人一籌的是「書寓」，她們是專業的說書藝人，各有自己的表演場所，她們肯定也不提供性服務。後來，另一個群體，也就是「長三」躋身於最高等級，並逐漸取代了書寓的作用。1870 年到 1890 年間，長三不斷追逐新潮，最終獲得了這座繁榮都市的恩寵，成了它的象徵。根據文獻記載，1860 年代早期，客人和長三之間的關係還沒有後來那麼正式，性服務明確地包含在服務項目中。[11] 到 1880 年代，早期包括性服務在內的「三塊錢」服務消失了。[12] 到了 1890 年代，長三還增加了一重身份——作為各個書場的獨家簽約演員，她們還在書場公開演出。[13]

長三下來就是「二三」，再下來就是「幺二」妓女。很多學者都已指出，二三這一類型在 1880 年代逐漸消失。王韜著於 1878 年的《海陬冶遊錄餘錄》指出，這一等級制度是上海租界獨有的，後來它取代了舊的等級制。[14]

這兩種上海妓女的分等制度在無數的竹枝詞中也有描述。著名的清代詩人袁枚（1716—1798）之孫袁祖志（1827—1902）是時人眼中的「老上海」，現存最早的上海竹枝詞就出自他之手。他從 1850 年代起就住在老城廂，1870 年代搬家到了租界。

他的《滬北竹枝詞》刊印於 1872 年，書中對老城廂和租界做了細緻的對比，他對租界出現的新式妓女和她們的營業場所做了這樣的描寫：

富貴榮華（內含上海名妓最集中的裡弄名稱。——譯註）瑞兆嘉，十分春色不嫌奢。何須艷說丁家巷，花徑三尺自足誇。[15]

下面的註釋寫道：

兆富、兆貴、兆榮、兆華皆裡名。此外日秋、久安、同慶、尚仁、百花、柱
馨各裡，悉繫上等勾欄，俗稱板三局。丁家巷乃蘇台昔日妓館最盛處所。

　　他接著描寫了「二三局」、「幺二」和在公共場合說書的「先生」。[16]前兩個稱呼
他沒有給出有說服力的解釋。因為「二三局」意味著「兩三塊的服務」，「幺二」意
思是「一兩塊的服務」，只要它不是別的方言中的其他同音字訛誤，兩者似乎都包含
著數字。有人推測，租界妓女的新等級制度和稱呼與治理租界的外國當局的政策有
關。長三的服務價格是三塊，幺二的價格是兩塊，這是工部局 1860 年代早期確定的
價格，以防妓院亂喊價。[17]儘管這種推斷缺乏歷史材料的支持，但客人按照付費價格
來稱呼妓女似乎也有可信之處。這種習慣反映了上海的商業精神，同時也象徵著客
人見到妓女可以正大光明地掙錢時的複雜心態。名妓自己從不用這些貶義的稱呼。
　　長三稱呼自己的方式比較有學問，例如「校書」，意譯過來就是圖書編輯或校
對者，而幺二用她們寓所的名字來稱呼自己。[18]新型妓女開創了新的娛樂形式。懺
情生（即袁祖志）在他 1872 年的《續〈滬北竹枝詞〉》中寫道，他發現現在的租界與
他十年前寫竹枝詞的時候相比變化甚巨，他感到必須要續寫新的竹枝詞。他記下了
很多當時流行的冶遊形式，包括去戲館、聽名妓唱曲、上戲院、叫名妓出局，或者
聽女先生說書。他詳細描寫了名妓們在公共場合的行動，她們在下午四點鐘左右乘
著西式敞篷馬車出遊，「觀者有目迷之歡」[19]。有個名妓在戲院的人群中看見了一個
熟人，就打發僕人過去給他裝煙。他關注到的恰是名妓們公共活動的新領域。這個

領域裡，最突出的可能是完全由女演員演出的女書場。

租界裡最早的女書場是「也是樓」，這個名字沿襲了老城廂著名花園的名稱。據傳也是樓開張於 1870 年代，老闆是一位名妓。這裡紅火的生意引得很多人爭相效仿，以前完全由男演員為主的茶樓、書場也開始邀請長三和書寓前來表演。這些書場最初叫做「女長三書場」，後來叫做「女書場」。[20]

1890 年代的歷史圖片顯示出女書場的建築樣式，證明上海名妓的演出是部分地暴露在公眾視野中的。我們應當在這樣的環境中來理解當時上海租界青樓的複雜規矩。以前妓女表演多半在室內，在沒有外人的私人場合，現在則向公眾開放了，一切都在公眾的注目之下（圖 2.1，2.2a，b）。

姚燮的書雖然細節不多，但還是令我們想到，租界發展出來的這些規矩應該來自江南地區。[21] 搬到租界的名妓來自蘇州、揚州、寧波，都是史上著名的繁華都市，她們可能也帶來了一些那邊的規矩。在建立新生活和新環境的過程中，名妓們肯定也不斷混合、挑選和創造著規則，直到最後的規則被指南書記錄下來。這個過程很難被詳細地記錄下來，但毋庸置疑的是，指南書中所描寫的這些規則反映的是名妓身處的新環境以及她們對它的反應。名妓們被當作租界的獨特風景之一來表現，她們也為重塑這個移民社會的社會關係作出了自己的貢獻。

新式社交的儀式和規矩

新規矩包含了接近名妓的方法、求愛和分手的方式，以及債務關係。上海花界指南是我們了解花界新規矩的最重要的材料。這些指南書大約從 1870 年代中期開始

2.1 《女書場》。石版畫。圖下方發光的煤油燈把夜晚照得宛如白畫。(點石齋,《申江勝景圖》,2:30)

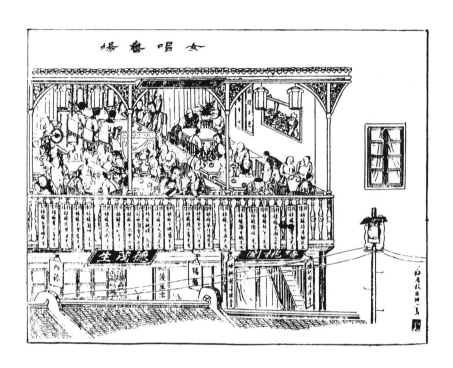

2.2a 《女唱書場》。石版畫。《桃源趣書館》的開放式建築結構讓名妓和客人可以倚著欄杆看街景。路燈說明
這裡是上海。(梅花主,《申江時下勝景圖說》,2:5)

2.2b 照片明信片。照片中是桃源趣書館，19世紀末。這張明信片表現的景象與（a）圖相仿，一個女子正坐在欄杆旁邊。（私人收藏，洛杉磯）

出現，不同於傳統的評花寶鑒、名花小傳和本地遊樂指南。[22] 早期的文獻是一個個的名妓小傳，但上海的這種指南書編排的方式就像分門別類的字典。它模仿的是另一個不同的樣板——清代的辦公指南手冊，解釋簡短，也沒有特別的順序。[23] 這些書是讀來消遣的，不是為了讀者查找方便。記錄這些規則和規矩的文字都是一種實事求是的口氣，大多沒有評論。[24] 呈現在我們面前的是一種名妓與客人之間的儀式化的「劇本」，要求雙方平等參與，這可跟租界外的男女關係有天壤之別。

大部分指南書的作者都不用真名。1877 年出版的《海上煙花瑣記》署名是「指引迷途生」，作者藉此宣稱，寫作本書是為了提醒後來人上海名花充滿著危險的誘惑。[25] 早期的指南書把相關的規矩、制度、生意管理等等都放在「客人須知」一類的題目下一起介紹。1880 年代到 1890 年代時，指南書的序言換了一個語氣，1892 年的《海上青樓圖記》用歡喜的語調大讚上海：「道咸間，中外通商，諸國集，我朝割濱江尺土以畀之，以為貿易之所，不轉瞬間而逐為中夏之一大都會，其風俗之奢、煙花之盛，固蚤已甲於天下矣。」[26]

從指南書描述之詳盡可以看出讀者對背景並不熟悉。同時，這些指南書獵「奇」的偏好讓人對序言裡的道德高調心生懷疑。儘管這些書都貌似客觀描述，但我們應當把它當作新的花界規範，而不是妓館裡的實際情況。

從內容和細緻程度上來看，各個等級的規矩有所不同。雖然指南書涵蓋了妓女生活的各個方面，但主要還是聚焦於更有影響力的高級名妓，她們精緻的家居佈置、精心維護的上層地位都是引人注目的焦點。

指南書描述這些規矩的用詞都是固定的，抄襲的成分肯定也有，但說法這麼一致表明當時的規則已經穩定下來了，王韜稱其為「規禮」，1904 年的《負曝閒談》

則稱「規矩」。[27]直到 1920 年代「俗例」、「定例」、「節例」等專門的類別才出現。

名妓生活的方方面面，包括社交、經濟、宗教生活都按這些規矩來行事。她們與客人之間的間接往來也遵循著這些規矩。它規定了客人的經濟義務，描述了妓女求神拜佛的儀式。而規範妓女和客人交往的相關規矩是最細最多的，客人如何結識妓女、如何與她見面、如何求愛，妓女如何接受和拒絕都有一定的規矩。[28]

見　面

想要見到高級妓女必須經有身份的恩客介紹。當紅名妓所在的妓館可不是想進就進的，沒人介紹的客人會被攔在門外。恩客引薦新客人可以抬高自己的身價，但他也得為這位生客當保人。1880 年代，如果這位生客頭一個節度欠了妓館的錢，他還得在第一個節度結束時代為清賬。[29]引薦新客人時可以去「打茶圍」。考慮到相關規矩很複雜，而且用漢字來描述上海方言有點彆扭，我們這裡還是先介紹一下有關術語。「打茶圍」的意思是下午去拜訪妓院，由做介紹人的恩客作陪（圖 2.3）。這樣的拜訪時間不能太長，他們不能去得太早，因為名妓通常凌晨才就寢；但也不能去得太晚，因為她還得梳洗打扮，為晚上見客做準備。打茶圍的時候，妓院會給客人提供免費的茶水和鴉片煙。

另一種結識名妓的辦法就是「叫局」，所謂叫局就是恩客叫名妓前來餐廳、戲院或書場陪客（圖 2.4）。叫局不是新發明，在姚燮的《苦海航樂府》裡也曾提到過。但以前叫局只是叫妓女準備宴席，在租界裡叫局的形式更豐富了，說明娛樂已經轉移到了公共領域。最常見的情況是，名妓的名字和地址被寫在一張小紙條上，這叫做「局票」，然後下人再把這張局票送到妓院去。生客不能自己叫局，他只能

洪善卿聚秀堂做媒

2.3 《洪善卿聚秀堂做媒》。石版畫。一位相熟的恩客正在引薦新客人。一位很年輕的妓女
（稱為「清官人」）被帶來與新客人見第一面。（韓邦慶，《海上花列傳》，1894）

上海・愛

震寰藥廠

上海曲院之現象

愛理士紅
衣補丸

大補
血氣

承歡
侍宴
無閒
暇〔醒〕

今分行在
上海四川
路一百十
四號洋房
批發各埠
均有寄售

每瓶洋一
元二角
每半打洋
六元

2.4 《上海曲院之現象：承歡侍宴無閒暇》。石版畫。這些名妓都被叫到一品香番菜館去陪客人吃飯。請注意服裝式樣與 1880 年代已經大不相同了（參見圖 1.1）。（《圖畫日報》，no.249〔1910〕）

讓一位朋友替他叫，這就是所謂的「借局」。只有當這位生客和名妓見了面，她認得了他之後，他才能自己去找她或者叫她出局。局票好像是租界自己的發明。從前，妓院都是官辦的，要請妓女在私人宴席上侑酒陪客必須先向衙門購買一種竹籤，局票就是從這個制度發展而來的。[30] 客人親手填寫的局票也是日後算賬的憑據。以前妓女出局都得要衙門正式批准，她們對此沒有任何發言權，現在租界用局票的規矩把出局變成了妓客之間的合同約定，名妓有相當大的選擇自由和自主權。

名妓們堅持生客得由有身份的恩客正式介紹，這樣可以保證他有足夠的文化和經濟資本，同時也為這位新人找了一個保人，這樣他在朋友面前也不至於舉止失禮。這位恩客應該提前給新人介紹妓院的規矩和講究；這個過程模仿結婚前做媒的環節，給雙方都留下了拒絕的餘地。在中國社會男女授受不親的環境裡，這個上海特色的發明是非常都市化的，它為現代愛情行為規範的發展做出了很大的貢獻。

客人與名妓之間的追逐與愛情當然並不是上海租界才有，這個傳統可謂歷史悠久。但上海租界給這些新的形式提供了保護，為愛情提供了特殊的空間。在中國以前的都城和商業城市裡，娼妓業的發展都是在國家的嚴密監管之下，不過上海租界裡的權力轉換卻有利於妓女，在這裡位高權重的人物也得遵守新的遊戲規則。追求長三妓女的規矩反映了權力機制的變化。

追求幺二妓女的規矩與老城廂裡堂名的規矩相仿，客人可以直接去幺二妓館而無須他人介紹。上等名妓棲身的妓院裝飾豪華，通常只有一兩位名妓，門前要麼只有「某某書寓」（「書寓」一般用來指這類妓院）的小牌子，要麼根本沒有任何標誌。幺二妓館則不同，它會把堂名掛在門外，一般叫「某某堂」。本來幺二妓女的名字不會貼出來，後來到了1890年代，她們的名字都會寫在小紙條上，在大門上貼出來。

幺二妓館妓女的數量從十名到四十名不等，而妓館的房間可能多達一百間。陌生客人來到妓館時，龜奴便會高喊「移茶」，此時所有沒有客人的妓女就會集中到一個房間讓客人挑選（圖2.5）。最高級的幺二妓女不會在第一輪就露面，若是客人不願從中挑選，龜奴就會再喊幾聲「移茶」，比較紅的妓女才會進房間來。不過指南書也提醒客人，見最好的幺二妓女也是需要有人引薦的。最後，被挑中的妓女把客人帶進自己的房間為他斟茶。

長三和幺二見生客的區別很重要。長三遵守的一套規矩與她身份相符，突出了她的服務和文化身份，因為她們肯定受的演藝訓練更多。妓女也可以升級，但有很多困難，改變地位也不一定就會掙錢。是否能從幺二升級成為長三取決於幾個因素：第一，有娛人的技巧，比如懂唱曲、會講話，而幺二通常沒受什麼訓練；第二，有恩客願意提供經濟上的支持；第三，長三妓院的鴇母願意借錢給她，或者自己有積蓄可以去長三妓院入伙；最後，還要願意在經濟上擔負更大的責任。不只是客人找長三花銷大，做一名長三花銷也很大。長三必須得把一部分收入分交給妓院，妓院一般也會借給妓女一大筆錢。這種向上流動在韓邦慶的《海上花列傳》等小說裡有過描寫。[31] 長三的價格意味著排他性。而整個戀愛過程中「才子佳人」的角色扮演遊戲裡，接近她們的難度則代表了她們的文化資本。

租界裡可以「叫局」結識長三的新規矩取代了老城廂裡鴇母或娘姨招呼新客人的做法。而且租界裡的高級妓女經常自己開妓館。[32] 因為妓女的生意已經擴展到了整個上海城，有許多別的娛樂場所可供選擇，所以初次見面常常是在戲院、書場等公共場所。就這樣，摩登的情人取代了從前藏在金屋裡的嬌娃。城市成了客人與名妓表演的舞台，看客們則在一旁品評這些風流韻事。不少人看到男女公然出雙入對

2.5 《上海曲院之現象：百花深處品新茶》。石版畫。幺二妓院的妓女見生客。每位客人選擇一名鍾意的妓女。
（《圖畫日報》，no. 282〔1910〕）

感到很驚詫，各種小說、插圖指南書裡也記下了這番海上勝景。

　　雖然客人們是衝著海上名花和這座城市的浪漫來到上海的，但他們也許並沒期望獲得那麼多新潮的體驗。他們可能希望重溫從前才子佳人的舊夢，但這裡尋得的一切都是新的。海上名花也不再是以前的名妓。與上海名妓戀愛意味著要按一套規矩行事，這個行動框架帶著歷史的雅趣，但本質上是為新式的戀愛和權力關係而設計的。

求　愛

　　對高級妓女來說，性關係是一種特殊的優待，一段時期內只有一位恩客可以得到她的恩寵。這件事必須小心對待，不能與其他責任混起來。長三和書寓與日本的藝伎很像，她們提供的主要是文化娛樂。[33] 對於願意而且有能力做恩客的客人，性可以是一種優待。名妓大部分的收入都來自於客人在妓院擺下的宴席。向這些名妓求愛（「攀相好」）、成為她接受的恩客的第一步就是請她作陪，就像我們在「叫局」的過程中看到的那樣。[34] 這裡面所有的服務都有自己的叫法，打牌叫「牌局」，看戲叫「戲局」，比賽喝酒叫「酒局」。一位妓女可能同時有好幾個客人叫局，按行業慣例她要「轉局」（從這個局去下一個局），後面的客人也允許她稍微耽擱一會兒。

　　博取名妓歡心最重要的行動就是在妓院設宴，帶朋友來捧場，這叫「擺檯面」（圖 2.6）。這個花費不菲的行動被視為特殊關係的標誌。這樣的飯局也在名妓的圈子中給她長了面子。她在飯局上的角色就是唱歌、陪人說話、給人斟酒，她只喝一點酒，但不吃飯。飯局結束後，她又把客人們請到自己的房間，為他們一一敬茶，這叫做「謝檯面」。如果某個客人擺了很多次檯面，而且又送了貴重的禮物給她，

那麼她可能會請他在飯局結束後與自己共度春宵。禮物通常包括一對金鐲子和一塊綢緞，妓女把禮物叫做「抄小貨」，而客人則說是「斫斧頭」。從送禮開始，客人就被看成是這位妓女的恩客，他們彼此就以「露水夫妻」之禮相待，雙方都有很多義務，恩客更得承擔無數的經濟重擔。[35]

當炫耀性消費成為上海文化的主要特徵之後，擺檯面又有了更多的變化。1890年代流行的是客人在擺完一桌檯面又接著擺第二桌，這個叫做「吃雙台」。或者也可以「翻雙台」，也就是在同一家妓院或者另一家妓院擺第二桌。也可能一晚上有三四場飯局，搞個通宵達旦（圖2.7）。一位客人也可以叫兩位妓女作陪，這稱作「雙局」。

只要客人與名妓的關係還在娛樂交際的範圍內，價格就是明確的。但如果他們成了相好，雙方就都有了保持專一的義務，錢的事兒就模糊多了。因為長三被視為藝人而非性伴侶，她們有進行表演的公共職責，「轉局」的新規矩也避免了一位客人獨佔名妓，就算是她的相好也不行。[36] 所以經常是有恩客在妓院擺好了酒席，但相好的妓女還在其他的酒席上侑酒陪客。如果他想要自己的相好回來，他也得和其他客人一樣叫她的局。按生意場上的禮節，只要客人是正經引薦過的，所有的局她都得去。等她在所有的局上周旋完之後已是晚上，這會兒恩客才等來盼望已久的良辰。這種規定表明，名妓的職業生活與私生活逐漸區隔開來。不過，恩客扮演「相好」很大程度上也是生意。

叫局和轉局的規矩強化了上海名妓職業演員的身份。這也曾引起很多爭論。前來上海的遊客吃驚地發現，名妓一個飯局大約只待十分鐘，唱完一首歌就告辭。有時候客人覺得等得太久，甚至空等一場，也會因此而起衝突，於是娛樂小報又有了

購服艾羅
補腦汁須
知

艾羅補腦汁為補腦
唯一無二之聖藥中
國由上海中法大藥
房發行每年銷數最
廣活人無算當在中
西官署立案禁止冒
戰丁未夏並呈農工
商部化驗有案無如
偽牌樣出防不勝防
請查閱新證書冒牌
戰牌之歷史便知為
此謹告購藥諸君須
細認艾羅醫生良藥
瓶上艾羅醫生良藥
之一字樣以免魚目
混珠為要中法大
藥房啟

上海曲院之現象
夜半
月高
絃索
鳴（九）

2.6　《上海曲院之現象：夜半月高絃索鳴》。石版畫。恩客在妓院設宴席。侑酒的妓女抱著琵琶。旁邊有樂師正在演奏，這是在20世紀初發展起來的做法。(《圖畫日報》，no.238〔1910〕)

2.1　《上海曲院之現象：添酒回燈重開宴》。石版畫。要翻檯面的客人得提前付第二次的費用。(《圖畫日報》，no. 229〔1910〕)

新到格致晶片中無論
黑白藍近光夫光各
種格外致眼鏡店由醫
生研究亦能成晶無論年
老年輕均能保護目
光配光分文不取配
功配光分文不取配
換鏡片免克己以
有樣皮鏡本無樣
造新發明用新法製
鏡能免鼻架兩
太陽庶免鉤疼耳根不
期推廣現用新法製
釋手折脚免住架不
玲瓏各式眼鏡銀樣
純銅各種銀樣
均可照脚鏡改良
翡翠寶石珠首飾花色
洋鑲金銀首飾花色
繁多不及細述
包退回換到割一不二
上海二馬路西口跑
老少無欺自他時估計
蘇州閩門馬路姚家
弄對面

金珠寶玉洋貨銀食品
昌 上海
州 新開
新 蘇

2.8 《上海曲院之現象：從此蕭郎是路人》。石版畫。妓女同意嫁給恩客的話，掛在大門口的木頭名牌就得摘下來。娶妓女的恩客會給摘名牌的男僕賞封，從二十元到一百元不等。（《圖畫日報》，no.301〔1910〕）

新聞材料。名妓開始有私生活表示她們正向新的現代都市角色轉變，而她們真正的私生活是從找戲子當相好開始的。當時很多文人都對此表示譴責。[37]

雖然公共角色和私人身份的界限越來越清晰，但這不妨礙上演舊戲碼。上海名妓照著《紅樓夢》裡的人物給自己起花名，以便附會才子佳人式的浪漫。[38] 她們有時候也會把自己和相好的當作真正的夫妻，讓妓院的大姐叫恩客「姐夫」。這兩種劇本在上海的長三妓院都很流行，因為大部分狎客都是獨在異鄉，沒有家人和妻室在身邊。名妓按照「家人」的劇本來扮演妻子，妓院就像家一樣給恩客提供了休息會客的場所。在整個過程中，名妓還繼續做她的職業演員。假如妓女同意的話，恩客可以娶她當小妾，她就會把妓院門前的名牌摘下來（圖 2.8）。

戀愛經濟

受邀進駐妓院的名妓被看成妓院的生意夥伴，妓院會預付給她兩三百銀元來置辦新衣和家具，這叫做「帶擋」。預付款利息很高，名妓得按期還款。我們可以比較一下，1880 年代到 1890 年代記者每月的薪水大約是十五到四十元。如果名妓想要調頭的話，她就得還清所有的錢。

如果名妓生意很興隆，她就可以搬到更高級的房間去住，這個規矩叫「調房間」。有時候調房間意味著從鬧鬧嚷嚷的底樓搬到相對僻靜的樓上，說不定還有風景可看。恩客可能會為此「做場面」，在妓院擺酒席慶賀她的喬遷之喜。

要是妓女決定離開妓院，她就必須交錢給老鴇贖身。如果她是妓院的合夥人就得還清所有債務，如果她當初是被賣給妓院的就得交贖金。要是有恩客願意娶她並

出錢「代贖」，她就可以重獲自由身；要是她有足夠的積蓄也可以「自贖」。她也可以為此找人借錢。很多名妓贖身後都打算自立門戶，反過來自己做老鴇。[39]

長三經常搬家（圖 2.9），搬家一般叫做「調頭」，有一套例行的程序。調頭也是妓女做廣告的好機會，她可以改頭換面、重振聲勢。調頭可能有各種各樣的原因：生意好或者生意不好；名妓決定要換一換妓院；新恩客要送她新家具以博取美人芳心。調頭的時候，這位名妓最親近的客人們會給她擺個檯面表示祝賀，客人通常也會帶自己的朋友們同去，一是捧場，再一個也是給她介紹新客人。

妓女與狎客之間的愛情往往是引發她和鴇母矛盾的導火索。鴇母一般不希望看到妓女動真感情，因為這可能會影響她的工作態度，造成經濟上的損失。妓女與客人有了感情之後常常私下來往，不記在妓院的賬上。有時候，客人成了某個妓女的恩客以後就會「偷局」，偷偷幽會又不付賬，這時妓女和鴇母的利益就是對立的了。只有那些靠演出就能掙大錢的妓女可以僥倖逃脫懲罰。

和其他行當一樣，儘管高級妓院裡什麼都離不開錢，公開議論價格還是會影響它的上流文化形象和商業地位。具體地說，會影響客人在這場浪漫愛情遊戲中的角色認同和愉悅感受。妓院為了不把錢的事放在檯面上可是煞費苦心，含蓄的潛台詞還得讓客人明白，對客人有約束力。在向潛在的客人普及這些遊戲規則的過程中，指南書起了很大的作用。

妓院裡各種服務項目的價格都是事先就定好的，客人每天的費用都有記錄，一年結三次。這個慣例叫做「三節」，因為結款日是在端午節、中秋節和除夕這三個節日。短期訪客一般會把他的住處告訴妓院，在他離開上海以前結清欠款。這個做法一直保持到 20 世紀初，當時核實客人的行蹤還是有可能的。為了保險起見，客人

艾羅花露水

滬上發行之花露水
多矣而艾羅花露水
乃艾羅醫生所創製
以百花之液釀成不
特香氣郁郁沾衣
廚且盥洗時滴用少
許功能辟暑袪痧
益衛生臨臥時有少
許之氣化為烏有臭
德人用之薰非常臭
門氣識非尋常花露
水可比每瓶價洋六
角購者希認瓶上艾
羅仿單庶不致誤
總發行上海三馬路
中法大藥房

2.9　《上海曲院之現象：啣泥舊燕壘新巢》。石版畫。這位妓女正從一家妓院搬到另一家去。請注意背景中妓院大門上掛著妓女們的名牌。

119

也可能會派下人到妓院去把餘款結清。[40]

不清賬就走的客人破壞了與妓院之間的君子協定，他們會被記入「漂賬」的黑名單，很快各個妓院都會傳開，不再歡迎他們。

妓院運營越來越像現代企業，也有各種不同的投資和相互制衡。賣身的妓女或身為妓院合夥人的妓女可以從自己掙的錢裡按一定比例提成。妓院總是想方設法吸引出名的妓女，鴇母叫她們「客師」，她們則自稱「夥計」。自己單幹的妓女叫「住家」。[41]

鴇母、妓女和各種僕人之間的金錢關係也容易引起矛盾，於是有很多規矩來將其中的主要程序儀式化、正規化。儘管鴇母和妓女之間顯然是經濟上的合同關係，它也有很多層次，其中情感聯繫和社會責任也起著重要的作用。[42] 雖然指南書上說妓院的等級關係很明確，實際上權力機制取決於相互制衡的很多因素，特別是那些調和性的禮節。在妓院裡，規矩成了維持各層關係的有效手段，而且不會偏離主要的目標。[43]

名妓對妓院的責任只是掙足夠的錢，鴇母會讓她完全自由地設計如何推銷自己。這種安排培育了妓女的獨創性和獨立精神，也讓她們在生意場上有了寶貴的經驗。這樣，上海租界裡的妓女就可以在很大程度上主導這些規矩，鴇母在這裡沒什麼發言權。晚清的材料經常提到（也抱怨）頂尖名妓似乎對自己自視過高，十分倨傲。[44] 這些女子在娛樂小報上刊登的廣告也反映出她們的獨立，例如，她們會宣佈自己已贖身，現在自己開業。從這些廣告出現在小報（主要是《娛樂報》）上的次數來看，這種事並不少見。[45]

外國妓女

外國妓院也有自己的規矩，只是沒那麼複雜。根據私人筆記、城市指南和花界指南等材料記載，自從租界建立就有外國女人在幹這行了。1850 年代時王韜也曾提到，近虹口以及美租界附近的黃浦江上有西洋妓的花船。「華人之能效彝言者，可易裝而往。纏頭費亦不過二十餘金。彼美人兮，西方之人兮，當不惜金錢以領略此奇芬耳。」[46]

指南書區分了日本藝妓、日本妓女和西方妓女，花了很多筆墨來描寫日本妓院。[47] 介紹這些妓院特點的時候常常還會加上一段中國客人和外國妓女的風流韻事。

邂逅日本藝妓

日本妓院分兩類：藝妓妓院和色妓妓院。藝妓以歌舞見長，有指南書說她們艷若桃李，冷若冰霜，其行為舉止也不像是妓女。[48] 亦有指南書聲稱租界最早的外國妓女就是日本妓女。和廣東妓女一樣，她們活躍於虹口一代，受西方客人歡迎。1880 年三盛樓開業，這裡既是茶樓，也提供中西餐食，還有日本藝妓奉茶迎賓。這種異國情調立刻引起了轟動，一時間很多這樣的茶樓紛紛開業，裡面奉茶的都是會幾句中文的日本藝妓。就連中國高級妓女也很好奇，她們讓自己的恩客召這些藝妓來筵席上陪客侑酒，以便從旁觀察這些新人。[49] 1880 年代中期，日本藝妓比色妓還多，她們提供的服務包括歡迎客人、一邊彈三絃琴一邊唱歌。[50] 提供日本藝妓服務的最大眾化的地方是日本東洋茶樓（美滿壽茶樓）（圖 2.10），那裡有很多藝妓可供客人挑選。選好藝妓之後，客人可以選擇是在大堂還是在雅間享受茶道服務。沒吃

2.10 《東洋茶樓》。石版畫。和其他茶樓一樣,「美滿壽茶樓」的門邊上寫明了日式茶的費用是兩角一位。
大部分客人顯然都是中國人,只有一個日本男人坐在左邊的角落裡。(點石齋,《申江勝景圖》,1:24)

完的茶點還會用精美的紙為客人打包起來，放在形狀雅致的盒子裡帶回家。大堂和雅間的服務是一樣的，不過大堂的價格稍低一些。雅間的價格是一個銀元（日本番奴），茶資一百個銅子。大廳的茶資是一個四開洋，服務費四十個銅子。如果藝妓不太忙的話，還可以跟客人說笑幾句，演奏點音樂。[51] 這些藝妓穿的是輪廓流暢的窄袖和服，據說比較接近六朝的服裝風格。[52] 上面說的這些服務不需要引薦都可以直接享受得到。史上也有中國客人與日本藝妓陷入情網的記載。有個故事說，1882 年一位名叫三三的日本藝妓從長崎來到上海，很快聲名大噪，被視為「異域花」。

但她一點也不愛財，只傾心於一位中國文人城北公。她酷愛文字，求城北公為她講解。據說他們兩情相悅，焚香煮茗，相對忘言。[53] 在文人的世界裡，愛才不愛財是一種完美的理想。

在日本妓館裡

日本色妓的衣服袖子寬大，通常站在妓館門口拉客。她們一般只提供性服務，不唱歌也不演奏。不過有本指南書稱，只要客人多花兩百枚銅錢，歌喉動人的日本藝妓花仙、大玉、姍姍、蘭仙等人也可以提供性服務。[54] 低等茶樓其實就是妓院，客人買茶的同時也可以買春。[55] 茶資是一個日本八開洋，性服務收費一個銀元。鄒弢（1850—1931）給我們提供了1880年代的寶貴信息，他認為這個價格很低。[56] 去這種日本妓館也不需要介紹，甚至初次造訪的客人也可以買春，花一個銀元（「洋蚨」）就可以進低等妓女的臥房。如果客人是老主顧，除非第二天再去，當天再去兩三次都是免費的。但每次他還是得花上兩角茶錢，這個沒法省。[57]

高級妓女性服務收費兩個銀元，她們陪客去戲院或赴宴價格也是一樣，這叫做

「上局」。日本妓女不像中國高級妓女那樣陪著一個客人還要應另一個客人的局，她們會一直陪著一位客人，而且無論是生客還是熟客都可以接待。因此，同時叫幾個日本妓女也就沒什麼不妥的。和中國妓女的規矩不同，日本妓女這種安排允許她們同時為不同的妓院工作。

因為語言不同，日本妓館裡的娛樂活動十分簡單，只是茶道表演和簡單的音樂演奏。中國客人接觸不到，也欣賞不了高級藝妓館裡的優雅禮儀和娛樂。[58] 鄒弢可能通一點日語，根據他的記錄，這些日本女子大都來自神戶、長崎和大阪。

造訪西洋妓館

《海上群芳譜》也提到了西洋妓館。1860 年代早期，西洋妓館分佈在洋涇濱以北。據說西洋妓女奢侈無恥，中國客人去一次要費金五十餅。[59]

西洋妓院也無須引薦。指南書提醒看官，這裡招待客人的方式以及對客人的要求都和中國妓館大不一樣。妓館給剛到的客人送上咖啡和蛋糕；沒有切過的整塊肉被稱作「大菜」（這也是西餐的同義詞），得用刀叉來吃，還經常不加熱就端上餐桌來；晚餐有十道菜，妓女在旁唱歌跳舞，指南書稱「誠為樂事」。真正的文化問題只有一個，就是一旦客人要求性服務的話，先得用香皂洗個冷水澡。所有客人都必須照做，哪個季節也不例外。有位作家留下了這樣的評論：「蓋西人體性炎溫，習慣自然，華人則體質不同，每易受病，以故多不敢再訪桃花異境，惟粵東人恆多樂就然。」[60]

美國妓女美斐兒的傳記提到了她和一個中國小伙子的傳說。傳記作者記載了一個中國小伙子講述他和美斐兒的故事，他給傳記作者看了一張玻璃曬圖的照片，照

片裡的西方美女和英俊的中國小伙子臉上都洋溢著幸福的笑容。「此西洋妓之最著名者美斐兒也，余嘗之。其少年即余也。人生如夢，今美斐兒已物化，余亦絕跡歡場矣。」當傳記作者把照片翻過來看時不禁大驚失色，照片背面一個骷髏，攙著一個面黃肌瘦的客人臥靠在楊妃楊上，旁邊寫著「一失足成千古恨，再回頭已百年身」。這位小伙子接著對傳記作者說，「僕已歡場歷遍，悟澈虛花」。他用照片正反面來提醒自己不要忘了這個教訓。[61] 這一幕引用了《紅樓夢》中反照風月寶鑒的著名情節。[62]

商業口岸、移民社會與規矩的作用

這些描述反映出上海妓女通過各種規矩掌控著局面，晚清的狹邪小說也證實了這一點。諸如韓邦慶的《海上花列傳》（1892—1894）、鄒弢的《海上塵天影》（1896）和孫玉聲的《海上繁華夢》（1903—1906），都突出了妓女的角色。這些小說細緻地描寫了妓院的各種儀式、規矩，但最主要的人物還是聰慧精明的上海妓女，她們一面玩著戀愛遊戲一面做生意。[63] 連《申報》這樣的當時上海最重要的日報也幾乎每天都在關注當紅名妓，這就是她們與低等妓女的不同。[64]

對於一流名妓究竟在多大程度上主動發展儀式、操控生意的問題，各位研究者因其視角不同而得出不同的結論。賀蕭認為掌握主動權的是男客人，妓院跟他們是互賴和互動的關係。把權力歸於鴇母或客人是一種粗略的簡化，忽略了廣泛存在的正式的或儀式性的合同關係，而且也過度簡化了複雜考究的遊戲，其實這直接關係到客人玩得是否開心、妓院生意是否好做。儀式化遊戲的基礎是一種虛構的選擇自由。租界的一流名妓苦心經營自己的儀式資本，以便與客人的經濟資本相抗衡。新

式娛樂最大的吸引力就在於這種建構出來的平等性。名妓作為積極的主體，發展和參與著儀式化的新型關係，希望人們把她們的服務看成職業的娛樂接待。她們行使著相當大的權力，而客人的傳統文化權威和社會地位在租界卻起不了作用。此外，很多客人只是匆匆過客，只能入鄉隨俗。長三並不恥於談及自己的職業，她們稱自己娛樂賓客的服務是「做生意」，她們自己是「生意郎〔上〕人」。[65]

妓女在儀式上更有控制權並不代表她們就是自由的，也不意味著她們是自願選擇這門營生的。不過，只要她進入了這一行，上海就允許她發展自己的經營方式以及儀式，讓她自由地撈取金錢和名聲。

因為得到租界裡的一流名妓的支持，新的儀式和規矩一旦開始採用就相當穩定。對比早期的記錄和 1930 年代到 1940 年代的城市指南可以發現，這麼長的時間裡變化並不大。[66] 晚清時期《圖畫日報》特闢了一個專欄詳細介紹這些儀式，從中可以看出，變的只是小細節，大體都沒變。[67] 在這種情況下，保留這些儀式可能成了適應新環境的一種保守商業策略。當 20 世紀的上海日益發展成一個世界性的工業中心，電影工業和電影明星冉冉升起的時候，上海名妓就像近代日本的藝妓一樣，以代表「老傳統」來保持吸引力。[68] 妓女在保存昆曲柔美唱腔上所起的核心作用也證明了這一點。[69]

愛情交易及其情感代價

上海名妓在儀式框架的保護下進行著她們的愛情交易，這也意味著她們在工作中可能會遭遇情緒緊張和壓力。我們知道，男性的聲音在傳統中一直佔據主導，因此女性的想法和情感很難被記錄下來，不過有一本極為珍貴的、還沒有引起關注的

妓女書信集可以幫我們部分地彌補這個缺憾。這本書收錄在 1898 年的花界指南《海上遊戲圖說》中，題為《海上名花尺牘》，其中二十五封沒有註明日期的信函裡，三封是上海的妓女寫給外地妓女的，十封是寫給離開上海的客人的，四封是離開上海的客人寫來的，三封是上海妓女寫給去外地（一般是通商口岸）碰運氣的妓女的，兩封是外地的妓女寫給上海妓女的，還有一封是一位上海客人寫給長三妓女的，後面還附有她的回信。有些信可能是請人代寫的，但有的信明顯是妓女親筆寫的，因為收信人回信時提到了見到她熟悉字跡的激動心情。[70]

這些書信粉碎了對妓女生活與情感所有簡單的臉譜化的勾勒。雖然在統計意義上不具有代表性，而且很多語言也都是套話，但它們發出了妓女自己的聲音，揭示出她們真正關切的內容。

身為妓女的情感代價問題在這些信件裡十分突出。上海「四大金剛」之一的林黛玉寫信給住在杭州東郊的綠琴女史，訴說她沒有家庭和愛人的孤寂。從上下文來看，這位綠琴女史也曾是上海名妓，現在嫁往了杭州。

《海上名花尺牘》的編輯稱呼林黛玉為「眉史」，這是當時對上海名妓的尊稱，而脫離了風塵的收信一方則被稱為「女史」。這本刊印於 1898 年的指南書非常完整地再現了這封信的原貌。這封信模擬呈遞法庭的訴狀每次提到法庭就要另起一行的格式，有三種另起一行的方式：提到自己時位置最低，提到朝廷或有品級的皇室成員位置稍高，提到皇上時起頭位置最高（原文為豎排，因此有高低之分。——譯註）。下面我們用空格來重現這種格式：

憶從

分袂之時，籬邊菊綻，迄今奉書之日，嶺上梅開，路隔千程，情牽萬縷，即維

綺香賢姊大人妝納祜

繡閣延熙

裙布荊釵，心厭繁華之地

挽車提甕，身居安樂之鄉

姊喜有家，我能無祝？

妹春愁才解，秋扇遽捐，邗水輕離，滬江重到，昔日妝樓，姊妹已是晨星寥
落，自嗟命薄如斯，萍飄蓬梗，回頭若夢。恨也何如？而況故園歸去已是無
家異地，羈留終鮮良策，於是暫質一椽，聊蔽風雨，然而三更涼月，空照孤
眠，五夜雞聲，易增愁緒，人生當此況味可知，屢思遁跡空門，懺除凤葦，
而姊妹輩尤力為苦諫，謂釋家之懺悔，原屬虛無，豈其能挽回生成之數哉？
即使擇良而匹，在理所不可緩，在事所不可急。不識三生石上，因緣尚在何
方？以故洗盡鉛華，屏除妄想，靜以待緣。定情再賦耳。

回憶花晨月夕，燈燭香消，與

賢姊並坐談心，品評苦樂。時僅隔年，事同隔世。竊願天緣可假，或存相見
之期。江水雲遙，自有往還之路。惟望

珍重。更請

加餐。倘逢鴻便，乞賜

魚音。肅此即頌

閫安。[71]

信裡表現出的名妓之間的緊密聯繫在其他通信中也隨處可見。這個行當裡最核心的就是名妓出路的問題。這是碗青春飯，名妓們必須在自己還年輕貌美的時候就開始打算將來。嫁人是條體面的出路。林黛玉結了好幾次婚，但最後還是回來幹自己的本行。按比較公認的說法，她只是把結婚當作清償債務的一個手段。[72] 這封信裡她也提到很多姐妹力勸她選擇一位良婿，但她強調結婚仍是困難重重。用她的話來說，她只能相信命運，「靜以待緣」。在第一代的妓女明星裡，林黛玉是一位非常有能力的企業家，她一生中大部分時間都在做生意。這一行風險很大，而且情感的代價也不小。正如信中所說，名妓可能一生孤寂，尤其當曾經共處妝樓、日久情深的姐妹都離去的時候，更是備感寥落。

　　從其他名妓的書信來看，將來如何也是困擾她們的主要問題。汪珊寶寫信給已經嫁人的周月卿，請她幫忙打聽一個向她求婚的候補官員是個什麼來頭。汪珊寶告訴月卿，自己即將嫁作小妾，但這也是人家的義舉，因為這讓她所身處的「火坑萬丈，遂化清涼」。雖然她嫁過去只是做妾，但還是比「骯髒煙花」好很多。[73]

　　儘管信裡說的都是套話，但還是流露出了汪珊寶對脫離歡場的真實渴望。因為周月卿的丈夫與這位追求者認識，她希望周月卿向丈夫打聽一下他的為人是否可靠。汪珊寶認識這位客人時間不長，可以說是一見鍾情，但是他是官場上的人，所以她無從打聽他的來歷。

　　追求者的人品至關重要。名妓們也不是不諳世事的小姑娘，她們也見慣了榮華富貴，如果嫁了一個無力供養她的浪蕩子，只會受更多的苦。陳玉卿在給李佩蘭的回信中提到，「妹從良之志決，自是絕大見識，絕大聰明。惟進來子弟浮華，不得不為慮及。」[74]

信裡另一個主題是名妓和客人之間的繾綣之情。字裡行間一遍又一遍地訴說著離愁。例如在朱文卿寄給恩客何笠夫的信裡，我們可以讀到這位名妓深情的憂傷：

笠夫仁兄大人閣下，兩月同居，愛逾骨肉。晨昏陪侍，情意相投，不圖倉卒分襟，出於意外，臨行數語，不覺嗚咽吞聲。肝腸寸斷，極欲牽車攬袂，送上輪船而兩眼淚波不啻鮫人珠串，恐為旁觀所笑，遂不能唱陽關三疊，親授征鞭。其實黯然銷魂，甚於顰兒之眼腫也，別後煢煢孤影，眠食難安，每憶音容，淒然酸鼻。相思萬縷，頓教減瘦腰肢，別夢千山，何處再成連理？他日倘逢良，再續前緣，當知薄命人鏡裡容顏，為郎憔悴也。所歡不見，一日三秋。春色惱人，奄奄欲病。吾兄今日起居何如？望將歸後情形詳細示之。以免紅閨之憶。專此即請儷安。臨穎無任，瞻望之至。[75]

信裡的濃濃愛意似乎在暗示她有結婚的念頭，雖然這位候補官員已經有妻室了。因為那時候的婚姻大多是奉父母之命，男女雙方結婚時都還是少年，所以遊歷上海的良家子弟沒結婚的為數極少。

名妓李巧仙在給恩客孫少江的回信中告訴他，自己接到他的情書時是多麼安慰，他找她要照片令她備感榮幸。

索寄詳照。妹處前印之十二張，均先後為人攘去，然承吾哥摯愛垂念殷拳，必欲以薄命容顏為解釋相思之感，因特赴興昌舖中，雇工重印，較前照加長三寸，特行寄奉，恐有情相見之餘，當深訝花落容光，為郎憔悴。[76]

她在這封信結尾時提到自己要搬家了，等收拾停當之後就立刻給他回信。雖然他不在她身邊，生意還是得繼續，而且其他客人也在搶她的照片。她還告訴他，自己很羨慕一位與客人私奔的妓女，從此告別了苦海，也不再有巨債如山。

《海上名花尺牘》裡也有客人們寫給名妓的情書，其中一封是離開上海回到蘇州的客人寫來的。他依依不捨地回憶起他與這位名妓在去年相伴遊春的情景，現在又是春天，他心裡只有她的身影。去年春天是愛意綿綿，今年卻只有不盡的淚水相伴。他猜想她一定也在垂淚，並說自己在盼望著她的回信。[77] 在另一封信裡，寫信的人為自己覆信太遲表示歉意，他解釋說回家之後有很多事情要打理，他剛剛才得到片刻安寧。他感謝名妓的垂愛，自己是一個「不才之人」（這個稱呼讓人想起《紅樓夢》裡的賈寶玉），而她這麼出名。他隨信還寄送了兩匹絲綢和兩罐糟鹵蛋，請她一定要告訴他是否收到了，以免掛念。[78] 客人的這些信裡從沒提過婚姻的事，他們強調的都是愛和思念。

有些信裡感情和生意交織在一起；風流韻事是名妓生意的一部分，有時候它也只是交易的一件外衣。朱墨卿的一位客人回了蘇州，她給他寫了這麼一封信：

笑拈仁兄大人賜鑒。申江一別，瞬息冬殘風雪釀寒，生計漸拙。前約文駕到申，乃延佇妝樓，幾穿望眼，而緱山之鶴，幾同雁杳魚沉。想因貴事勿茫，抽身無暇，然望空幃眷注，令人真個銷魂也。臨別之時，所欠酒局貸墊各款，洋計五十有四，承允到蘇，隨時擲下，妾邇來債台如山，又兼囊空，不能先將尊款墊付，而老鴇再三催索，終日嘵嘵，受氣無窮。望吾兄見信後代妾設法籌寄來申，以免薄命人無端賠累。[79]

她在信裡說，他在她這裡享受了這麼多男女之樂，至少應該把欠賬結清。她打發身邊的娘姨去送信，順便也把錢收回來。[80] 生意機會也是一大主題。去其他通商口岸（以漢口為最多）碰運氣的上海妓女會收到姐妹們打聽生意是否好做的來信。[81]

這些書信沒有超出當時的文學樣式和書信寫作規則，但的確生動地呈現了名妓的情感和掛念，同時也體現出她們的實用主義和生意人的精明。名妓把她們的人生際遇視作命運的安排。總的來說，她們訴說的是擺脫壓力環境的渴望；但當時的娛樂小報報道了很多嫁做人婦的妓女離婚後重回風月場的故事。雖然具體原因各有不同，但最重要的原因，應該是作為小妾和大家庭同處一室、受制於正妻比在上海當妓女更不好過。

求神相助

在看不清前路的忐忑心情之下，妓女們轉而尋求各種神佛的幫助，宗上海·教慶典的時候常常也是妓女的節日。妓院一般會模仿普通人家的節慶活動，也按節令舉行儀式，以營造一種尋常人家的氛圍。每逢傳統的慶祝活動來臨，妓女往往會加倍感到她們的生活與有家有丈夫有孩子的普通女人不同。儘管有人是自願選擇這種生活的，節日來臨時難免還是會感到失落和孤獨。而這些節令儀式可以給她們帶來些許精神慰藉。

妓女主要節令儀式之一是「燒路頭」，也就是拜五路財神，也稱作「接財神」。一般來說妓院在收清欠賬、妓女調頭或做生日的時候舉行這個儀式，給財神燒紙（圖 2.11），有時會頻繁到一個月舉行一次。妓女如果生意好便感謝財神，如果生

眼艾羅補腦汁之口訣

艾羅補腦汁此乃西醫製　遠近久馳名百病俱能治　精神愈驚聰明在腦子　所服眼藥必有補腦始　臨睡統過身如疲血脉滯　謂之使有力疾病乃可止　臨于居臟腑餐人愚智　補之智慧足可以謀大事　此藥況味入口易當試　早起吃一杯冲以滾開水　午後與臨睡一日眼三次　連服統天後定有功效至　懇促心思靈奇奇聽乃此　為特口訣傳登新開紙　謂購眼此為最見者休輕視　上海三馬路中法大藥房

眼艾羅療肺藥之口訣

艾羅療肺藥療肺最合宜　肺家如有疾速服休遲延　咳年惠喉嗽服一日清　次一日開喉一日師　眼此後統止咳精真奇　連服數日後眼三真奇　惟眼療肺藥久嗽身必肥　壯年惠肺病久嗽真難醫　婦女與重子肺病真難醫　一切肺家甜眼藥皆可起　此藥甜糖下咽易容易　祇消開水冲口津津真有味　一日眼三回請君須緊記　中法大藥房分鋪過各地　皆有此藥售購處可郵寄　上海中法大藥房謹啟

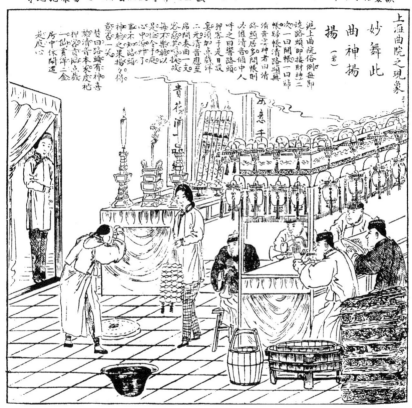

2.11 《上海曲院之現象：妙舞此曲神揚揚》。石版畫。燒路頭的儀式與拜財神有關。財神負責收賬，說明名妓主要關心客人經濟上是否靠得住。

意不好就求來日蓬達。如果妓女剛剛調頭或者在慶賀生日，就求財神保佑她財運亨通。到時候客人還得在妓院裡為她設宴，人們都會來妓院道賀，宴席常常會通宵達旦。燒路頭的儀式分為兩天。頭一天妓院裡焚香燒紙，沒有任何音樂，這叫做「清路頭」，每個妓女都要來拜財神、燒高香，中午過後她們就帶著大香爐的香灰把各自的香移到房間裡去，求個生意興隆的好兆頭。第二天整天都是音樂聲，這叫做「響路頭」。當天妓女不開腔唱歌，妓院會到外面請人來唱戲，通常是四個，客人也可以點戲。如果沒有客，妓女就自己點晚上的戲。這叫做「掃房間」。

妓女也經常去城裡的寺廟。最受歡迎的地方是城隍廟，不過來自不同地方的妓女也去其他寺廟。1870 年代，蘇州妓女經常去的是老城廂的施廟，廣東妓女一般拜虹廟（也稱作「司徒廟」）。[82] 1890 年代時，怡廟成了蘇州妓女的最愛，20 世紀初拜神的地方還增加了一個 Rue du Whampoo 街，也即中國人說的洋行街上的財神像（圖 2.12）。[83] 妓女們也在家裡舉行各種各樣的儀式（圖 2.13）。她們拜佛的時候也求籤，然後回去讓客人給她們解籤。

1890 年代，妓院裡流行請人「宣卷」的俗例（圖 2.14）。有時候妓院會請五六個人來宣讀經卷。這些宣卷人圍坐在桌旁，從早到晚宣誦經卷不停，不過他們的穿著讓當時上層社會的觀察者難以判斷他們是僧人還是道士。[84] 這個儀式通常是在妓女過生日或者生病的時候舉行，除了拜佛像之外還要拜不少其他東西。

很多早期的指南書都記載說上海妓女非常熱衷於去廟裡燒香。這座新的城市令大多數的人心神不寧，但妓女肯定更加不安，因為她們的生存狀況取決於自己在這個界限模糊的職業中幹得如何。她們拜的神或多或少都與財神有關係。作為走出傳統家庭結構的職業婦女，而且身處不穩定的情感與社會環境中，她們可能會需要一

日光鐵丸之妙用

日光鐵丸治男
子先天不足後
天失調血分大
虧神經受損肌
體筋骨痿痺
疼以及元陽虛
弱嗣續艱難一
切月光鐵丸治
婦女體氣衰
經水不調血
崩五色帶下
並抑鬱多病
俱有奇效二丸
於平育症
上海中法藥房及
各埠中法藥房
發行每瓶價洋
一元二角

2.12 《上海曲院之現象：庭空月白夜燒香》。石版畫。在法租界牆上的財神像前，高級妓女和低級野雞不論貴賤，都在一起燒香。拜神的地方在公共廁所旁邊，香煙臭氣混在一起。（《圖畫日報》，no. 251〔1910〕）

艾羅花露水

滬上發行之花露水
多矣而艾羅花露水
乃艾羅醫生所創製
以百花之液釀成不
特香氣郁郁沾衣如
廁貝盦洗時滴用有
益衛生臨卧時於帳
中洒用少許一切具
穢之氣化為烏有出
門人用之兼能碎除
癘氣誠非尋常花露
水可比每瓶價洋六
角購者希認瓶上艾
羅傍行單庶不致誤
總發行上海三馬路
中法大藥房

2.13 《上海曲院之現象：月地雲階拜洞仙》。石版畫。每個月朔望之夜拜洞仙的俗例求的是生意興隆。所有妓女都得虔心敬拜。除香燭外，供品是鮮蛋、豆腐乾、燒餅三樣。(《圖畫日報》，no.96〔1910〕)

2.14 《上海曲院之現象：紅燭影回仙態近》。石版畫。這個儀式在妓院舉行，但妓女並不直接參與其中。各位恩客當晚應當給相好的妓女擺檯面。(《圖畫日報》，no. 264〔1910〕)

種特殊的神來護佑自己。她們在神前許下的心願多數都與擇良而匹有關。在這些以感情投入為業的女子眼裡，求神拜佛肯定能幫她們找到真正的終身所託。

上海妓女的各種儀式也是不斷發展的，有的帶著舊習俗的痕跡，但租界也發展出一些界定妓女等級的新的儀式。比較 1850 年代到 1860 年代王韜、姚燮等人的早期描述和後來晚清時期的各種指南書的講述，可以清晰地看到一些基本的規矩和儀式是在 1860 年代到 1870 年代妓女們搬到租界之後形成的。早期的竹枝詞提供了關於這個過程的頗多洞見；王韜等作家和上海花界圖譜、城市指南書等也提供了很多 1880 年代的信息。也有一些租界的新習俗是學西方人，坐敞篷馬車就是一例。[85]

儀式的發展與對妓女這一行越來越大的需求緊密相連。隨著來租界的富貴且文雅的公子越來越多，這些儀式也變得越來越精緻。[86] 一流名妓有精挑細選的本錢，她們傾向於強化這些儀式的保護作用。由於對高級妓女和普通妓女的需求都在增大，因此將其等級與所提供的服務掛鈎也成了日益緊迫的一個任務，書寓和長三對這一點要求尤為迫切。長三急於跟幺二劃清界限，以便和書寓一爭高下。長三的這個心願在 1890 年代終於完成了。[87]

這些儀式定義著所有參與者的角色和行為，悄然之間塑造了一個妓女和客人平起平坐的環境，客人無法任意妄為，足見上海租界高級妓女有了一種新的身份。我們可以把它理解為上海妓女為增大自己對環境，尤其是對客人的控制力所做的努力。在這些儀式化關係中，權力表現為一種自然的權力，更多地來自日常生活中無意識建構出來的規矩。與宗教禮儀不同，它源於社會的認可，也源於其將浪漫虛幻的愛情和殘酷現實分開的功能。儘管現實不可抗拒，但名妓們仍嘗試用這些儀式來調整雜亂無序、衝突叢生的社會結構。妓業中的經濟關係大部分靠非正式的方式來

兌現，一方面是因為妓業在法律上定義不明，另一方面，正如安克強指出的，它的成功有賴於愉快氛圍的營造，不能用錢這種俗事去打擾客人。[88]

毫無疑問，這一套儀式和規矩與上海租界的相對穩定有著密切聯繫。開放的城市空間允許公開的娛樂表演，需要儀式規矩來為之護航，還提供了各種新鮮亮相的機會。名妓率先效仿西方婦女在各種公共場合自由出入，這也漸漸成了中國時髦女性中流行的做派。[89]

儘管上海青樓的繁榮離不開租界的環境 ——所有中國居民可以免受知縣和道台的干涉，但文化和社會對於新規矩和儀式的認可也同樣重要。

上海的中國移民帶去了自己的地域文化習慣與偏好，同時也加入了有較強地域性的社會網絡。他們也非常清楚，現在身處的環境不同以往，這是一個都市化、西化的地方，政治制度也前所未有。從工部局推行新規定之順利就可以看出，他們願意接受新地方的規矩，扮演新的角色。這座城市逐漸把城市行為方式推行開來，以往地緣關係決定的社會網絡也逐漸被業緣關係所取代。[90]官方制定的交通規則可以靠表情兇惡的印度阿三來強制執行，妓院自己的規矩沒有這樣的權威，但它還是為上海增添了幾分洋派迷人的獨特色彩。[91]

當然，在上海名妓的現實生活和生意經營中，客人的財富和權力會一直滲透進來，對她們進行控制似乎是天經地義的。鴇母一直想從妓女身上搾取更多錢財，就是最紅的名妓也不例外，而且當她們出去自立門戶的時候鴇母也絕不會坐視不理。最後，妓女們彼此之間爭奪多金公子的鬥爭也從未停歇。必須在這樣的背景之下來理解她們的儀式建構：一切都是為了防止整個行業的核心不受到各種矛盾的影響，為了保證生意興旺發達，並且反映租界頂尖名妓的新地位。

各種層出不窮上海花界指南使得上海成了中國城市中獨一無二的奇跡。17 世紀到 18 世紀中葉有關名妓的記載多數是筆記，其風格都是模仿清初時期余懷（1616—1696）描寫晚明時代南京妓女的《板橋雜記》。不過，這些作品記錄的大部分都是名妓傳記、客人給名妓的贈詩以及名妓住址，對於角色、儀式、行為禮節沒有細緻的描述，尤其缺乏對客人的描述。[92] 雖然規矩很可能也是有的，但由於太過瑣碎或太過熟悉，被視為不值得一寫。[93] 上海的指南書則與之相反，它假定讀者們需要這些他處難求的知識，他們指望買一本書就不會在陌生城市裡受騙上當。同時，書裡的娛樂信息和緋聞八卦對其他讀者也充滿吸引力，女性也不例外。

3

海上遊戲場

重演《紅樓夢》

在租界發展起來的新的青樓等級制度裡，最高級的妓女儼然已經升格成為職業的文化藝人，她們對妓客間儀式性關係的重構反映出高級妓女地位的提升以及客人初來乍到的不安全感。隨著這一套儀式規則的不斷發展，各種細緻精巧的戲碼也在上演。充滿財富和異國情調的上海租界被想像成一個沒人打擾的愛情天堂。上海妓女利用了人們對青樓的傳統設想和上海毫不掩飾的孜孜求利之間的張力，演了一齣同時傚法古今的好戲。在移民社會的開放空寂中，名妓們——既非有意設計，也不是個人功勞，過程也是一波三折地——開發了許多有用的戲劇性策略。從一開始，一流名妓的創造力和構想似乎就來源於一個著名的劇本——曹雪芹的小說《紅樓夢》。

起一個花名，扮演一個角色

名妓也學著文人給自己起筆名的做法，也給自己起花名。這些名字常使人想起詩詞歌賦中的古代佳人，同時也向客人們道出了她心中期望成為哪位美女——所以說花名也是一套自我表演的計劃。如果名妓想重新扮作另一個人物，她便改一個花名。在青樓等級制度和規矩發生變化的時代，妓女們的花名也改頭換面了。

從 1860 年代起直到 20 世紀，上海名妓都喜歡採用《紅樓夢》裡的人物名字，或者用《紅樓夢》人名中的某些字。1861 年到 1892 年間刊印的五本租界花譜提供了寶貴的證據。抱玉生編於 1861 年的《花間楹帖》共有十章，收錄了為名妓所做的各種楹聯。作者筆名「抱玉生」，也是化自《紅樓夢》中的「賈寶玉」，表明作者和《紅樓夢》之間有某種聯繫。《花間楹帖》頭兩章列出了一百零八副楹聯，也附上了相應的名妓名字。最前面的四聯是送給名妓「寶玉」的，她是我們所知道的第一個

用《紅樓夢》裡的人物全名做花名的；另有二十九個花名中有一個字與《紅樓夢》主要人物相關——其中十二個人名字中有「寶」字，六個人名字帶「玉」。也就是說，所有這些花名中有百分之二十七都有取自《紅樓夢》的元素。[1]王韜的《海陬冶遊附錄》寫於 1873 年，翻看其中的六十個名妓小傳可知，其中有三十二名妓女，也就是說有一半以上的妓女花名化自《紅樓夢》，其中「胡寶玉」又採用了全名。[2]在書中所附的花榜勝者名單上，十二位妓女中有六位名字中都有《紅樓夢》人名的痕跡。王韜寫於 1878 年的《海陬冶遊錄餘錄》包含二十三個妓女小傳，其中有十個人的名字從《紅樓夢》的人名裡借用了一兩個字。[3]1884 年刊印的《海上群芳譜》所錄的一百位名妓，有五位用了《紅樓夢》裡的全名，還有二十六人從《紅樓夢》的人名中挑了一些字，這樣加起來比例就快到三分之一了。[4]印行於 1892 年的《海上青樓圖記》收錄了一百二十二位名妓的小傳，其中有八人的花名全名取自《紅樓夢》，另有二十一人使用了其中的一兩個字。[5]也就是說，那個時代上海租界的名妓中，有四分之一到一半的人表明了和《紅樓夢》裡的人物有某種關聯。

王韜寫於 1860 年的《海陬冶遊錄》寫的只是上海早期老城廂的妓女，其中的三十九個妓女小傳可以用來判斷她們搬到租界去之前是否也流行這種做法。我們看到，沒人用《紅樓夢》裡的人物全名，只有四個人，也就是百分之十的人在花名裡用了《紅樓夢》人名中的一兩個字。從後來的花海上遊戲場：重演《紅樓夢》所收錄的妓女小傳來看，就算她們的名字跟《紅樓夢》沒關係，也有各種軼事足以證明她們對這部小說相當熟悉，甚至可以說是迷戀。但在王韜的《海陬冶遊錄》裡，連這種旁證也找不到。[6]而且，考察 19 世紀其他城市的妓女傳記也可以看出，北京、廣東、南京、蘇州、揚州的妓女也沒有借用《紅樓夢》的人名，只是上海租界才流行

這個做法。[7]這個新劇本的關鍵標誌是使用「寶玉」這個人名。隨著與《紅樓夢》人物相關的花名逐漸氾濫,以前老城廂的妓女們喜歡用的諸如「福」、「喜」、「金」、「鳳」等字眼慢慢見不到了。換句話說,有清楚的證據表明,自從 1870 年代起,上海租界的妓女中就形成了用《紅樓夢》的人名來取花名的特殊時尚,以此來表明她們生活在《紅樓夢》的環境中。這急需得到解釋。

世界上許多地方的娼妓中都流行扮演歷史上著名的情侶或者愛情小說、戲劇、詩歌裡的人物,這是一種儀式化的挑逗。在日本江戶時代,藝妓們也從《源氏物語》汲取靈感,以使跟客人的交往更有情趣。她們努力營造出一個不同於日常生活的夢幻奇妙的世界。[8]與此相仿,整個 17 到 18 世紀,西歐和中歐的貴族流行搬演杜爾菲(1568—1625)在小說《阿斯特蕾》中所描寫的阿卡迪亞的「牧羊女和牧羊人」的浪漫愛情,貴族把自己的花園當作阿卡迪亞仙境,扮成劇中人物在裡面流連。這樣的尋歡作樂可以長達數周也不停歇。《阿斯特蕾》問世之後,也出現了無數的翻譯版本和跟風之作。

角色扮演對中國的妓女來說已是必不可少的一件事,王韜的原話是「逢場作戲亦盛傳於勾欄中」。[9]儘管戲劇和生意的複雜關係問題常常浮出水面,但主導著妓女職業生活的種種規矩和儀式可以把她們作為藝人和女商人的雙重身份區隔開來。名妓還是小女孩的時候就接受了嚴格的職業訓練,除了唱歌、琵琶、講話等基本技巧的培養,她們還得學會如何在不同的社交場合作陪。可以說她們一顰一笑、一舉一動,甚至眼波如何流轉,朱唇如何輕啟都要學,以便在各種角色之間靈活轉換,散發儷人心魄的魔力。[10]職業訓練讓她們學會在各種不同場合都行動得宜。

中國名妓在講到和客人的關係時,最喜歡套用傳統的「才子佳人」的比喻,許

多清代小說也都是這個套路。儘管自魯迅的《中國小說史略》（1925）之後，《紅樓夢》被公正地視為這一傳統的巔峰之作，但它卻是顛覆了這個文學類型的許多傳統才登上寶座的。一流名妓們選擇扮演《紅樓夢》裡的角色，既把自己置身於熟悉的高雅文化中，同時又獲得了幾分叛逆和新潮的自由。

作為新上海之腳本的《紅樓夢》

是什麼讓《紅樓夢》這麼獨特，這麼適合新的情境？19 世紀末 20 世紀初，曹雪芹這部巨著是讀者最多且最為人欣賞的一部小說。它講的是一群年輕女子與一個名叫賈寶玉的男子的故事，其中著墨最多的女子便是敏感脆弱的林黛玉，他們彼此之間都有親戚關係。他們所居住的地方叫做大觀園，這裡遠離了塵世的煩擾，也看不到家族的日漸衰落。這個園子被比作「世外桃源」，也即詩人陶淵明（365—427）筆下的和美田園。大觀園是充滿愛意與安寧的淨土，這裡看不到權威，年輕人住在這裡彼此平等相待，沒有性別和等級的差別。他們和奴僕一起住在園子裡的各處宅院中，這些宅院的名字也充滿了詩情畫意。每個女子都有自己獨特的性情和命運，為讀者留下了角色認同的空間。因為不捨與姐妹們分離，賈寶玉也選擇留駐大觀園。園子裡所追求的只有一個字——「情」（至高無上的愛），這個字帶著各種複雜精微的味道。從書中人物音帶雙關的名字上我們能找到它的蹤跡，「卿」也是「情」，「玉」也是「欲」；園中人物才情洋溢的詩篇也無處不在訴說著這個主題。

清朝由盛轉衰之後，不少年輕男性便在尋找一種不同於儒家的價值，在他們眼中，忠於「真情」、不屑於受祖蔭走仕途的賈寶玉成了毀譽參半的偶像。他代表的可

能是叛逆才子和浪漫英雄未曾擁有卻又魂牽夢繫的生活，即使對那些孜孜求取功名的讀書人來說這也是一種令人愉悅的選擇，可以說他給晚清的文人提供了一個理想的高級樣板。許多文人仕途不濟，只有搬到上海租界以「筆耕」為生——他們後來就成了中國第一代的城市知識分子。賈寶玉這個人物說明，按「真」性情生活的人不會被官場上的相互逢迎奉承所迷惑。

美麗敏感、天賦過人的林黛玉則成了惹人憐愛的浪漫女子的代表。她與賈寶玉之間的愛情遭到家人無情的阻撓，這宿命般的悲劇在中國無人不曉，堪比歐洲的羅密歐與朱麗葉。最後賈寶玉娶了別人，林黛玉則鬱鬱而終。

沒有任何其他小說對中國社會的影響力能與《紅樓夢》相比。從 18 世紀末開始，這部書的抄本和刻本就已開始流行，它成了通俗文學和戲劇的重要題材。這部小說刻畫了儒家思想為主導的環境下的浪漫愛情。《紅樓夢》問世之後，大量的續作、仿作出現在租界的圖書市場上。太平天國起義之後，租界的圖書市場迅速發育起來，填補了地方名流藏書樓被毀造成的文化空白，也給新興的城市階級帶來了娛樂和知識。[11] 1896 年，鄒弢在小說裡以妓女和客人共讀《紅樓夢》的場景來概括自己在上海的經歷。[12] 到了 1920 年代，儘管在當時的政治氛圍中許多精英分子都在呼籲要強身健體、保家衛國，但當時一項對中學生（也即下一代的精英人選）閱讀喜好的調查表明，當時《紅樓夢》還是他們最喜歡的讀物。[13]

人們對這部小說的熟悉逐漸轉變為一種傳統精英、商人、新的城市階級所共享的文化遺產。《紅樓夢》為沉醉愛情的人們提供了最主要的文藝話語，讓很多生活方式都有了生動具象的代表。[14]

根據當時的嫖界指南、私人日記、新聞報道和各種文學作品的記載，妓女的

客人主要來自三個互相聯繫的社會群體——商人、文人和官員。他們在上海逗留的時間有長有短，但都是一種他鄉過客的做派。直到 20 世紀初才出現了第一代自稱上海人的群體。在此之前，他們仍然把故鄉看作真正的家。這些人從全國乃至世界各地被吸引到上海來，雖然每種顧客的個別需要有所不同，但他們都有一個共同點——他們到上海來既要舒適，也要冒險。上海的奢侈都與一個特點直接相關——這裡有西方的設施，大多數人口卻又是中國人。上海適合那些想見識西方但又不想出洋、只想在中國人裡炫富的人，只要他還沒有窮到只能在一旁艷羨。在這齣戲的腳本裡，可以說上海本身也扮演了一個很活躍的角色，它一方面提供了一個永遠令人著迷的夢境，一方面也是自己舞台上的主角，在中國大地上演繹著「奇異」、「西洋」和永遠的「新潮」。

從晚清的城市指南對城市和名妓的描寫以及名妓自己的活動來看，客人們之所以要讓名妓陪著自己，就是要遍嘗城市的繁華，並將自己置身其中。[15] 這樣一來，名妓就有了很大的影響力。[16] 她們把自己當成尊貴的中國客人和西方打交道時的中介，幫助這些客居者克服人在他鄉所感到的疏離、不安和威脅。[17] 根據上海小說的描寫，雖然這些初到上海的人可能首先找的是自己的同鄉，他們主要還是和名妓一起遊覽上海。[18] 而名妓需要提升自己的地位、控制客人的活動、讓客人放鬆精神縱情享樂，還得通過各種信任和制約機制敦促客人按時清賬，滿足這些不同需要最有效的策略便是從觀念上把整座城市當作娛樂主題公園，一個可以從書刊和生活用品上窺豹一斑的幻想世界。名妓給客人提供了扮演對立角色的可能，他們可以扮演傳統的文人，也可以假充洋派的花花公子。於是，在心理上建構一種奢侈無度而又浪漫傷感的短暫愛情，便成了壓倒性的主題，在這個舞台上，所有可能參演的角色都諳於此道。

這種情況下，名妓需要一個角色模式來標誌她的文化正統性，這個模式既要合乎現實和想像的要求，也得符合名妓新的社會地位，並把上海的獨特環境置於中國人的集體想像之中。要滿足所有這些要求，《紅樓夢》便是不二之選。

因為名妓和客人同樣熟悉這部小說，雙方都可以放心地引用其中的語言、做法和俏皮話而不用擔心會被誤解。小說裡描寫的年輕人並沒有整日苦苦相思，而是忙於比賽詩詞歌賦，玩五花八門的遊戲，經歷各種人生悲歡。這些場景給複雜有趣的角色扮演提供了豐富的選擇。

名妓可以從小說中性情各不相同的金陵十二釵中挑選一位，如果她們想要換一副新面孔，甚至可以轉換成賈寶玉。不管選哪個角色都是高雅文化，合乎她們新的高遠志向。此外，《紅樓夢》強調「真」情，不牽扯性關係，這也符合名妓努力追尋的高潔的文化境界。

名妓可以從各種女性角色裡選擇，但客人只有賈寶玉這一個角色。女子們追求他、寵愛他，但大觀園有自己的規矩，他也很樂於遵守。搬出賈寶玉「女兒更尊貴」的說法，對那些自視高人一等的客人是一種反駁。同時，客人扮作叛逆、浪漫的情人，也得到了一種滿足。通過這種角色安排，名妓為她們希冀建立的新型權力關係找到了一種好玩有趣而又界限清晰的表達，同時也給客人們提供了一個有吸引力的角色。

最後，林黛玉和賈寶玉的愛情以悲劇結局，為現實生活中客人離開上海和寵妓、回歸家庭或婚姻的真實結局增添了戲劇性和情感的厚度。這齣戲的關鍵就在於，在不可逾越的現實障礙下，暫時忘卻個人的真實身份，藉《紅樓夢》中的道具、語言和角色，在想像的舞台中體驗一把純潔的情愛。演員可以是兩人，也可以

是一群人；可以只演一個晚上的戲，也可以很長時間都不出戲。妓女和客人就按小說中的戀人來表演，但他們未必會有性關係，儘管有結婚的可能，但婚姻不是標準的、必須的結局。按小說的描寫，林黛玉和賈寶玉前生有木石之盟，他們今生相見相愛也是緣分前定，就像特里斯坦和伊索爾德會無意間喝下愛情魔藥一樣，不需要更多的解釋與理由。妓女和客人之間這場戲與傳宗接代的社會責任無關，他們只是要赴一場前生注定的愛情之約。

選一個紅樓夢中人

從上文的描述來看，當時的各種報道為《紅樓夢》的廣泛引用提供了豐富的例證，但這些講述沒有深入下去，對重新扮演這部小說也沒有加以概念化。下面我們就要借助各種文獻材料在此提出證據和分析。

先回到名妓的名字，不管是全名還是名字的一部分，許多人都用了《紅樓夢》裡的人名。一位上海的傳奇名妓是這一風氣的始作俑者，她本姓胡，1870年代大膽改名為「林黛玉」，也即《紅樓夢》女主角，從此出了名。十年後她為了好玩，決定改花名，轉變角色性別，當然也改變裝束。她模仿「賈寶玉」給自己起名為「胡寶玉」，還經常穿男裝。[19]「寶玉」這個名字的意思是「擁抱慾望」，從字面意思來看男女兩性都可以用。1880年代的「四大金剛」中另一位妓女也曾名為「林黛玉」，當時這個名字沒人佔用。四大金剛中還有張書玉和金小寶（用的是「玉」和「寶」兩個字）。引用全名的例子有盧黛玉、李黛玉、蘇黛玉、薛寶釵、襲人、晴雯、湘雲、惜春。還有些妓女學胡寶玉，也改名為沈寶玉、李寶玉、金寶玉、如寶玉、林

寶玉。借用一個字的有小寶、寶兒、文寶、愛寶、秀寶、文玉。另一個常被借用的字是十二釵中秦可卿的「卿」，有玉卿、雲卿、香卿、榮卿等等。這些花名常常寫在妓院的門上或妓院門口的燈籠上，[20] 像廣告一樣宣示著冶遊的趣味，客人從中也可以明白妓女想傳達的是什麼人物的感覺。

角色認同也成了上海一種公開的文化風景。自從 1870 年代起，上海的文人就舉辦了許多以《紅樓夢》為主題的花界評選，最佳的十二位被冠以「十二釵」的稱號，在這十二位「正本」後面是十二位次一級的「副本」，以及再次一級的十二位「又副本」。所有三十六名上榜名妓的名次和小傳都會結集刊行。[21] 還有一些文人把諸位名妓和《紅樓夢》裡的美人一一對應起來，編成花譜出版。名妓很歡迎這種排行榜，用這種方式在斯文多金的客人中傳播她們的艷名十分有效，而且不失身份。[22]

角色扮演之風在高潮過去之後還一直持續了很久。1928 年，著名的記者和小說家包天笑與畢倚虹發起了一個扮演《紅樓夢》角色的活動。他們在娛樂小報《晶報》上推出了洪倩、探春、晚春、雲倫四位名妓，仿照晚清的「四大金剛」之例稱之為「四小金剛」。他們組織了一次花界選美，並邀請曾任《遊戲報》主編李伯元助理的龐樹柏把上榜的名妓和小說裡的主要人物一一對應起來。當然，對探春這位名妓來說這就沒必要了，因為她直接用了小說裡的人名。[23]

沒有從《紅樓夢》裡借用人名的名妓也經常參考這部小說，這也從旁證明了它的重要地位。有的名妓稱《紅樓夢》是她們的聖書，給她們帶來了美妙的幻想。據說李巧玲經常獨自讀《紅樓》並以晴雯自比。晴雯是十二釵之一，性情剛烈，敢愛敢恨。後來，李巧玲不懼社會對伶人的歧視，大膽地嫁給了京劇名角黃月山。1878 年她和黃月山合開了一間戲院，起了個很恰當的名字——大觀園。[24]

周月卿自己沒有文學天賦，但喜歡和恩客鄒弢一起品讀《紅樓夢》。當讀到黛玉葬花（這裡的花比喻的是她自己短暫的青春年華），賈寶玉悄悄聽黛玉唱《葬花吟》的情節，「則往往默坐無言，淚如霰集」。按作者的評論，這足以證明月卿「亦多情女子也」。[25]

有一位上海名妓在寫給遠方恩客的回信中宣稱，她會在他下次回來的日子「當安排拂席掃徑，拭幾焚香，以期貴客惠臨。相與煮酒評茶，紅樓絮語，消此長夜」。[26]

在鄒弢根據自己經歷寫成的小說裡，有位妓女把自己的身世和《紅樓夢》中多情的女主角聯繫在一起。儘管身在風塵中的她注定要經歷悲傷，她還是期望能遇到足夠憐惜她的人來做恩客。[27]

現實生活中的角色認同可能十分具體。當名妓和《遊戲報》的主編討論要為無家可歸的妓女設立義塚時，自然會採用《紅樓夢》中林黛玉葬花的一套話語來概括這個計劃。「花」是稱呼妓女的標準用語，這兩者間的相關性顯而易見，主持葬花的責任自然也落到了當時著名的妓女林黛玉身上。

時尚與室內裝飾

任何表演中，戲服對於傳達戲劇理念和表現人物地位都至為關鍵。上海名妓穿的服裝把她們和普通的生活區別開來。她們大力宣傳演出的消息，邀請客人一起加入到這娛樂的氛圍中來。提到繡著大觀園人物的奢華繡袍時，她們的語氣充滿了敬畏。[28]當時由《紅樓夢》改編而來的京劇選段已越來越多，妓女們仿製了舞台戲裝來穿。[29]各種髮飾、服裝的裁剪和顏色，以及各種鞋子都有助於將這一齣《紅樓夢》演得更豐

富。不過，對這部小說的迷戀並沒有影響妓女們兼收並蓄，她們也經常從男子服裝中汲取靈感製成各種舞台戲裝，提升表演（圖 3.1a，b）。[30] 比如，戲劇舞台上武將所穿的厚底靴也成了名妓喜愛的高級時尚。[31]

這種非同尋常的服裝舞台效果特別好，因為這些本應為愛憔悴的名妓，一穿上英雄的武生戲裝後便轉換了角色，替代男子變成了「多情才子」。她們大搖大擺地走來走去，自信地展現一種玩笑式的權威。[32]

這樣的戲裝需要展示，跑馬場是一個合適的場合。在這裡，人們可以親眼看到客人們怎麼討好相熟的妓女。黃式權在 1880 年代感歎道，「誠冶遊之勝事也」。[33] 不過，公眾並不一定會欣賞妓女在公共場合穿男裝。十年以後，《點石齋畫報》登了一則故事：一位妓女身著男裝去跑馬場，儘管有二位狎客陪同左右，還是被當地流氓騷擾了一番（圖 3.2）。

同時，女扮男裝還有另一種含義。威尼斯也曾盛行男同性戀之風，[34] 與此相仿，中國有錢有勢的男人中也流行養男寵（多半是年輕的戲子），名妓著男裝很可能是對此風氣的一種反映。通過男性戲裝，這種風潮也被帶入了她自己的演出。小說中賈寶玉和另一位男孩秦鐘的關係為探索這種「情」提供了範例。名妓女扮男裝讓這場遊戲語帶雙關，更刺激更引人入勝。

名妓房間內的裝飾經過了精心設計，以創造一種合適的氛圍，將幻想世界從現實中隔離開，而且所有表現名妓身份的東西都要包含其中。這裡再次使用了《紅樓夢》裡的材料。和小說中的描寫一樣，名妓的房間裡也遍是奇珍異寶。客人們可能會在這裡發現明亮的煤氣燈或煤油燈，這在當時的上海只有最奢華的宅子和酒店才用得到。[35] 牆上掛的是各種國畫、西洋畫，昂貴的中式家具間點綴著西式的家具、

3.1a 《小妹》。照片。著戲裝的上海名妓小妹。(《海上驚鴻影》)

3.1b 《藍橋別墅》。照片。著戲裝的上海名妓藍橋別墅。(《海上驚鴻影》)

3.2 《巾幗變相》。石版畫。張志瀛插圖。當地流氓調戲兩個著男裝看賽馬的妓女。他們圍著一個妓女,脫掉她的帽子,弄得辮子也散亂開來。清代男人也留辮子。(《點石齋畫報》,戌集,10〔1891 年 10 月〕:77)

鐘錶和鏡子。[36] 林黛玉走得更遠，就像小說中的女主人公一樣，她養了一隻會說話的鸚鵡。[37] 在這種環境下，名妓和客人雙方都可以輕鬆地融進小說中的角色。

上海名妓很喜歡照相，她們留下來的照片為她們扮演《紅樓夢》中人提供了豐富的檔案記錄。[38] 圖 3.3 中的名妓斜倚在西式沙發上，背後是仙境般的佈景，花園式的豪華環境讓人想起令人神往的大觀園。這些照片中經常出現花園，讓人聯想起小說中的主題（圖 3.4，3.5）。

鏡子是小說中更為深刻的主題。它常常出現，每次都傳達著虛實相對的觀念。小說中有一節寫到一位相思成疾的年輕人，一個和尚給了他一面鏡子，想要挽救他的性命。鏡子的一面映出的是他所喜愛的那位美人，另一面則是骷髏。和尚提醒他一定不能照美人那一面，這樣必死無疑，而照骷髏那一面則可以讓他慢慢好轉。結果年輕人沒能抵抗住美女的誘惑，還是死了。[39] 小說另一節寫到鄉下來的劉姥姥誤入了寶玉的房間，在這個無比豪奢曖昧的環境裡，她看到美女們圍著一位老太太。她往前走，卻碰到了什麼東西——這是一面鏡子，她從來沒見過。[40] 這位老婦看到的是自己在鏡中的影像，圍在她身邊的美人其實是牆上掛著的真人大小的美人圖。在上述兩個場景裡，鏡子都強調了虛幻的主題，感覺是不可靠的。這種幻覺十分強烈，它可以擴大想像的範圍，導致觀看者死亡，也可以帶來非凡的愉悅。圖 3.6 中的妓女坐在鏡前，照片突出了女人的梨形髮飾。在這裡看鏡子的另一面顯然沒什麼危險。妓女四周擺滿了盆栽植物和盆花，背景也是花園風景。這樣的佈景組合製造了一種仙境的氛圍，突出了「影」的概念。它表達的是一種「幻」的感覺，這正是遊戲的主題。雙重影像模糊了「真」與「假」，「實」與「虛」的界限。[41]

這種自我呈現充分利用了早期文人對妓女的理想化的描寫。在此基礎上，《紅樓

No. 16 UNE. FEMME CHINOISE

3.3　斜靠著的名妓。周圍的盆栽花草營造出花園的氛圍。明信片。上海，1900 年左右。（承蒙巴黎狄瑞景提供圖片）

3.4 《小林黛玉現名小紫鵑與黛語樓合影》。照片，1917 年。這兩位借用《紅樓夢》中人名作花名的妓女坐在表現田園風光的背景前，一副怡然自得的模樣。（新世界報社，《花國百美圖》，1918）

3.5　《張書玉十七歲時影》。照片，約1890年代。上海名妓張書玉在花園背景前擺姿勢。
（《海上驚鴻影》，1913）

3.6 鏡前的名妓。明信片。上海（？），約 1900 年。（承蒙巴黎狄瑞景提供圖片）

夢》又加入了「夢」的元素。在一位客人給胡寶玉的贈詩中，他提到她的家就像紅樓一樣，跟她在一起就像進入了夢的世界，難以分辨虛實。[42] 許多嫖界指南中也體現出這種影響。圖 3.7 和圖 3.8 選自《鏡影簫聲初集》，標題處的圖畫也暗指《紅樓夢》。圖 3.7 中的妓女被置於窗子中央，低垂的窗幔從兩邊拉開，很像一個舞台。在圖 3.8 中，妓女的容顏映在小鏡子中，她自己成了迷人的「影幻」，而她身邊全是精緻的服飾和家具。圖 3.9 中的妓女斜靠在躺椅上，閉著眼睛，手裡拿著一本書，後面還有個女僕和小孩。這個夢幻場景畫龍點睛的一筆來自斜掛的窗簾，它代表著奢華的異國情調，也是影樓常用的濾光道具。

通過這場遊戲，名妓也把上海變成了「世界遊戲場」。上海的西式繁華成了她們室內室外的裝飾。她們從模糊的《紅樓夢》中為客人量身訂做，把虛實之間的交替變換變成了上海的特色。圖 3.10 中畫的就是妓女和客人常去的公園張園，圖中的張園如同夢境一樣，西式建築掩映在中式園林中，二樓茶館裡，男男女女在一起閒適地品茶。

不難看出，18 世紀、19 世紀初的《紅樓夢》插圖（圖 3.11—3.13）和 19 世紀晚期對名妓的描繪之間存在著某種聯繫，[43] 構圖和各個組成部分驚人地相似。不過，其區別也同樣令人吃驚。小說的插圖強調的是人物的情感，特別關注內心的情緒，而表現上海名妓的圖畫似乎意在表現上海租界的財富與豪奢。因此，這些畫都特別符合讀者的口味，把他們帶入了一個夢幻世界。從這些圖中可以看出，妓女和圖畫的作者都深知西式的豪華家具有讓人又敬又愛的魔力。再加上和《紅樓夢》這樣的高雅文學掛起鈎來，圖中傳達出一種上海獨有的新式繁華景象。[44]

鏡子旁邊是名妓房間裡最重要的裝飾品——文墨。這些代表著文字風流的物件確認了這裡的娛樂具有高雅文化品位。作為一種互相崇敬、愛慕的標誌，高級妓院

劉
金
枝

四
十
七

3.7 《劉金枝》。銅版畫。名妓劉金枝彷彿被置於舞台中。(《鏡影簫聲初集》,1897,47,承蒙紐約哥倫比亞大學圖書館提供圖片)

王幼娟

二十八

3.8 《王幼娟》。銅版畫。名妓王幼娟手裡拿著的小鏡子映出了自己的容顏。(《鏡影簫聲初集》,1897,28,承蒙紐約哥倫比亞大學圖書館提供圖片)

3.9 《小顧蘭蓀》。石版畫,據吳友如畫稿複製。按蘇州年畫的傳統,吳友如經常畫帶著小孩的上海名妓。(花雨小築主人,《海上青樓圖記》,1892,2:18)

各種糖汁之妙用

上海三馬路中法大藥房創製各種果子糖汁，為著令妙品，如以汽水或凉開水冲飲，味較荷蘭水尤佳，且有補血健脾、開胃平肝、寬胸理氣、祛風去濕、消食潤腸等種種妙用。每瓶價洋三角，每打三元。茲將各種汁名列下：

糖汁

櫻桃　葡萄　無花果　波羅蜜　水蜜桃　蘋婆果　新會橙

糖

橋樓　香蕉　雪梨　枇杷　豆蔻　杏子　蜜橋　楊梅

總發行處上海中法大藥房

分售處各埠中法大藥房

張園

本邑租界地花園地址以張園為最大，張園之東北隅，即今之西式旅館，其樓房最高大之丰房，即安塏地，可容千人，故有大菜館，兼賣中西茶點……（全文省略）

蘭孫

3.10 《上海之建築：張園》。石版畫。（《圖畫日報》，no. 10〔1909〕）

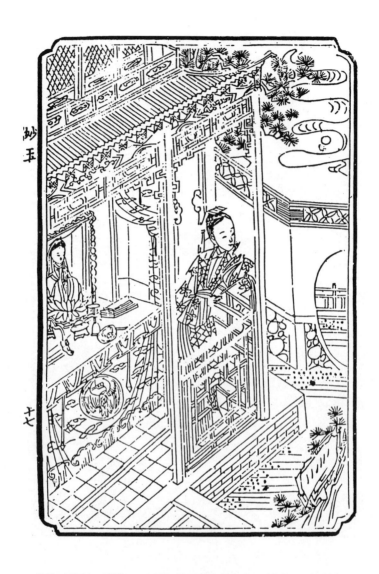

3.11 《妙玉》。木版畫，1900 年代。妙玉是「紅樓十二釵」人物之一，這幅插圖出現在一個 18 世紀的版本中。(《程丙本新鐫全部繡像紅樓夢》，17)

3.12 《麝月》,《紅樓夢》裡的另一個人物,改琦(1774—1829)插圖。木版畫。
(改琦,《紅樓夢圖詠》)

3.13 史湘雲，（改《紅樓夢》主要人物之一。改琦（1774—1829）插圖。木版畫。琦，《紅樓夢圖詠》）

上海・愛

的名妓會要求那些願意充當「護花使者」的文人以她們的名字題詩給她們，而「情」當然是詩裡必不可少的主題。[45]

歌曲

在名妓獻上的各種娛樂表演中，唱歌是首選。在妓院的酒筵上、豪氣恩客宴客的飯館裡，她們常常都會送上歌聲。《紅樓夢》的主題同樣很流行。這些曲子引用了小說中最為人熟知的愛情悲劇片段，儘管小說的背景是北京（應為南京。——譯註），小說原本也是以北方方言寫成的，但這些曲子都改用了柔軟的蘇州方言，因為當時吳儂軟語被視為高級妓女標準的職業語言。邗上蒙人的《風月夢》1883年初次刊行於上海，其中有一幕發生在揚州，給了我們非常寶貴的一個證明：即使在其他地方，《紅樓夢》在妓女中也很紅。除了租界，妓女是不准出現在公共場合的，在《風月夢》中，揚州一幕之後不久妓業即被取締，此後再沒有寫到一起公開演出《紅樓夢》的事，不過，一位妓女曾扮作相思的林黛玉唱起這支曲子：

我為你把相思害，我為你把相思害。哎喲！我為你懶傍妝台，傷懷！我為你
夢魂常繞巫山、巫山外。
我為你愁添眉黛，我為你愁添眉黛。哎喲！我為你瘦損形骸，悲哀！我為你
何時了卻相思，相思債？[46]

因為詩詞在《紅樓夢》裡扮演著傳達感情、展現文墨功夫的重要角色，客人們也

常常贈詩給妓女。有時候妓女也會回贈詩歌。這類唱和詩詞還曾在上海結集印行，上海的主要中文報紙《申報》和《遊戲報》都熱衷此事，分別出版了很多集子。[47]

名妓陳玉卿和恩客龍湫之間的唱酬詩歌在《申報》上刊出時引起了相當大的轟動。[48] 詩歌的主旨是「愛花之人」和苦命紅顏彼此之間深刻的理解。最後，龍湫只能愛他，而沒有能力來保護她。[49]

在有詩名的妓女中，不得不提到程黛香。在下面這首詩裡，她以林黛玉自比，還把自己的詩比作黛玉的詩：

焚將詩草了今生，莫再他生尚有情。

卿說憐卿惟有影，儂將卿畫可憐卿。[50]

這首詩寫的是黛玉死前最後一幕——「焚詩」，她燒掉了所有寫給寶玉的情詩。雖然程黛香寫詩是直接效仿《紅樓夢》，但一般來說那些《紅樓夢》的語言和形象是用來描摹當下的。來看寫給花蓉卿的一首詩：

指道紅樓是妾家，舞衫歌扇風華。不須更把清名訪，如此風姿合姓花。話舊難忘問字時，裁箋為賦比紅詩。忍將握手叮嚀語，譜入銷魂別離詞。[51]

看來這首詩的作者和這位名妓都是多情善感的人，他們一起承擔著離別的苦楚。

如果說這些詩詞只引用《紅樓夢》也未免言過其實。實際上，《紅樓夢》中的詩歌和傳統詩歌關係十分密切。《上海妓女陸小寶寄浙滬可意生書》便是一例。這封信

一開始就以楚國大夫屈原的離騷之苦自比，不接受建議的楚王令屈原憤懣而終，好比妓女沒有恩客知心的悲慘命運。

> ……言志恥隨春女。心何知己，吟詩酷勝冬郎。[52] 昨者偶弄鬼毫，聊抽蘭緒，
>
> 借落花之舊韻，賦題葉之新詞……恨中郎之晚遇，未傾積累，素只愧辛齋。

　　陸小寶接著說，有人喜愛她的詩，要拿去登在《申報》上，但她害怕這不僅不能帶給她聲名，反會引人議論和嫉妒。她請這位恩客把他的詩也寄來，她身邊的姐妹們肯定會十分欣賞，而她很願意一首一首地與他唱和。[53]

　　出版於 1915 年的《海上花影錄》總結了多年來上海花界的遊戲傳統，在書中專設了《青樓韻語》一節。編者們在書中討論了這些年來花界使用的《紅樓夢》的比喻所經歷的變遷。只有這本書的編者們明確地提出過，花界有一種「《紅樓夢》癖」：

> 自曹雪芹撰《紅樓夢》小說欲喚醒天下一切情癡，孰知天下男女之深於情
>
> 者，不識其為語言，反為《紅樓夢》所蠱，而癡乃益甚。有某校書者，亦喜
>
> 談《紅樓夢》，謂黛玉情真，寶釵情偽，小紅情癡，鴛鴦情烈，香菱情憨，
>
> 晴雯情摯，又謂妙玉之淫奔不足訾，湘雲之誤嫁為可惜，信如斯言，是青樓
>
> 中亦有《紅樓夢》癖矣。[54]

　　上海名妓把自己的名字和這部小說聯繫起來，為遊戲扮演提供了一個劇本，不過，這個劇本也只是一個框架而不是嚴格的規定。只有某些部分是嚴格設定的。名

妓照著《紅樓夢》人物來取花名，其他地方也引用《紅樓夢》，以一種玩笑但明確的態度表明了她和她的客人扮演的角色。客人們也完全明白這是什麼意思，畢竟他們都是文人，都熟悉和喜愛《紅樓夢》。名妓在這裡暗含著一層要求：客人應像賈寶玉敬重女子一樣尊敬她，他們之間就像真正的情侶一樣平等相愛。

扮演寶玉

寶玉姓賈，在中文裡與「假」同音。而小說中出現的另一人物甄寶玉的姓又與「真」同音。儘管這種二元對立沒有在上海的環境中上演，但扮演「賈寶玉」（假寶玉）的客人一方面表明他就像書中的賈寶玉一樣深陷大觀園，一方面也說明，在某個地方有一個他的「真寶玉」準備著回到現實，承擔自己的責任。有時候文人出版他們描寫花界的文章時也會採用與紅樓夢有關的筆名、字號，例如，「海上抱玉生」（上海的寶玉）還有一個別號叫「借夢樓」。[55] 扮演賈寶玉本只是逢場作戲，但鄒弢（1850—1931）過分沉醉於「賈寶玉」的身份，幾乎把現實生活和角色混為一談。他 1880 年代搬往上海，在那裡住了四十年。作為一位小說家和報紙編輯，他寫了一本花界指南，還有一本狎邪小說《海上塵天影》。他以賈寶玉的崇拜者自詡，給自己起了個筆名叫「瀟湘館侍者」。[56] 如同他的筆名一樣，鄒弢對名花充滿深情，終日生活在情感的夢幻世界裡。他的寵妓月卿喜歡背誦《紅樓夢》。[57] 後來鄒弢承認，當時他非常年輕，心裡想的都是「情」：「（張果敏公）以海軍文案相界。余戀申江花月，辭之而歸……余初最鍾情，初有瀟湘館侍者之好，然塵俗大千，了無所遇，退而自省，克己以絕世緣，免致束縛。」[58]

鄒弢的好友詹塏用他生動的筆觸為我們描繪了鄒弢的人生經歷以及他用情之深。我把它全文抄錄在這裡，讀者可以從中看到鄒弢的生活方式以及《紅樓夢》式的妓客關係變化。

　　余友人鄒生，生而篤於情，及長，觀小說中有所謂石頭記者，惑於子虛烏有之說，遂為情癡，先是青樓中有蘇蘭者，略解文墨，嘗就生問字，生輒狂喜，以為謝女[59]復生，班昭再世，不圖於蘭遇之也。因暱之，與訂白頭約，然生家徒四壁，欲為蘭脫籍，而苦無貲，乃間關數千里，往楚南就江學使聘，逾年，始挾貲以歸，而捨館未定，即往叩蘇氏之門，至則人面桃花，非疇昔。蓋蘭已琵琶別抱矣，生悒悒而返，嗒若喪偶，自是而癡益甚，遂以其與蘭離合之緣，撰為塵天影說部以自廣。丁酉春，余始識生於申江，昕夕與共，每涉足花叢，邀生往，輒固辭。朋輩怪而詰之，喟然曰：「余亦知此間佳麗之多也，然安得如蘇蘭者乎？往徒亂人意耳。」卒不往。余因叩蘇蘭事，生為縷陳顛末，且出蘭所貽手札見示，筆畫端秀，詞意委婉，令人玩不釋手，閱竟生仍什襲藏之。[60]

　　鄒弢後來愛上了另一位名妓，詹塏將其比作《紅樓夢》中剛烈的尤三姐。鄒弢感情經歷的這番描述表明他的愛情生活很大程度上是從賈寶玉這個小說人物那裡借來的。儘管可以說鄒弢的文才、癡情都已經和他的偶像賈寶玉相當接近了，但作為上海灘靠筆桿子吃飯的文人，他顯然缺乏賈寶玉那樣雄厚的家庭實力。不過，鄒弢似乎也生活在一個感情的世界裡，對他來說，夢境般的上海租界就是賈寶玉的大觀

園。他成了一個身不由己的理想主義的愛人，就像小說裡的叫寶玉一樣，他蔑視社會成規。[61] 他願意遵守心愛的妓女定下的規矩，忍受她們的奇思怪想。即使他發現韻蘭已經「琵琶別抱」（她嫁給了別的恩客，但最後還是不幸地重回風塵），他也還是繼續愛著她；另一名妓女搾乾了他所有的錢之後不屑再理睬他，他也沒有動怒。他的花界指南裡充滿了對名花的同情和熱愛，正如同賈寶玉一樣。漸漸鄒弢開始覺得他太過認真，還為他的林黛玉留在了上海，這個決定後來讓他深為後悔。[62]

1896 年，《遊戲報》上有一則新聞報道講述了一個紅樓夢式的故事。報道描寫了鄭生和謝添香的邂逅。謝添香從小開始就在妓館裡學藝，長大以後，鴇母說服她開始接客：

> 添香未能得名時，有鄭生夢鹿，負才氣載酒挾伎自豪，所至輒車馬闃溢，然以未遇美色為恨。忽遇添香座上，添香曲眉豐頰，艷麗殊人，生心悅不言，潛偵悉姓氏里巷，佯醉遁去，逕造趙氏。添香方歸，聞有人踵門，曰：「某鄭生也，請見添香。」添香因白嫗，嫗雅知生名，聞其來，益喜曰：「我甚欲兒曹附雅士，今乃天假緣也。」急命肅入。嫗引添香及二幼女十全、寶雲者出拜生。趨承末座，窮究生平，殊慇懃而情變入微，有頃，起謝已張飲矣，曰：「老身姑退，兒曹侑客無怠。」於是添香奉觴而前，雙纖纖翹遙，屑若不任風。生近矚之則轉面，流光遷延，卻顧兩輔薄暈，膩若紅酥。坐定，笑語稍沃，問其年，曰三五矣。會十全進為壽，添香笑牽其袂曰：「卿每舉《石頭記》以難我，今鄭郎博雅，何不遂以難之？」十全笑不能對。生試舉以難添香，添香應召良速。[63]

添香接納了鄭生，把他當作自己的恩客和愛人，他們的關係持續了很久。後來，鴇母試圖讓添香不要對鄭生那麼忠心耿耿，要她去見一個富商，添香拒絕了。但鄭生意識到鴇母不會滿意他這個恩客，因為不夠富有，於是他離開了添香，並允諾她以後一定會在一起。

《紅樓夢》為這個故事提供了一個框架，我們可以比較其共同之處，分析到底誰扮演了誰的角色。鄭生像賈寶玉一樣細心，對年輕女性十分照顧，甚至為了不影響添香的職業前程而離開她，這一點在故事裡被強調，被理想化了。這一舉動顯然是受了《紅樓夢》人物的影響，而且添香和鄭生都以熟悉《紅樓夢》的情節和人物而自豪。

名妓和客人一起建立了這個遊戲的規則，劃定了角色，並以此作為互動的基礎，開始了一場精妙的平衡表演。在上述這些故事中，客人都是文人，他們的文化資本給這個遊戲賦予了合法性，並讓它顯得更高雅，從這個意義上說，文化資本十分重要。[64] 妓女需要一位善於表達的搭檔，他得承認和接受這個遊戲幻想的成分和基本的規則，而這是文化遊戲格調高雅的基礎所在。

不過，大多數客人都是富有的商人和有權勢的官員。他們溜進寶玉的角色裡，把權力拋在身後，但還保留著這個遊戲和它的腳本所需的文化素養，因此倡優文學總是低估他們作為商人和官員的身份。為了讓這個遊戲帶點文化趣味，文學技巧是必須的。不管參加遊戲的人「現實生活」中的定位到底是什麼，《紅樓夢》的故事框架確定了基本的角色分配。有腳本就有了行為模式和框架，從這個意義上說，它不僅是描述性的，它還具有規範性。當名妓把賈寶玉的角色指派給客人的時候，她們試圖在上海租界的新環境中控制和重塑客人的行為，而這些富商權貴對自己的身份和權力充滿自信，他們的行動倒是無意識的。所以說鄒弢和鄭生不能代表一般的客

人，其實像他們這樣完全融入角色的類型為數很少。今天有豐富的文獻可以證明，客人們扮演起角色來的確是樂在其中，以至於賈寶玉認為男子遠不如女子的觀點可能造成的冒犯都不足掛齒。

遊戲

在上海上演《紅樓夢》包括一系列的快活事：吃酒、兜風、跑馬、聽戲，還有在各種最好的番菜館和中餐館吃大菜。扮演紅樓夢中人還需要把很多時間用於各種各樣高雅講究的遊戲，一邊打發時間，一邊展示他們的機敏。

《紅樓夢》裡提到的行酒令、玩牌九和賽詩是上海花界重要、常見的娛樂方式。[65] 最流行的遊戲之一是用紙牌來行酒令，每張紙牌上都印有一位紅樓夢主要人物的畫像。這個遊戲需要相當的文學知識和詩歌技巧。[66] 雙方輪流寫出押韻的詩句，因此最後所得的詩是雙方合作而成的「聯句」。這些遊戲讓妓客雙方可以按部就班地戲謔調笑、展示文采，也增添了文化的氛圍。[67]

有一種擲骰遊戲的走法完全依據《紅樓夢》，把大觀園裡幾百號人物和所有的著名景觀都按重要程度排了次序（圖 3.14），然後玩家根據骰子擲出的點數來移動位置，看自己運氣如何。[68] 與《紅樓夢》相關的圖案被用於信紙、燈罩的裝飾，還出了連環畫冊。[69] 各地書商出版的金陵十二釵畫冊印製精美、數不勝數。黛玉葬花的主題很受歡迎（圖 3.15），表現寶玉和黛玉關係的場景也是人們的最愛（圖 3.16）。

上海申報館很快就認識到，解說這些遊戲規則的書很有市場價值。1877 年，申報館推出了《癡說四種》，這套叢書由四本書組成，力求增進讀者對《紅樓夢》的欣

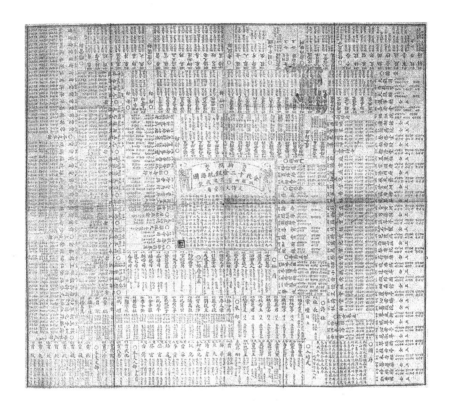

3.14 《金陵十二金釵玩遊圖》。19 世紀。遊戲的走法以《紅樓夢》中的大觀園為基礎。（王樹村編，《民間珍品圖說〈紅樓夢〉》，103）

黛玉

3.15 《(林)黛玉》，《紅樓夢》的女主人公，周慕橋圖。石版畫，上海，1926 年。這幅插圖畫的是著名的黛玉葬花的場景，初次刊登於《飛影閣畫報》上。（王樹村編，《民間珍品圖說〈紅樓夢〉》，259）

3.16 《瀟湘館春困發幽情》。石版畫，上海，19世紀末。賈寶玉站在林黛玉的窗外，無意中聽到了她的心聲。
（王樹村編，《民間珍品圖說〈紅樓夢〉》）

賞和了解。其中第一本是話石主人所著的《〈紅樓夢〉精義》，它對紅樓夢的人物和場景做了與標準版本大不相同的簡明介紹。第二本名為《紅樓夢觥史》，這是一本參考指南，它詳細介紹了這些酒令的規則，一步一步地說明怎麼玩。書裡暗示這個遊戲是男女之間（妓客之間）玩的，每一方如何獎懲都有規定，例如，如果扮演林黛玉的女子輸了一局，但她若能背誦黛玉的《葬花吟》便可以不受罰（喝酒）。[70] 另外兩本書分別是平湖黃金台鶴樓的《〈紅樓夢〉雜詠》和徐慶冶的《〈紅樓夢〉排律》，《〈紅樓夢〉雜詠》收錄了小說中的詩詞，《〈紅樓夢〉排律》則為賽詩需要用到的詩歌主題和詩律提供了樣本。[71]

把上海當作大觀園

《紅樓夢》裡的女孩子和賈寶玉在大觀園度過了他們的青春，這裡與外界的價值觀隔絕，也不用為俗事煩惱。這是一個強大的比喻。上海租界作為大清帝國統治下的一塊飛地，也有著天堂般的奢華，在 19 世紀中國各地飽受戰火摧殘、生靈塗炭之際，它卻享有一片難得的寧靜。1878 年大觀園戲院開張，更是凸顯了小說中虛擬的劇場和真正的舞台之間的聯繫。

照這樣讀來，進入上海租界就像是「入門」，在這裡進行的一切就是「遊戲」。[72] 上海的出版業對製造這一形象起了促進作用。在它的幫助下，幽閉花園的文化概念被市中心所取代。他們主要強調了兩個主題：與現實相對的夢的主題，以及輕鬆的戲劇表演所蘊含的遊戲觀念。大量有關上海的書推出之後，上海和《紅樓夢》之間的聯繫慢慢建立了起來，在人們心中上海也日漸成了世界遊戲場。轉做記者的文人

們利用他們的身份來發展和鞏固上海的形象。1880、1890 年代出版了眾多的上海城市指南,《海上繁華圖》、鄒弢的《海上燈市錄》、《申江名勝圖說》,以及滬上遊戲主的《海上遊戲圖說》把這座城市刻畫成了一個天堂,在這裡,奇異的西方習俗和商品與上海名妓發明的儀式和角色和諧地融在一起。自 1870 年代起,配有圖譜的上海城市指南、嫖界指南,以及其他對上海的描寫創造了上海的這個形象。

鄒弢又提供了一條好線索——他出版於 1896 年的狎邪小說《海上塵天影》就是以《紅樓夢》為範本的;書中描寫了一個花園,它就像商業城市中的一片綠洲。與曹雪芹筆下相思成疾的年輕人一樣,鄒弢塑造的妓女和客人生活在這個翻版大觀園裡。這些才華出眾的名妓中甚至也有美國和日本女子,在這裡,男主人公傾心愛慕著其中的女主角。所有的角色都生活在這花園裡,而花園的規則是他們自己制定的。與《紅樓夢》中的情節相仿,名妓們也組織詩社,舉辦賽詩會,還用《紅樓夢》裡的人名來猜字謎。妓客之間的愛情是故事的主線,雙方都品格高潔、感情真摯。儘管所有的男主人公都受過良好的教育,但他們幾乎都不靠文字吃飯,他們不是商人、軍人便是官員。

把上海看作大觀園是基於其幻境般的大遊戲場的形象。同一個上海彷彿可以提供很多層次的歡樂。沃特・本雅明曾說巴黎拱廊(the Paris arcades)是這個「19世紀的首都」的特色,[73] 而與妓女尋歡作樂也被吹成了上海的特色。把上海作為一個不受現實和物質束縛的巨大的遊戲場和仙境的推銷方式,刺激了一種特殊心態的產生。在這裡,人們可以拋開塵俗的煩惱,就像在夢中一樣去扮演自己心儀的角色,不用害怕,也無須考慮後果。這個夢境帶來了迷人的體驗,人們在這裡可以追逐內心最深處的慾望,縱身於無休止的感官狂歡,各種夢想彷彿都得以實現,在這裡還

可以炫耀財富和地位，縱情放浪。

上海很適合這樣來解讀。洋人管理著租界，也生活在這裡，他們的存在是上海洋派面孔最本質的部分。上海的物質外表，也即它引人注目的西式建築和街道規劃，成了這個遊戲場最基本的景觀，其間裝點著各種豐富的西方物質文化內容。最後，上海商業和貿易的繁榮為它扮演中國的仙境提供了必須的條件，中國其他地方所受的社會約束在這裡都不起作用。

像鄒弢小說中的戲院和公園那樣明確以大觀園的意象直指租界中的飛地，可以在狹義上與妓館形成互動。而蓬萊仙島的意象所指的則是整個上海租界，名妓在這裡闖進了公共領域，拓展著她們的活動範圍，日益被人關注和接納。她們造成的轟動景觀把整個城市變成了《紅樓夢》中的大觀園。鄒弢找到了另一個意象來表達上海和大觀園之間的聯繫。在他的《海上塵天影》中，名妓根據自己的需要改造西方技術，她們發明了一種氣球，可以坐在裡面飛出花園，去往繁華都市裡更大的大觀園。[74]

上海把自己當成世界遊戲場來展現，而名妓則成了其中的一部分。在圖 3.17中，一位妓女好奇地凝視著遠方上海的奇特風景，而另一位則拿著西式望遠鏡來觀望遠方。她們都望向聖三一堂的尖頂，它是租界的建築奇觀之一。在這種對都市上海的好奇凝望中，城市風光和名妓一起傳遞了一種紅樓夢式的世外桃源的感覺。這裡的現代性只不過是異國風情秀的一部分。

不太浮誇的城市指南也說上海「繁華如夢」，[75] 各種城市指南的標題都是與夢有關的比喻。[76] 原本佛教話語裡的「夢」，是說所有存在的一切都是虛幻的，即使最真切的感覺也是不真實的。《紅樓夢》把這個概念轉變成了一個內涵豐富的隱喻：一生沉湎於動人的感情，到頭來可能只是佛家所說的一場「空」。在這個過程中，

3.17 《視遠惟明》。石版畫，周慕橋圖。這幅圖 1890 年代刊於《飛影閣畫報》。圖中一位上海妓女好奇地用望遠鏡眺望遠方，欣賞混合了各種文化的城市風景。(吳友如，《吳友如畫寶》，3b:14)

「夢」這個詞的價值發生了轉變，它不再強調現實最終歸於虛空，而代表著一個從日常瑣碎的小事中抽離出來的短暫時空，在回憶中帶著懷舊的味道。後來有關上海的書都不再提到與佛教的聯繫，一致對以上海名妓和歡場編織起來的奢華夢境唱起了讚歌，苦難的「紅塵」變得令人神往。但即使發生了這種轉變，小說還是沒有完全失去原初的佛教意涵，因果報應抹平了有錢有勢的客人和服侍他們的妓女之間的差異，代之以命裡注定受苦的總體觀念。名妓代表著上海夢所有的誘惑與曖昧。自1890年代起，有關上海的小說又以佛家思想來解讀「夢」，把1880年代的上海夢重新詮釋成一場夢魘。

商業上的考慮從來沒有被忘在腦後。即便在鄒弢的小說《海上塵天影》中，讀者也可以清楚地看到，名妓修建了花園並搬進新的妓館之後身價就開始陡增。這些名妓都很有經濟頭腦。小說詳細描述了花園裡每個妓館的價格——美國妓女和日本妓女的月租金稍高，但她們不用付首付款。所有的交易都白紙黑字寫在合同上，十分正規化。花園有一部分還會向遊人開放，收取門票。[77] 上海名妓很理解《紅樓夢》。大觀園的風雅生活背後永遠都有現實的經濟問題。名妓沒打算亦步亦趨地效仿紅樓夢中人。

棄用的選擇

那些棄用的選擇更突出了《紅樓夢》的獨特主題。「才子佳人」的主題在17、18世紀一直很受歡迎，但早前用它來概括妓客關係時卻不甚成功。一方面《紅樓夢》完美地詮釋了這一主題，一方面又對它有點牴觸。賈寶玉和年輕女孩們幽居在花園裡，不像其他男子那樣出去求取世事功名，不符合理想中的「才子」形象。更重要

的是，小說最後林黛玉和賈寶玉沒能成婚，悲劇性的結局背離了才子佳人題材的傳統。這一結局切斷了與婚姻的關係，為《紅樓夢》的情節增強了玩笑一場的況味，給了客人離開之後的妓女一個悲傷的角色。

諸如 13 世紀王實甫的《西廂記》、湯顯祖（1550—1617）的《牡丹亭》等著作，也曾有可能獲得與《紅樓夢》相當的文化地位，受到大眾的喜愛，但並沒有被選中，因為它們破壞了品行端正的傳統觀念。有的晚清狎邪小說在討論中明確提到這一點，批評這些作品過分強調性在愛情中的作用。而《紅樓夢》則相反，它強調的是愛情中情感和浪漫的一面，與上海青樓的高雅文化中玩樂和性愛的分離很合拍，同時也提升了青樓的文化地位。晚明的模式也沒有被採用。清初有幾個代表性的例子，一代名妓和著名才子以其燦爛的文學成就和反清愛國的情操獲得了傳奇性的地位。而對 1800 年代末客居上海的人來說，租界的設立和滿族的侵略不可同日而語，（還）沒有文人期盼成為反對西方入侵的愛國英雄。名妓中也沒有扮作李香君的——她是戲曲《桃花扇》所描寫的一位晚明愛國名妓；上海的文人也沒有人扮演積極諷議朝政的東林黨士大夫。這些角色太過政治化，對都市裡的閒散時光來說太不合時宜。《紅樓夢》在這裡勝過了晚明模式一籌：它沒有將背景設置在國家政治的宏偉舞台上，它的主線不是民族救亡，而是對情感滿足的熱切追求。

文人、名妓和出版業

《紅樓夢》和賈寶玉對租界的知識分子有吸引力並不是巧合。通過宣揚和重現這一著名小說中叛逆仕途、叛逆正統社會關係的一面，他們為自己提供了一種新的解

讀。他們可以扮演無視傳統社會秩序的「多情才子」，這一傳統角色受人喜愛。他們可能仍然期望金榜題名，甚至得到一官半職，但通過賈寶玉這個角色，他們表明自己已經看穿了只知耕耘仕途、人云亦云的甄寶玉的膚淺。作為新興職業階層的一員和妓女的夥伴，扮演他們自己真性情的假「寶玉」使他們獲得了一種新的身份和平衡，他們不斷運用自己的文學技巧和文化知識來發展上海大觀園的主題。這種文化資本保證《紅樓夢》角色扮演格調高雅，而聰慧多情的年輕叛逆者形象也為他們提供了現實生活中所缺乏的象徵性聲望。同時，他們還有個討人喜歡的身份——護花，儘管當時的上海名妓已經是相當自信的女商人，似乎並不需要保護。

雖然賈寶玉的角色主要為官員和商人保留著，知識分子的文學技巧還是一種有效的硬通貨，在夢幻世界裡也能給他們帶來相同的地位。鄒弢很好地說明了文化資本和經濟資本相等：來到大觀園門前的客人要麼得付十個大洋，要麼得寫一首名妓看得上眼的詩。[78]

在這一角色扮演的環境中，文人也變成了娛樂的一部分。他們的談話和詩作，他們對名妓公開的奉承和私下的阿諛都給讀者提供了消遣，也給有錢有勢的人們茶餘飯後的消遣增添了一點文化的味道。因此，對相當一部分文人來說，參與到這種夢幻般的消遣中來有它的經濟意義。他們幫著把上海表現得像一個高級娛樂中心，同時也為自己製造了一個就業市場。他們穿著賈寶玉這個寬大的袍子，沿著文化白領之路前行。他們和出版業的關係推動了《紅樓夢》主題的普及。以申報館為首的上海書商熱衷於推出跟《紅樓夢》相關的作品。美查是申報館的經理和大股東，為了滿足市場對《紅樓夢》這一主題類型的渴求，他遍尋全國，搜求各地的上乘續作。他 1876 年出版了《紅樓復夢》，1879 年出版了歸鋤子的《紅樓夢補》。[79] 書商

也推銷文人們仿照《紅樓夢》所寫的小說，例如申報館1878年就曾出版俞達（慕真山人）的《青樓夢》，這本小說是第一次用「才子佳人」的比喻來描寫妓客關係。[80]

市場不止向文人們開放。許多與《紅樓夢》有關的小說都有非常精美的插圖。當時最受歡迎、最能體現大眾夢想的是年畫，許多中國家庭在新年到來的時候都會買上一些（圖3.18）。這些畫作有助於普通百姓熟悉紅樓夢的故事、情節、主要人物和他們的關係。[81]

應該說，不是所有人都在模仿《紅樓夢》。比如說韓邦慶在他的《海上花列傳》中就沒有提到《紅樓夢》，可能他不喜歡用這部小說來給自己貼金，也不贊成過分感傷。[82]此外，吳趼人後來也從反面引用紅樓夢，不過他寫的不是續集而是科幻小說，賈寶玉落入了現代的墮落的上海，變成了一個世事練達的城裡人。[83]

邁向都市現代性

效仿某些人物，甚至按照故事情節來生活，在中國不是新鮮事；在中國的文化傳統裡面，這些東西古已有之，是教育年輕人的主要工具。[84]上海的新貢獻在於，它把整個城市也包容了進來，共同參與這齣戲劇和遊戲。儘管參與者自己不知道，但重演《紅樓夢》其實是為開創現代的城市愛情關係進行綵排。

《紅樓夢》中的自由戀愛遭遇了以傳統家庭結構為代表的社會秩序，家庭的阻撓最終斷送了這段愛情。在這種背景下重演林黛玉和賈寶玉的愛情故事模擬的是一種新的現代社會秩序——愛情不再受到家庭的干涉。不過，因為做戲符合中國所謂「遊戲」的觀念，其中也包括角色扮演，因此這個邁向現代性的激進轉變看起來似乎

3.18 《紅樓夢慶賞中秋節》。手繪木版年畫，天津，楊柳青，19世紀。
年畫表現了大觀園佈局的一角。（王樹村編，《民間珍品圖說〈紅樓夢〉》，39）

也就不那麼具有破壞性。男性和女性的關係通過一種單純的公眾娛樂的形式有所轉變，但也只是局限在一塊非常特殊的城市飛地中，並不會在社會上引起爆炸性的反應。上海名妓的「紅樓夢」世界成了都市愛情新規則的訓練場，名妓在公開場合賣弄的風情，以及她們與愛侶共棲的豪華住宅，無不參與了這個空間的開啟。在這個空間裡，一種浪漫的琴瑟和諧的小資產階級文化第一次找到了自己的據點，然後通過上海的盛名和媒體傳播到其他城市中心。從很真實的意義上來說，當戀人們不堪忍受家庭的壓力時，上海自然就成了他們的避風港。[85] 這種事經常見諸報端，《點石齋畫報》上就有報道。

同樣也是在這個過程中，在所有參與者的身後，我們看到上海名妓把西洋景觀帶入了這個蓬萊仙島和大觀園的腳本，這有助於提高人們在文化和社會上對她們的接受度，首先是在租界，慢慢推展到全國。上海向世界遊戲場轉變的過程也是中國走向現代性的過程，這不是改革者的宣言中的宏論，只是於無聲處悄然地發生。

因為妓客關係是在模仿賈寶玉和他的女性親友，《紅樓夢》中的大觀園就成了新上海的標誌。上海名妓匠心獨運，藉著客人們對《紅樓夢》這部小說的熟悉和對青樓等級的了解，構想出各種各樣的意象、情節和角色，以便適應她們和客人、和上海這座城市之間的新式的互動。這項勇氣非凡的事業是否能成功，取決於她們在這個開放的框架裡不斷求新，以及在這個過程中製造歡樂和消遣的能力。對名妓來說這可是好處多多。假使她們能引得客人去扮演一位驕縱的才子，對名妓各種怪念頭都百依百順的，那她們自己的角色就更為強大，在面對妓院時就可以更強勢。她們也成功地將自己的角色和性服務分隔開，「性」是由普通的、下層的妓女來提供的。

這些名妓具有多重身份，她們同時也是女商人。《紅樓夢》這齣戲情節緊湊，想

像豐富，掩蓋了妓客之間本質上的生意關係，大觀園奢華的環境也間接地證明了高收費是情有可原的。小說中描寫的沒完沒了的禮尚往來也在巧妙地提醒著現代的賈寶玉，不要只看到付給妓院的那些賬單。不兼做鴇母的妓女們積攢錢財多半靠客人送禮，性成了一種回禮的形式，以表達一種情感關係或是感激之情。這樣，在這種禮物和金錢交易的雙重結構之下，一種遊戲的觀念得以確立，它的基礎是貌似自發的互動、兩性之間令人驚異的平等關係，以及豐富的文化意涵。所有這些都大大有助於青樓的繁榮興盛。把對金錢的斤斤計較和娛樂分隔開，以禮物文化作為遊戲之一，甚至偶爾以文化資本直接代替經濟資本，這些都可以算作在文化上非常行之有效的高妙的經營策略。

在上海這個見錢眼開的都市中心，這個腳本給客人們提供了一個虛擬的傳統環境，讓他們在其間展現自己的文化角色。這樣展現傳統可不是出於博物館精神，而是受「奇」的概念支配的，它要不斷地把諸如西方科技、都市行為等新鮮的、特別現代的元素吸納到這個夢境中來。

這個精心打造的角色扮演樣板會出現在上海並不奇怪，大觀園也不是最後一個這種樣板。20世紀初，梁啟超等青年知識分子試圖尋覓不同於賈寶玉的偶像，他最後看中的是性情熾烈如火的意大利革命家馬志尼（1805—1872）等人。上海租界對生活中出現的各種變革反應相對保守。它創造出了一個發揮傳統文化技能、享受個人趣味的空間，把西方元素和傳統中趣怪的一面相結合，所以也消解了推翻文化偏見和定式的可能。同時，這種反應也是非常現代和非常上海的，它毫不諱言自己的商業目標。在《紅樓夢》劇本之虛構性的掩護之下，所有這些擺設、特點和行為模式被當作一番遊戲，越過了傳統文化的藩籬。

4

形象打造者

洋場才子和上海的娛樂出版業

上海妓女以及上海自己的名聲是現代中國媒體的產物和初次勝利。這些媒體本身也是在上海成長起來的，媒體人來自一個新興群體：城市知識分子。他們過去曾屬於傳統的文人階層，如今被充滿機遇和擁抱變革的上海吸引過來。

自 1840 年到 1911 年，整個中國大地上只有上海租界才允許個人展現其從傳統向現代的轉變。這一轉變有各種形式。上海自己也在發展，來到上海的遊人每一代都有不同的目的。但是，租界遵循的是洋人而非地方士紳定下的規矩，這對新移民發揮著強大的影響力。[1] 它為表現這些新的生活方式提供了一個公共領域，並給新型城市文化的展現設立了邊界。

上海並非只有汲汲牟利的外國大個子，中國的買辦也在做著同樣的事，還有一群熱情的革命家也在這裡為國家前途命運出謀劃策。公平地說，上海的成就源於它的發展——它成為一個充滿多樣性與變化的真正的都市中心。娛樂業作為一種新興的行當如雨後春筍般發展起來，極大地增強了上海對商人、旅客、富紳等人的吸引力，而且商業化的出版業的迅速繁榮也給文人提供了諸多工作崗位，增加了他們公開發聲的機會。上海附近、位於長江入海口的江南一帶素來以教育繁盛著稱，但連年內戰使得許多教育設施被毀，並產生了一批需要工作和角色認同的知識分子。

上海的活力深深吸引了這些文人，它的新鮮令他們興奮，它的舒適使他們驚訝，而它對金錢赤裸裸的追逐又令他們厭惡。他們從小就形成了一種觀念——必須在所在社區擔當道德領袖，但他們在這裡不過是賣文為生，還經常要為外國人打工，不免感到越來越邊緣化。失去了傳統角色的文人也得面對一個隨之而來的問題：中國的貧弱和都會現代性同時並陳在上海這個大舞台上，在這樣一個地方他們如何定義自己，如何定義生存的意義？上海也是一個理想的匿身之處，文人們可以在這裡一輩子扮演

「客」的角色。作為一個外人，他對這裡的道德水準沒有什麼責任。當他把這座城市當作一個玩樂之地時，便可以暫時告別扮演道德領袖的角色焦慮。

對他們中的很多人來說，新式媒體就是每天的生活來源，新的文學樣式就是他們的稿件。許多文人來到上海，想辦法用他們唯一的資本——教育——來謀生，新式媒體給了他們這個機會。他們用一種半諷刺半自憐的語氣說自己是「賣文為生」。無獨有偶，這一時期的妓女也是「賣笑為生」。無論是價值、程序還是觀點，在所有跟知識有關的事情上文人都是外國人和中國人之間的媒介，他們所起的作用很像商場上的買辦。同時，他們還是中國遊人與上海之間的中介，他們生活在很多不同的、經常互相衝突的層面中，有時候比較適應，有時候則怒火難平。

在1860年代到1890年代間，這些文人最可能找到工作的地方是報社、出版社、譯書館，還有新式學校。這些機構通常都是由外國傳教士或商人出資建立和主管的。比如王韜1849年初次到上海之後，工作和生活的所在就是英國傳教士麥都思創辦的墨海書館。《南京條約》簽訂之後第二年，也即1843年墨海書館成立。早期中文報紙中最重要的報紙《申報》是1872年由英國商人美查和其他幾位匿名股東一起創辦的；美查同時也經營著申報館和《點石齋畫報》。[2] 又如格致書局，也是1876年由墨海書館館長麥都思之子、英國領事麥華陀爵士創辦的，它的宗旨就是要在中國普及西方科學。[3] 到了20世紀初，許多中國人自己的出版社也紛紛開辦起來。作為出版、教育和娛樂服務的中心，上海在知識、觀念、信息和娛樂上都是市場的主導。

這個發展的潮流也帶動了娛樂出版業。最早期的《申報》就登載竹枝詞、贈給妓女的詩詞楹聯、娛樂報道之類的花邊新聞，但到了1880年代中期，市場的發展催生了畫報、嫖界指南等單行的娛樂出版物。到了1890年代晚期，娛樂小報和文學期

刊也加入了這些出版物的行列之中。所有這些出版物在技術、文學和藝術上面都是中西結合，上海名妓是這些新式娛樂出版物中的焦點。文人通過名妓的形象探索著這個城市的各個維度，以及他們自己在其中的角色。

在租界的新媒體和各種機構拿薪水上班，標誌著文人變成了城市知識分子。他們是租界知識生活的主力軍，當他們把自己的文學技能用於新的事業時，新的文學類型和媒體也應運而生。他們在各種機構和企業裡的工作總是伴隨著緊張的時間表，令他們不得不採取一種全新的生活方式，其特徵就是一方面總是時間不夠用、錢不夠花，另一方面文人的派頭又極為重要。他們以其一技之長在開放的市場上謀生，總是有時歡喜有時愁。而他們居所的樣式又為發展獨特的上海城市生活方式提供了參考。

娛樂出版業最受歡迎的新體裁是一種都市混合語。例如，娛樂小報刊登傳統舊體詩，報紙在傳統的竹枝詞格式中加入完全不同的環境，期刊開始連載小說。這些出版物所身處的新環境、印刷的新技術，以及包裝與發行的方式，創造出了一種新鮮刺激的新舊結合，成了這一時期上海文化產品的標誌。

都市混合語也勾描出了上海文人的心態。儘管他們對從洋人手裡拿薪水也偶有抱怨之詞，但這些情緒都是個人化的，不具有政治性。他們並沒有把租界看作一種強加的帝國主義，儘管客觀地來說，租界是可以被視為外力強加的，但這種定義對我們理解這些文人的心態沒什麼意義。他們關心的是如何在從事新型職業時保留一些傳統文人的生活方式（圖 4.1）。這些人可能會在妓館花錢、吃酒席，又或者在朋友的私家花園裡飲酒作詩，但當天晚上還不得不回去給明早出版的報紙寫新聞報道或者連載文章。換句話說，他每天都得要寫夠一定的數量，這被諷刺為是在「爬格

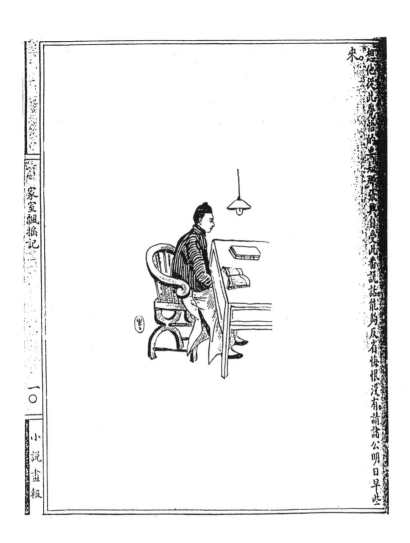

4.1 這位學者的裝束是 20 世紀初上海知識分子典型的打扮。他坐在傳統的扶手椅上，頭上是一盞電燈，中西風格混合在一起。採用了鉛字印刷術之後，圖書便可以製成小開本了。石版畫。（《小說畫報》，no. 2〔1917.1〕）

形象打造者

子」，因為收入直接就跟寫字的數量相關聯。

西方的時間觀念對於形塑這些知識分子的生活和他們文學創作的過程至關重要。當清帝國的其他地方還在參照農曆，根據許多宗教、天文的律法來安排一年的活動時，上海已經迅速地採用了一種新的計時法，白天的工作和晚上的休閒被區隔開來，以一周為單位，星期六和星期天休息。這種計時法從洋人社區內部慢慢傳播到上海其他人群中。煤油燈、煤氣燈和電燈帶來了人工的白晝，夜晚變成了特別的娛樂時光。報紙雜誌有嚴格的截稿日期，這意味著這些文人不得不在一定的時間之內完成他們的文學作品或報道。這種適合休閒的新時間表突然對文人提出了一個重要的要求：他們必須得學會守時（圖 4.2）。[4]

上海的妓女和洋場才子

搬到租界的文人喜愛它先進的物質條件，但對於其露骨的商業主義還是感到震驚。這是一個商人的城市，它存在的目標就是賺錢，這裡的居民也不恥於顯示他們新得到的財富。上海名妓公然代表著這個城市，無所忌憚，當她們扮演這個角色的時候彷彿並沒有被上海文人的聲望所打動，儘管以前名妓主要的恩客都是文人。

妓女和文士相知相惜的傳統古已有之。遠離家鄉前往都城趕考的士子在妓院住上幾個月，這甚至成了一種確定的、幾乎是制度化的傳統。因此，過去的都城也常常以擁有全國最大、最具活力的風月場所自誇。青樓經常就在這些年輕男子學習生活的區域附近，他們大量的空閒時間和家財都消耗在這裡。[5] 舉辦低一級的科舉考試的省城情況也很類似。晚明時期，南京城的才子和秦淮名妓之間的傳奇故事譜寫

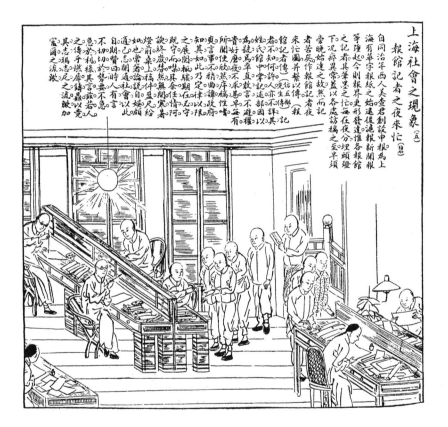

上海社會之現象（五）　報館記者之夜來忙（墨）

自同治年西人美查君創設申報為上海有華字報紙之始俟滬報新聞報等連起今則報界更形發達惟各報館之記者其苦墨之忙海在夜分發下況將其墨之故海訪稿分埋頭須常晚始達之故然而記者圖開作報館以繫來官兵訪稿之至半須

富爾之志跡之流既以其志之傳於利弊緩急於一切急切不切自道人也如燈前談其歲月盡記上稿所論事件之時人有社會以此娛嫻阿守限性情不料寒心守限既阻閉之期其唐駭之姓氏氏知爽所貴為草率馬知何以定曲律諱言好嘗夜作使夜在夜期不以權以其記者之知之不即而傳者者報始繁

4.2　《上海社會之現象：報館記者之夜來忙》。石版畫。（《圖畫日報》，像 no. 23〔1909〕）

了愛情絕唱，這個遺產在江南文人的文化結構中非常強大，它伴隨著對充滿激情的燦爛往昔的追念和感慨。[6] 余懷（1616—1696）出版於 1654 年的《板橋雜記》通過晚明時期秦淮名妓的回憶錄首先吐露了這種複雜的情感。[7] 19 世紀時，這種作品再度受到追捧，引來許多作家跟風。不過，這些跟風之作不限於對南京（書中稱「秦淮」）的回憶，它們寫的是當代的青樓，例如揚州、蘇州、潮州，以及太平之亂後的南京。[8]

晚清的文人其實是打了一個比方，藉著對晚明名妓的追懷來悼念他們自己失去的榮光和權力。上海是這個比方最自然的背景。不過，儘管文人和妓女都在上海尋找自己的顧客，因此看來頗多相似之處，以前在南京可不是這麼回事。上海的名妓不僅生意興隆，還逐漸變成了職業藝人和女商人。她們不再符合從前的文化形象，在她們的世界裡也沒有晚明的懷舊之情。相比之下，文人在新環境中的調適要困難得多，他們不得不調整自己的文化、社會角色，而在名妓面前失去地位也令他們心神不安。[9]

文人和名妓之間的關係變化之快，從互相憐惜的文化記憶迅速地變成了生意協議。一旦文人在上海的娛樂出版業謀得差事，他們就開始以名妓的自我表現為基礎為其打造公共形象。就此而言，文人對青樓的了解對雙方來說都是有利的。可能這些文人看到妓女們大膽的商業精神和對公共空間的積極利用也受到了鼓勵，開始主動去抓住機會。

作為繁榮的上海青樓的核心，名妓的形象當然是焦點，同時產生了一種新的概念：上海和上海名妓，或者「城市和名妓」。這個概念代替了以前的「佳人和沒落王朝」的概念，也就是用易老的紅顏代表王朝的脆弱和最終的覆滅，其中談到明朝覆

亡的最有影響力的作品是余懷的《板橋雜記》。而「城市和名妓」的概念給了名妓一種明確的上海地方性背景，而且她讓人聯想到的不是脆弱性，而是驚人的財富和對閒適的炫耀。在兩種概念中，敘述者作為第三方並不發聲，但都是非常關鍵的部分。舊式文人和上海的新式知識分子試圖通過這種敘述來接受自己的身份。拿上海來說，在娛樂出版業謀生的文人以一種新的方式和他們愛慕、保護名妓的傳統角色聯繫在一起，只不過現在他們是在推銷她的形象。在作者和編輯那裡還保存著這種諷刺：能夠被挑中的名妓不是因為她很脆弱，需要保護，而是因為她出現在公眾面前就有明星效應，這個人物有銷路。公眾了解她們的渴望給她們帶來了高度市場價值，自 1880 年代開始，在整個清帝國內，商品化的上海名妓的形象都廣受歡迎。

名妓的形象為這座城市提供了最細緻入微的講述，從中我們也可以看到上海的文人們是如何探索自己的角色的。這些名妓形象的打造者運用了源自西方的娛樂小報和花報等新形式，再加上自己熟悉的筆記、傳記、花界指南、小說、詩歌等文學類型，製造了大量的有關名妓的花邊新聞。而普通人每天只消花上七分錢就可以了解那個曾經不為外人道的世界。有兩種人最歡迎這種報道：一是那些剛到上海來的人，他們急於了解這座城市，但又怕別人把他當作鄉下來的呆子；還有一類人是安樂椅式的讀者，他們需要探奇，又不想冒任何風險。通過這個過程，曾經專屬於上流社會的品位和價值觀慢慢地普及開來，融入了新興的大眾文化。

上海知識分子對身份的探尋也包括他們對傳統妓客關係的再創造。但他們自己和名妓都不再與過去相類。通過檢視這些文人採用的文學和娛樂形式，以及他們和上海名妓交往的歷史，我們可以看到他們探尋自身身份的更完整的畫面。

洋場才子和他們的花界指南

　　有關上海妓女的新式出版物自 1870 年代後開始出現，其中花界指南是最引人注目的。這類作品包括浪遊子的《上海煙花瑣記》（1877）、梁溪池蓮居士的《滬江艷譜》（1883）、藍田懺情侍者的《海上群芳譜》（1884）和《滄海遺珠錄》（1886），以及鄒弢的《海上燈市錄》（1884）和《春江花史》（1886）。這些書初次出版的時候還是木刻本，1880 年代有了石版印刷之後，有些書就加上了插圖來表現這個充滿異國魅力的上海城和它的名花。這些花界指南的作者也拿出舊式文人的腔調，像鑒賞者般逐一點評，並把他們的過去和如今租界裡的生活聯繫了起來。上海吸引了越來越多的過客和旅人。[10] 這些花界指南的數量和質量表明，上海的名妓生活對這些新來者是多麼的充滿誘惑，他們是多麼的渴望了解走進這個世界的方法。

　　所以這些書也必須得介紹上海。作者們以傳統的文學傳記形式來介紹本地的佳人，同時考察了有關上海的各個主題，把上海置於對富貴溫柔、商賈雲集的江南的想像之中。他們描繪上海時用了一個新的字眼——「奇」，它意味著非凡、虛幻，甚至洋派，這個詞文雅地表達了租界給人帶來的驚訝、欣賞之情，也包括了它異國情調的一面。從前很少有人注意到名妓和城市互為表徵、交相輝映的一面，而這些上海指南書把西方的物質文化和風月佳人融合在一起，塑造了一種無與倫比的美麗奇景。

　　上海的花界指南形式各異，既有直接的介紹，也有筆記式的敘述。這些書巧妙地把傳統的「賞花弄月」和出版市場的要求結合在一起，放大了書中的插圖，把上海城描繪成了一個富麗堂皇的大遊戲場。黃式權是一名供職於娛樂出版業的記者和作家，根據他的記載，這種書利潤尤其豐厚，許多書商都爭相出版。[11] 不過，在這

個贏取聲名的過程中，上海和上海的妓女形象變得更加模糊了。當知識分子們開始重新評價這座城市——以及他們在其中所扮演的角色——的時候，其實引發了公眾觀念的巨大變革。

王　韜

　　王韜可以視為 1850 年代到 1890 年代的文人的代表。對租界青樓生活最早的記錄就出自王韜之手，這也是對租界生活最早的描述之一。儘管已經有許多關於王韜的研究，他有關上海名妓的文章基本上還是無人問津。安克強是第一個填補空白的人。[12]

　　1849 年，王韜剛到墨海書館就參與了麥都思翻譯《聖經》的工作。[13] 根據一篇傳記的記載，王韜最初沒有家眷，自己獨自住在「城廂外一座孤零零的平房裡，儘管這裡幾年後是繁華的商業中心，但當時他的門前還是一片墳崗。」[14] 因為他為外國傳教士工作，老城廂裡的文人圈子都認為他是為了每個月領取一點薪水就放棄了學者的自尊，不屑於與他為伍。[15] 他在日記中寫道，早年（1849—1863）在上海的時候感到很寂寞，在社會上被孤立。工作之餘，他大部分的時間都是和幾個朋友一起尋花問柳，飲酒作樂。他的朋友多半也都在外國人手下工作，但仍盼望能成為朝廷官員。[16] 王韜、李善蘭、蔣劍人被稱為「上海三奇士」，[17] 據說他們常常在豪飲之後在街上一邊跑一邊縱聲歌唱，或是在酒館裡惹是生非，到處砸東西，也有人在江邊聽到過他們怒號。他們藉著這樣的放浪行為向孤立自己的士紳表示抗議，發洩自己不能實現理想的憤懣之情。[18]

　　翻譯《聖經》的工作給王韜帶來了聲名，他當時寫的另一本文學作品《海陬冶遊錄》與之形成了一種反差。《海陬冶遊錄》的序言寫於 1860 年，但這本書直到 1870 年

代，差不多二十年之後才得以刊行。在他對老城廂青樓的高度個人化的描述裡，他提到在 1853 年冬天，自己在病中寫下了這部書的手稿，當時小刀會攻佔了老城廂。[19] 他哀歎這場浩劫毀掉了老縣城，也毀了他筆下的名妓和佳人。不過他也寫到，在老城廂被攻佔之後，上海租界新的風月場所開始興旺起來。[20] 王韜承認他就是在模仿余懷的《板橋雜記》。余懷在書中哀悼明朝的滅亡和晚明士人無謂的努力，對明朝都城南京的秦淮河上的無邊風月表達了追念之情。王韜模仿《板橋雜記》，回憶了過去老城廂中名妓的生活，字裡行間也帶著一種黍離之悲。不過，王韜譴責的毀滅源於內部的叛亂，似乎他並沒有把這一點和租界聯繫起來。[21] 在其續篇《海陬冶遊餘錄》和《海陬冶遊附錄》中，王韜描寫了租界裡名妓的生活，語調完全不同。後來被流放到香港之後，王韜還十分懷舊地寫到上海租界的名妓，表達了對上海的輝煌與榮耀的嚮往。[22]

《海陬冶遊錄》中的情感很複雜。這本書是在老城廂的煙花柳巷毀於小刀會起義後寫成的，重點在於回憶。在自序中王韜感歎時間飛逝，哀悼戰火帶來的浩劫，「珠簾碧瓦，蕩作飛回；舞袖歌裙，慘罹浩劫」，這片地方還在，但所有的美人和生命都不復存在了。不過，他後來又提到的，湧進上海租界的大量難民，把頹垣斷壁又變成了「今日粉影脂香之地」。[23]

在《海陬冶遊錄》第一部分裡，王韜以熱情和自豪的語調描繪了老城廂的傳統青樓。[24] 接下來的兩個部分記錄了一些名妓的故事，尤其是她們與文人的浪漫愛情。這些文人的文學活動和個人生活之間的緊密關係，在王韜自己和廖寶兒的愛情故事中最為明顯。

廖寶兒曾是一位富人的小妾。嗜賭的丈夫輸掉了所有身家，廖寶兒也淪為了妓女。王韜通過一位朋友結識了她，兩人一見傾心。王韜寫道，當時的自己還未曾經

歷過深刻的愛情。在王韜的筆下既有他們之間的激情邂逅，也有平靜相對時的情意綿綿。寶兒生來特別愛花，愛乾淨，還喜歡茶藝。最後寶兒的丈夫跑來索要賭資，活活拆散了這一對戀人。王韜這樣刻畫他的失落感：

> 寶兒既遷新第，紅紅又回錫山，余未識其處，莫得其耗，自此遂絕。一日過
> 其舊宅，見門上燕巢如故，紫雛數頭，引頸巢外，呢喃如舊識。窗紗仍閉，
> 悄然無人⋯⋯躑躅久之，不忍遽去。室邇人遠，徒愴我心矣。[25]

書中結合了對佳人的讚美和自身情感的刻畫，傳遞出深深的失落感，與過去流亡文人的作品遙相呼應。對王韜來說，在租界工作更加重了他的寂寞孤單和自哀自憐。[26]

傳統文人的形象是自憐又克制的，這需要一種隱喻式的表達。在國畫中，文人常常以松、竹的品格自比，有時候他們也會借用一個佛家的象徵——蓮花。他們和名妓都以蓮花自比，它出淤泥而不染，象徵著卑污環境之中內心的純潔。就名妓來說，荷花的形象後面常常跟著一串套話，什麼她們墮落風塵並非因為愛風塵，只是從小家境貧寒，無可奈何。王韜藉著《海陬冶遊錄》扮成高貴仁慈的「護花使者」，在他心中，這個角色和墨海書館的卑微工作無疑有著天壤之別。

王韜在寶兒的故事中流露出一種無力感：所謂的護花使者其實和花兒一樣柔弱。王韜是在寫名妓的命運，也在寫自己的無助。在這裡，護花使者並不代表力量，反倒反映出自憐和自嘲。他和無助的妓女一樣，必須推銷自己才能生活下去，而且他也和妓女一樣需要保護者，需要顧客承認和珍惜自己真正的價值。不過，王韜給自己安排這個保護者的角色也體會到了些許權力感。他不斷尋訪這些名妓，寫

她們的故事，讓她們的價值為人所知，事實上起了一種保護作用。作為這些出淤泥而不染的蓮花的保護者和推銷者，上海的文人獲得了一種心理平衡。

在王韜所有關於上海名妓的故事中，他 1884 年流亡歸來之後寫的眉君和李繡金的傳奇故事帶著一種新的自信。在這兩個故事裡，王韜試著按照晚明的理想來塑造上海妓女的形象。他在故事中重新確立了這種理想，也抬高了租界的地位和自己的角色。這兩個故事收在《淞隱漫錄》中，也曾在《點石齋畫報》上連載。

眉君的故事是這樣的：

眉君，一字媚仙，北裡中尤物也。與琴川花影詞人有嚙臂盟。花間淪茗，月下飛觴，無眉君不樂也。眉君姿態妍麗，情性溫柔，所微不足者，足下雙鉤不耐迫襪。顧自然纖小，當被底撫摩之際，一握溫香尤足銷魂蕩魄。身材差短，李香君，依人飛燕，更復生憐。僦居滬北定安裡，精舍三椽，結構頗雅，房中陳設，艷而不俗。湘簾、幾、寶鼎、位置楚楚。入其室者，「四香爐，塵念俱寂。花影詞人言之曰：聲四影樓」。名流多有題詠，門外車馬恆滿。眉君於花影詞人最為屬意，幾於形影弗離，聞聲相思。從不外出侑觴，雖相知者折簡屢招之不赴也。其自高身價如此。淞北玉？生，風月平章也，於花天酒地中閱歷深矣，一見眉君，獨加許可，為之易今名曰眉君，字媚仙，由此名譽噪甚。[27]

接下去是李繡金的小傳：

同時有李繡金者，亦簡中之翹楚也。豐碩秀整，玉潤珠圓。小住居安裡，楊柳樓台，枇杷門巷，來遊者幾於踵趾相錯。楚南錢生，最所屬愛，思欲為量珠之聘，然力未能也。淞北玉？生之於申園，含睇宜笑，若甚有情，聯鑣並軌而歸，即訪之其室中，繡金親為調片，自製寒具以進。溫存旖旎，得未曾有。

其姊曰才喜，與之連牆而居，齒雖稍長，而丰神獨絕。金陵倪鶴生以清介聞，一見才喜，立為傾倒，時得相如賣賦金百餅，即傾贈之。為書楹聯云：，由是聲價頓高。

「一樣英才開眼界，十分歡喜上眉梢」才喜善為青白眼，雖在章台而性情豪爽，身具俠骨，胸有仙心，每見文人才士極相憐愛，周旋應酬出自至誠，從不瑣瑣較錢幣。若遇巨腹賈則必破其慳囊而後已……才喜尤愛玉魷生，常欲姐妹共事一人，然生所屬意者繡金一人而已。[28]

接下來，王韜引用了自己寫給她們的詩來稱讚她們精湛的演奏。眉君和李繡金的故事結尾都非常戲劇性。因為鴇母希望勒索更多的錢，眉君沒能嫁給她心愛的人。消息傳出來之後，這位年輕人一怒之下離開了上海，遭此打擊之後眉君崩潰了，她一直拒絕進食，最後鴇母只有讓步。她們僱了一艘船去追趕那位遠去的年輕人，最後有情人終成眷屬。李繡金愛的則是一位窮書生，他後來投筆從戎，終於當上了太守。他回上海去見李繡金的時候把自己打扮成一個破落的窮人。繡金聽他講完了自己的「悲慘遭遇」之後不禁潸然淚下，拿出來自己積蓄的五百根金條，鼓勵

他繼續生活下去。這時候他才吐露了自己真實的身份，他們最後也成婚了。[29]

王韜在不同年齡寫下的這些故事頗具啟發意義。廖寶兒的故事見於他的第一部作品——《海陬冶遊錄》，這是一個優雅而文弱的人物，她不能擺脫嗜賭成性的丈夫，甚至還要養活他，她有愛的激情，但不敢挺身保護愛情。這個形象也意味著作者的自我形象也同樣脆弱。但是，後來作者筆下的眉君、李繡金、才喜卻是性情剛烈、意志頑強，她們十分欣賞文人階層的男子，並堅貞地守護著自己的愛情。儘管她們對生活和愛情有了更大的發言權，她們還是堅持著過去的理想。

在余懷的《板橋雜記》中，敘述者個人也捲入故事之中，懷舊的思緒使作者感到有責任記下這些名妓的故事，把她們的絕代風華永遠留駐在這段時光中。這些女子有著過人的美貌、教養、才華和品格，她們情感深沉真摯，只有她們才堪稱文人的「知音」。她們對待文人和有錢有勢的商人們的態度也決然不同。作為回報，文人們也毫不吝惜自己的才華，為這些名花送上熱情的楹聯和詩歌。王韜曾驕傲地說，這些楹聯與詩歌頗有助於傳揚名妓們的美名。不過，到這時候余懷的影響也就告終了。

與從前需要情人安慰和支持的形象相比，後來的文人形象中透出更多的自信和自制力。到底是什麼變了？上海變了，知識分子的社會角色也隨之發生了變化。1850 年代上海租界還只是一個偏遠的居民點，而 1880 年代的租界正在迅速成長為一個世界級的都會中心。租界在貿易、文化生產等各方面領跑全國，給文人提供了令人尊敬的地位和社會影響力。文人們也不再通過與其他士紳的對比來定義自身，而更多地把自己看成有獨立身份的新興城市階層。再過幾年之後，1890 年代時他們即將宣稱自己是全國的思想領袖。1880 年代見證了知識分子和這座城市的蜜月期。王韜後來的故事證明，和中國歷史上的大都市一樣，上海所滋養的名妓和文人也不

負這個重要的地方和時代。

王韜後期寫的故事中可以看到這種自信。這些故事裡，文人被放在中心，《板橋雜記》式的「才子佳人」的俗套也看不到了。名妓當然還是故事的主角，但作者自己作為一個強勢的人物也站到了舞台的中心，講起了自己的故事。因此，上海名妓傳記最後便以對文人的吹噓而結束。作者對名妓品德的稱讚也反映出他們的自我評價，他們以這種方式不斷再造自身。告別余懷的傳統是租界生活的一個自然的結果。1880 年代的上海不是一個過去的死城，上海的知識分子不是傳統的文人，上海名妓也不是象徵著王朝覆滅的落花。

從體裁上說，王韜從余懷所採用的筆記體逐漸轉為《淞隱漫錄》中的傳奇體，也許這種變化應該結合這樣一種背景來理解：他跟余懷作品之間的關聯正在日漸鬆動。

鄒弢

鄒弢繼承了王韜的困惑和對上海妓女的熱愛。他 1880 年來到上海，在這裡一住就是四十年。[30] 他畢生的著述都與上海名妓有關，其中包括一套傳記集、兩本花界指南、一部小說，還有為當時的倡優文學寫下的無數序言。[31] 鄒弢的作品對了解 1880 年代租界知識分子的看法和心境價值極高。鄒弢的筆記都是基於他本人和友人的經歷寫成的。如同描寫上海的其他筆記體作品一樣，城市在其中的身影十分引人注目。在《春江花史》的開篇，鄒弢向我們講述了自己是怎麼到上海來的，又是怎麼開始寫妓女的：

> 辛巳秋，余始來滬上，主《益報》館筆政，暇輒與二三知己作狹邪遊，酒地花天，本非心逐，不過借此消遣愁緒，如樊川江州輩以青樓為痛苦場耳。款接既殷，性情稍悉，自三四馬路、石路以迄棋盤街，凡有所遭，各記數語。[32]

鄒弢在這篇序言中說，自己來上海是為上海第一家天主教報紙工作。1852年，李杕（問漁）加入了法租界東邊徐家匯的耶穌會，成了一名神父，在徵得教會同意之後創辦了這份報紙（最初為半月刊，後來改為周報）。報紙為中國的天主教徒服務，主要登載外國報紙頭條新聞摘譯、社會新聞、《京報》選錄、教會新聞，以及自然科學和文學方面的文章。[33] 鄒弢成了這份報紙的編輯。雖然鄒弢在自傳裡從未提到過教會，但他曾擔任《益聞錄》（*News of Benefit*）的筆政，可見他也是天主教徒。1906年到1923年間他也在啟明女塾執教的經歷也支持這個結論。[34]

鄒弢和西方、西洋人打交道並不限於報紙和出資的教會。根據阿英的記述，鄒弢也為中國第一本文學雜誌《瀛寰瑣記》寫稿。這本雜誌1872年到1875年間由美查的申報館在上海出刊，刊名時有變化。[35] 鄒弢和從香港流亡歸來的王韜過從甚密，跟黃式權也頗有交誼。黃式權與鄒弢曾經在《益聞報》同為編輯，《益聞報》停刊後，1885年黃式權當上了《申報》的主編。外國人和與外國人共事的中國文人是鄒弢主要的社交對象。[36]

鄒弢描述了他剛到這個城市時的困頓，他所用的語言和王韜很類似，都是過去的失寵於朝廷的文士被貶、去國懷鄉的腔調。以杜甫和白居易自比肯定給他帶來了些許安慰，但這段文字也顯示出，傳統的套話難以準確地描繪他身處的新環境。1880年代的上海租界顯然不是偏處一隅的邊遠地區，而是一個全國都數得上的繁華都市，甚至開始挑戰北京的領先地位。在迅速發展的新聞界，鄒弢的才華很快得到賞識。從他的自傳中可以看到，鄒弢十分認同傳統文人的文學和社會角色。租界生活在他內心引起了深深的挫折感和不滿，他曾經多次參加鄉試都沒有中舉，但仍然

對此抱有幻想。如同他在《春江花史》的開頭所言，與名妓交遊、為她們著書，給他提供了一個機會去追念文人所珍惜的往昔。

鄒弢在無錫的老家在太平之亂中被毀，經過頗多艱難坎坷之後他才在族人的幫助下來到蘇州求學。[37] 他通過了最初級的院試，但他的第一份工作不是做官，而是為上海的天主教報紙工作，那時候他三十二歲。按當時報紙的管理辦法，記者和編輯都住在報館樓上，所以他可能也住在法租界《益聞報》報館所在地。1884 年他在徐家匯教會旁邊置下一所房子，把父母也接了過來。[38] 他也曾兩次接受朝廷任命去京都做官，但後來都辭了職回到上海來。他只出過一次國，去的是日本。《海上塵天影》的男主角曾去日本旅行，對那裡的西方科技印象深刻，這跟鄒弢本人的經歷十分近似。這部小說還有一個方面跟鄒弢的生活相關 —— 鄒弢的許多朋友都提到了他和上海名妓蘇韻蘭的關係。王韜在給鄒弢的《海上塵天影》所做的序言中也曾說，這部小說就是鄒弢生活的寫照。[39]

鄒弢還一度與名妓吳蘭仙陷入愛情。他總是在她家裡大擺筵席，呼朋喚友，在飲酒作詩中消磨一個個夜晚。吳蘭仙想要嫁給鄒弢，但最後還是遺憾地分手了，吳蘭仙送了一張照片給他。鄒弢對她總是不能忘懷，他說無論什麼時候拿起她的照片來都會看得出神。他還為她作詩來寄託思念之情。[40]

鄒弢常常充當名妓的恩客，這意味著他實際上是住在妓館裡。[41] 比起戲院來，他更喜歡妓館，為了去拜訪當時自己最喜愛的名妓，他常常錯過好戲。不過，他的情人中也有一個伶人，這兩個男人之間公開的親密和隨意的態度常常成為他朋友的笑料。與他同時代的人也注意到，他最喜愛的名妓不會出現在他寫下的花界指南中。[42]

鄒弢描寫妓女的筆觸充滿同情和熱愛，真實地反映出他的生活方式和態度。他

的《春江花史》每一條都先寫名字和地址，還對她的身世（有點像情史）有一個非常個人化的描述。大致是按照傳統的名花小傳來行文，描寫她們的性情、容貌、皮膚、特別的才藝，有時候還描寫她們的詩才，以及她們對才子的欣賞之情。我們以下面這段對姚倩卿的介紹為例：

> 余看滬上之所遇美人，以姚倩卿為最。倩卿，琴川人，行七，丰姿濯秀，明麗如仙，為《章台祭酒前事》[43]，備詳《吳門百艷圖》。庚辰春移動芳滬上，居處頻更，近居石路普慶裡，馬眉叔觀察極嬖之，公事來申必往訪，花下流連，徘徊不忍去，擬出萬金脫其籍，貯金屋中。某軍門亦欲以斛珠換阿嬌，皆不從。蓋阿母方倚為錢樹子，且姬亦擇人而事，玉人慧眼，固別有深心也。姬與中州二愛仙人李芊仙極相契，酒闌茶尾，時吐衷情。

在故事的結尾，鄒弢引用了一首他為姚倩卿作的詩，還說她「風塵獨創憐才格」。[44]重申文人和名妓之間由來已久的親密關係，鄒弢不是第一個，他之前至少有王韜的《海陬冶遊錄》。這部書沿襲了余懷講述「花史」的筆記體，著眼在名妓而不是自己身上，按照為「一代名妓」立傳的傳統，在對現在的描述中隱隱可以看到過去的影子。敘述者用的是一種憐香惜玉的口氣。按照這種傳統，幾乎不可能給名妓或這個城市提出挑剔的意見。文雅敏感的形象意味著和往昔有著切不斷的聯繫。

不過這種類型也沒有完全無視新的形象。鄒弢在他給胡寶玉做的小傳裡巧妙地把千篇一律的傳統的投影變成了大都市裡精明的專業人士：

胡寶玉住毓秀裡，年將三十，與李佩蘭李巧林為一時人，徐娘雖老，風月尚佳，鴛鴦陣中健將也。向與武旦黑兒善，黑兒演劇梨園，寶玉日往觀之。黑兒演已，寶玉即翩然去，餘事備詳《海陬冶遊錄》中……曾交接某西大人，得夜合，資無算，由是奮具充盈，視珠翠如糞土……或有譏其淫蕩者，不知風月場中，生涯是夢，大腹賈挾萬金全身無一雅骨，惟知登陽台覓高唐神女求雲雨，輒苟僅相對妄言，不能遂其所欲，則悠悠俗口，將短之不暇，又奚能別樹一幟哉？或謂姬本姓潘，為逆匪小禁子之女，然歟？否歟？ 45

　　鄒弢塑造的胡寶玉是一個新的妓女形象，她的成功並非建立在她和文人的關係之上。這個人物各個方面都與理想化的形象不同：她追求並包養戲子，和洋人過夜，也願意接受僅僅追求性慾滿足而非高雅享受的客人。她也可以把金錢看得很淡，因為她自己就很富有，可能比作者還要有錢。鄒弢並沒有掩飾他對胡寶玉的生活方式和經營策略的反感，但他也很直接地指出，的確有一個性交易的市場存在，而胡寶玉是個中好手。鄒弢對胡寶玉的描寫透露出他對這個城市的商人階層和商品化的價值觀的憎惡之情，他認為這只是最原始的人類需求。

　　鄒弢生活在矛盾之中。作為上海第一代供職於西式公共傳媒的專業人士，他大部分的業餘時間都在煙花柳巷中，為名妓們寫各種指南、故事、傳記。而他也不可能全盤模仿傳統文人的消遣方式，因為他在現實生活中還得充任記者之職，而且上海的名妓也不再遵循自己的傳統角色了。在這一點上，可以說上海的知識分子和名妓達成了一致：他們都需要在都市的喧囂中保存一點傳統的幻影，給生活增添高雅的趣味和情感上的滿足。鄒弢寫的這本書既不是報道文學也不是社論文章，他只是

用一個護花使者的語氣在寫作。

通過王韜、鄒弢的作品，上海名妓的形象更加凸顯了出來，在以後的歲月裡逐漸成為了上海娛樂出版業的主宰。而在這些妓女的形象中我們也可以看到這個新鮮、特別的城市的身影。儘管鄒弢積極參與塑造了上海租界特殊的文學風格和生活方式，但他的作品中始終有一種矛盾的情感；在他充滿熱情的倡優文學作品中，始終伴隨著他自己作為一個「失意文人」的情緒。不過，根據他自己的講述和他在上海的生活環境來判斷，似乎沒有別的地方比上海更吸引他了，而他對自己的厭惡也正是出於這一點。[46]

竹枝詞

刻畫並傳揚上海名妓和青樓形象最有力的文學形式是竹枝詞。在 19 世紀末 20 世紀初的上海，這種通俗的打油詩深受普通居民和文人的喜愛。也不止是上海如此。竹枝詞可能可以追溯到唐代，但 19 世紀才得到了最廣泛的運用。[47] 楊靜亭 1879 年編纂了《增補都門紀略》，其序言稱這種文學類型主要是記錄獨特的社會現象和當地風俗的變化，但竹枝詞也可以描寫自然美景和地方歷史的變遷，還可以褒貶時政。[48] 上海從不缺乏各種光怪陸離、令人驚異的事情，是很好的描寫對象，而且竹枝詞這一類型也有了一個新的轉折，許多竹枝詞開始描寫上海的風月場。[49] 上海竹枝詞主要刊登在報紙上。原來這種體裁是不具名的，後來很多著名的文人也很願意署上自己的筆名。現存的大量上海竹枝詞足以證明，主題、形式和作者三方面的結合賦予了它文化檔案的新地位。

最早是《申報》刊登這種竹枝詞，後來別家報紙也都跟進了。竹枝詞還形成了中國報紙最早的文學副刊——儘管當時還沒有「副刊」這個叫法——這個園地對竹枝詞在上海的推廣也功不可沒。[50] 它給都市裡的讀者帶來了輕鬆的文學消遣，同時，「有人仰慕我們的城市」也給讀者帶來了滿足和愉悅的感受。有人把竹枝詞結集出版，甚至洋人的娛樂小報《上海通信晚報》（*The Shanghai Evening Courier*）有時候也會選譯一些精巧的竹枝詞。[51] 想要了解中國遊客對上海租界（所謂的「洋場」）什麼東西印象最深，竹枝詞是一種絕佳的材料，不過它很少被使用。[52]

竹枝詞大多都洋溢著對租界的欣喜之情。從驚人的景觀、聲音到時尚，各種事物都成了描寫的對象。下面摘抄的幾首來自 1874 年 4 月 27 的《申報》上發表的《洋場竹枝詞》：

總起

和議初成五口通，吳淞從自進艫艟。

而今三十餘年後，風景繁華互不同。

外國洋房

鐵欄石檻色□濃，直上凌霄四五重。

忽聽當頭聲嘯處，錯疑簫音破雲封。

火輪船

不倚風帆過海江，任憑巨浪也能降。

煙騰百丈行千里，只要輪盤捷轉雙。

外國新聞志

外域奇文世上稀，排行鉛字快如飛。

不分遐邇都分曉，洋貨行情也要依。

大自鳴鐘

十二時辰遠近聽，鐘藏一座似樓亭。

鼓聲響處迷人醒，不是奇觀是正經。

棋盤街巡捕房

街像棋盤十字頭，外洋污穢最憎嫌。

道旁潔淨休遺洩，巡捕房中禁律嚴。

妓館

富貴榮華四字精，蘇揚名妓色傾城。

娘姨含笑迎遊客，此處長衫曲調清。[53]

上海的花界是這個都市洋洋大觀不可缺少的、代表性的部分。正如《妓館》的第一句寫的那樣，上海租界最好的妓館都以所在裡弄的名字而聞名。在這種高級妓館裡，唱曲是最重要的娛樂活動。戲園裡演的是京劇，而客人們到這種妓館來就是為了聽聽南調——昆曲。

因此，在西式馬車、酒館、灑水車、賽馬、戲院、照相、鴉片煙館、煤氣燈和西式酒吧等等的奇觀之外，青樓也是值得竹枝詞一寫的題目。儘管很難從筆名上確認這些作者的身份，從序言中還是可以看出他們是去上海遊玩或做生意的文人，常常去了不止一次。對他們來說，這座城市跟他們的其他經驗差異如此之大，他們感到惟有這種形式才適合記錄自己的印象。下面幾首選自《滬上青樓竹枝詞》：

歲朝何處把香焚，傍早宜登虹廟門。

向夕馬車忙不住，大家都賽石榴裙。

五花爭把馬頭裝，傍晚都來跑馬場。

借問馬伕誰出色，道旁多說四金剛。

送盤處處喚相幫，黃到枇杷小姐慌。

漂賬今年應不少，客人知向哪方藏。

唱書樓上校書稠，樓外行人盡舉頭。

惹得祝融都駐聽，兩番波及杏花樓。

夜深人靜口脂香，月色溶溶上短牆。

到得愚園同駐馬，半為偷局半乘涼。

驚心除夕漏頻催，阿寶剛收局賬回。

齊向房中猜熟客，明朝誰把果盤開。[54]

這些詩句裡刻畫的片段和場景說明作者覺得上海妓女十分時尚、新潮。這些女子身穿石榴裙（按清代服制規定，這個顏色是不准穿的），不僅自己在賽馬會上爭奇

鬥艷，還把馬和馬伕都打扮起來。這些詩還帶著幾分同情地寫到了妓女們對客人漂賬的擔憂，因為她們自己必須付錢給妓館、下人、珠寶商、裁縫和飯館。名妓身上的財務壓力很大，在年關來臨需要清賬的時候尤其焦慮，所以她們需要求神保佑，這在節日裡表現得尤為明顯。作者的口吻像是個知情人，在場景的描寫中透著憐憫，同時也保持了一個思考的距離。

袁祖志（1827—1902）是最多產的竹枝詞作家之一。他以倉山舊主的筆名寫了幾百首竹枝詞，人們紛紛傳看他的手書。他的很多竹枝詞也發表在《申報》上。[55] 袁祖志是清代著名詩人袁枚（1716—1798）之孫，出生於杭州。1853 年，他的兄長到上海就任知縣，他也跟著來到了上海。幾個月之後，他的兄長在小刀會起義中被殺害。1870 年代，袁祖志也成了一名地方官。他退休之後住在老城廂，本來希望過個沒人打擾的清靜日子，但 1881 年他又搬到了租界。[56] 可能他受邀去了報社工作，因為眾所周知他有這方面的經驗。[57] 他在福州路修建了自己的私宅，就是著名的「楊柳樓台」。[58] 很快這個地方就成了上海最知名的新式文人聚會之所，王韜、何桂聲等人曾是那裡的飲酒吟詩的座上賓。[59] 經常出入的客人中有一位名叫柴田義桂，他和袁祖志的親密友誼保持了許多年。[60] 楊柳樓台也是袁祖志自己組織的窺園詩社的所在地，這個詩社的其他成員寫的竹枝詞也發表在《申報》上。當時像袁祖志這樣緊密聯繫報界和作家的情況十分普遍。

袁祖志被看作竹枝詞唯一的大家。他喜歡照顧上海妓女也是出了名的。他給名妓們寫了很多東西，既有竹枝詞，也有楹聯。[61] 他和名妓李三三的故事是一段傳奇，[62] 鄒弢曾評論道，李三三就是文人捧起來的名妓之一。[63]

李三三是某太守庶出的女兒。太守去世以後，李三三身為小妾的母親被正妻逐出了家門，帶著她搬到了蘇州。《海上群芳譜》的作者小藍田懺情侍者認識這對母

子,他說三三的母親根本就不會料理家務。她常常花錢請妓女來飲酒作樂,自己也成天流連妓館,把家產都揮霍掉了。蘇州禁娼後她覺得百無聊賴,於是便僱了一艘船帶著女兒來到了上海。因為她們已經身無分文,於是她就讓十六歲的女兒出來接客。三三的美貌和魅力很快就傳開了。她最忠實的情人就是袁祖志。為了傳揚三三的美名,袁祖志為她寫了一系列的六十字長聯。[64] 他和兩個朋友還在《申報》上以李三三的名義舉辦了一個獻詩活動,有八十個人參加了獻詩。於是李三三就全國知名了,從全國各地來的遊人都要來找她。顯然,這些文人的詩歌和竹枝詞幫她確立了聲名。[65] 後來李三三在 1882 年的花榜中得了榜眼。[66]

袁祖志給她寫了這樣一組詩:

此邦風月冠江南,萬紫千紅任客探。

行過章台三十里,無人不道李三三。

尋春心事十分酣,醉人花間比蝶憨。

閱遍環肥兼燕瘦,風情都遜李三三。

容光四射暗香含,壓倒群芳定不慚。

願把金鈴營十萬,深深重護李三三。[67]

袁祖志《海上吟》中的所有詩歌都是寫給名妓的。[68] 李伯元的《遊戲報》1897 年第一次開花榜的時候,袁祖志還為他擬定了評選規則。[69]

儘管袁祖志是一名本地作家,他有時還是會批評遊人和租界本地居民恣意無度的炫耀消費,尤其是喜歡把錢花在青樓的不良風氣。他的批評幾乎都是針對客人而非名妓的:

客到申江興便狂，縱饒慳吝也輝煌。四元在手邀花酒，八角無蹤入戲場。但看衣裝原綺麗，若論事業竟荒唐。只愁三節辰光近，欲避無台債執償。

時裝廣襪與京鞋，結束風流子弟佳。丹桂園方呼狎妓，同新樓又擁嬌娃。騰空高坐藍呢轎，點戲榮書白粉牌。才擬招魂驚落魄，慘經寶善一條街。[70]

　　藉著袁祖志等文人之手和《申報》等媒體之力，這些上海竹枝詞成了租界文化標誌性的元素，也成了表達公眾意見的最早的本土形式。租界的文人們選擇了這種形式的詩歌，一方面與過去有某種關聯，同時又能表達個人對上海新興事物的看法，非常適用於新的環境。這些詩歌很像唐代的樂府，是一種評論社會的民謠。[71]竹枝詞看來有很多讀者。袁祖志在他的竹枝詞選集的序言裡稱，希望了解租界的人們初次在報上讀到竹枝詞時就十分喜愛。[72]竹枝詞數量多，又簡單易懂，這種文學類型對新的文學和娛樂市場極為重要，同時它也為作者們提供了一種新的方式，去塑造公眾對這座城市及其青樓的輿論。

　　在報上發表詩詞使這些文人為大眾所熟悉，袁祖志甚至還獲得了明星般的地位。這也是一種塑造和探求文人公眾形象的新方式。媒體讓他們在各個層面上迅速地為讀者所了解，這一轉變改變了媒體的使命。現在作家們不僅是在評論租界的時尚風潮，也是在宣揚他們個人對青樓的讚美和對名妓的熱愛，他們把精英文化的主旋律變成了大眾消費，喜歡窺探他人的大眾代替了上流社會的鑒賞家。

打造都市麗人的形象

上海新興產業的代表——興旺發達的出版業也對名妓這一主題感興趣。各種出版物中除了文采斐然的花界指南之外，還常附有石版畫插圖。真正的文人很願意加入這個市場，為大眾提供文化消費，例如王韜的《淞隱漫錄》就曾在《點石齋畫報》上連載。不知名的文人也加入到這個市場中來，最好的例子可能就是吳友如和為雜誌製作石版畫插圖的工匠們。

一種特殊的上海的城市感在名妓的形象中得以形成和凸顯出來。曾經跟高雅文化相聯繫，與香草、花園、閨閣相聯繫的「美人」的形象被移植到了上海的都市空間中。按照傳統的定義，名妓就是美人的同義詞。而這些上海的版畫有了革命性的變化——名妓一舉一動都是在都市環境中。她在這個新背景中的公共形象代表了都市麗人應有的樣子。[73]

《點石齋畫報》對表現和傳播這個形象功不可沒。美查按照《倫敦新聞畫報》（*London Illustrated News*）、《哈珀斯》（*Harper's*）、《弗蘭克·萊斯利畫報》（*Frank Leslie's Illustrated Paper*）和《圖畫周刊》（*The Graphic*）的風格創辦了中國自己的畫報——《點石齋畫報》。[74]它的宗旨就是為讀者提供有趣的插畫，供他們打發休閒時光。這本旬刊受到讀者極大的歡迎，在外地也賣得很好；自1884年到1898年，共刊行了十四年之久。[75]《點石齋畫報》主要報道發生在上海、中國乃至全球的奇聞怪事和具有普遍新聞價值的事件，表現出一種全球化、都市化的新審美，特別喜歡詳細描繪撩人的都市社會環境。[76]

《申報》十年之前就已經證明了上海一流名妓的新聞價值，對她們在公共場所的舉動的報道尤其凸顯了她們的新聞價值。[77] 後來，這一專題成了《點石齋畫報》最喜愛的主題之一。這些新聞故事中的名妓形象層次豐富，生動真實，絕沒有重複之感。她的公共形象是其魅力的核心所在，不過她也是刺激的醜聞的源頭。

《點石齋畫報》以插圖報道了印度錫克教巡警抓獲林黛玉的事，當時她的馬車停在一條僻靜的路上，她正在車上和一個客人做愛（見圖 4.3）。另一期雜誌報道了一名妓女身著男裝，公然出現在大街上（見圖 4.4）；還有一幅圖畫的是兩個妓女站在各自的馬車上互相指罵，一幫圍觀者則站在旁邊拍手哄笑（見圖 4.5）。而另一方面，也有妓女非常慷慨好義。在圖 4.6 中，一位被稱為是「性豪爽、好任俠」且有「女孟嘗」之名的名妓洪文蘭看到了一位懷抱嬰兒的女子在河邊痛哭，於是她停下車來，慷慨解囊。

這些現實主義風格的畫像表現了上海妓女在公共場合的舉止，這也是上海新形象的核心組成部分。這裡也隱諱地說出了其中的因果關係。在圖 4.3 中林黛玉出了醜，她和情人跪在一起求外國捕頭開恩。這個場景中，醜行和外國捕頭所代表的法律和秩序形成了鮮明的對比。圖 4.5 突出了妓女對公共領域的濫用：鬥口的妓女站在她們的敞篷馬車上俯視著街道，這讓人想起上海租界的特殊背景。這些插圖在刺激的、甚至有點過分現實的語境下重新描繪了上海的奇事，給上海所謂「秩序和奇跡之地」的形象增添了一絲諷刺意味。這個城市的光輝形象並沒有被完全抹殺，但版畫中傳達出一種矛盾感和對城市的諷刺。

妓女形象的庸俗化是對這些女性所代表的上海的商業化進程的一種反映。早期妓女的形象是以文人的價值觀和他們理想中的世界秩序為基礎的，我們不再見到這

4.3 《驚散鴛鴦》。石版畫。朱儒賢插圖。林黛玉是 1890 年代的四大金剛之一,她的一個情人跪在外國捕頭面前,求他放了自己。他們在她的馬車裡雲雨的時候被巡捕抓獲了。(《點石齋畫報》,元集,11〔Nov.1897〕:87)

225

形象打造者

4.4 《願效雄飛》。石版畫。符節插圖。這位穿著男裝的名妓在街上被人認出來了。(《點石齋畫報》，樂集，12〔1894〕:95)

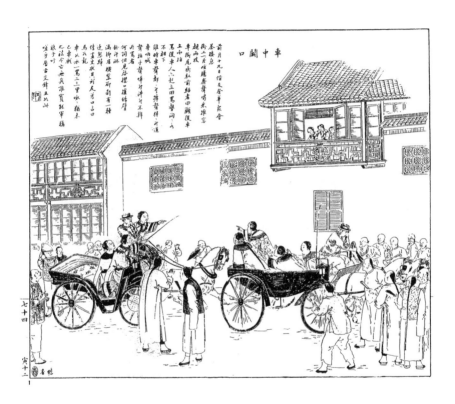

4.5 《車中鬥口》。石版畫，金蟾香插圖。這兩位名妓站在車上互相指罵，圍觀者在旁邊拍手起哄。(《點石齋畫報》，寅集，12〔1888〕:74)

4.6 《青樓好義》。石版畫。雲林插圖。名妓洪文蘭坐馬車出遊途中遇到一位懷抱孩子的窮苦婦人，她停下車來詢問情況，並且慷慨地解囊相助。(《點石齋畫報》，利集，11〔1898〕:82)

樣的形象，說明從前的優雅被物質主義、西式的城市設施和道德墮落所取代了。現在對妓女的種種刻畫反映出兩種矛盾的體驗：一面是上海商業的力量，一面是它的墮落。城市裡的各種怪現象被視為商業精神勝利的標誌，在對妓女粗俗舉止的刻畫中也反映出這一點。

這些插圖和所附的文字中都明顯有上海租界的標誌，只憑馬車就可以斷定是什麼地方。圖中的城市環境，包括在場的西方人都是很典型的，同時這幅插圖也表現了新的中國城市生活方式，其中女性具有獨特的新聞價值（即使偶有醜聞），成了公共領域中的重要角色。

從傳統的幽居佳人到都市麗人的轉變，需要我們對文化符號進行重新闡釋。傳統的夢境變成了外國人帶來的奇景。不過，從不同的角度來看，上海的城市環境有不同的含義。與傳統版畫中的人物（見圖 4.7—4.9）不同，《點石齋畫報》中的都市麗人都身處擁擠的街道或公園，聳人聽聞的報道代替了花界指南中對城市和名妓的溢美之詞。這樣的表現手法極大地改變了背景的文化地位。高雅文化最重要的標誌——獨佔性的因素被取消了。公共領域雖然有西洋物品點綴其間，但還是屬於所有城裡人的財產。這種環境中的名妓形象是對過去高雅文化的一種嘲諷。當名妓被當作一個具有新聞價值的名人時，她在公眾場合的舉止其實違反了「美人在人前應該做什麼」的文化前提。

《點石齋畫報》的插圖在她們周圍加上圍觀的人群，把她們的舉止也畫得跟普通人一樣，更增添了一層諷刺意味。於是，城市空間裡的麗人就把「奇」和「怪」這個新元素結合在了一起，這可不是表現美人的傳統元素。

4.7　這幅 17 世紀的插圖可以代表繪畫中的「望遠」的主題，這是一個歷史悠久、引人遐思的主題。木版畫。（鄧志謨，《灑灑編》）

4.8 《曲室》。木版畫，黃端甫刻版（活躍於 17 世紀早期）。圖中的妓女和客人關係融洽，環境幽雅，描繪出一個充滿美感和愉悅的夢幻世界。妓女的形象既是一種高雅文化的體現，也象徵了一種理想化的社會秩序。（朱元亮、張夢征編，《青樓韻語》，1:12）

231

形象打造者

4.9　《雅謔圖》。木版畫。作為職業藝人，妓女也有一定的自由。這幅圖裡的妓女正在跟她的恩客調情。她緊抱著樹幹，兩腿把樹幹夾住，讓人聯想到兩性交合。她的恩客見狀臉上露出了微笑。（吳姬百媚，1617，1:11）

小報、知識分子和名妓

除了石版畫插圖之外，新式的大眾媒體也有助於都市麗人形象的塑造；它們不用受已經有的文學類型的束縛，這也是一個優勢。每日出版的娛樂日報也稱為「小報」，它就是娛樂新聞的陣地。小報問世於 1890 年代，這說明新的休閒文化已經站穩了腳跟。這些報紙倡導一種看待時間和休閒的新方式，它生來就是屬於城市的。報紙上的文學格調高雅、庸俗的都有，報道的內容詩歌、笑話、八卦、小說無所不包，也可能有很厲害的政治批評。不過，在 1890 年代末 1900 年代初，小報還處於發展初期，它主要報道的對象就是上海的名妓，而經營這些報紙的是當時最聰明、最有創造力的一批年輕文人。

李伯元（1867—1906）創辦了這種新媒體，他主辦了兩種小報：

《遊戲報》和《世界繁華報》，[78]《遊戲報》主要關注上海妓女，《世界繁華報》
則主要報道妓女和伶人。在租界這個安全的天堂裡，上海文人寫點跟名妓、
戲子有關的文章聊以自娛，有時候也以諷刺清政府為樂事。

作為上海特色之一，上海名妓和文學作品一起登上了報紙的各個版面，《遊戲報》和《世界繁華報》把戲劇和小說連載當作了常設的欄目。早期的小說還沒有政治性的內容。例如，自 1897 年起女作家程蕙英的未刊稿《鳳雙飛》就曾以附送活頁的形式在《遊戲報》上連載，李伯元在其按語中把自己塑造成一個護花使者的形象，他說他發現了這位才女的作品，希望也能得到大家的關注。[79] 後來的連載文章主要

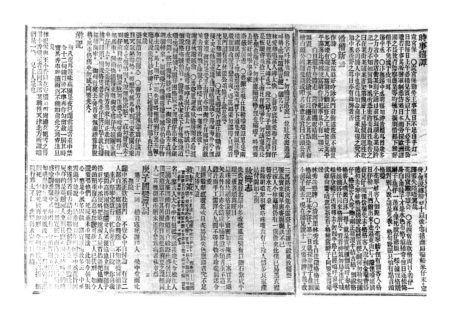

4.10 《世界繁華報》的一頁之中就包含了上海名妓的往來流動、時尚潮流，以及城市公園新規定等各種新聞，下面半頁還連載著一篇官場小說。(《世界繁華報》，1902年10月10日，2)

是針砭時弊的諷刺小說。這類作品能發表可以說是另一個上海特色，這些顛覆性的作品只有在上海才有可能發表出來進入市場（圖 4.10）。這頁報紙的上半部分登的是有關名妓的新聞，下半部分還連載了一篇小說。1900 年的義和團運動和八國聯軍侵華促使李伯元在《世界繁華報》上更多地刊登這類作品。[80]

李伯元 1896 年春到上海的時候只有二十九歲，沒有人知道他是誰。幾個月之後，他就成了新興中文娛樂小報的最知名的記者。1896 年他創辦了《指南報》，這份報紙體現了他後來的報紙的一些特點：關注娛樂新聞，欄目標題也頗有文采。[81]他說創辦這份報紙的初衷源於一次和西方人討論法國的娛樂小報——可能這個西方人就是 I.D.Clarke，《文匯報》（*Shanghai Mercury*）的編輯。[82] 在他為《遊戲報》寫的發刊詞中，李伯元承認這份娛樂小報的概念來自西方，他說《申報》的創辦人英國人美查、創辦《新聞報》的美國人福開森（John Ferguson）是他做編輯的偶像。[83]他希望能學習他們辛勤工作的態度，效仿那些有真憑實據和充分調查的文章。[84] 這對於娛樂小報來說肯定是高級目標，但從報紙末頁的「更正」一欄裡可以清楚地看到，至少某些錯誤得到了及時的承認和改正。[85]

李伯元在上海的住所也是他的辦公地點。他住在福州路惠福裡，上海花界的中心，後來主辦《世界繁華報》期間又搬到了靠近西藏北路的億鑫裡。[86] 儘管他作為大都市的報人生活總是忙忙碌碌，而且他的工作也使他成了一名花界熟客，他的第二任妻子還是說他的私人生活非常傳統。他住在西藏北路的一棟二層小樓裡，樓上住的是他的家人，他母親和第一任妻子曾經住在這裡，第一任妻子死後，他的第二任妻子和小妾也住在這兒。她母親按著傳統的規矩包辦了這些婚事，還安排人把前後這兩位媳婦從老家坐船送到上海來。[87] 孝敬的李伯元每個月給老母親四百塊錢作為

家庭開銷。他自己總是穿著簡樸的藍色長衫，很少穿時髦的絲質夾克。[88]

李伯元總是勞累過度，最後死於肺結核。他在上海的花界安置了通訊記者，至少還有兩個助手，但還是忙得不可開交。[89] 他這一行也必須搞社交。除了報紙的工作之外，他 1897 年 11 月還組織了書畫社和海上文社（也叫「藝文社」），後者還有自己的報紙。[90] 從這個意義上來說，這份報紙也是一個社交網絡的核心，作者和讀者形成了一個虛擬的社區。[91]

為了應付沉重的工作壓力，李伯元在遊戲報上登了一個啟事，告訴友人和讀者只在下午四點到五點之間會客。[92] 這個特別的舉動完全不符合文人對時間的觀念和傳統文人的生活方式，清楚地表明了現代時間觀念的產生和現代娛樂業的工作時間表。因為李伯元上午忙於寫稿和處理雜誌社的事務，下午晚上又要社交，四點到五點之間是唯一的空閒時間。張園是他很最喜歡喝下午茶的地方之一，當然他也在那裡社交。大多數頂級名妓和她們的恩客都會現身張園，而當地文人和來訪友人的會面地點也常常選在張園。[93] 在這裡李伯元不僅可以見朋友，為報紙經營拉關係，還可以通過名妓之口打聽有關她們的八卦新聞。

盈利能力是最主要的問題。通過各種廣告宣傳，李伯元證明了娛樂小報也能針對特定的讀者提供文化產品——諸如圖書、書法和畫作等等。連載小說有助於穩定發行。儘管如此，他的各種事業收入還是明顯難以支撐他這種生活方式，他四十歲去世時留給家人的只有負債纍纍的企業。[94]

歐陽鉅源沿著他的引路人的腳步繼續前進。據說李伯元的報紙許多的寫稿和編輯工作實際上都是歐陽在做，甚至李伯元書中有些部分也是他代筆的。[95] 歐陽 1898 年來到上海，開始給李伯元剛創辦一年的《遊戲報》投稿。據包天笑說，歐陽鉅源

聰明過人，文思敏捷，成文非常之快。[96] 李伯元的報紙每天都得出，他聘請歐陽來報社工作大概也是看中了這一點。歐陽 1904 年還出版了一部小說——《負曝閒談》，不過他大部分作品都沒有署名。我們對他所知不多，但他肯定對花界十分熟悉；一度有傳言說他是林黛玉的情人。林黛玉寫了本《被難始末記》講述庚子拳亂時她在北京的遭遇，歐陽為這本書寫了序，可能書中有些內容也是出自他之手。1899 年出版的《海天鴻雪記》作者署名為二春居士，據考證正是歐陽的筆名之一。[97] 他還和李伯元的助手龐樹柏合寫了一齣戲講花界設義塚的事，看起來他也曾積極參與此事。這齣戲以林黛玉為中心，把她塑造成了女英雄。

李伯元死後歐陽曾試圖把他的兩家報紙接過來，引起了一些同行報人的憤怒。李伯元的好友、京劇名伶孫菊仙出面阻止了這件事。歐陽年僅二十四歲就去世了，當時有人說是死於梅毒。據說歐陽的才華在所有租界文人之上，但他之縱酒墮落也無人能及。[98]

李伯元的娛樂小報可以說是上海最負盛名的花界每日行情指南。這些報紙也發行到其他城市，外地的讀者不但能從中了解上海最近的情況，也可以把這些內容當作虛擬的、懷舊的消遣。

儘管報道這些風花雪月的事容易讓人覺得報紙輕浮瑣碎，李伯元對此還是非常在意。對於他的報紙和他本人都很輕浮的說法，李伯元又急又氣。按他的理想，記者的現代感和文人傳統中雅趣的一面應該結合起來。[99]

李伯元自己在和妓女的相處中也試圖遵循類似的原則。在《世界繁華報》創辦之初，他和妓女詩人李萍香關係密切；有文獻稱是孫玉聲（海上漱石生）把李萍香介紹給李伯元的。李伯元幫她自立門戶，還在報紙上不斷刊登她的詩作，抬高她的

地位。[100] 通過對李萍香及其作品的詳細報道，李伯元試圖喚起人們對從前那些精通文學的名妓和恩客精誠合作的文化聯想。不過，他選擇的方式一點都不傳統。1901年，他舉辦了一個特殊的競賽——評選文才最佳的妓女，還戲仿清廷新開的考察西學知識的科舉考試之名，叫做「經濟特科榜」。[101] 李萍香自然是名列榜首。[102] 李伯元還編了一本李萍香詩集，題為《天韻閣詩》。[103]

　　儘管李伯元和其他恩客們使盡了渾身解數來捧李萍香，但當她被租界法院帶走時卻無力保護她。作為娛樂小報的編輯，李伯元沒有別的選擇，只能詳細地報道這個案子的進展。但他現在是左右為難，一方面作為恩客他有責任保護李萍香不受公眾輿論的誹謗，另一方面，小報編輯的身份又要求他為讀者詳細報道一流名妓身上發生的轟動新聞。為了解決這個矛盾，他在新聞報道中加了一條社論，把這件事描寫成降臨在萍香身上的一椿不幸。在社論中他哀歎萍香最近禍不單行，甚至還要吃官司。[104] 相應的報道也以充滿同情的筆調低調處理了這個案子。[105] 當李萍香離開上海的時候，《世界繁華報》發出了這樣的感歎：「嗚呼！萍香去矣！無祖筵無飲賬，行李蕭索，山川黯然於此，不能無盛衰不一之悲與夫世態炎涼之感矣，率書數語為臨別贈言之計，萍香其無哂之！」[106] 相比之下，對旦角高彩雲與官員之妾偷情一案的報道就故意用了聳人聽聞的題目，可見編者的立場是一種有意識的選擇。[107]

　　根據 1901 年《世界繁華報》的報道，有個人出來指認李萍香是他逃走的女兒。在審訊中，李萍香對這個男人的說法既沒有承認也沒有否認，於是法庭判定讓這個男人帶她回家，並永遠禁止她重回上海從事妓業。[108] 過了幾天，又有她和某位潘先生的故事浮出了水面。[109] 後來有人把這兩個故事聯繫了起來，說這個「父親」其實是李萍香的舊情人。[110] 李萍香本來家世良好，她的父母把她許給了劉家，但她愛上

了這位潘先生，她說服母親帶她出去燒香並回來謊稱她死了，劉家人只得為她辦了喪事。之後她來到杭州，和自己的戀人生活在一起。她在杭州以賣字為生，後來又搬到了上海，成了一位名妓。萍香的詩才和書法都很出眾，實際上她在被捕的時候還在給客人展示自己的書法。她在上海名頭很盛，極受知識分子欣賞。後來她離開了靠自己養活的潘先生，於是他就去法庭聲稱她是自己的女兒。萍香質疑他的說法，輸掉了官司。後來她又去寧波闖蕩，最後改名換姓回到了上海，過起了隱居生活。

這個插曲表明在名妓文化、市場和文人三者之間發展出來了一種新關係，李伯元的例子典型地反映出其中的衝突和困惑。不管他多麼不願意，文人還是把名妓——文人從前的夥伴、他們聲稱要保護的人——當作新聞對象搬上了媒體。文人把名妓送入了市場，但同時也失去了從前獨佔她們的優勢。娛樂小報問世以後，娛人的名妓就成了供大眾消費的文化產品。

1880 年代以來名妓報道中常見的那層光輝也消失了。在這個國家危亡的時代，上海的名妓擔負不起晚明名妓那種正直、愛國的角色。此時各種諷刺文學正在猛烈抨擊清朝政府，名妓化作了小報上的新聞以及聳動的報道，最後憑自己的力量以明星的姿態東山再起。那些名妓形象的製造者也受到了影響；租界的文人們放棄了扮演救國大英雄的癡心，慢慢適應了上海城市知識分子獨立而邊緣的生活。

黑幕小説連載和「城市悍婦」的形象

19 世紀末，一個洪亮的新聲音也參與了對妓女形象的描繪，那就是狎邪小說。魯迅是分析狎邪小說的第一人，最近王德威和其他學者也在繼續這個工作。[111] 但是

還沒有人關注到狎邪小說和媒體的緊密關聯。所有這些小說都是在報上連載的，而且作者都是記者。

狎邪小說把之前的小報新聞和獨立的妓女小傳連綴成了一種總體性的敘事。統一的形式克服了從前敘事太過零碎、行之不遠的弊病，原來的新聞條目變成了故事，真實性必須更強。這不再是知情人神奇的洞見，而是從社會學的視角觀察和提煉出來的現實主義報道。從這個方面來說，它和當時的法國倡優小說有很多共同點。[112] 這些小說的作者也都採取了一種新的立場。他們從每天寫點零碎報道和名花小傳的記者變成了語言大師。他們對城市世界有著非常全面的了解，能準確地辨別和描述世相百態，同時又保持著自己的道德高度，能隨時按照能引起讀者共鳴的價值觀做出判斷。

第一部狎邪小說是印行於 1892 年的《海上花列傳》。這部小說形式上還處於過渡期，從題目中就可以看出它與妓女傳記的關聯。幾年之後這種新的小說體裁才發展成揭露風月場內部運作和黑暗面的黑幕小說。

再造名妓形象功勞最大的是孫玉聲（一名孫家振）的第一部小說《海上繁華夢》。[113] 孫家振出生在一戶殷實的上海人家，年輕時也是花叢中的常客，這種圈內人知識對寫小說有很大的幫助。他主要的職業身份一直是新聞報人，[114] 他於 1898 年創辦了《采風報》，在上面插圖連載了自己的小說《海上繁華夢》。這份報紙六文錢一份，跟李伯元的《遊戲報》大小相仿，但早幾個月發行。自 1900 年起，孫玉聲開始在大型日報《新聞報》做編輯，1901 年又創辦了自己的第二份娛樂小報《笑林報》，繼續連載《海上繁華夢》。他在《新聞日報》工作時與李伯元有很多接觸，當時李伯元的宅邸，也即《遊戲報》報社就在街對面。[115]《海上繁華夢》模仿王韜的

《淞隱漫錄》，附上了石版畫插圖（圖4.11a，b，4.12），[116]立刻大獲成功。頭二十章連載完之後出了個單行本，同時連載還在繼續。[117]這本書揭露了上海風月場的內幕，書中的妓女基本上是狡猾的女商人形象，缺乏真正的感情。

連載不只是這些小說的小特色，它對作者的生活有很大的影響，因為必須得天天有新內容。後來，當紅作家甚至同時給好幾家報紙寫連載小說。

從前傳統的小說都是分章回的，總是在矛盾還沒有解決時戛然而止，以吸引讀者繼續往下讀。但連載小說與此不同，它不按內容而按版面來分段，有時候一件事還沒做完，甚至一句話還沒說完就不得不打住。插入的兩張活頁，大小與普通紙一樣，連載完了之後可以裝訂成冊。看得上癮的讀者就得每天去買報紙。

這些連載小說適當地調整了語言風格，以與報上其他現實主義風格的內容相適應，這個舉動有助於擴大讀者群。報紙漸漸開始用故事情節連綴零碎的每日新聞，報紙的性質也隨之發生了變化；可以說這個故事情節反過來改變了報紙的整個排列順序，所有的內容都成了當今世界的一個故事。

而且讀者的地位也隨之發生了轉變，從前被報紙寄予厚望、可能會花錢購買的讀者現在變成了被動的接受者，欣喜地閱讀著語言大師每日的連載。最後，報紙把小說部分和花邊新聞排在一起，也改變了讀者的閱讀習慣，模糊了事實和故事之間的界限。

在歐洲，報紙連載小說成功地擴大和穩定了讀者群，記者們也可以用小說化的社會學視角把他們所知的逸聞趣事加以概述，為他們日後的小說出版打下基礎。連載是由經營中文出版物的西方人傳入中國的，美查的第一份期刊《寰瀛瑣記》自1872年起翻譯連載了英國作家利頓（Edward Bulwer-Lytton，1803—1873）的小

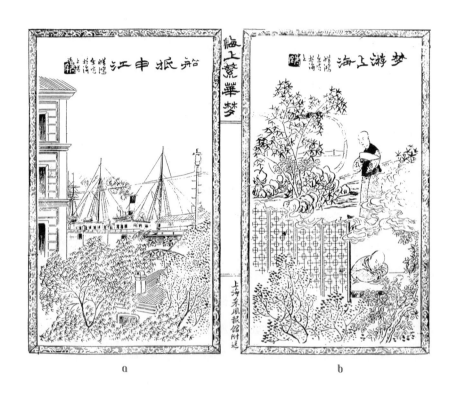

a   b

4.11a.b　（a）《船抵申江》和（b）《夢遊上海》。石版畫。《海上繁華夢》第一章的插圖，孫玉聲插畫。左邊這幅（a）畫的是上海，圖中的汽船、西式建築和路邊高過樹頂的電燈都是上海典型的風景。右邊這幅（b）畫的是蘇州。（《采風報》，1898 年 7 月 27 日）

酒我祇想了詩句沒有將字數算真不是我的心太覺粗了子靖笑道俗語說得好自搬磚兒自打腳本來有的快請一同乾了杯兒我要收了我三無語一飲而乾乾少靖兒邊擺的是一碟福祿念了一句山中奴隸橘千頭照字點去應少牧一人飲酒人家一句詩兒是兩杯酒大哥祇有兩杯酒卻偏偏成了我湊巧得緊子靖算我心敬的罷卻是應你的令少牧道也是席上生風但不許用酒許用每人身邊席上的器皿又要用身體上一個字又要念一句詩插拳出來說不出的討酒說出的就此過令省我們當然意可好戰三道這句有趣少翁請先做個個牽扯別人飲酒未知衆意可依令而行少牧黙頭稱是逐滿的斟了一大杯令酒立起身來將酒杯高高擎起笑嘻嘻念出一口詩來道我說的是萬事不如杯在手念完將酒一喝而盡子靖看出一口大笑道牧弟好幾年不見仍是一塊天真你們看方纔好個樣兒幼安

微笑答道他本來孩子氣慣的今日故友重逢又喝了幾杯酒自然要露出本相來了少牧也笑着道我不與李大哥和你鬧口你們請照這樣把那令行不下對酒不饒子靖道是待我來接將下去口中說着心裡暗想有個器皿上的字兒卻又沒了器皿上的有個身體上的字兒卻又不罵而紅旱熱起來除下皮皮帽子想急不覺頭髮將一吹又將頭髮將了一將來人見此光景又大笑子靖莫要聽我這令我說的求人見此光景又大笑子靖莫要聽我這令我的就是羞想出這句詩來祇可惜帽子吹了一吹從這帽子上頭竟想撲哧笑道這祇是我糊塗了若帽子算了器皿衣酒是不能免了子靖道大哥果然靈機怎麼一本來怎能免我喝一杯酒大哥到底本體上的字兒却令我喝一杯酒大哥到底說定自己斟了了而乾不留涓滴幼安道一說豪爽就是喝一杯熱酒也是直提庸快的少牧道閑話休題安哥你說的

海上繁華夢

采風報館印行

五

4.12　孫玉聲的《海上繁華夢》以這樣單張插頁的形式在《采風報》上連載。石版畫。（《采風報》，1898年7月27日）

說《夜與晨》(*Nights and Days*);自 1884 年起,美查的《點石齋畫報》定期免費附送王韜等中國作家寫的連載小說。[118] 李提摩太(Timothy Richard)的《萬國公報》(*Review of the Times*)1891 年到 1892 年間也連載了美國作家愛德華・貝拉米(Edward Bellamy)的《回頭看紀略》(*Looking Backward*),梁啟超的《時務報》1896 年翻譯連載了柯南道爾的福爾摩斯系列。[119] 在中文小說中,《海上花列傳》1892 年首先被連載,這本書其實並非為連載而寫,而且刊登它的報紙也幾乎沒有別的內容。1890 年代末的娛樂小報使連載小說發展成重要的常設專欄,並鞏固了報紙中的文學內容,最後發展成為「副刊」,即文學增刊。袁祖志 1880 年代的竹枝詞已經表現出對名妓主題的疏離,孫玉聲的《海上繁華夢》塑造了第一個道德敗壞、引人墮落的妓女形象。總的來說,這部小說中的妓女形象可以概括成作者的聲音和主人公之間完全的疏離。鄒弢、王韜書中的愛情命運令人歎惋,像花朵一樣惹人憐惜的上海名妓形象消失了,取而代之的是李伯元筆下作為公眾人物的富有才華的妓女明星,現在又變成了城市悍婦。這些生性狡詐的新一代都市女性用其傳統印象做掩護,從天真的客人身上拚命撈油水。真正的男主角其實是作者:只有他冷靜地看穿了這些女人玩的把戲。

20 世紀初,梁啟超聲稱政治小說是「新一國之民」最重要的工具,這一點已經講得很多了,也是他把小說的地位提升到了各種文學體裁之首。實際上,沒有多少小說真正實現了他的希望。狎邪小說沒有什麼高調,只是默默無聞地做著梁啟超認為政治小說應該做的事。[120] 它不提供什麼政治教育,只是用新穎的結構、都市的主題、「社會學」的方法、現實主義的寫法、帶點諷刺和距離感的敘事,沿著自己的都市現代性的路子往前走。這些狎邪小說揭露出了上海風月場不為人知的一面,為

政治黑幕小說開闢了道路——第一批政治黑幕小說也是在娛樂小報上發表的。真正稱得上梁啟超所說的「政治小說」的為數很少，其中就包括曾樸的狎邪小說《孽海花》。現在看來，上海的狎邪小說在日期上早於梁啟超的說法，預示著小說即將成為最重要的文學體裁。這個被五四作家視為「墮落腐化」進而排斥挖苦的領域，悄悄地不斷邁向現代性，居然成就了唯一的「政治小說」作品。

1917 年，「大世界」的興建終於把娛樂業和文學小報的親密關係牢牢地黏合在了一起，這個名字沿襲了早期中文報紙和期刊標題中曾經出現過的大世界、大都會的說法。商業大亨黃楚九聘請孫玉聲為顧問，幫自己打造上海第一家主題公園的概念。孫玉聲曾經去過日本，見過東京和橫濱的高樓大廈頂層的娛樂設施，黃楚九立刻抓住了這個想法。[121] 孫玉聲也創辦發行了大世界自己的日報，這也是主題公園的特色之一。這份報紙一方面可以充當新聞簡報發佈消息，同時也登載文學作品和漫畫。報紙的英文名稱是 *The Great World Daily*，每份售價六個銅板。這份報紙刊登了當時很多一流作家的文章，差不多四分之三的內容都是文學作品連載。[122] 孫玉聲以海上漱石生的名字在上面發表自己的黑幕小說《黑幕中之黑幕》，一共連載了三年。

《海上繁華夢》開啟了一種有關上海妓女的黑幕小說的亞類型。從中可以看出，小說作者對上海、上海妓女，更重要的是對他們自身的角色的看法發生了巨變。

上海成為中國出版業中心之後，這個迅速發展的市場對人才管理的需求也日益迫切。[123] 專業寫作、廣告、照相、月曆繪畫和插圖繪製等等新的崗位空缺，把年輕的作家和商業藝術家吸引到了上海。隨著都市休閒的興盛，各種娛樂出版物的發展也製造了不少新的生計方式。上海租界特殊的多民族文化和明顯的商業傾向刺激著一個個作家、記者、畫家和插圖畫家。

他們親眼看到、親身感受到了上海名妓這個獨特形象的賣點。第一代租界文人把他們與名妓的關係搬進了商業出版市場。當報紙和畫報開始主導上海及其妓女的形象塑造之後，個人化的聲音和經歷轉變成了集體的、大眾的敘事。一種新的名妓形象也隨著《點石齋畫報》而產生了，很大程度上這也是對上海名妓的自我表現的一種反映。上海名妓擺脫了脆弱佳人的刻板印象，把自己變成了精明的都市女性和專業人士，其公眾形象有賣點，情感也非常現代。新的印刷媒體就以這樣的形象把名妓刻畫成了完全適應即將到來的現代都市社會的人物。

租界無疑是最能接受各種娛樂形式新探索的地方，都市休閒迅速增長的需求，滋養了各式各樣的娛樂出版物的發展，上海出版業不僅有能力，而且也願意關注這個新的市場，設計出了相對便宜又引人入勝的媒體產品來加以開發。從形式上說，不管是劇院、書場還是在青樓，傳統的藝人和客人之間都是互動關係，而娛樂出版物替代了這種傳統的互動，讀者成了被動的顧客。不過它一定程度上也讓讀者積極參與，讀者可以給報紙寫信，或者參與花榜評選。娛樂出版物給讀者提供了一種公共的親密關係，讀者可以從中得到愉悅，了解各種人物、時間和觀點，也不用擔心會把自己捲進去。讀者知道，作為公眾的一分子，他們可以在下面匿名了解、點評同樣的新聞，他們是安全的。

上海的娛樂出版之所以能成功，因為它把西方文學出版物的形式與按傳統道德觀加以呈現的新聞結合在了一起。當越來越多的都市人離不開休閒的時候，就需要一直有新的產品來填補這個時間空當。作為中國大地上第一個現代的都市中心，上海是娛樂出版物最大的市場；這裡不受中國官員的道德觀念的約束，又注重商業，為新式文學出版物創造了一個開放的空間。就這樣，上海自然而然地成了現代中國

娛樂出版業中心，吸引了許多必不可少的能人參與其中。文人們發現這裡用得上他們的技能，雖然生活條件要求高卻也很吸引人，而且這個環境利於探索新的都市社會角色。如果說他們曾經懷有通過科舉考試，成為一方道德領袖、社會楷模的理想，那麼在這個出版市場中擔任記者和編輯就為他們提供了一個平台，讓他們得以在另一個背景下公開扮演這個角色。這些出版物的娛樂性保證了其盈利能力，還給了租界文人們一個滿意的文化角色，但他們及其他們的作品還是保持了一定的批判性。「花」和「華」的同音雙關甚至使這些文人為自己的角色賦予了雙重意義：通過「護花」來實踐自己報效祖國的崇高理想。雖然他們沒有任何官職來實現這個目標，但通過和名妓的關係，他們象徵性地同時某種程度上也是頗具諷刺性地擔負起了這個任務。此外，這些報紙在刊登名妓新聞之外也連載針砭時弊的小說和批評清廷政策的諷刺文學。在謀生需要和扮演公共角色的願望之間，文人們找到了一個可以接受的折衷方案，他們對自己的新角色更加自信了，也有了勇氣和自由用充滿幽默和自嘲的獨特都市感覺來看待這座城市和他們自己。

在 1860 年代到 1900 年代初這四十年間，這些文人們為市場帶來了某種文學和審美品位，而這曾經只專屬於文人的文化領域。這一品位的商品化過程及其主體——名妓，變成了晚清文學中最流行的主題。一方面，有關名妓的敘事採用了過去的象徵手法，不過美人的命運不再象徵著衰亡的王朝而代表著這座城市。另一方面，講述名妓也是上海文人在變成城市知識分子的過程中思考自己的角色和命運的反映。而像王韜、鄒弢等廣受歡迎的作家本身也跟上海的新媒體有很深的關係，他們致力於保存對文人和名妓間偉大愛情的理想化的文化記憶，執著地懷念著那個妓女和護花者都需要保護者、也彼此需要的年代。這種努力也表明，即便這些文人的

職業生活環境已經發生了巨大的變遷，他們還是不情願捨棄曾給他們帶來地位的傳統的文化外衣。

租界的急速發展給妓女和文人都創造了新的環境和機會。1890年代末，李伯元、孫玉聲等人和他們理想中的名妓形象以及自身的形象保持了相當的距離。他們用這種辦法來向傳統文人告別。名妓和文人同時採取了新的立場，變成了彼此獨立的專業人士。這個過程還在繼續，十年之後，名妓和上海身上理想化的光輝都將消失。文人已經成了大城市裡拿薪水的批評家。上海一流名妓自信而放縱，早已不再是需要保護的嬌弱花朵；上海也已經從天堂變成了大都市，文人們在對這兩者的思考中也表達了對自己身份轉換的看法。

5

城市的大眾之花
和媒體明星

上海名妓可以說是 1920 年代到 1930 年代城市新女性的雛形，同時也開啟了這一時期興盛的明星文化。電影明星、戲曲明星，甚至政治家和知識分子也緊隨其後登上了公共舞台，為謀求主角位置你爭我鬥。

名妓在 1890 年代末就已經具備了變成公眾人物的條件。上海的娛樂業、其富庶繁華和西洋特色，吸引了大量家境殷實的中國人來這裡旅居遊玩。他們形成了一個巨大的市場，不但能支持名妓的生意和大量的戲院、酒店、飯館的生存，還養活了一種新的印刷品——娛樂小報。

李伯元的小報成了上海花界最主要的特色之一。他探出這條路以後，許多小報雨後春筍般迅速湧現，清朝末年多達三四十家。[1] 這些小報多數是日報，面向不斷擴張的休閒閱讀的市場，它們滿足大眾了解神秘的花花世界的渴望，讓大眾也能享受到這種新的都市休閒方式。[2]

《遊戲報》和《世界繁華報》極受讀者歡迎，銷路非常好。《遊戲報》1897 年每份五文，1899 年漲到了七文。每期的發行量大約五千到七千份。[3] 這份報紙在全國也有相當大的影響，發行初期就覆蓋了北京、天津、漢口、杭州、蘇州、南京、寧波、松江、常州和無錫，剛創辦幾個月之後就發現蘇州、無錫、常州等城市的需求很大，銷售點不得不從一兩個增加到三四個。[4]

江南、天津、北京等地，甚至東南亞都有讀者來信，這證明這份報紙確實廣受歡迎。[5] 當時很多報紙都辦不長久，而《遊戲報》和《世界繁華報》的時間都超過了十年，這也證明了它的成功。

此時娛樂小報之興盛可能與有關中國歷史發展的政治性宏大敘事不符。這種宏大敘事以 1895 年的中日甲午戰爭，1898 年的百日維新和 1900 年北京、天津陷落於

八國聯軍之手作為重要的歷史分水嶺。它也不符合新聞發展史的主導敘事，後者只關注梁啟超的《時務報》（1896）、《強學報》、《直報》以及留日學生辦的有政治傾向的報紙。娛樂小報的突然興起，說明當時的社會沿著不同的，甚至有時貌似互不相容的層面在變動。這些不同的層面雖然各講各的故事，實際上也頗多互動。

娛樂小報從西方和日本的前輩以及讀者的反饋中不斷學習，了解到讓讀者對這些「無關緊要」的新聞產生和保持興趣需要來點精彩的人物和刺激的事件。[6] 名妓自然是他們的第一選擇——她們在上海聲名赫赫、獨領風騷，堪稱娛樂界的核心角色，其中最負盛名者的名字和韻事早已通過各種花界指南為讀者所熟知。最出名的男伶是僅次於名妓的第二人選；他們通常是作為名妓的情人而出名的，很快自己也有了足夠的名氣。20世紀初，《世界繁華報》等報紙拿他們和名妓相提並論。新的城市知識分子群體肯定不是合適的人選，儘管其中有些人可能還挺想出現在這個舞台上。這個市場需要的是個人化的符號，就這一點來說，這些靠智力吃飯的工薪族提供不了什麼，他們只能退居幕後寫寫故事。

娛樂小報的基調是輕鬆愉快的，愛賣弄點內行人的知識，但有時候也會相當嚴肅，例如社論就經常涉及妓院的價格問題、服務態度差、鴇母或地方官虐待妓女等等。

娛樂小報出現之後形成了自己的動力機制。它不只是利用作為公眾人物的當紅妓女的名聲，也在這個過程中不知不覺地提高了這些女性的地位，讓更多的人記住了她們的名字和樣子。雖然那些報道常常帶著辛辣的批評和譏諷，但卻將她們變成了全國知名的明星。實際上，阿諛奉承和冷嘲熱諷的混合正是娛樂媒體的標準腔調。

此外，這些報紙還需要事件來集中讀者的注意力，就算沒什麼事他們也要造出點事兒來。這一次名妓們馬上發現了這個機會，她們充分地利用娛樂小報為自己服

務，在各個活動中參與表演。這裡有一點張力，因為名妓們雖然一定程度上願意配合報紙的安排，但也關注自己的利益。

在版式安排上，政治諷刺文章、文學作品、各種關於大小妓女明星的最新消息都排在一起，這種新式排版反映和推動了上述各種事物的次序改變。往日理想化的名妓形象不再，取而代之的是一種雜糅著奉承、讚歎和諷刺的文學樣式，我們姑且叫它「城市之花」。

四大金剛

上海租界一直以來都和胡寶玉、李三三這樣的傳奇名妓的名字聯繫在一起。[7]不過，直到「四大金剛」（林黛玉、陸蘭芬、金小寶和張書玉）聞名全國的時候，上海才真正有了名妓文化。「四大金剛」這個講法是李伯元發明的，最早出現在《遊戲報》上。[8]這個名字來自於佛教中為達摩護佑四方的天王。[9]後來《遊戲報》上如此介紹「四大金剛」的來歷：

> 滬上勾欄之有四大金剛始於前年，本報新聞曾有《遊張園四大金剛》一則，當時原以林、陸、金、張四人往往同日遊園，到大洋房後輒分坐兩旁，戲編新聞，以此標題。初無所容心於其間也。詎一時走馬諸君，遂舉此為四人尊號。[10]

《遊戲報》對這個說法在讀者中的影響力頗為自豪：

本報既於丁酉秋冬之交紀《遊張園四大金剛》一則，在當時不過偶然遊戲，藉以標目，不料風會所趨，播為美談，林陸金張四校書之名，幾於婦孺皆知，而四校書之聲價亦增十倍，亦可見本報風行，而好事附會者之多矣。[11]

　　給妓女明星安上名銜有助於彰顯她們的公共形象。上海、北京等大城市的讀者來信說明，這個把名妓當明星的新的文化遊戲很有吸引力，受到了廣泛的歡迎。公眾對四大金剛報之以俏皮的嘲弄，李伯元從中看到了這種題材有市場。這個新詞兒有點諷刺的味道，生命短暫而脆弱的花朵變成了堅強的材料，「歷劫不磨」。[12] 這樣的女人簡直不需要保護，有人操此業近二十年風頭也仍然不減。報紙這種諷刺的聲音表明對這些女人失去了控制，同時也再次強調她們有一定的獨立性。百日維新的終結肯定對李伯元這樣的文人打擊不小，他們不得不接受這個現實：文人拯救帝國的最後一次努力也失敗了。[13] 報紙對待官場和妓女的態度其實很像，都是譏諷挖苦之詞，這表明文人正在失去他們的身份，但也重申了他們作為城市知識分子的新角色。

　　在成為明星的過程中，四大金剛為《遊戲報》提供了數不清的機會來報道她們的一舉一動。從慶祝生日的宴會、新開張的妓館、和客人之間的酸甜苦辣，到她們的旅行、衣著、彼此之間的友誼與不和，都是報道的對象。報紙常刊登愛慕者為她們所作的各種小傳、情書、散文和詩歌。就這樣，名妓被報紙捧成了眾人矚目的焦點，公眾把她們當成時尚、禮儀和生意經營的風向標。有關她們的新聞經常以社論的形式在頭版上高調亮相。她們的傳奇 1898 年甚至被寫進了新戲和小說。[14] 因此，可以說是報紙把她們在上海公眾面前的自我表演轉化成了全國的新聞。

　　妓女明星可不會錯過賽馬會這種機會。春秋兩季賽馬會各有三天，是在大庭廣

眾之下展示風采和魅力的絕好機會。這種場合為《遊戲報》提供了絕佳的新聞，每一頁都是密密麻麻的報道和評論。四大金剛之間的競爭曾經轟動一時。1899年一篇社論諷刺地評論說：「西人賽馬，華人賽錢。」賽馬會只是一個場合，四大金剛才是新聞事件。這位作者還注意到，在之前的賽馬中，「四大金剛等則尤刻意鋪張，馬身扎五色絹彩，馬伕制艷色號衣，每夕陽西下，至跑馬廳一望，停馬觀賽者，銜尾相接」。[15] 但是，據《遊戲報》1899年的報道稱，此時情況愈演愈烈。《遊戲報》上刊登了一則名為《靚裝照眼》的新聞，細緻地描寫了四大金剛的穿戴，還對她們打扮馬伕的方式發表了評論。[16]

第二天的報道接著比較了「賽馬」和「賽人」。所謂賽人指的是四大金剛「賽馬伕」（較量誰的馬伕更時髦）和「賽相好」，比賽誰是最講究的。[17] 除了名妓的穿戴、馬車的裝飾和馬伕的打扮，讀者還可以了解到名妓的情人和恩客是怎樣上前致意的。

> 近以跑馬故，張園遊人最盛，男女雜沓，履舄交錯飛，謔浪笑傲，脫略形骸，誠一無遮大會也。遊客與所妓遇，則必趨前絮語，妓見熟客亦必點首招呼。昨惟林黛玉到園最晚，遊人已散。當四五點鐘遊人擁擠之時，但見有無數闊客，一一趨至陸蘭芬金小寶座前茗話，此來彼往，絡繹不休，而張書玉座前亦有面貌皙白，形似洋行細崽者一二輩與之攀談，此外或與客人通行，或由客人會賬，不勝枚舉。大庭廣眾，頗足自豪。[18]

報道最關心的是作秀。對名妓們來說，賽馬會是展示自己絕代風姿不可錯過的良機，藉機炫耀時裝和關係也能證明她們不斷上升的地位。李伯元的報紙在全國的

發行量一直在增長，經它們一報道，作秀的舞台就無限擴大了。報道凸顯了整個上海娛樂界的魅力，尤其是名妓們獻上的精彩表演，恩客們也因而有了更大的影響力和名聲。幾位頂尖名妓跟李伯元和他的得力助手歐陽鉅源私交都很好，因為她們很清楚不斷見報對自己是多麼重要，所以也非常合作，確保報紙有東西可寫。[19]

藉著各種新聞報道和評論之力，四大金剛不僅引領著花界的潮流，在時髦婦人中也越來越有號召力。四大金剛遊安塏第，其他妓女也馬上跟風去安塏第。[20]若有志當妓女明星，就必須穿著最昂貴時髦的衣服，坐敞篷馬車去張園或豫園遊玩。因為炫耀奢華和時尚是四大金剛的標誌，必須得在這方面和她們一爭高下。1898 年出版的《海上名妓四大金剛傳》中寫道，做妓女明星就意味著選擇奢華鋪張的生活方式。[21]有些妓女就這樣曝得大名，人們會說她們敢於「賽金剛」。[22]只報道四大金剛是不夠的。新的明星正在產生，小明星也希望獲得關注。

李伯元的報紙會報道最新的行情發展，讓讀者可以炫耀他們的時髦、見識和品位。《遊戲報》開設了「花界新聞」欄目，在其紅字標題下報道所有可能在這行佔有一席之地的名妓的活動。《世界繁華報》的專欄不同，包括《海上看花日記》、《梨園雜錄》，還有諸如《上海之行見聞》、《賞花趣事》等雜記欄目。這些報道建立了聯繫城市環境詳細列舉上海花界新聞的新體例。

例如，《海上看花日記》就有這樣的報道：

林黛玉打電報：六點三十分鐘，林黛玉打一個電報到揚州，勿曉得啥事體。

有人說是打發兩淮鹽運使林如海格。

祝如椿不嫁人：格兩日外頭才說祝如椿嫁仔人哉。其實瞎三話四，並且弄子

兩個小個，二十進門。[23] 一個叫祝怡春，一個叫祝梅春，連老底子格祝逢春，

牽大搭小，倒有四個人做生意哉。

賀愛蓉搬場：惠秀裡賀愛蓉，本來勿曾掛牌子，現在聽見說要搬場哉，搬到

垃圾橋去，大約是住家。[24]

李金花要尋小鹿：李金花前日子夜裡，坐勒相幫肩架浪，勒馬路浪東張西

望，看見子熟人，就問阿會著見歇小鹿。別人問俚啥事體，金花說，小鹿欠

仔倪一台菜錢，十四個局錢，節浪勿曾來開銷，故歇才弄得人面才勿見哉，

無曉得格緣故。

金小寶祝如椿相罵：禮拜日夜頭，金小寶勒馬桂仙看朱素雲格戲。櫂子一

歇，祝如椿也來哉。冤家碰著對頭人，兩家頭就是實概相罵起來哉。汪浪汪

浪，吵得來一塌糊塗，後來還是案目上來，勸死勸活，兩個人當中，拿一個

勸間子落完結格，勿然定歸要打起來格⋯⋯[25]

這些報道有時候會夾雜一點上海方言，時不時來點雙關和隱諱的笑話。四大金

剛處於花界最上層，除了關於她們的報道之外，報紙上更多生動細緻的內容來自於

次一等的妓女，其位於裡弄的地址可以看出來她們的身份略低。報道這些妓女每日

行蹤的新文學樣式與傳統的描寫簡直是天壤之別。

在這種報道裡，名妓變得非常平凡，過去一代名妓的感時傷懷、文化修養和藝術

造詣都看不到了，取而代之的是對瑣細小事的關注。不過，對名妓傳統形象的破壞從

來不是詆毀性的。各種報道的視角和判斷都帶著矛盾的情緒。上海妓女明星所引起的

義憤混雜著敬慕、疑惑和強烈的不滿，但絕沒有輕蔑。這類報道促使過去的名妓形象

轉化成了上海租界放肆而精明的妓女明星。報紙上天天報道上海名妓，使得讀者心中也有了一種熟悉甚至親切的感覺，這反過來又成了新的明星文化生長的土壤。

上海妓女明星的出現標誌著一個重大的新進展——媒體開始具有文化力量，它們的讀者群遠遠超過了政治性報紙所面對的階層。在對這些明星的報道中，娛樂小報也在闡釋一種新的有關公共行為的價值體系，它不是個別重要的政治權威或文化權威帶來的，而是對上海名妓力量的認可，是對當時上海盛行的名妓文化的一種妥協。名妓們與媒體的互動促進了對上海和全國娛樂市場的開發，但沒有給報界文人留下多少支配、控制內容安排的權力。報道中間或出現諷刺挖苦的弦外之音，似乎表明文人很清楚也很不滿這種妥協中真正的權力關係。名妓從社會的邊緣逐漸走到了舞台的中心，在媒體的幫助下，她們的星光甚至讓從前全國聞名的文人也黯然失色。

說到娛樂小報造星的功勞，祝如椿和李萍香的經歷就是絕好的例子。祝如椿奪得了 1897 年花榜的第三名，李萍香的詩才前文已經提到了。《遊戲報》和《世界繁華報》好幾年都天天報道祝如椿和李萍香。報紙一直跟蹤報道祝如椿的婚姻，她和婆家的矛盾、她怎樣離婚、又怎麼重墮風塵。整個跟蹤報道的過程中不斷有讀者寫信來詢問她的下落，又是獻詩，又是寫文章為她婚後重操舊業辯護。[26] 李萍香的公眾形象則完全是《遊戲報》和李伯元一手策劃的。在她受審期間，《遊戲報》還會在每日的報道後附上讀者關切的來信。

花榜

自從 1897 年《遊戲報》創辦以來，李伯元就一直在籌劃搞點活動來提升妓女的

公眾形象和報紙的地位。最重要的活動莫過於「花榜」，即評選前景看好的年輕妓女。《遊戲報》把這個比賽搞成了趣味橫生的公共活動。讀者得把報上刊登的選票剪下來投給報社，常常還會在背後附上一首詩或者一段文章來讚美他們支持的候選者；這些詩文之後會發表在報紙上。獲得選票最多的妓女就是當年的冠軍。李伯元這句話可以被理解成一種諷刺：

「本屆花榜係仿泰西保薦民主之例，以投函多寡為定。」[27] 報紙從科舉考試那裡借用這種「民主」的做法和字眼，以嘲諷清政府遴選官員的方式。[28] 不過，在評選花榜的過程中，科場屢屢失意的文人反過來控制了這場遴選。李伯元自己從來沒有越過科舉考試的門檻，但擠兌科舉考試體系卻讓評選花榜更得人心了。

> 且國家開科取士，以主司一二人之目力，較千百人之短長，應試者數萬人，
> 而所取不過數十分之一，感者寥寥而仇者甚眾。吾今此舉，為公為私，知我
> 罪我，去取既不拘成見，毀譽亦何足縈懷？[29]

帝國的考官有自己的偏向和局限，李伯元以大眾投票代替「一兩個」考官，表達了他對清朝官場的不滿。他公然將兩個系統的活動相對比，明白無誤地向讀者傳達出諷刺之意。這個過程選出來的名妓綜合了大眾的口味，代表著偏好各不相同的投票者和參加評選的妓女之間的一個折中之選。無論得票多寡，她們都相信投票是公平而誠實的。根據李伯元的說法，哪位名妓能上榜是民主原則和民意的結果，不是一兩個文人意見領袖的偏好和判斷可以左右的。

上海花榜簡史

花榜一直以來都是江南文人展現時尚和品位的機會。從「花榜」、「艷榜」等用詞就可以看出其對科舉考試系統的嘲諷，因為「榜」是專指科舉考試的。花榜的優勝者也被冠以科舉考試前三甲的稱呼——狀元、榜眼和探花。根據歷史記載，早在晚明時期就開始借用這些頭銜了。不過，清朝初年這麼幹可是殺頭的死罪。[30] 晚明時期就很流行把名妓和百花相對應，清代也依然很時興。晚清時期花榜優勝者所獲得的稱號跟晚明時十分相近，顯然上海的文人很了解這個傳統。

根據當時的筆記和其他材料，從前花榜由德高望重的文人主持，他同時也是評審，判語要用相應的文學化的語言公之於眾。[31] 有時候也會公開徵集寫給本地名妓們的詩詞，即使不是為花榜活動做的詩也可以一併附上。[32] 花榜主辦者的友人有時候也會來幫忙，主辦者主持評選，朋友們就負責寫詩。[33]

花榜活動得益於租界為花界提供的保護，自 1870 年以來一直長盛不衰，但有關記載卻很不完整。[34] 王韜是 1882 年夏季花榜的評審者和協辦人，他留下了有關早期花榜的簡要記述。[35] 剛齋主人 1868 年發起並主持評選的花榜是最早的花榜之一，獎金非常豐厚，高達一千銀元。李巧玲拔得了頭籌，王韜對她做了詳細的介紹。[36]

1870 年代，免癡道人主持評選了上海的二十四名妓，每位都以一種特別的花相對應，之後還印行了《二十四女花品圖》。[37] 畫眉樓主和友人又接著舉辦了一次花榜，出了一本《續花品》，這次奪魁的是李佩蘭。[38] 和從前一樣，每位名妓的名字下面都有相應的評語。[39] 1877 年，公之放又舉行了一次花選，還出了《丁丑上海書仙花榜》。[40] 二十八位上榜的名妓都各以一種花做比，還分成了不同的品級。1877 年

花榜對前三甲有這樣的評語：

一，麗品王逸卿，芍藥。獨擅風華，自成馨逸；

二，雅品李佩蘭，海棠，天半珠霞，雲中白鶴；[41]

三，韻品胡素娟，杏花，風前新柳，花底嬌鶯。[42]

　　花選感興趣的是名妓的音樂技藝而不是她的容貌。在中國歷史上，不同朝代品評妓女的標準各不相同，儘管沒有統一的標準，不過還是有一個大體的傾向，比如宋代注重文化修養，元代看重歌藝，明代重視文學成就，清代則看重美貌。[43] 而1870年代上海的花榜除了美貌之外還要考慮其他方面。曹雪芹的《紅樓夢》很重視人物性格和技藝，而花榜基本上都是以《紅樓夢》為參照的。上榜的名妓按《紅樓夢》裡的主要角色來排座次，她們當然都是美女，也受過教育，有一定文學造詣。[44] 有些花榜會有一個品級叫「彈詞女子」，更突出了這一點。

　　1880年代上海成了中國的出版中心之後，有關花榜的記錄就更完整了。1880年到1883年、1888年、1889年都會分春夏秋三季開花榜。梁溪池蓮居士的《滬上評花錄》、《滬江艷譜》和花雨小築主人的《海上青樓圖記》都有所記載。[45] 花榜的用詞很類似科舉考試用語，第一名被稱為「一甲一等」或「特科一等一名」，每個名字後面都有簡單的評語。諸如姚倩卿、胡寶玉、李三三等獲勝妓女後來都享有盛名，其聲望之大，甚至被人寫進了小說。[46] 1880年代花榜的評語跟1870年代形式還很相似，但重點卻轉向了個人魅力和體態之美。[47] 1881年春季花榜如此描述前三甲：「一甲一名張寶珍，幽嫻貞靜；一甲二名周小翠，斌媚生風；一甲三名周雅琴，靈秀俊逸。」[48]

有關 1890 年和 1891 年春季花榜的記錄很簡短，只提到周小紅獲得了 1890 年花榜的探花，花翠芳是 1891 年花榜一甲三名。《遊戲報》主辦自己的花榜評選期間，「囊月盦主人」1897 年也開了一次花榜，1898 年弇山太瘦生也搞過一次。[49] 看起來在 1880、1890 年代的所有花榜中，最後的結果是由一個人說了算。有時候這位評審者的名字也會和最終的上榜者的名字一起登出來。

石印術等新的印刷技術 1880 年代在上海傳播開來，因此配圖的花界指南和品花寶鑒也迅速興盛起來，它們代表的是獨立評選，不是正式花榜的記錄，鄒弢刊印於 1884 年的《上海品艷百花圖》和 1887 年銅板印刷的《鏡影簫聲初集》都屬於這一類。[50] 正如有些書名所表明的，為了進一步完善評選活動，它擴大了品評名妓的範圍，還引入了新的品類。例如《鏡影簫聲初集》就把名妓分成了五種品類：高品、美品、逸品、艷品和佳品，[51] 每一種品類都有二十位候選人，每一位都有一種特定的花來代表。插圖和文字結合的方式也有了創新，《鏡影簫聲初集》沒有像以前那樣把圖片印在封面上，而是把圖片和個人介紹一個個互相對應，排在一起，因為這些圖片都以照片為底板，一般性的美女形象就被個性化的名妓替代了。[52]

很難判斷這些花榜對名妓的名聲和威望有什麼影響。從花榜的記錄者和隨之產生的文學作品來看，上榜的妓女都成名了，生意也火了。[53] 文人們在各種出版物的序言裡詳細闡述了開花榜的目的，當然還是反覆重申他們自己的傳統角色，說什麼文人有責任欣賞、宣傳和保護名花，讓她們的名聲不至於隨著芳華凋零而被人遺忘。[54] 同時，這些評選和出版物也對上海的城市文化形象有很大的影響，為塑造一個繁華、神奇的上海做出了貢獻。這種形象不需要親身體驗，影響也波及到上海租

界之外。這表明，這個城市已開始自我膨脹，開始把自己當作一個不可錯過的旅遊勝地來吹噓。

從 1860 年代到 1890 年代發生了兩個變化。花榜的主辦和評選不再是一個人加幾個合作者就行了，公眾越來越多地參與其間。記錄和紀念這些活動的書也是集體創作的成分越來越多，其部分原因可能是不斷發展的上海出版業急於獲取更大的市場，所以許多品花寶鑒都把不同作者對名妓的品評編在了一起。編輯的位置還是非常重要，但名花榜可能出自許多作者之手，例如《海上青樓圖記》的一個標誌性特徵，就是書中收錄的一百位妓女的介紹後面都有個人的書法和簽名，突出了這本書的大眾性和集體創作的特點。[55]

《遊戲報》的花榜評選持續了這個趨勢，集體創作變成了公共票選，進一步突出了公共性。過去半私人性質的文雅活動變成了吸引人的公共活動。獲勝者不再需要借助某位恩客的影響就變成了明星，媒體定期帶來引人入勝的正面報道，把她們推上了城市之花的寶座。

《遊戲報》與花榜發展史

1897 年 8 月《遊戲報》第一次評選花榜，這時候還叫做「花選」，目的是要推出不那麼出名的年輕妓女，像曹夢蘭（也叫賽金花）、陸蘭芬、花田玉等著名的妓女被明確排除在外。[56] 狀元張四寶得了九票，年十六歲，姑蘇人，住四馬路西薈芳裡；榜眼金小寶得了七票，年十九歲，姑蘇人，住四馬路大興裡；探花祝如椿也得了七票，她時年十七歲，姑蘇人，住四馬路同安裡。[57] 其他名妓中有三十位進了二甲，

一百零七位進了三甲。顯然，投票者需要對這些名妓很熟悉，也願意跟公眾分享自己的個人偏好。從數字上看可能比較少，但花榜展示了形成共識的新方式，而且大家也接受少數服從多數的原則。

作為一家報紙，《遊戲報》早期能獲得成功肯定跟它重開花榜有關。[58] 這個活動的成功，證明娛樂小報把商業考慮融入文化表演是可行的，對後來的小報產生了巨大的影響。

《遊戲報》創辦的最初三年間，花榜是《遊戲報》的一個固定專欄。1897 年報紙就至少組織了兩次評選。[59] 李伯元最初曾宣佈，每年要開四次花榜，會讓讀者以公開投票的形式來參與評選。[60]

讀者和妓女們紛紛給報館去信，[61] 報館不得不一再推遲投票截止日期。[62] 除了上海讀者以外，曾經來過上海、仍然通過訂閱小報關心著上海的讀者們也寄來了選票和他們另提的候選人名單。甚至有一位美國人也參加了評選，他自己的地址寫的是「上海工部局」，因為他說自己沒有特別的職業，也沒有永久地址。[63] 評選開始的前十天，報館就收到了超過一百張的選票。[64] 評選結果一刊出又掀起了一個讀者來信的高潮，有表示支持的，也有表示震驚的。報紙又把這些來信公佈出來，以饗讀者。

李伯元的工作顯然並不輕鬆，大量來信和他的部分回信都表明組織這種「民主」評選相當難。評選結果結集出版時，袁祖志在序言中提到了這種花選的獨特之處：「遊戲主人有鑒乎此，獨出心裁，於今屆擬開花榜之先，四出招人函薦。」各種推薦信寄到報館之後，李伯元把它們一一收集整理起來，做好記錄。當然，也有不少表示譴責的信件。

最後的獲勝者都是「憑其薦函之多寡，以定名次之高下，(遊戲本人) 並不另加

評騭，示不敢居座主之席焉」。[65] 李伯元在一篇文章中大段引述了一封信中對當下複雜情況的討論。信裡說，首先，妓女中的佼佼者其實最不吃香，因為她挑選和侍奉客人時都很謹慎，她害怕成為人們嫉妒和嘲笑的對象。其次，李伯元自己也曾經寫過，上海最高級的妓女，也就是長三和書寓大概就有兩三千人之多，不可能去了解每個人，把她們全部放到一起來進行評比。記者和調查者都可能被妓館賄賂，這種事以前也有過。就算是《遊戲報》和李伯元給公開評選提供了一個公共的平台，人們的品位也各有不同，這種評選永遠都是眾口難調。[66]

李伯元承認這些困難都存在，還又加了兩條。在他看來，青樓中的變化意味著服務質量下滑，他哀歎做花榜評選的編輯非常之煩惱：

> 特晚近以來，人才大不如昔，欲求一才色品藝俱優者，誠不多見。不得已而思其次，余實有大不得已之苦衷，而感慨系之者，又豈甘為此違時戻俗之行哉？且吾人征歌選色，所爭者何事？若輩工媚取妍，所爭者又何事？試有人形同嫫母、丑類無鹽，終歲無人過問，而顧謂其貞同介石、節懷冰霜乎？抑余更有說者，甲午一役，中朝士大夫尚不免委身媚敵，而乃以朝秦暮楚、送舊迎新責青樓弱女子，不亦乎？[67]

李伯元提到用評判高級官員的標準來評選青樓女子時語帶譏諷，這些虛偽的評選人自己也不合格。李伯元自嘲地講起自己按此標準選花榜如何為難，同時也從側面諷刺了清政府的官員缺乏愛國心。這些刺耳的評論和報紙上連載的官場小說、妓女花邊新聞一起形成了一種熟悉的雙關語。歡場就是整個官場的縮影，對妓女的任

何評價也是對政府的評價。在這樣的時世中，人們怎麼可能碰到偉大的名妓？又怎能用比評判官員還嚴苛的標準來評判她們？李伯元只是間接地回應了這封抗議信。他的哀歎似乎是說，即便在這樣的時世中，我們也必須做出抉擇。

在娛樂小報的推動下，公眾的批評和審查成了明星文化的重要元素。按李伯元的說法，花榜其實是展示時弊。道德和正直不再是可行的評判標準。為了說明自己的觀點，李伯元還提到了上海名妓中公然養戲子之風。若按傳統的規矩來看，這一條就足以毀掉這個妓女的聲響，因為戲子最為低賤，人們認為他們比自尊自重的名妓要低一等。李伯元慨歎，如果花榜的冠軍被發現與戲子有染就得從榜上除名的話，在以前這不會影響到評選結果的質量，因為還有很多同樣出色的名妓，但是現在這種事越來越多，越有名的妓女越是如此，要是他把違規者都剔除掉的話，根本就沒法進行評選了。如果上述四種品德中有候選人能具備三條，她就應該當冠軍。在李伯元看來，這個世道需要妥協、適應和大局觀。

風水輪流轉，19世紀末的伶人也緊隨名妓之後成了明星，《遊戲報》後來給了他們名妓一般的待遇，對他們的生活進行了鉅細靡遺的跟蹤報道。作為拋頭露面的藝人、戲子，尤其是扮演女性角色的旦角演員，常常處於提供娛樂表演和性服務之間的灰色地帶。和妓女一樣，他們也利用公共租界繁榮的娛樂業來進一步增加掌控自己命運的能力。妓女和戲子的抉擇都是對剛獲得的自由的一種反映。他們知道這些風流韻事會被人們當作談資，但他們似乎也並不放在心上。

李伯元的評論本打算為看似輕浮的花榜正名，此時政治舞台上正在醞釀著1898年的巨大變革，但即使是扮演女子的男旦也可能藉著當名妓姘頭的機會上位，比文人和改革者更有優勢。除了當報人、組織花榜評選之外，文人已經沒什麼可做的

了。這是個謀生的手段，同時也能發出自己的聲音，從而重獲一定的主控權。

名妓們都十分看重花榜。這是能讓她們一夕之間聞名全國的機會。在評選的最後幾天，張園裡會有各種公開議論，報上刊出的讀者來信和推薦信各執一詞，花界也會感受到這種壓力。[68] 等到結果公佈的時候，有的妓女緊張得抓狂，有的讓恩客一直陪在左右，期盼聽到勝利的消息。有一次，有位妓女被告知自己奪冠了，但她在豪華盛大的頒獎禮上卻大失所望，桂冠真正的得主原來是一位與她同名但地址不同的妓女。[69] 這種花榜還有個直接的好處，上榜之後常常有客人向她們求婚。

《遊戲報》經常刊登榜上有名的妓女結婚的喜報，以彰顯媒體的功勞。這也表明《遊戲報》的目的是為了幫助妓女脫離所謂的「綺障」。[70] 能入選花榜意味著獲得了一種仍能得到社會認可的文化資本。

報紙發行量由每天五千份暴漲到八千多份，可以看出公眾對花榜的反應出奇的好。[71] 從 1898 年的花榜開始，李伯元甚至把得勝者的照片貼在報紙第一頁上。人們排著隊搶購報紙，影樓則拚盡全力趕印照片。[72] 這種發行量保持了至少一年。[73]

李伯元諷刺官場，聚焦青樓，但他也努力通過報紙塑造和指導著娛樂業，希望提升青樓專業服務的水平。歷次花榜評選各有各的評選標準。這是一個重要的發明，也為這個職業制定標準，規劃和形塑著它的發展。[74]

最初的兩年裡，《遊戲報》組織了所謂的「葉榜」來評選名妓的娘姨，後來她們中也有人成了名妓。最重要的是，《遊戲報》還組織了藝人評選，現存的資料中有一份 1897 年夏天評選的「武榜」和「藝榜」。李伯元說，這次評選是效仿北京舉行的京劇大賽，但優勝者同樣是由大眾投票決定的。[75]「武榜」意在認可和鼓勵表演才藝和音樂技藝。小如意也是優勝者之一（第二名），她精湛的說書技藝在評選前後的

報紙上引來一片讚譽之聲。[76] 又例如 1901 年《世界繁華報》也曾評選最具文才的名妓。[77] 報紙對高雅文化的堅持不一定會得到客人們的認可。[78] 不過，歷史上確實存在的這些花榜，包括其中的種種傳聞軼事都足以說明，最近學界所謂晚清妓女普遍都是文盲的觀點值得仔細斟酌。

李伯元努力鞏固報紙作為國民論壇的地位，一個個的明星在此誕生。他在蘇州開了一場花榜，最著名的妓女中有許多就來自蘇州。李伯元在投票即將結束的時候親自去往蘇州，搜集相關候選人的第一手資料。《遊戲報》報道說他拜訪了十幾個妓館的妓女。[79]

「明星文化」的核心特徵在明星升起的初期發展了出來，後文將會詳細介紹。首先是要把地方知名的美人推廣成全國明星，因為報紙已經開始全國發行了，全國各地都有人參加投票。[80] 評選時有位北京讀者給《遊戲報》編輯寫了一封信，說在他的辦公室裡大家互相傳閱《遊戲報》，很多人都十分喜愛這份報紙。[81] 雖然《遊戲報》刊登這封讀者來信也是自賣自誇，但它預示著光耀全國的明星正在冉冉升起，而娛樂小報讓名妓們得以追求這樣的夢想。正如過去的士大夫憑藉政績或文學成就而聞名全國，新興的妓女明星依靠報紙成了全國的名人。

第二，花榜為讀者製造了一種和明星產生聯繫的幻覺，他們參與了公眾選舉權最早期的實踐，儘管只是在評選花榜。[82] 各種觀點可以公開發表，互不相讓，每張選票得到一樣的重視，這給讀者一種印象——他積極地參與了明星的製造或毀滅。這種參與帶有很重的幻想的色彩，這是李伯元花榜設計的一部分，於是報紙塑造明星的努力與增加發行量、提高廣告價值的意願間有了聯繫。作為商業企業，報紙不得不依賴變幻莫測的市場，它的生存取決於公眾的歡迎程度和穩定核心讀者的能力。李伯元所採用的評選原則，實施的時候可能有點觀念先行、有點諷刺，顯然

結果也不太有準兒，但它還是一個商業的而非政治的手段，它能為大眾所接受大概也是因為這一點。

所謂明星，不止是在口頭上供大眾消費，還要供大眾觀賞。李伯元把獲勝美人的照片貼在報紙上，引進了一種明星個人照的新概念，隨後就得到了大家的認可。這種公眾可及的影像後來在電影明星身上得到了充分的發展，她本人是遙不可及的，但她的影像和介紹卻無處不在，唾手可得。[83] 照片和報道製造的虛擬的親近給讀者提供了一種生活在明星世界的感覺。花榜加強了這種幻覺，進一步製造出市場取向的品位和評價。報紙能在商業上取得成功，靠的就是為公眾提供明星的八卦消息，同時充當大眾品位的代言人。

第三，報紙和記者是文化產品領域中權力的代理人。《遊戲報》通過花榜建立了一個新的討論空間，各種有關時尚和品位的文化權威消息發佈在這裡，其中自然也有《遊戲報》有力的聲音。《遊戲報》努力把花榜弄成公眾表演和公共活動，把自己當成了指揮新的大眾之聲的娛樂大師。因為整個活動有了報紙的參與，即將成為明星的名妓們必須積極響應新媒體的要求，整出點有新聞價值的事情來滿足讀者偷窺的慾望，作為回報，報紙會對她們進行報道，後來還加上插圖和照片，讓公眾都記得她的樣子。在這個過程中，名妓在聚光燈下表演的能力成了一個很大的優點。[84]

第四，儘管李伯元的報紙對報道上海名妓、伶人的職業生涯和私生活時並沒有什麼傾向，但很明顯花榜把這兩個領域區分了開來，它只報道專業的表演才藝。在評選期間，報紙很少報道候選人的私生活，展現了一種新的、本質上屬於都市文化的議程。報紙對評價某個名妓包養戲子沒有興趣，但會喋喋不休地強調她們對維護公共道德的責任，稱這種行為可能對年輕的小妾產生不良影響，誘使她們為了俊俏

的戲子而拋棄年老的丈夫。[85] 新星和普通大眾之間開始有了一定的距離，隨後便出現了自稱能揭開廬山真面目的出版物。就這樣，李伯元的報紙和上海的一流名妓通過不斷互動發展出了各種策略，發現在現代中國公共空間裡有個新事物頗具市場價值，這就是妓女明星。李伯元小心地維護著明星和讀者之間的距離，既沒有把明星的私生活公之於眾，又拉近了明星和仰慕者間的距離。此後，明星文化隨著電影院和大舞台不斷發展和深化，小報也緊隨著《遊戲報》的足跡興盛了起來。

花塚：明星權力的標尺

娛樂明星和娛樂小報共生共榮，但他們都沒有任何前輩榜樣可效仿，不得不為自己塑造新的公共角色，同時還要處理好這種互相倚賴的關係。「花塚」的發明，證明了這種互動卓有成效。最早是在 1898 年初秋的一次晚宴上，有人提出要為貧困的上海妓女建立花塚，在場的人都覺得這個主意很好，林黛玉也被請來加入討論。她之所以能從諸多備選人物裡被選中，一是因為她的花名正好合適，二是《紅樓夢》裡一個著名的場景對花界有象徵意義。小說中的林黛玉為凋零的花朵（和自己）悲傷不已，她收集、埋葬了落花。因為名妓林黛玉是四大金剛中最有領袖氣質的，她自然也成了這件事的牽頭者。考慮到她跟有權有勢的人物都有往來，而且在妓女中也有威望，她能參與進來對籌款募捐很重要。[86]

林黛玉支持這個建議，但她感到自己一個人籌款責任太大了，於是建議四大金剛中其他三位也都加入進來。她還建議設立專門的賬目來記錄每筆捐款，以便對公眾有所交代。在《遊戲報》上刊登捐款者的名字以示謝意也是林黛玉的主意。募到

的善款最後會放在「慈仁堂」妥善保管。[87]

1899 年 4 月，在這次籌備會過去了八個月之後，上海西南郊龍華塔附近的兩畝地被闢為花塚，入口處的牌坊上刻著幾個字：群芳義塚。[88]

成功真可謂來之不易。整個這件事一直磨難重重，有關陰謀、貪污的飛短流長和互相指責沒有停止過。妓女和記者之間期望的差異引發了這些問題。《遊戲報》的目的很明確，就是要利用這個活動推銷報紙，他們希望給文人讀者提供一個上演懷舊劇目的平台，讓他們扮演一把護花的前輩。這也意味著妓女的角色已經事先安排好了：她是用來憐憫的。她得作為文人的陪襯，模仿前朝名妓傳說中的無私之舉，和文人一起重新營造出一種文化的氛圍。但林黛玉，包括張書玉、陸蘭芬在內，都不願意或不能承擔這個角色。這個矛盾帶來了一種緊張。儘管名妓希望有人宣傳，但也不願意和報紙走得太近，像報紙的同盟者似的長期獻身於籌款這件事。最後，年紀更輕的金小寶願意接受這個挑戰，成了這個故事中的女英雄。

最早提出這件事的是《遊戲報》的《捐建義塚叢談》一文，李伯元提出了報紙對這件事的初步設想。李伯元在文章中哀歎時光飛逝，紅顏易老，念及妓女處境之淒涼，想到芳華逝去之後的悲慘結局。正如李伯元所說，妓女死後，沒有家人認領的都埋在普通的墓地裡，沒有葬禮，也沒人為她們獻上輓歌。他援引前朝故事，呼籲文人拿出責任感，為這些可憐的妓女伸出援手。[89] 義塚會成為歷史的豐碑。過去的文人用自己的文學作品讓名妓得到永生，如今為妓女建立義塚可以給紀念活動提供一個去處。在捐款文人的心裡，這裡承載的文學、記憶，以及妓女們的命運都融為了一體。

林黛玉發表的一篇文章代表著妓女的觀點，與李伯元有點不同。雖然有人替林黛玉和其他幾位金剛代筆，但這份聲明是以她們的口氣來寫的，看起來更為務實：

春風處處，秋月年年，彩雲長留，好花不萎，寧非素願，詎乏同情，無如短夢，匆匆轉瞬便逝，幽恨疊疊，觸緒皆來。麗情不常，弱質易感，況乎居懊惱之地，強歡笑之顏？悲愉不能自由，婉轉誰可與語？又或對鏡增歎，顧影自憐，知心不來，好事多隔，於是舊恨未鏟，新愁忽萌，藥爐苦對，情脈脈以無言；病骨難支，瘦懨懨以孰訴？亦有誤墮風塵，生入劫運，舉家視作錢樹，無地可修償台，憂心日煎，愁思結，一旦成疾，遂爾長委。[90]

　　林黛玉指出，身為妓女所遭受的恥辱、壓力和孤寂，是許多妓女年紀輕輕就香銷玉殞的根源所在，她特別強調了妓女生活的困難和精神負擔。她沒有什麼道德說教，只是深信妓女是值得同情的。問題不是責任感或她們的歷史遺產，而是造成許多妓女早亡的生活環境。這篇文章接著談到過去是如何安葬和紀念名妓的，因此今天也需要有一個「花塚」讓名妓的靈魂得以安息，「為知己灑淚之場」。[91]作為由來已久的文學比喻，薄命紅顏令人同情和歎惋。李伯元和林黛玉都在這個意義上使用了這個比喻。

　　雙方都用了傳統的「護花」的說法，希望人們見花而生憐。這種修辭隱藏了主人公新的角色，說明作者沒有意識到這一點。四大金剛如今成了身份高貴的都市人物，通過報紙向公眾發表意見。林黛玉是明星，也是主角，她通過報紙成了這個公共活動的領導者和組織者。文人和妓女都不再寫私人化的悼亡詩，而是用報紙來討論這件事，把它變成了一個公共活動。妓女明星之間的交流也發生了轉變。她們開始通過報紙來交談。林黛玉請求其他三位金剛支持和參與的信函登在《遊戲報》

上，這給她們帶來了一定的壓力。[92] 她們也通過報紙來發表不同的意見。[93] 報紙也成了編輯們各抒己見的論壇，他們在此交流對妓女問題的思考。[94] 名妓積極利用報紙來宣傳自己成了明星文化形成過程的一個核心特徵。

林黛玉設計的籌款程序包括印製一千六百份花塚捐冊；這些捐冊分給四大金剛，她們要負責分發給各個妓院。[95] 到了月底再把捐冊收回來。據說第一晚林黛玉自己就募集了三百多塊。[96] 整個計劃所需資金估計要兩萬塊。

《遊戲報》和其他的金剛建議先走第一步，可以在籌好所有資金之前先買一小塊地，因為籌款過程可能會很長。[97] 一個月後，籌款似乎就沒有動力了。陸蘭芬接受訪問時說，有一本主要的捐冊就夠了，四大金剛應該自己先捐錢，然後再去每個妓館請人家解囊。她說，「購地只須數畝便足，各姊妹中嫁人者固不必論，其有父母子女者亦決不肯令其葬入義塚，每歲有限數人不得不購地一區，以行方便，盡可隨後擴充……若只購地數畝，暨建饗堂數楹，所費有限，四人各捐二三百元，已得千元之譜。」[98] 金小寶也補充道，「此事創辦之始，四人亦須稍費貲本，假大菜館將姊妹中素稱時髦者添請七八十人，勸其協力輔助。人之好善，誰不如我，然後將捐冊發出，自不至一無所就。」[99] 籌款活動本是呼籲普通客人和恩客捐款，這樣一來，名妓們就取代了客人成了主要的捐款人。可能這個計劃背後的意思是要鼓勵恩客們為名妓承諾的捐款埋單。

陸蘭芬通過報紙提出的建議直接針對林黛玉，她最先籌劃此事，也是最後的決策者。媒體的使用減少了個人色彩，使這種差異顯得比較客觀。林黛玉這次沒有屈尊用同樣的媒體加以回應。與此同時，四大金剛還和耀華影樓的老闆一起拍了一張照片。[100] 為了把花塚和報紙聯繫起來，李伯元還在讀者中以此為題徵集詩作，報上

刊出的詩作後來又被收入了《玉鉤集》中。捐款者來自上海、北平、廣陵、石門、蘭陵，甚至日本都有人捐款，其中不乏女性。許多詩作是直接獻給四大金剛的，不少還以她們的名字為韻。[101] 還有人以此事為組詩的題目，不斷寫詩給報紙讚頌四大金剛。[102] 報紙甚至還刊出了部分即將銘刻在花塚中的塚志碑文。[103]

在 1899 年 1 月的一篇報道中，金小寶回答了前來拜訪的文人朋友關於花塚籌款的問題。[104] 她說，等所有的錢到位再來修建豪華的花塚是不切實際的，可能會使整個計劃陷入窘境。她已經決定自己出款先建一個簡單的花塚，馬上行動起來。她已經看好了兩塊地，城北的那塊價錢便宜但不太好走，因為它在幾塊耕地中間，沒有真正的馬路可以通行；另一塊在法租界左側，但她擔心這個位置可能會打擾到墓園的安寧，發生類似四明公所那種事件（法租界當局在同鄉會墓地中間修了一條馬路，並對抗議的中國人開了槍）。她還看了徐家匯（城中心往西）的一塊地，最後決定買下這塊地，並開始為建造墳塚籌款。[105]

大概在同一時間，《遊戲報》還登出文章譴責林黛玉挪用募來的善款。雖然大家已經事先達成協議，但她一直不願意交出善款。[106] 林黛玉寫了一封信為自己辯護，說之所以不交出這筆錢是因為數量實在很少，不過無論如何她都會在春天啟動這件事。[107]

林黛玉以生活奢侈著稱，總是負債纍纍。[108] 可以想像，她已經動用了這筆錢來償還年底的債務，並打算在來年償還，但事實究竟是怎樣？沒有第三方的獨立解釋供我們參考。李伯元在這件事上投入了大量的精力，他也曾提議林黛玉來牽頭，現在感到很失望。[109] 謠言還在繼續。金小寶接手主持花塚計劃之後，最終於 1899 年 3 月 19 日買下了墓地，《遊戲報》又撰文批評林黛玉不上交善款。[110] 最後所有建立花塚的功勞都歸在了金小寶名下。雖然其他妓女也幫助籌措了買墓地的善款，但絕

5.1　《滬濱百影：新百花塚》。石版畫。金小寶帶頭募款，為死於貧困的妓女建立墳塚。圖中金小寶和一名男伴並坐在馬車上，她手指前方，向男伴說明哪裡可以建立花塚。(《圖畫日報》，13，〔1909〕:6)

大部分資金都是金小寶義賣自己所畫的蘭花而得來的,她還為花塚入口處的牌坊題了字。[111]《遊戲報》對整個設立花塚的計劃,尤其是金小寶最後為實現目標所做的努力發表了社論。[112] 從新加坡的一家報紙上可以看到讀者的反應——人們嚴厲地譴責林黛玉,對金小寶則大加讚揚。[113] 不過,似乎花塚經營得相當不好,很快就荒廢了。[114] 幾年之後,大概是 1903 年或 1904 年,金小寶又曾試圖在靜安寺路建立一個「新百花塚」,但由於公共租界的章程禁止停放棺木,此事只好作罷(圖 5.1)。[115]

不過,在一齣紀念花塚建立的「傳奇」劇目中(這是當時非常受歡迎的表現時代主題的戲劇形式),林黛玉也作為正面角色出了場。李伯元和兩位助手龐樹柏、歐陽鉅源合寫的十幕劇《玉鈎痕傳奇》完整地講述了籌建花塚的整個故事。儘管有一幕是專為金小寶畫蘭義賣而寫的,林黛玉還是當仁不讓的主角。留存下來的舞台註釋說她邀請其他三位金剛來一品香番菜館,請她們慷慨解囊。[116]

在有關花塚的報道中,上海名妓第一次成了公共人物,她們開始在娛樂之外的領域拋頭露面,負責自己的福利事業。此前她們也做過慈善,但這是第一次檢驗她們的明星潛質。[117] 同時,這也是對《遊戲報》能量的一次檢驗。林黛玉對她沒能像大家期望的那樣說服其他妓女參與此事感到很遺憾。[118] 而金小寶則說林黛玉募款的方式有問題,而不是四大金剛的能量不夠。[119] 這件事說明上海名妓接受了一個事實:作為明星需要承擔一定的公共角色,她們也明白報紙在這方面可以派上大用場。

明星文化和新的商業聯盟

名妓熱衷於在報紙上現身,參與著明星文化的形成。一旦明白了這個新媒體

的功用，她們就更多地將其用於經營自己的生意。名妓們對報紙的利用始於「告白」，向大家告知自己的地址變更。[120]

因為她們的目的是要吸引客人，這種告白既可以通知老客人她最近的變動，又可以招徠潛在的客人。告白最初印在《遊戲報》的頭版上，後來《遊戲報》專門在最後附加了兩頁做各種告白（後來又增加到四頁）。下面這則告白很典型：

調頭告白

小久安程靜蘭刻已調至寶樹胡同。

西尚仁林鳳寶改名文秀英，已自贖身，遷西薈芳裡。[121]

《世界繁華報》有一個廣告專欄名為《商號告白》，妓女一般把告白登在這裡。下面便是一例：

文媛媛告白：同安裡文媛媛改名文玉雲，調至惠秀裡。

張月蘭告白：東尚仁張月蘭倪今朝要調到西薈芳去哉，各位大少請來吃調頭酒照應照應，堂唱來叫叫。

陸賽英侍兒阿寶告白：端午節後仍在原處，請眾位老爺少爺格外來照應照應，唔篤燒香燒在枯廟裡，落雨落在荒田里。[122]

上海妓女也用報紙來訴苦，講述諸如鴇母虐待、客人誣告、客人賴賬、姐妹內鬥等悲慘故事。這些可能以告白或者社論的形式出現在報紙上，妓女作為故事的一

方可以發出自己的聲音。例如，曾經在武榜中奪得榜眼的小如意就在報上登過告白，譴責不按時付清欠賬的客人。李伯元也寫了一篇文章來支持她，幫她向欠債客人施壓。[123] 第二天，李伯元又在頭版社論中談論小如意的琵琶技藝。[124] 這說明小如意已經歸入了明星的行列，不用再依靠那些聳動的花邊新聞登上報紙的版面。

對名妓和客人來說，娛樂小報就是一個公共舞台，他們可以在此抱怨對方，解決爭執。而報紙通常是扮演調停者的角色。調停玉峰漁隱和金含香之間的恩怨就是一例。1897 年 10 月的一個周六，玉峰漁隱在一則告白中抱怨，說叫了金含香的飯局但她不出局，這是嚴重違反行規的；他還罵她出身低賤，從前不過是個低級妓女。第二天金含香做出了還擊，指責玉峰漁隱缺乏同情心，她當時已經十分疲累，整個晚上也都安排滿了。《遊戲報》周一刊出了就此事訪問李伯元的文章。李伯元辯稱報紙刊登雙方的告白沒什麼可指責的，因為人家付了廣告費，就有權利自由發表意見；而且報紙也沒有責任來評判任何人的觀點或者判斷誰是誰非。問及他自己的觀點時，李伯元回答說這位客人有錯，他反應過激了，還試圖損害金含香的生意，不過金含香也應該打發一個娘姨去通知客人，避免誤會。[125]

報紙成功地將妓女明星推向了大眾，娛樂業開始認識到這些明星的商業潛力。有兩個例子可以說明這種新型的商業合作和嘗試。

1899 年 8 月，《遊戲報》有這麼一則報道：

書館蜚聲：四馬路海上一品樓書館準於今晚邀請林黛玉、金小寶、翁梅倩、林寶珠……等各名校書登場奏技……諸君顧曲之餘，繼之選色。[126]

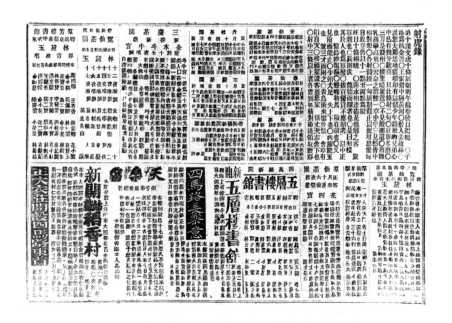

5.2 《世界繁華報》上林黛玉講書的廣告（見左上角）。林黛玉將現身群芳樓和霓仙茶園表演說書。（《世界繁華報》，1903年2月11日，3）

長三妓女明星並不擅長歌舞技藝，邀請她們來幾乎清一色是男性觀眾的書場說明大家認可了她們的魅力和市場價值。甚至有些妓女並無書寓那種專業訓練，只要會唱傳奇、崑曲或者京劇，也都有人請她們來表演。書場可以演點新鮮的，它們用妓女明星的名頭來招徠觀眾（圖5.2）。

第二天《遊戲報》對此作了報道。其實這場演出不太成功，林黛玉甚至就沒出現，但沒人為此吵吵嚷嚷。金小寶去了，被客人點了三十次左右，但她一次也沒唱就走了。其他妓女被點的次數也有詳細的報道。[127]

幾天之後，情況有了好轉，《遊戲報》興奮地報道了新的演出：

本埠夜市全在四馬路一帶，自近日各書場聘請各名校書登場獻技以來，每夕四馬路遊人如織，較前頓增數倍，可見舞榭歌台有關市面。此管大夫女閭之設，所以為富齊要策也。[128] 本館爰將逐日情形詳細採訪，當晚排登，以期饗閱者之目。茲又探悉昨日為林黛玉校書到海上一品樓之第一日，校書花中領袖，色藝雙佳，一樹馬纓，遊蹤常滿。校書香名鼎鼎，久已絕足歌場，時惟對月調弦，迎風弄笛，以寄清興而已。前以富貴樓之聘，一時技癢，欣然樂從。第一日點戲四十五齣，一品樓艷羨深之，遂亦一再敦請。校書辭不獲已，故至。昨日始行前往，而座客得瞻芳采者，正不知如何欣幸也。點戲計三十五齣。余如翁梅倩校書，早經該樓訂明，逐日前往。昨夕點二十齣。林寶珠點四十五齣……又聞祝如椿已於昨日到過富貴樓，點戲三十譜，崑曲一札。可見凡為時髦倌人無有不善崑腔者。諸姬其勉之。[129]

城市的大眾之花和媒體明星

李伯元很清楚名妓的表演對上海的娛樂業和整個城市的繁榮有多大的影響。而名妓顯然沒有像李伯元那樣一下子就看透這一點，她們不清楚在公眾面前這樣的曝光和接觸是否能提升她們的明星地位，林黛玉就很猶豫。

觀眾只要付了一定的費用就可以點她唱一曲，這樣一來，她就成了「伺候」人的了，而這些人可能壓根就不夠格讓人正式引薦給她。最後這變成了一場重大的活動，連林黛玉也決定要參加了。清一色男性觀眾的書場對長三書寓的邀請和報紙的宣傳報道一起，促成了這個重大的進展。

妓女們也開發過書場和戲院的商業潛力。1870 年代初，建於也是園的女書場專演彈詞（也稱作彈唱或評彈），據傳開辦這個書場的是住在公共租界福州路上的名妓朱素蘭。[130] 因為當時清政府嚴禁女演員公開演出，這個女書場的開辦引起了轟動；1884 年，上海最早的石版畫冊《申江勝景圖》也稱其為上海一景。[131] 1890 年代書場已經做得很成功了，數量達到了十幾家。[132]

在上海娛樂界，各方進行商業合作不是什麼新鮮事。戲園會按時把每天的場次安排送到妓院，鼓勵客人們叫妓女出局作陪，也為新客人提供介紹妓女的有償服務。這樣，各方面的生意都增多了。[133] 娛樂小報是第三方。上海妓女十分精明，明白這種公開宣傳對生意有利。對書場來說，正面的新聞報道就是免費的廣告。明星、報紙和書場所構成的全新的商業聯盟表明，1890 年代末的市場已經承認了明星的商業能量。此後不久，還是在娛樂報紙的鼎力相助之下，一些京劇演員也躋身於全國明星之列。[134]

這些經驗使名妓們進一步認識到了明星氣質的經濟價值和影響力。林黛玉自信地前往漢口開辦了自己的戲園，在那裡扮演一向為男演員所壟斷的「花旦」。另一

位上海妓女明星翁朱倩也跟隨林黛玉一起發展這項娛樂事業。也許是因為時機不成熟，最終她們還是無功而返。林黛玉回到上海之後重新和書場建立了聯繫。[135] 在各家書場發佈的廣告裡，林黛玉的名字都放在最顯眼的位置，從這些廣告來判斷，1904 年她自己就掀起了一流名妓書場表演的新高潮。[136] 直到 20 世紀，林黛玉還是舞台上活躍的明星。1920 年代林黛玉四十八歲時，她作為「徐世昌總統之外唯一了解過去二十年的政治秘密的人」被引薦給芥川龍之芥。[137]

娛樂報紙是普及這一新趨勢的重要角色。書場需要宣傳它的新特色，妓女明星需要報紙來把這件事說成轟動的新聞，從而來鞏固自己崇高的文化地位並推動整個上海的商業發展。承擔著這些期待的報紙則每天用詳盡的追蹤報道來給公眾提供珍貴的獨家新聞大餐。除了不斷增加的廣告費之外，這一事件的新聞價值也推動了報紙的銷售。

林黛玉、金小寶等名人發動了一場革命性的變革，她們把自己文化形象從名妓變成了「明星」。她們在書場戲園的公開演出、慈善籌款等公共活動中創造出了一種公共人物，其具有現代名人的兩個互斥性特點：既高度排他，又極為可親。[138] 前者是她們個人的特點，後者是指其形象特徵。

這一改變也包含著名妓與作為個人的恩客之間關係的一個徹底轉變。過去這些恩客才有接近名妓的特權，名妓要通過他們才能獲得聲望和名氣。隨著上海租界對新型公共領域的不斷開拓，名妓開始自由出行，權力機制發生了變化。小報代替了恩客來傳播妓女的聲名，過去專有的溝通渠道突然開放了。由於報紙的成功有賴於新星的公開演出，名妓也對報紙產生了巨大的影響。

報紙則反過來重塑了「接近明星的唯一途徑」這個概念。雖然明星還是排他

的、高傲的，但也同時被表現成從事公開演出的藝術家和名人。對這種新的公共角色的成功塑造，改變了青樓的等級制度，上等妓女發現像書寓藝人一樣走到聚光燈下並不有損尊嚴，反而會增加她們的聲望。

娛樂小報創造了一種新的媒體形式，為娛樂經濟及其明星提供了一個公共論壇。為了把自己的報紙辦得與眾不同，李伯元選擇聚焦於上海的名妓。這個選擇是非常精明的商業決策。上海娛樂界事實上已認可名妓的明星地位，李伯元以此為基礎，對其商業潛力做出了非常敏銳的判斷。報紙做了一個諷刺性的文化倒置，把曾經屬於文人的特權帶進了整個市場，恩客與名妓之間交接恩寵的高雅文化被放在眾目睽睽之下，當成新式娛樂來推銷。隨著新媒體和上海在全國的地位不斷提升，上海的娛樂文化也獲得了新的意義。上海名妓曾經藉著指南書和筆記小說出過風頭，現在媒體上更多的曝光讓她和她的生活方式成了舉國上下的娛樂消遣。嚴格地說，娛樂小報並非創造了名妓的明星氣質，但的確有助於打造這樣一種大眾明星形象。

上海名妓很久以前就憑藉新式經營活動進入了公共空間，已經佔據了代表上海魅力的符號位置，有了之前的這一步，小報才有了最初報道的基礎。

一小部分上海名妓成了所謂中國第一代媒體明星。這群藝人出身社會最底層，經過二三十年的努力，終於站到了舞台的中央。在她們的燦爛光芒之下，過去憑藉詩才、書畫和學問而聞名的文人顯得黯然失色。名妓地位的上升對社會等級秩序是一個實質性的挑戰，只有上海的環境才會允許這種事發生，並產生全國性的影響。此外，新星們的足跡也遍佈其他有租界的娛樂之都，也提升了自己的知名度。上海名妓和娛樂小報間的互動，也成了後來戲曲明星和電影明星效仿的模式。

記者和名妓都意識到了他們對明星形象的控制力是有限的。文人記者試圖在傳

統的文化規範與全新的尋求刺激的租界文化之間尋求平衡，而一流名妓不得不適應這種新型的宣傳，任由它報道自己的一舉一動。

將上海一流名妓發掘成為大眾明星，並將報紙的發展和她們飛升的地位聯繫在一起，除了敏銳的眼光和過人的精力以外，打造明星還是李伯元等文人的一次超級自嘲。新星變成了時代的一面鏡子，從這個意義上來說，報道上海名妓變成了一種政治抗議的方式。1890 年代，對清政府失去希望的上海文人發展出了一套借妓女寫國家的話語，把對官場的尖刻諷刺化成了對青樓女子的關注。他們不再是掌控中國命運的朝廷重臣，只是一群夢想幻滅、靠筆耕為生的城市知識分子。一流名妓則擺脫了對他人的依賴，成了鬥志昂揚的都市女商人和聞名全國的名人。文人和妓女的道路在這個關鍵的時點、關鍵的地點交會到了一起。他們都認識到了這種相互依賴的關係，在種種互相需要和疏遠之中一起製造了一個以報紙和明星為核心的現代都市娛樂文化。

有一點出乎他們所料：名妓曝光率和社會地位的提高使她們和文人不再相襯。1920 年代到 1930 年代的上海仍有青樓，但進行的是其他社會活動和商業活動。文人的生活方式也經歷了和名妓一樣的轉變。隨著都市裡新型中產階級家庭結構的發展，過去幾十年曾盛極一時的青樓文化逐漸消失了。

晚清繡像小説中
上海名妓的形象

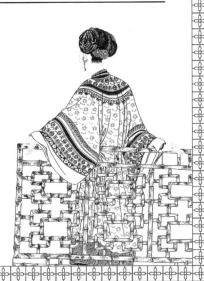

吹捧上海名妓的不只是娛樂小報，還有許多小說也加入到了這個行列；大部分小說都在小報上連載過。在中國文學中，名妓一直享有崇高的地位，她是唐詩和傳奇中重要的文學人物，在戲劇和小說中也繼續扮演著這個角色。這些文學作品開掘了妓女身上豐富的潛力，處理了各種道德和情感主題。[1] 她可能如同 6 世紀的詩妓蘇小小一樣忠於愛情，不循常規，這一點常常為唐代大詩人所讚頌；[2] 也可能感情強烈，唐傳奇中復仇的霍小玉堪為代表；[3] 她可能感情深沉品格高潔，就像晚明時期馮夢龍筆下的杜十娘一樣；[4] 或者像孔尚任在著名的《桃花扇》中根據史實塑造的名妓李香君，對衰落的明王朝和復社名士忠貞不渝。在這個過程中，名妓成了中國文學和傳說中的傳統角色，她的主要性格特點是「多情」、聰明、勇敢、明智。她是「奇女子」，是「千古女俠」。[5] 儘管在施耐庵的《水滸傳》、笑笑生的《金瓶梅》等傳統小說裡，名妓（更準確地說，普通妓女）常被當作反面人物來表現，但她們從來都不是其中的主角。[6]

用文學術語來說，名妓的角色和生活狀態為作者提供了許多獨特的選擇。她與各種可能性相牴牾，又提供了一系列的可能性。她所遭遇的各種矛盾、窘境和選擇，是良家深閨之中的女子無法體驗的。她在主流社會中的邊緣位置成了一種文學財富，使作家得以把她和「奇」聯繫起來，考察她非同尋常的環境和行動。作為一個充滿活力又行為乖張的角色，名妓給文學帶來了特別的藝術刺激。

19 世紀末，一批小說以新式的上海名妓為主角，打破了名妓這種正面的「奇」的形象。這些名妓不偉大，不浪漫，不感傷，也不理想主義。這些小說以高度現實主義的筆觸刻畫了精明狡猾，有時不講道德，永遠都工於算計的妓女們，她們的眼中只有生意、權力慾和自我滿足。這些小說寫的是名妓群像，每個名妓都在這個群

體中來刻畫，她們的個性也在互相對比中得以顯揚。最後讀者們看到的是完全商業化的娛樂圈中一群倔強的女子。最早的可能是姚燮寫於 1850 年代的《苦海航樂府》，刻畫了上海老城廂青樓內部的工作方式。邗上蒙人描寫揚州妓女的晚清小說《風月夢》初版於 1884 年，被視為這股文學潮流在小說中最早的體現。它也沒有用理想化的手法去描寫揚州妓女，Patrick Hanan 認為它是最早的中國城市小說。[7]不過，我們在晚清上海狎邪小說的中心吃驚地發現了另一個新角色——上海自身。上海不再只是像在《風月夢》裡那樣，充當故事發生的場所和背景，它也是小說中積極的演員。名妓對上海的認同，她們在上海的生活方式、行為舉止、價值觀念和日常活動，都是這些小說框架中主要的部分；上海名妓被當作了這個城市獨特的傑作，對她的描寫絕大多數都和上海有關。

在這些全新的城市小說中，城市自己最終作為「奇」脫穎而出。[8]它成了不出場的主體，名妓就像中介一樣向讀者揭開它的面紗，帶領著他們體會它的不同側面和內部機制。名妓和城市在文學中互相涵括，互為表徵。[9]

為什麼會出現這批小說以及其中全新的妓女形象和都市主人公？魯迅在《中國小說史略》中談到了晚清所謂「狎邪」小說的興起。這類小說以妓女和恩客為主人公，應該被視作「才子佳人」的文學主題在清代的延續與發展，曹雪芹的《紅樓夢》達至其巔峰。舊套路活力已盡，因此有了這種新小說。[10]魯迅還進一步指出，韓邦慶的《海上花列傳》告別了《紅樓夢》的傳統，意在表現妓家之「奸譎」。這些評論都非常有見地，不過魯迅並沒有解釋為什麼會突然與傳統相斷裂，他也沒有注意到這類小說有一個特點——城市在其中的位置非常關鍵，很多城市特徵都和妓女相關。彷彿大觀園的仙境主題並沒有簡單地退場，它在這些小說中被作為「世界遊戲

場」的上海取代了，而妓女和客人就是活動其間的主要人物。城市高調地在這些小說中亮相，反映出上海租界的特殊地位和環境。

王德威最近對晚清小說的研究也涉及這裡提到的小說，尤其是《海上花列傳》。他強調指出，作者就是通過誇張色慾和倫理規範來突出舊秩序的矛盾之處。「當社會、政治與文學的規則顯露其陳陳相因的陋習時，狹邪小說對這些規則狎之邪之，適足以托出其弱點。」王德威從魯迅那裡借來了「狹邪」一詞來指稱這些描寫倡優的小說，他說，狹邪小說是不合常規的，「狎邪意味著忤逆成規。但最成功的狎邪小說，竟可來自對成規有模有樣的模仿。」因此，狹邪小說可以通過對此類文學之傳統比喻的誇張模仿和巧妙替代達成自己的目標。[11] 這裡的現代性是從文學結構的角度而言的。儘管這批小說醞釀著現代主義的特徵，以顛覆舊文學樣式的方式顛覆著舊的秩序，但還是有一個問題存在：去哪裡找尋這一趨勢的源頭？或者用王德威的話來說，什麼是這種「過度」的源頭？因為現在看起來這不像是妓女們的個性，她們既不高貴也不正直。

王德威用他的理論來分析《海上花列傳》等小說，在他看來，這部書顛覆規則的方式很特殊，作者沒有用絢爛的辭藻來表現紙醉金迷的歡場，通篇行文都是最日常的描寫。打動讀者的都是看來非常熟悉的東西。[12] 但這準確嗎？仔細檢視這些小說，可以發現一個全新的特徵：它對上海風月場內部禮儀規制有著詳細刻畫，這完全不同於此前幾百年倡優小說和故事的文學傳統。而且，這些細節採用了局外人的視角，寫的是那些初次進城茫然不知所措的遊客眼中所見之事。作者要突出的就是這個城市的獨特性，它創造了超乎想像的青樓文化。狹邪小說中城市的角色是第一次凸顯了出來，這裡的城市也就是上海。王德威所說的誇張地模仿、遵從成規的原

因，是作者在處理城市這一新主題時仍有路徑依賴。正是這些關鍵的結構要素使得這些小說可稱為「現代」小說。研究歐洲城市小說的學者注意到了現代性、作為小說主角之一的城市，以及遊客們在與城市的互動中展現出的新身份之間的關聯。[13]城市和妓女之間的緊密聯繫形成了一種具有參照性和象徵性的新文學範式。

這些小說明顯是虛構的。與此同時，其現實主義的手法——包括引入真名、真人和真實地點——表明作者意圖呈現上海的真實城市風貌，並對生活其間的一流名妓的行動和態度做一社會學的剖析。

新城市小說和本地名花志

這些狹邪小說強調上海這一背景的時候繼承了非虛構類的妓女傳記的寫法。早期的妓女傳記淡化處理了城市的角色，諸如揚州、杭州等城市的名字只能見於標題之中（如《揚州畫舫錄》）。上海的花界指南開始把這些女子的生活直接與城市聯繫起來。因此，晚清的狹邪小說毫無疑問是屬於上海的。[14]

自唐以降，有大量半自傳體文學描寫某地的名妓，尤以國都的名妓為主。[15]儘管這些作品為某個地區的名妓留下了記錄，但它們並沒有單獨挑出哪位名妓來代表當地的繁華與活力。這些作品的標題都以地名開頭，以名妓結尾，體現了它們的文學類屬。[16]余懷的《板橋雜記》首先樹立了榜樣。板橋是南京著名的風月場，這部書藉追懷明代名妓來表達對明王朝覆亡的首都的悼念之情。後來它也成了王韜模仿的對象。

租界建立之初就有了自己的倡優文學。王韜留下了有關租界名妓的最早的文學

作品，他藉對名妓的講述描繪了這個地方。上海名妓因此成了第一個體現城市精神的文學人物。[17]

繼王韜的嘗試之後，1880 年代中期出現了不少小說，例如黃式權的《淞南夢影錄》和鄒弢的《海上燈市錄》，都對塑造幻境般的上海形象盡了一份力量。黃式權把上海當作「奇」的絕佳範例，描寫了種種它引以為豪的事物，包括西式城市管理、現代的城市基礎建設和便利設施、繁榮的文化娛樂生活等等。上海名妓是這個城市元素最終極的表現。《淞南夢影錄》寫到了高雅沉靜的「媚香樓主人」李佩蘭，她曾經捐金三百賑救饑民；優雅端莊的陳玉卿的詩作曾登上了《申報》；迷人的顧之香歌喉婉轉，催人淚下。[18]黃式權以浪漫的筆調講述了名妓和王韜、鄒弢、袁祖志等知名上海文人的情感故事。他筆下的妓女品格高貴，她們是技藝精湛的職業藝人，情感真摯專一，與晚明時期的名妓十分相似。[19]他描寫妓女生活中商業的一面時基本是就事論事，沒有為讀者揭露其中黑暗和險惡的一面。他後期的小說《海上塵天影》可以算是由對上海和上海名妓的稱頌向小說轉變的代表性作品之一。

在文學描寫中，城市和名妓互相表徵既非巧合，也非中國或上海獨有，它與現實生活中的名妓和城市的發展有密切的關係。16 世紀的威尼斯、18 世紀的江戶和19 世紀的巴黎也曾發展出了類似的文學潮流。[20]上海名妓不是一種泛型，但離開了租界賦予的特殊生活方式也是不可想像的。反過來說，租界也不能代表一類中國城市中心，它和其他所有地方都不同，令人如此興奮、陶醉又煩惱，這使得租界和租界的名妓都成了令人神往的文學主題。

城市和城市的隱喻

　　狹邪小說把上海放在書名裡，以突出它們的特點；在對話中，名妓也經常用上海的吳方言來增添地方色彩。韓邦慶的《海上花列傳》最初曾在文學期刊《海上奇書》上連載，這個期刊的名字可以視為整個這一類文學的綱領。[21]

　　這些小說的章節標題也呼應書名，不斷地提到租界獨有的那些名勝。例如孫玉聲的《海上繁華夢》中第一章就以「謝幼安花間感夢，杜少牧海上遊春」為題，這兩個人名與東晉士大夫謝安和唐代詩人杜牧的名字諧音，而這兩位都頗有些青樓情史。住在蘇州的謝幼安在夢中見到了「花」，有人警告他花是危險的；醒來之後，友人杜少牧就來邀他同去上海玩樂。第二章題為「長髮棧行蹤小住，集賢裡故友相逢」，長髮是租界著名的客棧。第三章「款嘉賓一品香開筵，奏新聲七盞燈演劇」則帶出了番菜館一品香和同樣有名的丹桂戲園，京劇藝人七盞燈便在丹桂戲園表演。第四章題為「昇平樓驚逢冶妓，天樂窩引起情魔」，新來的客人終於在城市的娛樂名勝——昇平樓茶館和天樂窩女書場見到了上海的名妓。下面的章節標題繼續把所有人物活動都安排在上海著名的景點。[22]

　　最後，回目之後的序言強化了城市和上海妓女之間的關聯。對於《海上繁華夢》的概念框架，孫玉聲是這樣說的：

> 海上繁華，甲於天下。則人之遊海上者，其人無一非夢中人，其境即無一非夢中境。是故燈紅酒綠，一夢幻也；車水馬龍，一夢遊也；張園愚園，戲館書館，一引人入夢之地也；長三書寓，么二野雞，一留人尋夢之鄉也。推之

拇戰歡（歟）呼，酒肉狼藉，是為醉夢；一擲百萬，囊資立罄，是為豪夢；送客留髡，蕩心醉魄，是為綺夢；蜜語甜言，心心相印，是為囈夢；桃葉迎歸，傾家不惜，是為癡夢；楊花輕薄，捉住還飛，是為空夢。況乎煙花之地，是非百出，詐偽叢生，則又夢之擾者也；醋海風酸，愛河波苦，則又夢之惡者也；千金易盡，慾壑難填，則又夢之恨遺也；果結楊梅，禍貽妻子，則又夢之毒者也；既甘暴棄，漸入下流，則又夢之險而可畏者也。海上既無一非夢中境，則入是境者何以非夢中人！

在結尾處，作者強調：「海上既無一非夢中境，則入是境者何以非夢中人！」[23]

用幻境來比喻城市受到了《紅樓夢》的影響，後來這個比喻也被顛覆了。通過對比中國其他地方，真實的上海被當作了一場夢來體驗。城市及其引以為豪的代表——上海名妓，也努力增強這一夢幻特質，讓那些遊客們沉醉夢鄉，樂而忘返。

自 20 世紀初開始，均由上海名妓所呈現出的夢境和地獄，共同構建出描述上海的標準框架。倚虹 1923 年出版的小說《人間地獄》，其內容迥異於早期對上海花界的讚頌，其中的城市罪惡淵藪，法律混亂，惡魔橫行。

而上海的淫業就是邪惡世界的中心所在。[24] 於是上海名妓就成了這座城市多側面的、不斷變化的隱喻。她是貪婪和開放的產物，她所展現出來的自由和輝煌代表了城市的富裕和虛浮。她同時代表著天堂的幻夢和地獄的夢魘。

作為城市指南的狹邪小說

以上海娛樂界的名勝來結構故事情節是上海狹邪小說的普遍特點。這些小說模擬城市指南書的文學結構，以名妓作為嚮導，花費了大量篇幅介紹上海流行的基本行為規範。讀者可以從中了解（有時候直接被告知），在這個陌生的環境中會遇到什麼、應該做什麼，自己應該如何做人。這些書在上海的外國風情上花了很多筆墨。最明顯的是韓邦慶的《海上花列傳》，書中寫到了外國消防水龍如何滅火，印度錫克警察怎麼巡邏，警方怎麼破案等等。小說還描寫了妓館、酒館、茶館、賭場、鴉片館等各式各樣的娛樂場所。這些狹邪小說還提到了最昂貴的商店及其特色商品，介紹了哪裡吃飯，點什麼菜，怎麼吃，書裡還給不同場合穿什麼衣服提出了建議，對短期遊客和長期居留者的時間安排分別給出了不同的建議。當然，書裡還對上海妓院特殊的規矩、儀軌做了詳細的描述，不了解這些規定的遊人會被恥笑。於是小說對各種場景和人物的介紹就成了一部城市指南書和行為手冊。

幾乎所有這些小說開頭都有一個從鄉下或周邊小鎮前來上海的遊人。讀者可以對這個遊人產生認同，通過他來熟悉這座城市，自己不用冒半點風險。一般的情節是，主人公最初對上海一無所知，在經歷了城市所有的誘惑和危險的磨難之後，最終返回了鄉下。

在《海上花列傳》中，趙樸齋和妹妹趙二寶從鄉下來到上海，作為敘述的主線，向讀者展示了城市令人目眩神迷的吸引力。[25] 小說描寫了兄妹倆到上海之後的幻想和恐懼，以及對上海的迷戀，對新奇經驗的追求。他們倆最後都成了上海魅惑力的犧牲品，小說細細展現了這個沉淪的過程。沉迷於奢侈生活的哥哥變得一貧如洗，成了一個拉黃包車的苦力，最後成了自己妹妹的龜奴，而他的妹妹趙二寶轉眼

之間也被這個城市誘惑、腐蝕了。兄妹倆都沒能抓住離開上海、避免毀滅的機會。小說藉著這兄妹倆的故事將傳統的鄉村環境與上海相對比。借助小說栩栩如生的描繪，讀者可以對兄妹倆的上海經歷展開想像。

其他狹邪小說以上海名妓和客人的往來說明了青樓的內部運作方式。夢花館主江陰香的《九尾狐》藉上海最負盛名的妓女明星胡寶玉之口說，上海妓女和大家一樣是做生意。這就是一場被追求、消遣、欺騙、掠奪和玩弄的遊戲。[26] 這些小說希望帶讀者體會局中人的感覺。只消花一本書的價錢，所有的悲歡都在一個安全的距離上演。

刊印於 1911 年的《海上評花寶鑒》作者署名平江引年，這是最早明確地作為城市指南書的小說之一。從前，蘇州有一對幸福的夫妻。有一天，他倆讀了《紅樓夢》，之後決定讓丈夫張勳伯去上海租界體驗一下著名的南方佳麗。妻子的條件是，勳伯每遇到一位都要詳細地記錄下來，以便她可以通過這些文字分享他的經驗。顯然，上海作為實現夢想的地方已經名聲在外了。同樣，上海之腐化墮落也是盡人皆知。夫妻倆考慮到勳伯的父親對上海也是這種看法，肯定不會同意兒子去，所以就告訴他說勳伯要去東京旅行，見見世面。當時的東京被譽為年輕人學習西學的中心。勳伯遊歷上海青樓所需的大量錢財也就被說成是去這個學問之都的旅費。

在一位可靠的上海長大的友人陪同下，勳伯勇敢地踏上了「摩登」的火車，而《海上繁華夢》裡的謝幼安、杜少牧就勇氣稍遜，只租了私人航船。一到上海，勳伯就走進了這座城市的奇跡之中。馬車走在街上的時候，勳伯和讀者一起對這陌生的城市環境有了第一印象：

勳伯在車子裡頭，一路向那麵店市洋房約略的看了一看，便向佑甫（徐佑甫，

張勳伯妻家賬房，閱歷深，與其同往上海。——譯註）道：此地是那一國的租界，清潔到如此地步，好不爽快。佑甫道：此地是英租界大馬路……馬車在黃埔灘跑了一回，就折進了四馬路，勳伯在車子裡頭，忽然覺得換了一番氣象，見那市面十分熱鬧，舖子的裝潢爭奇鬥巧，一發繁盛，只是馬路不及大馬路的空闊，地方也是狹窄。勳伯就問佑甫道：此地既然是繁華去處，因什麼那些房屋馬路不建造得考究一些？照我看來，很嫌那不夠暢快。佑甫道：此地不比大馬路，地基十分昂貴。[27]

第二天，勳伯便開始尋訪群芳。他首先碰到的是一位高級歌伎，但只能算是個清秀佳人。勳伯邂逅的妓女等級一級級升高，小說通過勳伯寫給妻子的筆記逐一介紹了這個世界的規則和陷阱。勳伯學得很快，對這個環境中生存和享受的藝術掌握得越來越圓熟。他變得越來越狡猾，甚至開始和妓女們玩起花樣來。最後他鍾情於艷壓群芳、才華絕倫的花月英，不再尋花問柳。但書裡暗示，這位青樓女子對勳伯也並非真情實意。當勳伯就要愛上花月英、不惜為她付出所有身家之際，小說突然結尾：勳伯的老父親病倒，蘇州老家電報催其歸家。主人公回家了，讀者也被送上了回家的路。

妓女和客人相遇的順序是小說的情節設計，是讀者幻想之旅的一次預演。突兀的結局清楚地表明，要讓這位年輕人離開上海，除了讓父親病危別無他法。

城市的多側面和作為文學手法的群像

這些小說把群像作了表現城市不同面相的文學手法。以前《水滸傳》和《紅樓

夢》也採用過這種手法。《水滸傳》的一百一十個人物都對小說有所貢獻，他們一起形成了綠林好漢的群像。此書中城市生活屢屢成為背景，但小說重點還是對人物性格和群體動力的描繪。《紅樓夢》通過十二位女性的形象，對「情感」這個常見的主題進行了探討。大觀園在書中扮演了積極的角色，它把整個外部世界和可以自由表露情感的虛擬幻境區分開來。

上海狹邪小說由這一傳統發展出了自己的群像。比起單一主人公和單線敘述來說，運用群像描寫這一文學手法讓小說在表現不同的情景和多層次城市環境中的人物時更為自由。就上海而言，要體現城市和妓女互為表徵，群像手法幾乎是必不可少的。把城市當作小說結構中一個積極的核心的因素來描寫是一個挑戰性的嘗試，大觀園提供了一個恰當的比喻和模板。（在有的小說中，例如《海上塵天影》中，確實就在城市中塑造出了這樣一個園子。）《紅樓夢》十二釵被上海名妓所戲仿，上海是世界遊戲場的觀念代替和顛覆了大觀園浪漫的幻境。妓女的群像表現了上海多個側面。在《海上花列傳》中，張蕙貞表面上謙卑膽小、忠心不二，但她卻冷靜地欺騙了新婚的丈夫；純潔的周雙玉似乎能用心愛人，但她最後卻變成了精打細算的生意人；黃翠鳳一出場就帶著名妓的正直和自尊，她後來免去了客人一大筆銀錢。小說中的反面角色是那些不夠精明無情的妓女，例如周雙寶，她被迫從妓院樓上搬到了樓下；還有沈小紅，因為她十分不專業地愛上了一個戲子，富有的恩客離她而去，最後她變得一貧如洗。小說充分地表現了妓女和城市兩者迷人外表和空虛現實之間的落差。

在抽絲主人的《海上名妓四大金剛傳奇書》中，人物性格描寫和情節更加複雜了。這部小說寫的是上海的四位妓女明星林黛玉、張書玉、陸蘭芬和賽金花（後來

被更年輕的金小寶取代），故事的框架來源於一個關於轉世輪迴、因果報應的佛教傳說。小說中的四位名妓是四個金剛門神轉世，他們被化為女兒身，為的是羞辱一下這些強壯的門神，給他們一點教訓。

本書共五十章，第一部分和第二部分對妓女的處理有很大的不同。[28] 第一部分按照傳統的敘述脈絡，以同情和誠懇的口吻描寫她們，對妓女的處境表示同情。第二部分卻變成了尖酸的諷刺和嚴酷的嘲笑。小說結尾處作者把四位名妓降到了佛教所說的狐狸、豬、猴和狗一級。

作者在第二部分開篇解釋了他這樣做的原因。他希望對城市最近的變化進行反思。這在第一部分最後一章的回目「名士散場，風俗改變」中就有所體現。第二部分開頭的時間與上一章相距十年，從這個時候開始，城市裡的風俗發生了巨大的變化。敘述者的語氣非常直接：

> 從此，海上的名士，一時風流雲散的盡了。
>
> 只有那淫風敗俗，年盛一年。從來枇杷門巷，粉紅黛綠者，藉以點綴昇平。故墜鞭公子，走馬王孫，酒綠燈紅，笙歌競奏，未免真個魂銷。誰知上海此時卻又大不相同。花街柳巷，無非淫賤流娼；帽影鞭絲，盡是逐臭臧獲。四馬路一帶弄堂裡面，互相征逐的，全是些戲子、馬伕。所以束身自愛之士，不約而同地都絕跡了。[29]

不再有名士做妓女的恩客，因為妓女的素質下滑，而且她們公開和戲子、馬伕相好，這在從前是令人不齒的非常不專業的行為。城裡的文人也有一定的責任，他

們吹捧妓女的詩詞歌賦使她們沉浸在自身的光芒之中。[30] 隨之而來的自滿、得意和傲慢是任何有品位有身份的名士都不願容忍的。

隨著這一轉變的發生，曾經對名妓應該如何行事有發言權的文人被沒有文化偽裝的商人和買辦取代了。他們成了名妓算計的對象，名妓盤算著如何讓他們為自己掏錢付賬，從鴇母那裡贖身。[31] 這個變化在不同的場景裡都有體現。書中表現了四大名妓如何對馬車發號施令，在城裡每個時髦地方得意洋洋地現身。她們控制了城市的公共空間。作者對此十分憤慨，但保持了克制。在公共場合拋頭露面猶可忍受，但公開蔑視禮儀是不可原諒的。作者的輕蔑反映出喪失文化權威的文人有一種挫折感。

小說第二部分裡，城市和名妓的關係也發生了巨大的變化。儘管城市環境在第一部分裡已經很明顯了，但第二部分才真正把名妓和城市緊密地結合起來，城市的名勝是她們上演所有行動的舞台。這暗含的一層意思是：允許妓女這樣行事的只有上海，這裡的公共空間向她們開放，沒有任何權威阻止她們破壞禮節。

作為遊戲場的城市和作為城市之星的妓女

隨著這些狎邪小說的出現，上海的妓女明星成了主要的文學人物。她們美艷迷人，卻又性情狡詐，她們喜歡自作主張，道德墮落。鑒於她們已經是公共空間中高度可見的代表性人物，文學上的聲名也要與之匹配。通過狎邪小說的描寫，千古流芳的妓女英雄的傳說被打破了，城市安樂的光環也消失了。諸如夢花館主江陰香的《九尾狐》中的林黛玉、張春帆《九尾龜》以及抽絲主人《海上名妓四大金剛傳奇

書》中的四大金剛等人物成了主角，城市便是她們的陳列櫥窗。在她們不斷索求、競相爭鬥的世界裡，主要的符號便是名妓們來來往往的城市街道。她們熟悉城裡每個去處，自信滿滿地帶領著讀者，通過其的冒險旅程來探索這個大遊戲場的內部機制。這些玩樂的去處反過來表現為意料之外、可能並非有意為之的權力維度，形塑著新的都市人物和新的生活方式。

胡寶玉是上海歷史上的傳奇人物，據說上海名妓公共角色的核心特徵很多都是她發展出來的。《九尾狐》的敘述主線，就是胡寶玉發生在城市各個角落的風流韻事（有時候是為了生意，有時候是她自己找樂子）。城市就是她的遊戲場，城市的公共空間就是她盡情展現和表演自我的舞台。

戲園對她來說是個理想的環境。胡寶玉身著最新潮的華服坐在包廂裡，吸引著愛慕的目光（她也會給別人送點秋波）。胡寶玉發現了這個公共場所的潛力，體會到了做公共人物的興奮。小說開篇就寫胡寶玉來到了丹桂戲園，陪在她身邊的是當時交好的恩客楊四，但她愛上了伶人黃月山：

> 黛玉（此時胡寶玉叫做林黛玉）自去打扮，把頭上修飾好了，又換了一套時式新鮮的衣裙，方帶了一個大姐，同到裡口上車。轉瞬間，馬車已抵戲園，自有案目招接上樓，進了包廂，並肩坐下。見戲已做過兩齣，起初無甚好看，只看到黃月山同黑兒出場，做的是五老聚會劍峰山，月山扮作金眼雕邱成，品格也好，武工也好。看得黛玉出了神，一雙俏眼，專注在月山身上，見他精神奕奕，氣概軒昂……所以目不轉睛，呆呆的只望著那只台上，連楊四與他說話都沒有聽見。[32]

這次之後，胡寶玉成了戲園的常客。黃月山不可能不注意到這位美人每晚都坐在包廂裡（幾乎整部小說裡胡寶玉都有自己預留的包廂），向他投來的崇拜的目光。她習慣從伶人中挑選相好，從前的名妓對此避之不及，她卻把它變成了上海妓女中的一股風潮。[33]

在戲園，名妓可以作為女主人邀請客人，可以公開展示她的戰利品，也可以讓潛在的客人親睹她的容貌。她也在這裡跟其他名妓交換八卦，互相問候，時不時還打上一架。對《九尾狐》裡的胡寶玉來說，戲園也是一條逃生之路。對於在深宅大院裡做楊四小妾的日子，她越來越厭煩，於是去妓院發洩她的挫折感，也讓楊四知道她心思有變。當她孤單絕望的時候，去戲園幾趟也能讓她重拾自我，找到繼續下去的勇氣。[34]

城裡的高檔菜館是另一種公共場所，名妓和相好、名妓和客人的妻子、名妓和名妓都可以在這裡談判協商。[35]《九尾狐》裡寫道，胡寶玉在戲園對黃月山一見鍾情之後，想了一個辦法來贏得黃月山的心。她每天都去戲園，黃月山演出一結束她也馬上離開。四目相對之際，黃月山馬上就被俘虜了。他邀請胡寶玉去著名的一品香吃菜。胡寶玉接受了，他們的戀曲就此開始。這個情景可是不尋常！在眾目睽睽之下，一個伶人和一位名妓互相誘惑。這件事引來紛紛議論，給上海帶來了無恥的惡名：只有這樣一個地方才會為這種事提供空間和舞台。

公園也是上海獨有的城市特色之一，這裡也是狹邪小說中名妓聚會的地方。和相對私密的飯館、戲園相比，公園和其中的茶館讓名妓能為更多人所見。如同第二帝國時期的巴黎交際花一樣，胡寶玉很明白這個公共空間的重要性，常常用它來達到自己的目的。《九尾狐》中寫道，胡寶玉決定採用廣東妓女的服裝和髮式，她決

心要在蘇妓佔絕大多數的上海妓女中成為時尚引領者。她剪了劉海，換上了粵妓服飾，決定逕直去豫園走一遭，看看自己地位如何，估量一下自己有多大影響。她帶著兩個大姐，來到公園人來人往的茶館裡喫茶：

其時時光尚早，遊客猶稀，雖有幾個對他觀看，不過暗暗議論而已。及至三下鐘後，那班垂鞭公子、走馬王孫，與那花叢中姊妹，陸續到得不少，見寶玉憑欄品茗，大有旁若無人之概，而且今日打扮得異常特別，頭上的前劉海聳起了三四寸，蓋在額上，齊著眉毛，惹得一班浮頭少年各個高聲喝彩。即同行姊妹們也在那裡竊竊私議，有的說好看；有的說惡形；有的說我也要效學他；有的說學了他，只怕被人要笑……

寶玉與阿金、阿珠吃了一回茶，又在園中各處兜了一個圈子，引得狂蜂浪蝶，到處跟隨。寶玉到東，他們也到東；寶玉往西，他們也往西。有的口中打著反切，品評寶玉的裝束，有的說著英話，讚歎寶玉的時髦。稱好者多，批壞者少。一時交頭接耳，拍手揚聲，擠去擁來的觀看。寶玉毫不為怪，愈要賣弄風騷，頻頻回顧，含笑迎人。[36]

　　在傳統的城市裡，狹窄喧鬧、沒鋪地磚的街道上不了檔次。但上海的道路碼頭委員會（工部局前身）曾於1845年宣佈要在市中心鋪設寬闊的馬路。[37] 後來，工部局的稅收被用於城市排水、路面和照明建設；交通規則和警察建立了初步的道路秩序，也減少了噪音和公共場所大小便的現象。接下來，一棟棟宏偉的大廈徹底改變了低矮街道的景觀，名妓穿行其間，向客人展示這座城市，同時也展示她們自己。

如同一二十年前的巴黎，坐著敞篷馬車出去玩，還有個制服筆挺的馬伕是件時髦的事情。狹邪小說對此做了忠實的記錄。《九尾狐》就特別喜歡這些景致。胡寶玉炫耀完她新式的廣東打扮之後，和大姐們一起離開了公園：

（寶玉方點點頭，三人攜手出園。）隨後那班年輕惡少亦然跟了出來，見寶玉一上了車，或坐亨斯美，自拉韁繩追趕；或乘腳踏車，連頓雙足相隨，霎時碌亂紛紛，都在寶玉車前車後接接連連，如蟬聯魚貫，銜尾而行，且前且卻，不後不先，從泥城橋那邊直到英大馬路。兩旁看的人愈聚愈多，大半認識寶玉，又添了一片喝彩之聲。內中有一個鄉下人，初到上海，從未見過這樣的局面，他就自言自語地說道：「今天這樣熱鬧，莫非外國的皇后娘娘到這裡頑嗎？」旁有一人接嘴道：「你不要滿嘴胡說，那裡有什麼皇后娘娘？這就是上海最有名的妓女胡寶玉呢！」鄉人咋舌道：「原來上海的妓女身份比官府還大，他坐了馬車出來，前後左右還有這許多護衛哩！」眾人聽了，見是鄉下人，不能與他解說，皆拍手大笑而散。[38]

對晚清的讀者來說，上海這個城市和上海妓女一樣與眾不同，兩者又互為補充。用妓女來介紹城市的名勝最初看似文學手法，其實指出了這個城市獨特的社會現實。

這些小說對城市生活方式的勾畫意在突出上海的奇異和獨特，因此很重視描寫名妓們使用香港和上海銀行發行的鈔票、在番菜館點菜、去影樓拍照、出席會審公廨、看賽馬和馬戲、用時髦的意式和廣式家具裝點住所等細節。這些描寫帶著一股異國風情，有力地平衡了，甚至損害了這些小說最初希望對上海孕育的生活方式加以譴責的宗旨。

新的都市女性與「真誠的名妓」

這些小說重新詮釋了傳統中天賦過人、真情流露的名妓，把她們寫得除了上海式的生意經什麼也不會。按傳統來說，名妓的文學才華是非常受重視的，她們藉詩詞歌賦來表達自我真摯的情感。《海上繁華夢》提出了一個言簡意賅的反對觀點：一流名妓學讀書認字的唯一目的，是借此來控制愛好文學的客人，並且讓她能讀懂競爭對手寫給客人的情書。[39] 她在宴席上聲情並茂的演唱重又博得了客人的尊重和熱愛，但這不過是一個經過計算的行動，有意利用傳統的表達形式來獲取期待中的反應。[40] 這裡使用的文學手法是現象和本質之間的對比。這一手法利用了讀者熟悉的有關妓女的傳統說法，以這種共享的知識和現象為參照，狹邪小說揭露了事實真相，進而依據目標讀者保守的價值觀做出了評判。

狹邪小說打著警世的幌子，以提醒讀者上海有哪些陷阱為由，對妓女騙人的手段做了極為詳盡的描寫。同時，小說對客人們的描寫也發生了一百八十度的變化。才子被貪婪小氣的商人代替了，考慮到客人的特點，名妓的新動作也就不足為奇了。無論這些小說擺出怎樣的道德化的姿態，這些任性、迷人、狡黠的妓女明星的形象都在不經意間成了主導，凸顯出她們的力量、獨立和自信。

因此，對這些名妓的描寫有很多模糊不清之處，這主要反映了作者對新出現的人物——都市女性的模糊不明的態度。如同上海和上海名妓的生活方式一樣，這個人物俘獲了他的想像，但也令他反感。二春居士《海天鴻雪記》中的高香蘭最突出地表現了這類都市女性的新特點。她很像標準的上海妓女或妓女明星，出場的時候戴著一副金邊墨鏡（後來我們了解到她通常穿西式服裝），她身旁是一位身穿西式

洋裝和夾克的年輕女子。她們正在看意大利的車里尼馬戲班演出，這一上海娛樂界的盛事已經永遠地記錄在了點石齋的《申江勝景圖》裡。沒有任何女僕或男性友人的陪同，這兩個女子走進了大帳篷，找到自己的位置坐了下來。演出結束後她們鑽進馬車，消失在黑夜中。[41] 讀者通過男主人公的眼睛追隨著她們的身影。這兩個女人是誰？她們是幹什麼的？後來他才知道陪著高香蘭的那位年輕女子是一位大家閨秀，高香蘭曾經是一個名妓，現在成了社交名媛。她獨自住在一棟三層小樓上，靠追求者給的錢過活。她才貌超群卻又陰險狡詐。她從富人身上搾取錢財，同時又包養年輕英俊的情人，完全不按妓女傳統的行規做事。

高香蘭是個迷人又複雜的人物，就生活方式而言，她很像新一代的都市人物。她有著大把錢財，卻可能一夜之間揮霍一空；她經常出門，喜歡在大庭廣眾之下吃西餐、上戲園，在朋友的陪伴下或獨自一人坐馬車在城裡閒逛。她被看成一位「獨立」的女性，不依賴任何家庭或社會結構。她的朋友和夥伴都是報紙的編輯和記者。她也能和知識淵博的男性進行長時間的討論。高香蘭為一流名妓向現代上海都市女性的轉變提供了一個清晰的例子。作者帶著挑剔的眼光慢慢接近她，最終被她深深吸引。為了表達自己的模糊不清，作者創造了一個全新的動人的文學形象。

這個摩登、狡黠的都市女性形象有時候會被拿來和「真誠的名妓」相對比，後者最初是用來稱呼某些威尼斯妓女的。高香蘭自由隨意的生活方式為她帶來了富有的男人，可以說他們就該被剝削，因為他們自己就不真誠。

「真誠的名妓」只與正直的男人相伴，她的客人可以扮演英雄的角色，就像《九尾龜》裡的張秋谷、《海上塵天影》裡的韓秋鶴一樣。在這兩部小說裡，贏取英雄柔情的名妓被當成青樓中碩果僅存的例外。張秋谷是個文人，也是個「花叢領袖」，

名妓們對他無不傾心。他最後娶了陳文仙為妻，因為她是他認識的所有妓女裡唯一善良正直的。韓秋鶴可算是一位遊俠，他周遊世界，從日本和西方學習了許多新的思想和技術。他到上海來就是為了找他深愛的蘇韻蘭，一位有文化、有品位、有美德的奇女子。但是，韓秋鶴盡量避免陷得太深，仍是來去自由。「真誠的名妓」是一個懷舊的提醒，為新的都市人物提供了一個必要的對比，但她從來都沒有成為主導，也很少擔當主角。

獨立的高香蘭沒有恩客，盡力靠自己的精明和夥伴們的幫助為生；「真誠的名妓」則有機會與自己愛慕、受人尊敬的男人為伴。[42] 名妓的男人們更增進了我們對城市的理解。這些小說裡的客人也是作為群像來表現的。

他們來自各個領域，既有短途的遊客也有常住的居民，他們可能是商人、官員、買辦或者外地的鄉紳。和他們的女對手一樣，他們也試圖少付出，多獲取。在這個過程中，他們被上海名妓降服，最後要麼花光所有財產離開了上海，要麼墮入社會底層。但張秋谷和韓秋鶴是例外，這兩個男主人公不但沒有被上海打敗，還能輕鬆地面對這個城市。「真誠的名妓」獻上的熱愛便是他們戰勝城市的證明。這些男性的描寫中帶著很強的自傳元素。[43]

對上海和上海名妓不斷變化的看法

鑒於上海和上海名妓的這種共生關係，對城市認識的變化也直接反映在對名妓的評價裡。1870、1880 年代問世的上海文學作品對城市讚賞有加，而 1890 年代的狹邪小說則有了很大的變化。[44] 文人對上海的熱情似乎在 1890 年代冷卻了下來。

上海從 1870 年代的蓬萊仙島、1880 年代的夢境變成了大遊戲場。1880 年代，諸如王韜、鄒弢、黃式權等許多作家也是記者，但他們的小說並沒有取材於報紙，也沒有在報上連載。隨著專門報道娛樂新聞的小報的出現，情況也發生了變化。寫作風格變得更現實主義，小說有了一種城市風味。《海上名妓四大金剛傳奇書》和《九尾龜》中的許多篇章都取材於《申報》和《遊戲報》。[45]

這個視角的轉化更多地揭示出上海文人自我評價的轉變。他們的價值觀和特權地位受到了威脅，因此，他們對城市和名妓也採取了更為冷峻的視角，在他們看來，名妓正是鄙俗的商品化的象徵。

上海變成了一個工業重鎮，犯罪淵藪，後來「新文化」運動帶著對名妓文化之「封建」殘餘的輕蔑，使名妓和城市的形象都發生了新的變化。它把「美夢」變成了「夢魘」。儘管上海歡場吸引遊人浪子的實際能力有增無減，但上海和上海妓女的文學形象從「奇」變成了「怪」，後來民國時期又變成了「丑」。但是，無論對上海的看法如何變遷，有一點始終不變：上海和象徵著上海的名妓，都是獨一無二、無與倫比的。

文學插圖中的城市形象

城市文學的開創，主要有賴於都市心態和感覺的發育。上海名妓提供了一個現實的選擇，作家們可以用這個熟悉的文學角色以及與之相關的各種比喻來探討江南地區發展起來的新型城市和新的態度。歷史上的名妓都與富庶的商業都市和行政中心聯繫在一起，但她們的城市性格和上海名妓還是截然不同，在對傳統名妓生活的

描繪中，城市一直只是背景。[46] 但上海的名妓通常與這個城市的獨特景觀緊密聯繫在一起。甚至在狹邪小說的文學加工之前，她與城市的聯繫在木版畫和石版畫中就有所表現。狹邪小說通過插圖與這個遺產接續了起來。

文學作品中表現的上海名妓和插圖中的名妓之間關係相當複雜，隨著名妓形象和性格的轉化變得更加錯綜。由於不同的藝術傳統和限制，敘事藝術和圖畫藝術發展趨勢各異，插圖有著自己的主題。這兩個模式互為補充，但也有矛盾之處。它們的不同之處在於如何通過上海妓女的形象來表現作為都市中心的上海獨特的都市生活方式。石版畫新技術為反應迅速的現實主義風格提供了與之相配的圖像新聞報道。[47]

城市及其圖像符號

吳友如從 1884 年開始在《點石齋畫報》上為文學內容配圖，[48] 首先是王韜的《淞隱漫錄》在《點石齋畫報》上作為附頁連載。吳友如為文學內容所配的插圖和普通的新聞插圖有顯著差異。新聞插圖突出了事件情節，如圖 6.1 中表現了一個妓家僕人把警察誤認為騙子之後引起的一場騷動。另一幅圖（圖 6.2）則體現了文學插圖的傳統，以氣氛為主要的元素，沒有提到什麼特別的事件。一幅圖突出了場景的戲劇性，但犧牲了妓女的形象；另一幅圖則保持了妓女形象的高雅光環。

儘管風格和描繪內容不同，兩幅圖還是明白地反映了共同的背景——上海。圖 6.1 中有「蘭芳裡」的名字，這是公共租界中妓館雲集之地，而且裡弄獨特的建築結構也只有在租界才能見到。上海妓女被當作了一個群體來表現。圖 6.2 只用很小的字體寫出了裡弄的名字，除此之外幾乎看不出什麼地方，但是憑一件東西——路

晚清繡像小說中上海名妓的形象

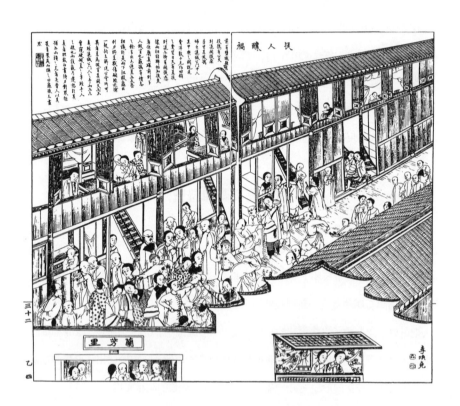

6.1 《提人釀禍》。石版畫。李煥堯配圖。這幅圖配有一則新聞報道：一位來抓人的警察被妓院的僕人誤認為是個騙子，結果被打了一頓。(《點石齋畫報》，乙集，4〔1884〕:32)

上海·愛

6.2 《眉繡二校書合傳》。石版畫，吳友如為王韜《淞隱漫錄》配圖。(《點石齋畫報》，乙集，23〔1884〕：尾頁）

晚清繡像小說中上海名妓的形象

6.3 《玉簫再世》。石版畫。吳友如配圖。王韜這本《淞隱漫錄》講的是
一位深情而忠貞的妓女犧牲自己去拯救一位曾愛過、娶過她的病重的男子。
(《點石齋畫報》,乙集,23〔1884〕:尾頁)

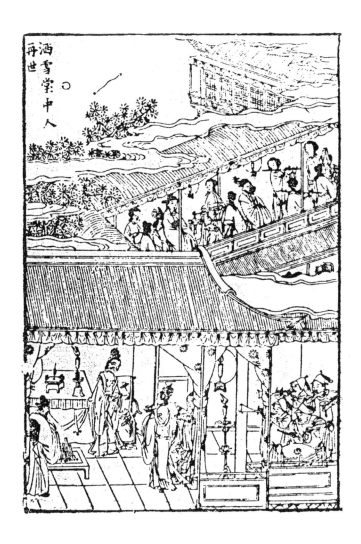

6.4 《西湖二集》中的一幅插圖。木版畫。(周楫,《西湖二集》,1628—1644,聚金堂版;重印於周芜,《中國版畫史圖錄》,第543頁)

晚清繡像小說中上海名妓的形象

燈——就可以確定的確是上海，上面還有電線。（另一個不太顯眼的道具是西式的玻璃格窗，可以從裡面推開。）路燈可以證明，畫家是有意道出故事的發生地點。吳友如在這個傳統的場景中添上一點異國的多餘的東西，強迫讀者確認故事的發生地，而這在傳統文學插圖中並非是重要元素。

從構圖安排來看，藝術家是有意為之。圖 6.3 中，吳友如也運用了這種手法，在傳統的場景中移入了城市的圖像符號。將其與 17 世紀表現類似主題的插圖（圖 6.4）對比，創作者的意圖清晰地顯露出來。加進來的路燈和電線是為了突出上海的不同尋常，這一類特別的事物也包括上海的妓女。直接插入圖中的路燈展示出傳統和現代感覺的初次遭遇。在這裡，這種遭遇還可以進一步具體化。關於城市和路燈的構圖其來有自，在早期表現上海租界的照片中就可以找到，例如圖 6.5 中就表現了 1882 年工部局設於蘇州河畔的第一批路燈。在工部局建設上海的時候，《點石齋畫報》也幫著把路燈變成了上海的符號。此外，這些插圖還在上海妓女的文學形象和城市之間建立了圖像聯繫。

雜誌上的新聞插圖從一開始就是在城市空間環境中來表現名妓的，但同一雜誌上、同一藝術家表現妓女的文學插圖卻不得不考慮到這一類型歷史悠久的藝術傳統：一般來說，傳統背景都是花園、閨閣等私密的環境。文學插圖的各級構成元素中沒有城市的位置，把城市移入傳統文學插圖中已經夠難了，要把名妓、甚或是良家婦女等人物移入城市風景中則更是難上加難。按傳統的構圖方式，女性要麼如同深藏在花園或閨閣中的嬌花一樣躲在窗後、半掩的簾後，或者在自然環境中由男性相伴，這種傳統對藝術家還是有很大的影響。女性人物處於這種私密的內閣，與女性的社會地位、文化地位有著豐富的聯繫，把她們由私密環境搬到公共的場景中，

6.5　上海第一批路燈，照片，1880 年初期。（史梅定編，《追憶——近代上海圖史》，第 267 頁）

晚清繡像小說中上海名妓的形象

通常是直接走進街道，走入眾目睽睽之下，不僅需要打破繪畫的傳統，也需要與所有與之相關的東西告別。

直到 19 世紀末，儘管小說背景經常是在城裡，但幾乎沒有表現城市公共空間中女性人物的小說插圖。如果女性人物要出現在城市環境中，會有一堵牆來隔開公眾的目光，或者讓她身居高處，這樣她可以看見別人，但沒人能看見她。表現公共場合中的女性的插圖非常罕見，要麼她身處在公堂上，要麼她在劃分「內」「外」的模擬界線的內側。在一幅 17 世紀的插圖中，女性人物不但被限制在街道的一側，還要用簾子遮掩起來。實際上，她根本不應該在屋門口被人看見，待在那兒往外看就意味著麻煩。她在文學作品的插圖中合適的位置就是在花園裡，或是在花園旁邊的房間裡。燒香可以算正當的活動，但通常是表現某種玩樂的圖景，例如演奏樂器、跳舞、畫畫、織布、下棋，或者只是在等待、盼望。

歷來插圖中的男女都是處在自然環境中，或是在室內。如果表現男女一起身處公共場合，就意味著越禮和麻煩。圖 6.6 中的女性人物暴露在公共目光之下，說明即將要展開一段不合禮法的感情。這幅圖描寫的是卓文君和年輕的司馬相如（公元前 179—前 117）相遇的故事，後來他們私奔了。但即使在這一場景中，卓文君所在的位置還是在高於街道。一對男女若是如圖 6.7 中的那樣撩起門簾互相對望，則表明他們之間有姦情。文學插圖經常把文字中的公共場所替換成私密的空間，用公園的背景代替城市環境。例如馮夢龍的「蔣興哥重會珍珠衫」中，一個浪蕩子碰巧看見了一個女人從自家樓上往外張望，而她家就位於城裡最主要的大路上。路對面的當舖在整個故事的結局中扮演了重要的角色。[49] 可是這幅圖中一點也看不出城市環境的痕跡，整個故事被放在了自然環境中重新詮釋（圖 6.8）。

6.6 《文君當壚賣酒》,《新刻出像音注司馬相如琴心記》的插圖。木刻本。(孫柚,《新刻出像音注司馬相如琴心記》,萬曆年間〔1573—1619〕,金陵富春堂版,重印於周芜,《中國版畫史圖錄》,第635頁)

晚清繡像小說中上海名妓的形象

6.7 《重校義俠記》的插圖。木版畫。(沈璟,《重校義俠記》,1607 年,重印於周蕪,《中國版畫史圖錄》,第 660 頁)

晚清狹邪小說的插圖作家必須解決象徵手法的轉換問題，要把蓮花等比喻轉化成繁華的上海街道。這不僅是因為文學作品的場景設置在街道上，也因為城市本身在這些小說中就是非常關鍵的角色。1890年代第一批上海繡像狹邪小說問世，其中的繡像可以說是革命性的（圖6.9）。最重大的突破在於，它刻畫了城市公共空間中的女性人物。自然環境、私密內闈基本上被城市風光代替了。

《點石齋畫報》的文學插圖和各種上海圖集早在十年前就邁出了關鍵的幾步。吳友如在《淞隱漫錄》中為傳統的封閉空間中的名妓形象添加了城市背景（見圖6.2），他邁出了革命的第一步，但決定性的轉折來自於點石齋的大動作——在《申江勝景圖》中，女性人物出現在了城市公共空間中。在這本書裡，儀態萬方的名妓成了城市風景的一個組成部分。作為對西方物質文化的一種讚美，女性（名妓以及她的娘姨和恩客）也成了不同尋常的中國人物，能從容地面對這些了不起的玩意兒。在書場、戲園、賽馬場、公園，她都不只是城市風景的一個裝飾，而恰是其非凡之處最精彩的代表。

上海名妓的公共角色也可以有比較平凡的一面。《點石齋畫報》幾乎與華麗的《申江勝景圖》同時推出，也表現妓女，但風格更為平實，較少浮誇阿諛。圖畫以輕鬆的筆調表現了圍觀者嘲弄妓女的場景，引得讀者有樣學樣，把妓女變成了普通都市文化娛樂的一部分。

這樣，《點石齋畫報》和《申江勝景圖》以其對城市和妓女的描述，預示了1890年代以後的繡像狹邪小說在文字和插圖上的發展。

6.8 《蔣興哥重會珍珠衫》的插圖。木版畫。萬曆年間〔1573—
1619〕。(馮夢龍,《蔣興哥重會珍珠衫》)

6.9 《海上花列傳》的插圖。石版畫，1894 年。客人和妓女、娘姨下了馬車，準備進洋貨店去。背景是上海風格的建築和街道。(韓邦慶，《海上花列傳》)

晚清繡像小說中上海名妓的形象

城市小説和其中的插圖

　　儘管這些小說具有批判精神，其中的妓女還是被當作了上海之光。在《九尾狐》的一幅插圖（圖6.10）中，進入城市的她就像寬闊的街道、消防水龍、煤氣燈、百葉窗、陽台、玻璃格窗、彩繪六角吊燈（妓院的標誌）、日式人力車一樣，是城市的榮光和舒適不可分割一部分。停在電線上的兩隻喜鵲溫和地暗示出她們的職業。對上海背景和都市特性的強調，標誌著文學插圖的轉折點。如同小說一樣，文學插圖不得不將自己移入城市環境之中，把城市當作故事情節不可或缺的一部分，在結局中為其賦予了一個積極的角色。

　　但還是有一個很明顯的兩難問題作家必須面對：既要把名妓從高高的文學聖壇上請下來，又不能讓她變得過於平淡無奇，失去文學魅力。在把名妓形象融入城市環境的過程中，文學插圖很留意保護和維持女性（或妓女）的文學形象。儘管這些小說聚焦於上海的矛盾個性，但文學插圖還是致力於提高城市風景的地位，試圖將其變成高雅藝術的正統主題。從吳友如《淞隱漫錄》中的插圖明顯可見，城市環境，尤其是街道還缺乏文化高度，不能帶來高雅生活的感覺。顯然，僅僅把女性形象嵌入到城市風光中，既沒能創造一個文化上合意的城市環境，也沒能證明女性人物和這種環境相容。對於女性在街上接觸陌生異性所造成的社會污染，一個補救的方法就是提升城市的地位，讓所有的街道都變得空無一人，去掉所有的人群和熙熙攘攘的商業活動。這也是1910年代以前早期上海狹邪小說插圖所用的策略。[50] 例如，戲園通常總是擠滿了觀眾，但圖中的妓女明星幾乎是孤單單一個人（圖6.11）。小說中引人非議的上海名妓和城市的形象在這些插圖中沒有表現。

6.10 《(胡寶玉)三馬路重思興舊業》。這幅《九尾狐》的插圖畫是妓女坐著人力車在城市裡穿行。石版畫。(夢花館主江陰香,《九尾狐》,1918,1991 年重印,第二卷第八回圖)

晚清繡像小說中上海名妓的形象

6.11 《看夜戲十三旦登場》。《九尾狐》插圖。此圖中胡寶玉坐在戲園二樓上。
石版畫。(夢花館主江陰香,《九尾狐》,1918,1991重印,第二卷第四回圖)

文學插圖肯定有不同的風格和內容，對妓院裡的名妓和城市風景中的名妓表現方式會有所不同。例如，韓邦慶《海上花列傳》總是在某個特定的章回中，以室內的名妓去描繪一個事件，但這些場景也沒有明確體現出文字中常有的對妓女的嘲諷，仍保持了她的形象所具有的文化象徵意義。拜名妓所賜，上海也魅力依舊。這個兩難問題最後以一種出人意料的方式為小說服務：它凸顯了城市和名妓形象的模糊，小說解構自己的插圖，反之亦然。

鑑於上海妓女的文學和比喻潛力，她們在這些小說中扮演如此重要的角色並不奇怪，在文字和插圖中，她走出了內部領域，成為上海公共空間的主宰，體現了慾望、金錢的所有曖昧之處。小說將她的性格和傳統名妓的形象做了鮮明的對比，同時，上海和中國其他城市的區別也一目了然。

文學插圖中新的都市感

作為早期的現代城市藝術形式，小說和其中的插圖都反映了一種新型的都市感。文字表現出的疏離和距離，是文人在明確的、熟悉的價值觀主導的世界日漸衰頹之後所作出的反應。小說吸引讀者近距離地觀看這個城市，這個曾經或將要屬於他們的城市，但它要求讀者看穿其浮華的外表。小說對城市非凡的一切鉅細無遺地進行了現實主義的描寫。小說依賴著城市的魅力，但又借助黑幕小說的技巧讓讀者保持安全的距離。這種技巧能否奏效，關鍵在於這座城市，包括它的過客是否還抱有傳統的價值觀。這個城市迷人、奇特、令人不安，最好是由態度曖昧的窺探者來遠觀。這種現代的疏離視角部分是受到了《點石齋畫報》的影響，它率先把城市當

作一個觀看的客體來描繪。這些作品不是在和讀者對話，而是在和城市對話。因此讀者不是真正的對話對象，只是一個旁觀者。

這種疏離感在有些插圖中也可見一斑。插圖中的景色和人物都被置於城市建築中，而人物關係普遍有種錯位感，彼此沒有交流。各個人物常常處於不同的物理層面，被各種結構和心理障礙區隔開來。插圖構圖反映出了一種內外對立的感覺，裡面的人似乎一定程度上在控制局面。插圖也展現了一種主要以個人和城市中非個人化的物理建築之間的疏離關係為代表的新的空間觀念。在城市中，個人既可以是主體也可以是客體，既可以是觀察者也可以是被觀察者。

隨著都市文學插圖藝術的不斷發育，上海妓女的形象也漸漸發展起來。如同1930年代的插圖（圖6.12）所展示的那樣，她仍是帶來都市感的工具。儘管這些插圖中的人物並沒有身處豪華都市環境，和圖6.13中的傳統形象比較便知她的體態和凝望的眼神是如何內化城市環境的，僅憑她自身又如何能讓人聯想到整個城市。圖6.12中的女性以傳統的姿勢憑欄遠眺，但她要收入眼底的不是遠山、河流，而是看不見的城市風光——她的姿勢已經透露了這個秘密。

晚清狹邪小說的興起與當時黑幕小說盛行的大趨勢緊密相關。這些小說大部分寫於上海，寫的也是上海名妓，書名裡也有上海，這反映出故事發生地點的重要性，一定程度上也反映了文人在這座城市裡的身份困境。在變遷中，文人們首先失去了傳統地位，他們藉著對上海和上海的寵兒——名妓和商人的描寫來表達自己的失落和幻滅。甚至過去需要他們保護和宣傳的名妓也在租界的避風港裡發達起來，靠自己的力量變成了自由的代理人和女商人。未來的城市知識分子們被城市誘惑，城市提供了工作和向大眾發聲的機會；但同時他們也被城市排斥，因為他們無法決

6.12 《金小寶》。石版畫。19世紀晚期的上海名妓金小寶是本書的主角之一。（張春帆，《九尾龜》，1930年代出版，1984年重印於台北，無頁碼。）

晚清繡像小說中上海名妓的形象

燕古堂木刻白畫
花開花落送黃昏

種玉記

種玉記

下卷

六

6.13 《種玉記》插圖。木版畫。圖中的女性姿態放鬆，望著空中的一對愛情鳥。（汪廷訥，《玉茗堂批評種玉記》，1628—1644；重印於周蕪，《中國版畫史圖錄》，808）

定城市的價值和品位。因此，他們又重新回到了自己曾參與塑造的城市的形象，並著手去解構它。

這些小說的作者是記者。新聞寫作對晚清小說的發展產生了非常重要的影響。上海狹邪小說和當時的官場小說有很多共通之處，它們的作者常常是同一批人，他們很了解清代官場的腐敗。兩種小說都以「揭黑幕」為主要策略。這種親緣關係在曾樸 1903 年到 1907 年出版的《孽海花》和中原浪子連載於 1908 年的《京華艷史》等書中表現得最為明顯，妓女和政客都是它們嘲諷的對象。[51]

作為一種文學類型，19 世紀晚期的上海狹邪小說為城市小說開創了一個潮流，名妓在其中扮演了主要的角色。背景設於其他城市的狹邪小說也迅速跟進，例如漢上寓公出版於 1909 年的《新漢口》、天笑 1910 年出版的《新蘇州初編》和 1911 年的《蘇州繁華夢》，以及 1915 年出版的《揚州夢》。這些小說是城市小說和黑幕小說的混合體，既有對特定城市新鮮撩人的都市生活方式的渲染，也有對這種生活方式的批評。名妓當然還是主角，但書中也有很多一般性的社會政治批評。

儘管如此，一直到 1920 年代上海城市小說都是主流。城市作為一種靈感、資源和主體，在 20 世紀頭十年的文學中佔據著主導地位。當上海名妓的形象從晚清進化到民國，變成交際花、電影明星、舞女和普通妓女之後，仍然還是描繪摩登都市的主要文學人物。

上海指南

城市身份形成過程中的娛樂業

1860年代，不斷發展、初具雛形的上海成了整個中華帝國裡被描寫得最多的地方，記者、小說家和遊記作家都在嘗試講述這個城市，闡釋其核心精神。這可能是因為上海獨特的背景，它是中國土地上的一個外來的存在，但更重要的是，因為上海接受各種定義，而上海的塑造者們也希望影響城市的發展。人們被這塊土地吸引的原因各不相同，對上海的未來也有不同的看法，因此他們對這座城市核心特點的理解也是各有千秋。但是，儘管存在這些差異，但從一開始，人們對上海租界的認識就是建立在幾個相互矛盾的神話之上的。

寫於1870年代和20世紀早期的上海城市指南，是有關城中各種名勝非常重要的文獻資料，高度自覺地構築了想像中的勝地。作者試圖在指南書中講述一個有關上海的故事，希望為它塑造一個獨特的形象。這個形象取材於同一地方的其他影像。在這一點上，指南書並不受語言的局限。在它們對上海的描述中，看法和認識互相矛盾、回應，相輔相成。在勾勒這個獨特形象的過程中，必須回答一系列複雜的問題，除了做抉擇，還得做妥協。城市的中心是哪裡？到底是縣城衙門所在的老城廂，還是黃浦江邊外國銀行和大商行林立的公共租界？城市指南書裡到底要寫些什麼，又要略去些什麼？租界的部分究竟是單獨處理，還是把整個城市寫成由好些區域組成的一個整體？應該先介紹城市的哪一方面？它最主要的特點是什麼？究竟是商業、工業、旅遊和娛樂，還是教育？對上海來說，這些問題都是開放的。指南書反映出城市規劃中的鬥爭。當局不僅試圖在政治、經濟上塑造它，也試圖從物理上以建築和街道建設形塑它，從文化上引介新的社會文化價值觀打造它，但這個城市的未來仍是個未知數，誰說了算也是一個問題。這些指南書便是爭奪城市定義權的持續鬥爭的反映和工具。[1]

雖然指南書可以是很個人化的，但它也受到體裁和功能的限制。這種體裁要求作者或書商對城市做公開、可靠、真實的描述。城市指南書暗中和花界指南、狹邪小說保持著距離，後者通過描述妓女厚臉皮的現代做派來表現城市的形象；它也不同於新聞記者批判、諷刺的立場，它為上海辯護，維護著它的價值、優點和潛力。儘管如此，上海指南書還是要在已有的體裁、它所描寫的新型城市、上海遊人過客對信息的特別需求之間做一個調和。它們也不得不面對以娛樂為中心的城市，尤其是無所不在的名妓。因此，這些指南書一開始就不得不處理在城市形象中的「遊戲」角色的問題。

那還不是全部的。可能人們會以為這樣一個日益繁榮的港口城市會炫耀它的地位，宣傳它的形象，但上海的情況顯然更複雜。外國插手建立了租界，但上海租界不是殖民地，它對華人和洋人一樣是個移民社區，沒有本地人口。這個城市的獨特性所帶來的開放空間，也正是爆發城市定義權爭奪戰的地方。因此，上海城市指南在不斷變化的主導敘述中呈現出複雜、矛盾的畫面。

長期旅居上海和短暫停留的華人作者在談到他們對這塊飛地的印象時，喜歡用仙島「蓬萊」來打比方——這裡與俗世隔絕，是一塊神奇而壯麗的土地。這種話語裡的偷窺慾說明了人們接受了一個事實：這個地方有自己的規矩。這種規矩直到 19 世紀末才被打破，1895 年中日戰爭結束、馬關條約簽訂之後，城市的面貌發生了很大的改變。蓬萊仙島的形象是在租界建立之初建構起來的。1850 年代，躲避太平天國戰火的中國文人搬進了租界，創造並發展了這一形象。自 1870 年代初開始，上海的報紙和出版業發展起來，進一步刺激了大量關於上海的作品誕生。

來自歐洲和北美的旅人是租界中的主導力量，他們也曾去過、或了解諸如巴

黎、維也納、倫敦、芝加哥、紐約等其他現代城市。租界並沒有讓他們看呆，但他們的確感到自己在塑造著租界，而究竟按照何種樣板來塑造它引起了許多爭議。法租界還是牢牢地控制在法國領館的手裡，而監管公共租界的各國領館間的矛盾紛爭卻沒能最終調和，因此上海人得以享受很大的自由空間。1860年代初，一種觀點成了主流話語：上海作為模範租界，由上海人來建立和管理。自從1860年代到1900年，這些不同的認識、形象和神話，以及與之相關的暗喻和講述、價值和權力的結構為一種集體的、獨特的文化事業打下了基礎。

因此，那些被註解的形象也充滿了內在的張力和矛盾。當它們否定其他形象時，被拒絕的那些選擇也在繼續形塑著形象。而且隨著歷史的發展，其中有些模糊之處被放到了檯面上來。藏匿在蓬萊仙島這個比喻後面的是一種選擇：上海也許是一種遊樂園，或者後來的「大遊戲場」，以及更後來的「大樂園」；這給後來嘲弄上海租界和租界文人的行為做了鋪墊。接著，高舉社會責任大旗的「模範租界」話語反駁了人們常說的「通商口岸的人都沒有腦子、只知享樂」。[2]

各色各樣的上海遊記

最早的上海指南出自城裡居民之手。這些指南書特別有意思，因為它與作者的自我認識密切相關。人們對城市的定義和他們對自己，以及自己在其中扮演的角色的定義緊密相連。最早由租界居民寫成的指南書之一便是《滬遊雜記》。[3] 該書作者葛元煦是一位專業醫生，在太平之亂後旅居上海。這本刊行於1876年[4]的指南書在接下來的幾十年裡極受歡迎。兩年之後，插圖日譯本也出版了；1887年葛元煦的朋

友袁祖志又編輯出版了第二版。[5]

作者在序言裡稱，這本書是為了幫助那些到訪上海的文人、官員和富商巨賈；上海已經成了一個商貿、觀光勝地，但這些人不了解這個地方的新規矩。正如作者所說，「此邦自互市以來，繁華景象日盛一日，停車者踵相接，入市者目幾眩，乎駕粵東、漢口諸名鎮而上之。來遊之人，中朝則十有八省，外洋則二十有四國」。[6]

作者認為，上海指南理所當然就只是租界指南，因為遊客最搞不懂的就是租界的習俗和法律，「宦商往來咸喜寄跡於此」。而上海的老城廂，還有老的縣衙，則與日新月異、經濟繁榮的租界不啻天壤之別，因此在這本指南書裡只是提了一下，[7] 放到了邊緣位置。

儘管遭到外國強烈抗議，以前租界還是被稱作「夷場」，在這本指南書中則被禮貌地稱之為「洋場」，或者簡單地稱作「北市」，與老城廂「南市」相對應。葛元煦的指南書展示了租界是如何一步步篡取「上海」這個名字的。

這本指南書的結構也與其他中國城市指南和西方的城市指南書不同；它相當隨意地分為四個部分，除此之外看不出其他的篇章組織原則。全書就像字典一樣，由三百多個條目組成，以一系列獨立的片段來表現上海租界，它們合在一起便是上海輝煌的集錦。

這本指南書開篇便是三幅法租界、英租界和美租界各自的地圖，地圖後面是一個中文指南書的新項目，即對上海現存的所有列強的標記，也包括清政府的標誌做一個描述。地圖在其他早期中文指南書和地方志中也有，除此之外，這本指南書其他部分的順序則完全沒按照傳統和等級制的規矩來安排。

「租界」的條目後面便是「馬路」、「陰溝」、「陰井」、「大橋」、「道旁樹木」、

「租界例禁」、「蘭花會」、「賽跑馬」、「江海關」、「會審公堂」、「廣方言館」、「博物院」、「牛痘局」、「工部局」、「巡捕房」、「申報館」、「西曆」、「垃圾車」和令人驚喜的「灑水車」。

第一卷的內容可以視為對上海的制度方面的介紹，其餘三卷則以租界生活為主，核心是娛樂和休閒。其中妓館以及所謂的「青樓二十六則」，包括一系列與客人互動的儀式，諸如「茶圍」、「叫局」、「裝乾濕」等等。書中還列舉了許多餐館和美食，包括「外國酒店」、「外國菜館」，以及各個餐廳的招牌菜。戲園也是單列的一類，包括「外國戲園」、「外國馬戲」、「外國戲術」、「外國影戲」和戲院上演的劇目名等等。此外，書裡還提到了各式酒館、書場、煙館，對了，還列出了各種經營京貨、洋廣貨物的店舖名錄。

作為強調新奇的上海娛樂休閒的一部分，這個五花八門、無所不包的類目羅列了各式各樣的西方技術發明、工業製品和租界的基礎設施。它們令人好奇、欽羨，又逗人開心。例如「馬車」、「腳踏車」、「大自鳴鐘」、「煤氣燈」、「自來風扇」、「洋水龍」，和「照相」、「蘭花會」、「賽跑馬」出現在同一個系列裡。

葛元煦的上海沒有外觀或心理上的中心。你在書中感覺不到政治中心或政府的位置。上海的主管部門是「工部局」，它負責管理城市，維護公共秩序，而「工部局」的條目被插入在「放生甲魚」和「旅館」中間。據指南介紹，「放生甲魚」它不但能吃池塘裡的其他魚類，還可以上岸殃及人類，而「旅館」介紹的是岸邊熙熙攘攘的小旅店，還提醒人們要小心扒手。

不管是貿易還是娛樂，沒有哪一方面能完全支配這個城市。有關城市新面貌的知識以新名詞的形式在條目中一一羅列，完美地體現了一種平等的風氣。誰說會審

公廁一定比消防水龍更吸引遊客？通過術語的逐條記錄，上海租界成了一個沒有有形存在的地方。書裡沒提到任何建築地標，也沒有任何對街道及其建築的介紹。而且，上海是一個沒有過去的城市，它在鴉片戰爭中的起源從未被提及。這種對新奇魅惑的狂迷沒有借鑒歷史，也沒有時光流逝之感。所有的一切都被裝進了當下，城市就是分門別類、脫離情境的花邊新聞、遊戲、商品、商店、茶館和煤氣燈的一場實況演出。

上海成了烏托邦主題公園，一個充滿偷窺樂趣的中心。葛元煦的上海，是按照新奇、有趣的理想建構的。讀者是漫無目的、到處偷窺的遊客，徜徉在這個沒有傷害、沒有時間、閃閃發光的迷人遊樂園裡。

葛元煦坦承他是在模仿 19 世紀中期的一本北京指南書，楊靜亭的《都門紀略》。這本書不講歷史，只講當時的北京，並且首次包括了「時裝」、「購物」、「娛樂」等類目，但《滬遊雜記》還是和早年的城市指南書一樣，花費了大量筆墨來鋪陳城市的「繁華」。[8] 但不管怎樣，這些城市指南書都有自己的問題。李斗的《揚州畫舫錄》描繪了揚州歷代繁華而沒有聚焦於當下；孟元老的《東京夢華錄》是在開封落入蒙古人手中之後寫成的回憶錄，其懷舊色彩和上海熙熙攘攘的實際情況不搭調；灌圃耐得翁寫於 1235 年的《都城紀勝》介紹的是南宋首都杭州，這本書其他都很好，甚至還可以給上海提供一個都城作為模板，但它又引發了另一種批評的聲音：杭州的一枝獨秀都是以北方失地為代價的。考慮到這種批評，葛元煦認為在介紹上海租界時即使提到杭州回憶錄都是非常不明智的。

因此，《滬遊雜記》的敘述策略和文體結構都相當謹慎地考慮了內容、適應性和需要悄然排除的部分。葛元煦最後採取了北京指南書相對簡潔、不帶個人色彩的風

格，但把其中的類目分得更細，他也參照了前輩對開封和杭州繁華勝景的描述，但對前者的懷舊情調和後者以妥協換來的榮耀保持著距離。因此葛元煦得以避免用線性或統一的敘述來描述上海，在他對城市的描繪中營造出更大的自由空間，讀者更容易接受他的描述。所以，他筆下的城市沒有一個統一的核心，看起來似乎是一個無中心、無等級的存在，這個城市沒有歷史包袱可背負，也沒有設定的發展道路。

葛元煦沒有掩飾自己對租界的讚美，在他的筆下，上海遍地都是繁華。在他的指南書中引用了一首流行的竹枝詞，把租界比作奇幻的海市蜃樓。

北邙一片闢蒿萊，百萬金錢海漾來。
盡把山丘作華屋，明明蜃市幻樓台。[9]

租界是在老城廂北邊的平地上發展起來的，海外貿易的財富都聚集在此。氣勢傲人的上海西式建築佔領了荒蕪的小山，作者以調笑的口氣肯定地說，這一切都不是真的，肯定是海市蜃樓。

外國人沒有被刻畫成陌生人或者懷有敵意的外來者，在「奇」的類目之下，城市裡西式生活的每個物件都受到熱情洋溢的讚許。指南書刻畫的城市裡到處都是西方人，但其實當時租界裡有十三萬名華人，西方人僅兩千名。[10]作者誇大了外國人的存在，但對此沒有絲毫憂慮；這與對上海第二大標誌——妓女的態度形成了鮮明對比。葛元煦認為，妓女應該被寫進書裡。[11]外國人和妓女一起成了城市繁華的標誌。

租界的國際性沒有被當作點綴，反被視為上海主題公園最核心的部分。中外生

活的方方面面、商貿、娛樂似乎都以一種隨意的方式混在一起，形成了一種濃郁的異國情調。來自中國各地、亞洲、乃至西方的形形色色的居民和遊客可以去看西式戲劇、馬戲、魔術、皮影戲，甚至東洋戲法，還有數不盡的來自中國各地、以各種方言進行的娛樂表演。所有這些樂子都成了上海國際化、都市化特徵的一部分。指南書還附上了國內國際航船進出港時間表和中外輪船公司名錄，上海作為國際商業中心的標誌性形象從中悄然透射出來。

儘管如此，葛元煦對租界的態度還是相當難捉摸。他在書名中用了「遊」字，在提到自己旅居上海的經歷時稱「余遊滬上十五年矣」，沒有什麼感情色彩。「遊」的概念讓人聯想起仙境般的上海，但沒人可以聲稱自己是仙境的常住居民。

作為多種族社區的上海

1884 年，美查的點石齋石印局刊印了《申江勝景圖》。這是第一本有關上海的插圖版介紹，它以中西文化傳統為基礎，提供了一個整合的、理想化的畫面。銅板蝕刻法、石印術和照相術的引進為突出上海的勝景帶來了新的可能，借助這些印刷方法，出版商得以用富有衝擊力的圖片來表現城市，與其他文字描述進行市場競爭。

《申江勝景圖》一方面保留了中國遊記突出「名勝」等元素，同時結合了 19 世紀歐洲插圖出版物的特點，直接表現大城市中心或遙遠異域的奇景。[12] 每幅插圖都配有以不同字體書寫的簡短的文字說明。這本書把城市裡包括老城廂在內的各個不同的部分都當作一個整體，從老城廂內外宏偉的廟宇、雅致的花園，到租界的街景和五花八門的西式娛樂項目都是它特別描寫的勝景。本書插圖作者是為《點石齋畫

報》作畫的著名畫家吳友如，序言中非常明確地說明，申報館及主辦點石齋石印局的美查直接參與了本書的策劃工作。[13]

作為沒有前例可以倣傚的跨文化作品，這本書以自己的方式表達了一種獨特的上海圖景。這是一個多民族文化認同的城市，《申江勝景圖》著重表現中西文化的結合以及華洋之道如何和平共處。美查不只是一個夢想者，還是一個行動者，他積極打造了這樣的上海圖景，成功地把不同的觀念糅合起來，將上海的成就和輝煌融匯成一場視覺盛宴。即使不在語言上，也在觀念上把歐洲模範租界的想法和中國繁盛的商業之都的概念結合了起來，而對後者來說，娛樂業從來都是不可或缺的。吳友如則以結合了中西畫技的插圖技法，盡力傳達著這個新的都市理想。《申江勝景圖》首次用建築、公共空間和諸如救火隊等公共機構來代表上海的繁華（圖7.1）。

整部書中都充滿了這種觀點。《申報》上刊出的售書廣告稱，上海勝景足以上奪天工，因為這是人類的創造：「上海一隅，為各埠通商之冠，極人巧之所……有雄而奇者，有幽而秀者，有醉心迷目極奢華而極超逸者。雖屢經其地，而對客塵談不可以。」[14] 這本書高調地稱上海是「中夏一大都會」。[15]

書中沒有區分華人、洋人的貢獻。本書旨在為上海之光代言，把上海的一切成就都當作中西合作互動的結果來展示。儘管《申江勝景圖》希望表現一系列書名中所說的「勝景」，但從它清晰、明確的結構安排可以看出，其實該書立論持中，將兩種對上海的不同理解——作為仙境的上海和作為多民族城市的上海——融匯在了一起。

文化景觀是最重要的。上海學宮、也是園、城隍廟後花園內園、四明公所、廣肇山莊這些景點要麼位於老城廂，要麼在文化上和老城廂有關聯。它不像葛元煦的

救火洋龍

7.1 《救火洋龍》。石版畫。吳友如作。(點石齋,《申江勝景圖》,1884, 2:12)

《滬遊雜記》那樣簡單地把老城廂略去，那裡還保存著一些文化。以江南地區其他中國城市的標準來看，上海在這個領域簡直算不上什麼，但《申江勝景圖》裡著重描寫這些特色景觀表明，它要提供一種令所有城市居民都引以為豪的城市形象，大家都能看到自己的貢獻。西方人對城市的貢獻主要在於基礎設施的精巧技術，例如煤氣公司、自來水公司、電力、鐵路、進港的商輪等等，還有非常低調的點石齋石印書局，這也是該書的出版商。為了突出西方強大的存在，書裡著重描繪了高大恢宏的建築，包括英國大使館、德國俱樂部、法國商會、聖三一堂等等。書裡看不到與西方的戰火，恰恰相反，上海教場、吳淞要塞和江南兵工廠的圖片突出的是中國的武力和革新精神。

圖 7.2 中表現的是塞滿了中國帆船和西式汽船的黃浦江，這是為通商口岸獻上的讚美。圖畫前景表現的「模範租界」的主題，悠然自得的外國人和華人傳遞出租界中一派祥和平安的景象。把巨大的汽船和前景中的靜美的風景並置，給了汽船一種新的定義。它代表的不是西方的威脅，而是開放通商給中外雙方帶來的好處。在美查自己看來，西方的擴張可以有不同的形式，實行不同的功能。正如魯道夫·瓦格納的研究證明的那樣，美查採取的是「蘇格蘭啟蒙運動」的路線，他認為商人也有責任參與改善他所身處的社會。[16] 這也符合美查多民族文化的理想。他的這種觀點與堅持維護英國利益的頑固派產生了分歧。[17]

《申江勝景圖》把上海當作公共空間來展現，藉此讚美和宣揚公共理想。公園、賽馬場、黃浦灘、大馬路、建築、港口，甚至洋人的墓地都成了社區生活的象徵。這些圖像表現了城市生活公共性的一面，也包括了公共管理，例如運送囚犯的巡捕，還有一幅圖表現的是中外官員共同執行審判的會審公廨。這些插圖特別注意描

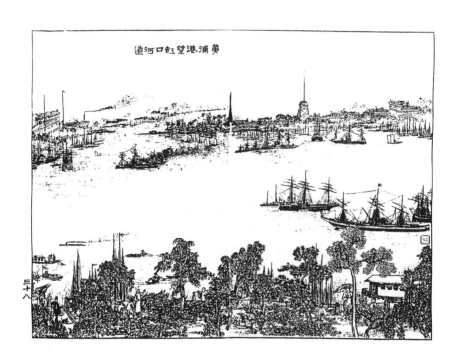

7.2　《黃浦港望虹口河道》。石版畫。吳友如作。(點石齋,《申江勝景圖》,1884, 1:38)

7.3 《龍華進香》。石版畫。吳友如作。（點石齋，《申江勝景圖》，1884, 1:34）

繪街道和建築裡人們生活的生動場景，讓洋人和華人一起出現在公共空間中。最引人深省的是，到處都看得到女性：她們在公園裡漫步、去寺廟進香（圖7.3）、乘敞篷馬車出行、泡戲園和茶館、參加教堂禮拜（圖7.4），甚至還去會審公廨。

在構建理想社區崇高形象的同時，作為娛樂中心的城市也沒有被遺忘，《申江勝景圖》第二卷主要是娛樂上海的主題。這本書繼承了19世紀的觀點，承認娛樂是城市魅力的一部分，但沒有注意到它的經濟意義。第二卷描寫了西式彈子房（圖7.5）、妓院、女書場、鴉片煙館、美國馬戲團、設有藝妓的日式茶館、參加滑稽的口袋賽跑（圖7.6）和練習體操的（圖7.7）天真的西方人，來代表城市必須提供的世界性的、有趣的、令人興奮的消遣。中國人的娛樂的概念總是與奢侈和繁華相關，奇異和古怪都包括在內。外國人沒有被刻畫成強勢的帝國主義者，而是引人好奇觀望的天真、奇異的對象。這些歡樂而又文明的場景傳達了一種無法抗拒的安逸、繁榮的感覺，小心地迴避了這樣一個商業城市裡任何令人不快的地方。

在天堂的風景裡，物品沒有任何影響；很明顯，這裡的一切都不賣。這裡沒有任何物品消費的暗示，只有對風景的消費。買進賣出、汲汲求利並不是上海高雅的文化風景的組成部分。本書最後一幅精美插圖，畫的是美查另一個印刷企業，古今圖書局。美查是當時出版上乘中文書籍的主要書商，從康熙字典第一版面向市場的版本，到準備科舉考試所需的教材，從《古今圖書集成》這樣的皇皇巨著到沈復的《浮生六記》都是他出版的。[18] 按照這種排序法，申報館生產的不是商品，而是上海文化產品的重要組成部分。

這些展現富麗堂皇、精緻講究、新奇有趣的插圖，使蓬萊仙島般的上海顯得栩栩如生。它把上海當成一系列景致來展示，在奇特和莊重之間保持著精妙的平衡。

7.4 　《禮拜堂講書》。石版畫。吳友如作。（點石齋，《申江勝景圖》，1884, 2:26）

7.5　《華人彈子房》。石版畫。吳友如作。（點石齋，《申江勝景圖》，1884, 1:40）

7.6　《西人賽跑》。石版畫。吳友如作。(點石齋,《申江勝景圖》,1884, 1:54)

1.1 《西人習藝》。石版畫。吳友如作。(點石齋,《申江勝景圖》, 1884, 2:58)

這不是葛元煦《滬遊雜記》中供人消費的主題公園,而是一個充滿歡樂、令人讚歎的天堂。在這些的城市空間裡,在對上海居民及其為公共利益所做的貢獻的刻畫中,公眾得到了讚美。不過,在這看似無盡的新鮮奇景、種族和睦、文化多元的背後,也許能感受到上海西方人在這個成功的管理故事中流露的自豪之情。

作為模範居住之地的上海:居家旅遊手冊

第一本由上海人以西文撰寫的指南書印行於 1903 年,葛元煦的《滬遊雜記》問世二十五年之後。自從 1860 年代以來,就不斷有西語的上海租界介紹出現。[19] 這些指南書是為了向西方的生意人介紹這個即將開放的市場的潛力,這裡也被視為西方勢力範圍。[20] 一般來說,這些早期指南書都是內容駁雜、開本巨大、圖片豐富、裝幀精美。在 20 世紀早期,上海作為旅遊勝地逐漸吸引了全球的關注,大量賓館、指南書也應運而生。[21] 但這些書採取旁觀者視角,鮮有署名,而 1903 年出版的達爾溫特教士的《上海旅遊手冊》(*Shanghai: A Handbook for Travellers and Residents to the Chief Objects of Interest in and around the Foreign Settlements and Native City*)顯然與之不同。達爾溫特的這本《手冊》是第一本英文的上海指南,也的確是當時最有影響的。

根據不同版本中的作者前言來看,達爾溫特是天安堂的一位牧師,至少從 1890 年代末到 1910 年代末都住在上海。這本書結構明確,分為五個部分:序言、主要景點路線(外國的、中國的、郊外遠足)、公共機構、俱樂部和協會,以及附有照片的歷史介紹與說明。

達爾溫特的敘述分為不同的層次。第一層選取了十字交叉的街道中的一個小格子以及其中的建築。租界生活就在這個小格子內展開。他從外灘開始，這裡就算是小方格的第一條線。以下引述《手冊》開篇闡明了一條主要的敘述脈絡：

> 來上海的遊人第一次散步可能就是在黃浦江邊，這是世界上最有趣、最著名、最氣派的大道之一。四十年前，這條路的另一頭還沒有人行道，也沒有樹木和草坪，而且寬度還不及現在的一半；漲潮的時候，江水都快漫過廣東路和北京路上的樓群圍牆了。以前這裡也沒有公園，除了有個別工人堆放的建築材料之外，潮水退下後江灘上都是爛泥和垃圾。工部局通過不懈的努力把這裡變成了如今的散步佳境，竭盡全力與航運業在這裡設立碼頭的企圖做鬥爭。他們維護修繕了這個重要的城市綠肺和漫步長廊。[22]

達爾溫特的城市有自己的定位——濱海區。他講述的重點是修繕。從黃浦江、外灘開始講述，非常符合講西方城市故事的精神。在上海人的心理地圖中，黃浦江便是他們存在的理由，它得到妥善保護的內陸深水和出海口，象徵著租界美好的未來。這條河是貿易的生命線，它代表著租界的商業本質。在西方人繪製的上海地圖中，這個觀念表現得十分清楚。各種地圖裡的黃浦江都無一例外是租界重要的標誌性特徵。[23]

儘管有這樣清楚的商業取向，達爾溫特在介紹城市歷史沿革時，講的卻是一個以工部局為代表的上海移居者的公共利益與狹隘的商業目的不斷鬥爭，並最終取勝的故事。上海移居者秉持以公共利益為本的精神來建設這座城市，因此，開頭就會

有這樣一番含蓄的爭論，說什麼遊人眼前的城市是各種不同利益衝突鬥爭的結果，它完全可以是另一副面貌云云。公對私的問題如此重要，達爾溫特在1920年修訂版出版時有更為直接的表達：

新移民會注意到，在公共租界和法租界之間的河邊地區有著非常驚人的差別。法租界的河邊都被商業佔領了：汽船一艘接一艘，到處是貨物和苦力，在這裡散步可不那麼愉快。而公共租界的河邊是風景優美的開放空間，只有幾艘汽艇和貨船在這裡停泊。那令人心曠神怡的草坪和便道、開放水域的自由視野，還有炎熱夏日裡從海上吹來習習涼風，給我們的河邊帶來了千金難買的舒適、健康和美麗。要是任由商業大行其道，要是河邊排滿了汽船，我們就不能吹噓我們的外灘是世上最美的街道之一了。[24]

誰將掌握現在，並塑造這個獨特城市的未來，是商業利益還是整個公眾的利益？對達爾溫特來說，這個問題的答案決定了城市的外在面貌和精神氣質。[25]和法租界的對比說明這場競爭還遠沒有結束。整本《手冊》都以公共利益為中心，達爾溫特試圖說服讀者也接受這個觀點。

達爾溫特向遊人介紹了外灘一系列的公共建築和機構，當然還是以公共利益為出發點。這個集合充滿了意義和符號。街道被當作開展公共生活的地方來介紹。這裡有不收過橋費的外白渡橋，外白渡橋旁邊的公園，還有各種由大家捐金修建的公共紀念物。按作者的講法，這些建築都是移居者為維護租界公共利益而鬥爭的產物。這個城市的精神以上海運動事業基金董事會（Recreation Fund）為代表，這個

創立於 1863 年的股份制組織目的是監管、支持公共福利事業。它後來成了幾乎所有的上海公共娛樂機構的經濟支柱。達爾溫特講每個機構歷史的時候都細緻地記錄了其成立經過。他這本指南書前面幾頁已經勾勒出了一個有分量的上海,後面雖然稍為溫和了一些,但基本保持了這種嚴肅的敘述基調。

統治租界的政治機構以及金融、貿易來往,由各種大廈呈現在了第一層級的上海之中,在葛元煦的《滬遊雜記》裡,這一層明顯是缺失的。「抹著石灰的大廈都是古典樣式,許多都是傑出的建築,要說出外灘上所有商行的名字是不可能的,但北京路轉角處的怡和洋行大樓不得不提。租界建立之初,這個地段可能價值五百塊,但現在恐怕一百萬也買不來。這座大樓建於 1851 年。」[26] 當達爾溫特領著讀者來到新的文化和金融機構面前時,指南書強調的是它們的建築價值而非商務活動。

第一個街道和建築組成的小格子的另一條線便是南京路。南京路和外灘呈一直角相交,形成了一個 T 字。南京路比任何其他街道更能反映商業利益的力量。但達爾溫特的關注點卻有所不同,他通過南京路上各種不同樣式的建築來描繪租界多彩的社會生活。首先是工部局及其公共責任,接著是工部局的建築——市政廳(the Town Hall):「市政廳(工部局召開會議之地)和菜場建於 1896 年,佔地四萬三千平方英尺。排演廳的主立面是點綴著寧波石的紅磚,厚重的山牆賦予它莊嚴尊貴的氣度。『老閘捕房』輪廓鮮明、結構協調,上有一個尖頂拱和中央塔樓,保持著整齊的方院子。」[27] 達爾溫特帶著讀者走過了警察總局、消防總局、新衛生處辦公室、市圖書館,還有一些教堂,他自己所在的天安堂是早期英格蘭風格的,還有經常被畫到的聖三一堂。

老城廂(達爾溫特稱之為「上海老城區」〔the Shanghai Native City〕)有自己獨立

的一章。和租界一樣，也是從街道圍成的小格子開始講起。在這個小格子裡，達爾溫特將中國人街頭生活講述得更為完整，還對多彩的中國建築表示讚賞。[28]

這種網格狀的敘述結構在公共租界、法租界和老城廂之間穿梭往來，創造了一種特殊的效果：上海成為一個彼此關聯的整體。所有的標誌、建築、機構和人們，都被放在彼此的關係中去表現。當作者的講述在一個個街道、一個個地區逐步推進的時候，所有的介紹都不是孤立的；租界生活方方面面的信息，帶著過去、現在所有細節和故事，都在這個網格中互相鎖定、聯結在一起。

隨著介紹的推進，城市的第二層也以「公共機構」、「俱樂部和協會」等社會單位的形式建構了起來。「公共機構」的部分包括教堂、學校、共濟會旅館、戲院和其他娛樂場所、公園和花園、公共圖書館、水龍公所、公共樂隊等。「俱樂部和協會」涵蓋了各種組織，全國的、本地的、文學類的、科技類的、行業的、商務的、慈善的、體育的諸多組織都包括在內。許多這類組織都在第一層的敘述中作為那些建築的租戶或業主出現過。如果說這些機構在第一層中是社區有形存在的標識符，那麼在第二層中它們便被分為一個個群體，傳達出租界中精神生活和休閒活動的具體畫面。

於是便有了這斯文優雅、秩序井然的畫面。外國人似乎在上海發展出了一種對有組織的休閒的強烈愛好。這類活動花樣繁多，極為豐富。達爾溫特的指南書列出了大約五十種社交類的機構，一百種各類會社和俱樂部，其中大約有三十個完全是休閒運動類的，而這只是為 1903 年租界中大約五千名外國人口而設的。[29] 如同書中所寫的那樣，這個外國人社區以最為典範的方式來打造自己的社交生活和消遣活動，他們在市政廳跳舞，在公共遊樂場玩騎馬和板球，去蘭心大戲院（Lyceum Theater）看戲，去公園遊玩，到華人生活的郊區南島去旅行，去上海圖書館看書

（據稱這裡的人均書籍擁有量甚至超過了倫敦市民的大英圖書館），或是去上海博物館參觀。

就中國人的娛樂來說，《手冊》推薦去老城廂附近逛逛，參觀一下租界的華人戲園，但同時提醒讀者不要抱有太高的期望，「只有演員身上華美的絲綢戲服值得一看。表演風格很幼稚」。[30] 作者對張園（達爾溫特根據花園主人之名稱之為叔和園〔So Ho Garden〕）的介紹充滿了愛憐；張園坐落在老城廂之外，公共租界的外圍。

對休閒娛樂的描寫是一個特別敏感的話題，在發展上海一體化形象的過程中這是爭論的主要焦點。達爾溫特對上海洋人健康的休閒活動的描述，包含了他對某些觀點的拒斥，他的敘述為我們了解相反觀點提供了一些線索。他為上海公共圖書館的創辦及其意義寫了一篇文采斐然的報告，接著解釋說，寫得這麼細緻是因為「我之所以提到（宏偉的圖書館），是因為它揭穿了所謂通商口岸的人都不長腦子，只知享樂的荒謬說法」。[31] 爭論的中心問題是上海外國人群體的認同和道德立場，要不就是他們的娛樂與休閒，要不就是這個天然令人墮落之地體現了他們的精神氣質。達爾溫特的上海設法保持了模範社區的理想。

模範租界的概念起源於 19 世紀的歐洲，那時，「模範租界」指的是一個現代商業或工業聚集區，需要以一種模範的方式與現代設施相結合，還要有文明的政治機構保障其社會秩序。它意味著不同階級（或種族）在同一塊土地上和諧共處；公共機構承擔著為所有人謀求福利的責任，這類社區中的公共圖書館是一個重要的標誌。巴塞羅那哥特式老城區外面的模範地區便是一個著名的例子，它大約與公共租界同時建立起來。[32]

再看看達爾溫特在《手冊》中忽略的內容，這個本已相當明確的目標變得更為

明確了。儘管他在上海擔任了二十年的牧師，但他從來沒提到任何小酒吧或酒館，這可是世界上酒吧最多的城市；他也從未提及一年兩次的賽馬會上的賭馬或者彈子房裡玩樂的人們。他幾乎沒有留意到法租界福州路附近的華人的娛樂中心，更沒提到妓女。被當時的西方記者稱為「上海的天堂『大道』」[33]的馬路只寥寥寫了幾筆，鴉片商店只是因其建築而被評論了兩句。[34]但在「慈善團體」的小標題下，達爾溫特評論說，「中國某些階層的婦女和兒童都令人同情。由於各種原因，少女和婦女淪為娼妓：沒人要的孩子，不稱心的兒媳婦，迫於貧困賣兒鬻女，此外還有惡棍拐賣年輕女孩。而且鴉片也是一個原因。」[35]他沒有像點石齋的《申江勝景圖》那樣試圖去表現妓業背後的中國文化根基。

其他文獻證明了賽馬和打彈子時賭博的重要性，也證明了外國人的確作為客人和表演者參與了妓業。但當達爾溫特描繪為公共利益而獻身，而非「沒有大腦、只知享樂」的上海人時，另一種特徵卻又被忽略了，換句話說，無論來自什麼國家，那些精明、勤勞的商人消失了。根據達爾溫特的觀點，商業的力量對模範租界是一個威脅。如同葛元煦創造的上海一樣，《手冊》沒有直接提到通商口岸的經濟基礎。[36]從歷史來看，1903年的上海工業還不像貿易和金融那麼發達，企業還非常罕見。1895年後日本才得到書面承諾，可以進口用於工業生產的重型機器設備，這時候上海的企業才發展起來。而在《手冊》出版的年代，上海經濟主要以商業、金融和娛樂為基礎。

在小格子和群團組織後面，是堅硬的歷史事實。達爾溫特在第三層中介紹了城市的歷史，提出了他的中心思想——上海本質上是獨立的模範租界。「必須搞清楚，上海從一開始就是一個租界，不是殖民地。英國政府吞併了香港，它已經變成了英國的

領土，實行英國的法律。反過來，上海用於建立租界的土地只是租借給英國政府的。有個事實可以證明這一點：所有的土地所有者還需要向中國政府支付地租。」[37]

點石齋的指南書裡上海的形象是一體的，而達爾溫特的上海看起來是一個有多個行政、社會中心的社區。這裡有多個租界，包括公共租界、法租界和完全接受中國統治的老城廂；這裡還有各種各樣的俱樂部和協會，人們在這裡見面、社交。上海彷彿不從屬於任何政治實體或國家，它是自治的。為了說明這一點，達爾溫特在全書中一直竭力強調，租界的統治機構是由居民建立和管理的，歸根結底是他們自己在管事。上海工部局只是代表了外國納稅人會議，這是公共租界的最高管理機構，一定程度上法租界也是這樣。

上海租界的獨立性其實並不完全符合實情，因為至少在名義上清政府還對這個地區有管轄權；對租界獨立性的強調反映出了歐洲人對城市權的理解。達爾溫特對公共精神的強調，某種程度上是為了展示一個由社區自發建設起來的上海。代表租界公共精神的力量擊退了只知享樂的墮落之路和商業利益帶來的威脅。

三種上海腳本和三種未來

這些不同的關於上海的講法——葛元煦《滬遊雜記》中的主題公園、點石齋《申江勝景圖》中的多民族社區、達爾溫特《上海旅遊手冊》中的模範租界——有著不同的思想定位。這些講述包含著一系列有關該地的發展、促進其發展的個人承諾和公共價值的設想。儘管他們都把上海當作一個成功故事來講，但畫出的藍圖卻有所不同。華人和西方人社區在這個城市中扮演什麼角色？他們應該扮演什麼角色？或者

簡單地說，這是誰的城市？

　　葛元煦描寫上海的條目結構表明，中國文人無力在這個成功的城市中擔任組織、定義和領導的角色。而《申江勝景圖》刻畫了一種華洋攜手共創的繁榮勝景供中國讀者欣賞，試圖撫慰這種不安。達爾溫特書中則有種自以為是、自我辯護的驕傲腔調，流露著和葛元煦一樣的不安。達爾溫特關注的焦點是讓品行良好、敬畏上帝的市民團體來掌管城市的形象和未來，一方面他認同點石齋為城市未來勾畫的樂觀的藍圖，相信在不同群體齊心協力之下上海會走向健康繁榮，另一方面他強調公眾利益是度量良好社區的尺度。這裡的「公眾」也包括了旅居租界的中國人。在這方面，點石齋的《申江勝景圖》讓構築文明社會的西方啟蒙觀念戰勝了私利和狹隘的國家、民族問題，並把它傳播給了中國讀者。它描繪的城市未來不是由道德來指導，而是始終堅持文化包容對城市健康發展的重要意義。

　　三本指南書的地圖直觀地呈現了它們不同的立場。葛元煦用三幅局部地圖來表現上海租界，法租界、英租界、美租界的地圖分別印在了不同的書頁上（圖 7.8）。在達爾溫特《手冊》後附的地圖中，上海老城廂的位置是一片空白（圖 7.9）。點石齋的上海地圖和《申江勝景圖》同年出版，把上海租界和老城廂當作一個整體的不同部分來表現（圖 7.10）。這些地圖都是有意建構的文化產物。儘管它們都聲稱自己是真實可靠的，但是有所設計的地圖還是會在畫面中反映出特定的觀點。這些各不相同的上海地圖分別突出了真實記錄的某個特定部分，它們是選擇性表達的結果。把這些不同語言的指南書和地圖放在一起比較，這一點便更加彰顯出來。[38]

　　在城市的不同腳本中，娛樂都是極其敏感的話題。從指南書對娛樂業點點滴滴、方方面面的詳細介紹可以看出，每本指南書都很清楚娛樂業潛在的符號價值，

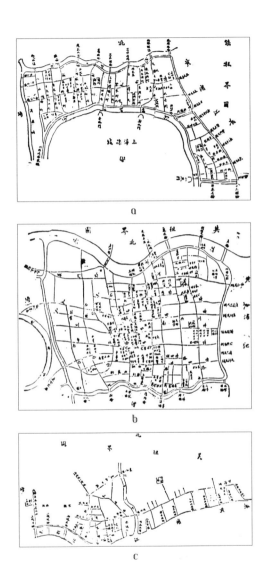

7.8a-c　　上海各租界地圖：（a）法租界，（b）英租界，（c）美租界。（葛元煦，《滬遊雜記》，1876）

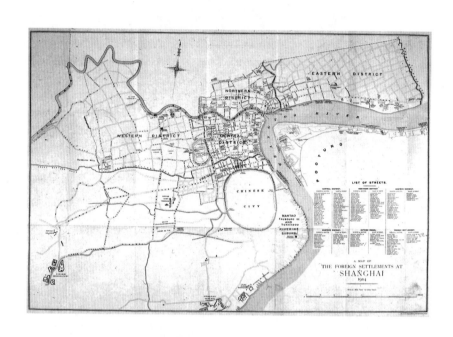

7.9 《上海租界地圖》。(Darwent, *Shanghai: A Handbook for Travellers and Residents* [1903])

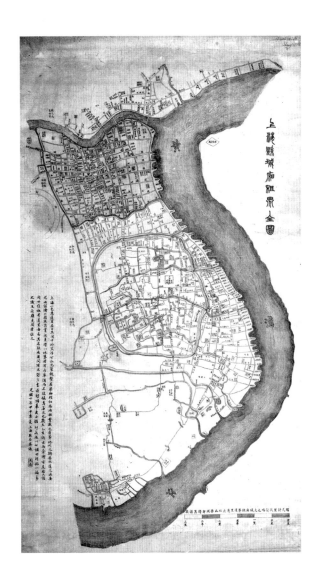

7.10《上海縣城廂租界全圖》。(點石齋,1884)

只是根據作者立場的不同，它可能被明顯誇大，或是被有意輕描淡寫，或者用來強調一個更大的特點。有關城市形象和社區認同的大量鬥爭都圍繞著應賦予娛樂什麼位置這個問題而展開。

這三本上海指南都指出了上海某些核心特徵，其對這些特徵的選擇和表達直到 20 世紀初都極大地影響著對上海精神、文化的理解。葛元煦 1876 年的刻畫基本上把上海租界當作了娛樂天堂，他的「主題公園」的概念幾乎主導了 1880 年代到 1890 年代的所有中文指南書。1884 年點石齋出版的指南最為強調的是上海不同群體、種族之間的和睦相處與互動，儘管它插圖極為漂亮，營銷也做得很出色，但它引進的這個概念在當時的華人、西人社會中還太超前，未能引起半點微弱的回應；直到很久以後這種觀點才結出了果實。西文的指南書在兩種觀點之間搖擺：美查把上海看作一個多文化平等相處的社區，而達爾溫特的移居者們看到了和平共處，但對互動沒有任何興趣。

儘管同時還有其他指南書出版，但 1909 年才迎來了真正的轉折點：這一年兩本全新的中文指南書問世了，隨著此後二十年乃至更長的時間裡半年一次的更新，逐漸佔據了市場主導。它們以自己的選擇和拒絕，與上述的三種潮流形成了有力的互動，為有關城市的表達開啟了新的層次，也讓上海及上海人形象定義之爭達到了一個新的高度。

作為國際商業都會的上海

上海商務印書館 1909 年出版了《上海指南》，這個標題便說明商務印書館決

心來個新的策劃。書名中用的是代表行政邊界的城市官方名稱「上海」，與此前用「海上」、「滬上」、「申江」來意指文化邊界的指南書明確區分開來。《上海指南》第二個突破在於有了一套新的類目來組織、塑造和表現城市。這本指南結合了傳統縣志和西式字典的形式，對上海基本情況的介紹和導覽很像達爾溫特的講述：首先是高度理性的對公、私利益的一個平衡，結構按照等級來展開，各個類目代表的是不同的利益。對上海行政機構的描述稱得上是達爾溫特的現代版，但寫到各種商業企業時卻有自己的分類方式，沒有按屬於華人還是西方人來界分。從標題可以看出，本書明確排斥從前的中文指南書中所謂租界是非凡仙境的說法。不過，這本書把租界和老城廂當作上海這個整體的不同部分，算得上是繼承了點石齋的《申江勝景圖》的路數。在這方面，它營造出了一個國際性的多民族都會的形象。在所有的中文指南書中，《上海指南》是一個分水嶺，新鮮的處理手法使其看起來像是出自外國人之手。可能這也不算令人驚奇，因為早在 1903 年，日本最大的出版商金港堂就已經買下了商務出版社一半的股份，並出版了許多新式的現代教科書。[39]

　　這個新的國際大都會頭等重要的是法治。在開篇介紹了上海的地理形貌、城市位置和其中各個區劃之後，商務印書館便按照新的類目來展現這個城市，第一個小標題是「官廨職掌及章程」。這個部分佔了《上海指南》第一卷的絕大部分。從老城廂到租界，各種法律法規它都有細緻的介紹，不給文化假設留任何餘地。比起商業和工業，這個城市更看重公共利益，這本指南在接下來的題為「公益團體」的章節裡傳遞的正是這個信息。這一章節包括了「公會」（社會、學術團體）、「學堂」、「藏書樓」（公共圖書館）、「博物院」、「善堂」、醫院、監獄和宗教機構。就這樣，與「私」相對的「公」的概念被放在了城市機構設置中加以表現，公共圖書館和博

物館也作為「公共」機構首次在中文指南書裡進入了這個領域。接下來的一章是「工業和商業」。整本指南書的結構都是根據公、私對比的原則來安排的。在這種有主有次、不失平衡的城市圖景中,「食宿遊覽」一章被放在最後也沒什麼奇怪的了。娛樂根本不屬於這本指南,為了構建合理的城市形象它被完全刪去了。剩下的就是自豪的、理性的城市。這種缺失反映出一種防禦性的,甚至有點無助的態度。

上海「主題公園」的形象早已確立起來,而這本指南書完全對娛樂避而不談,說明編者無法用與其他章節相協調的方式來處理這一方面。在達爾溫特的指南書中,娛樂業的內容都隱藏在其他類目之下;而在這本書裡只有諸如戲園、龍舟等純潔的內容得以保留在「遊覽食宿」中。本著這種精神,就連洋人的娛樂也簡略得只剩下了皮影戲和賽馬。風月場毫無疑問是上海最吸引人的去處,但只是在介紹裡模模糊糊地提了一下:「上海妓館之多,甲於全國。本館以其有關風化,故但記其眩惑之端,以資警醒。其詳細事情,悉屏不錄。」[40] 在「風俗:租界瑣記」的標題下,指南書稱上海的特色是「奢侈」。「上海自與外國互市以來,市面雖日見發達,風俗則日流於奢侈。嫖賭之風極盛。一若捨此外無第三種娛樂之事可言者。」[41] 說到娛樂,《上海指南》在提到上海妓女的生活時只有寥寥兩行,主要是在提醒讀者要小心陷阱。《上海指南》是對葛元煦《滬遊雜記》的一個回答,後者把上海當作一個五彩繽紛的神奇樂園,每一幅美景都散發著繁華的氣息。

在《上海指南》中,上海的繁華完美體現在它豐富多樣的經濟生活中。這本書三分之一的篇幅都是各種商業和金融企業的名錄,這份名錄的多樣性說明了是什麼樣的人和企業在真正主宰這座城市,掌握它的財富。除了全書開頭有幾幅銅版畫之外,這本書幾乎對城市的有形存在沒什麼表現。在商號名錄之外,另一個重點便是

維持城市秩序的規章制度。這本書的前半部分分門別類、逐條介紹了統治和管理城市的各種規則，敘述不帶任何感情色彩，也沒有主觀意見和解釋。同樣，在寫公共機構和外地企業的章節中，除了「商號名錄」列出了總經理的名字和商號地址之外，幾乎沒有別的信息。這本指南書和它所描繪的城市保持著距離，這個地方看來彷彿外國一樣，這裡治理良好，平安祥和，專用於傳統商業。長長的政治、經濟機構名錄無聲地透出一種權力和財富的感覺。

通過《上海指南》，商務印書館為中國讀者呈現了一個新的上海。它基本按著西方的城市的概念來結構全書，把上海變成了一個陌生的存在。

從前的指南書展現城市繁華的關鍵是對「奇」的描述，這本指南書用西方的制度和中西商界共享的實用知識取而代之，成了對「模範租界」式上海解讀的第一個直接回應。模範租界式解讀也曾主導達爾溫特的指南書。儘管本書表現的上海在公共利益和私人利益間保持著健康的平衡，但主導性的畫面還是商業貿易的模範租界。

1912 年重版的《上海指南》回過頭來，給娛樂專闢了一章。商務印書館的編輯肯定是感到第一版清教徒式的嚴格走得太遠了，讓現實生活中的讀者難以使用這本書。重版的指南寫道：「娛樂之事為旅客所必需，故各種娛樂事情，莫不詳為記載。」[42] 1912 年版的《上海指南》在「妓館」一欄下對上海的妓院，包括西方人和日本人的妓院都有詳細的介紹。「戲園」一欄，包括「中國戲園」、「外國戲園」。此外在「各種遊戲」的欄目下，列出了五花八門的上海遊戲，這也是中文的上海指南書首次以單列類目的形式來承認城市生活這一部分。這裡與《滬遊雜記》的模式不同，娛樂並不是在定義城市，它被當作城市生活中必須的附屬角色完好地容納在一個章節之中，從而避免了再佔主導。

上海遊覽指南

　　但《滬遊雜記》的遺產並沒有因為《上海指南》而終結。1919 年，中華圖書集成公司出版了《上海遊覽指南》，以現代的方式復興了這個傳統。堪稱葛元煦指南書之標誌的「主題公園」形象和集錦式的敘述結構，曾遭到商務印書館的強烈排斥，在《上海遊覽指南》裡又得以恢復。

　　這本書的集錦式結構以無中心、非線性、無等級的方式描寫上海。位於中心的是默認的讀者——遊客，與《上海指南》的高傲專斷不同，這裡城市就是為了滿足所有的需要。《上海遊覽指南》開篇的三個章節是根據不同類型的遊客來安排的，例如，遊人被分為「單客至申遊覽指南」、「約友至申遊覽指南」、「攜眷至申遊覽指南」和「夫婦至申遊覽指南」幾類，旅行的目的也分為「結婚」、「賭博」、「求學」、「購物」、「購辦機器」、「求醫」和「買煤鐵」。對各種不同的人都有特殊而實用的建議。在列出的各類遊人和吸引他們來上海的種種原因中，該書顯露出一種自信：上海擁有廣泛的吸引力。遊人的需要被視為正當，值得加以記載。

　　處於這個敘事立場中心位置的是上海的主人，他像在家一樣自在，完全掌控著關於上海的所有信息。與其說這位主人是對上海持有古怪看法的個人，還不如說他是上海驕傲而又悠閒的集體認同的象徵。與點石齋《申江勝景圖》的感覺很相似，這位主人家在帶著客人遊覽自家地盤時既負責任，又很愉快。它的評論和葛元煦《滬遊雜記》中那種「客」的立場明顯不同。葛元煦饒有興致地介紹著上海，但不願為它負什麼責任。而《上海遊覽指南》就透露著自信和驕傲。這本指南書以一個精明的局內人的視角，把讀者納入到城市的各種選擇之中，偶爾對潛在的危險發出一兩聲警告。

在這種講述之下，上海有了一個新的特點——歷史。以往典型的指南書會忽略老城廂自宋代以來就是一個行政區的歷史，厚顏無恥地從 1841 年租界建立起開始講，即便提到老城廂，也是用它的落後來襯托租界。《上海遊覽指南》裡妓業的位置很突出，而且講述中帶著歷史。這種方法在中文指南書裡很新鮮。我們從中看到的上海不止是現在的樣子，還有過去的風貌。這座城市被當作改變的進程來描述，而這本指南書就是它的記憶。

對「過去」的需要從 1910 年代末開始被提起，這是形成上海獨特的身份認同的標誌。在這方面《申江勝景圖》似乎是未卜先知。遊客們佔據了他們的城市。在對城市歷史的講述中，在對城市的外觀進行評價的時候，間接地融進了一種讚美。上海沒有其他城市指南中常見的「古蹟」可寫，不過，描寫包括充滿異域風情的各種「奇」事倒可以彌補這種遺憾。這本指南書的照片表現的不是古老的寺廟，而是以「六十年婦女服裝之變遷」、「六十年之各類髮式」為題的各種女性服飾。為了營造一種歷史感，敘述者一副老上海腔調，在「老上海見聞錄」中發表了精到的意見。甚至連「大遊戲場」這個概念也帶著一種歷史的莊嚴感。「上海妓館六十年變遷史」一節為這個概念提供了豐富的細節，記錄了它的興衰。

《上海遊覽指南》完全沒有任何辯護的味道，和從前的指南書相比，它有了一個根本的轉變。城市的身份認同無聲地成長了起來。《上海遊覽指南》能成熟地處理城市的榮耀和陰暗，把它刻畫成一個充滿矛盾的地方，這本身反映出了一種能力。它在開頭的概論就提出，上海代表了「文明」，但同時也給出了忠告。概論的作者說道，這地方的文明彷彿已至極點，上海之所以能成為全國遊覽勝地，一方面是道途康莊，但更內在的，是因為它有完備的法律和能幹的巡捕。

但是，他提醒道，在大家所見到的平靜表面之下，暗藏著罪惡和腐敗。沒有其他地方比風月場更能說明這種對比了。在一個準備為各種需要和慾望提供服務的城市裡，風月場成了指南書的重點。不過，在把這些妓院的前世今生娓娓道來之際，《上海遊覽指南》也嚴肅地介紹了這種地方可能會發生的情況。在「妓女迷客之方法」一節中，專門提到了遊人應當小心「軟騙、硬敲和勾引」。[43]

商務印書館重版的《上海指南》裡重新介紹了上海的風月場，表明它受到了來自此前的指南書和讀者方面的雙重壓力。而《上海遊覽指南》和再版的《上海指南》的敘述策略，是對此前的模板加以吸收和改造。但在這兩者之間還是有一種觀念上的分歧：一個描繪了上海現在和未來的工商業實力，另一個呈現的是一個商業、娛樂和文化中心。雖然如此，這個界限還是變得越來越模糊了。兩者在一定程度上都圍繞著商業這個核心，把「娛樂」的上海和作為「模範租界」的上海融成了一個均質的整體。

作為外國的上海

也許是出於對寓居上海的華人自信抬頭和主人翁感的一種反應，黃人鏡以中文寫成的《滬人寶鑒》(*A Guide for Residents of Shanghai*) 1913 年由衛理公會出版社刊行出版。該書的作者為華人黃人鏡，但他完全採用帝國主義的觀點，全盤否認了美查提出的「多民族社區」的理想。[44] 在對有關上海未來個性的城市身份和競爭的各種辯論聲音之中，這本城市指南可以說是達爾溫特的《上海旅遊手冊》的激進版。在達爾溫特的書中，中國人和西方人在社會分層中佔據了不同的位置，而

這本書則向寓居上海的中國人介紹了上海租界所實行的、切實影響著他們的日常生活的種種「定章」。實際上本書的英文題目就叫做「上海華人須知」（*What the Chinese in Shanghai Ought to Know*）。這個開頭真可謂是振聾發聵。通常介紹城市的指南書會把以遊客為讀者，為他們提供一些搜集本地玩家熟悉的知識，以免他們受到處打聽之苦。但是就上海而言，即使到了 20 世紀，公共租界裡也沒有所謂的純正的上海本地人，因此這些指南書的寫作語氣也就有了不同，它要面對的讀者不僅包括到上海來短期公幹和遊玩的旅客，還有打算寓居此地的人。而衛理公會出版的這本《滬人寶鑒》走得更遠，專門面對寓居於租界的中國讀者。它試圖馴化的對象不是遊客，而是本地居民。在其英文版序言裡，作者稱這本書的目的是「使中國居民諳知上海實情與一切實行的規章，減少其法律上麻煩與損失」。在中文序言中，他更開門見山，「入國問禁，慎者之天職也」。[45] 如果說商務出版社的《上海指南》把這座城市當作一個外國的城市來表現的話，那麼黃人鏡就是把它當作一個「中國土地上的外國飛地」來刻畫的，他全書都在介紹租界所實行的西方法律和規矩。這本書還詳細地介紹了如何在馬路上行路，如何坐有軌電車，如何在番菜館點菜吃菜，以及租界所實行的交通法規、開工建築前需要向工部局申領執照、劇院需要有哪些安全措施等等。其中有一則遊覽公園的注意事項最具有啟示性：

> 上海共有公園四處。其中三處為西人公園，華人公園止一處。西人公園在黃埔灘者，每星期內有黑人（本書作者註：實為菲律賓人）之音樂。華人非隨西人不准入內。狗與腳踏車則絕對不得入內。而華人公園在北蘇州路裡白渡橋南（塊），中西人皆可入內，無有音樂，地積頗狹，範圍不廣。

下面引述的則是《遊公園者指南》：

華人衣西裝者，可自由入公園（本書作者註：指黃埔灘西人公園）遊玩，或
東洋裝者亦可，否則不能。[46]

《滬人寶鑒》把上海當作一個外國城市，奉西人為圭臬。中國人的生活均由西方
標準來評斷，只有那些穿西裝的才被視為充分同化了的西方人，才被賦予他們西方
人的特權。這種文化上的分野在對中西娛樂生活的描述中表現得更為淋漓盡致：

遊娛一端，中西顯然不同，西人無妻者，大都以飲酒、打彈、觀劇、跳舞、
賽跑、騎馬、散步為樂，至妓院則罕有問津者，間一有之，則必下等之徒，
為人所不齒者；至有妻者，除飲酒賽跑外，往往夫婦或偕遊花園，或同往觀
劇，其奔走妓院，為有妻者之所絕無也。此西人之遊娛之大略也。
而吾人之遊娛，恰與西人相反。除飲酒觀劇外，人人不以漁色為唯一之樂
境。號稱富庶及文明者，又莫不廣納姬妾，揮霍自豪。稍可過活著，雖無納
妾之資，又必尋花問柳，寄跡妓院焉。此吾人遊娛之大端也。[47]

《滬人寶鑒》對中國人這一缺乏廉恥揮霍無度的行為進行了嚴苛的批評。

在作者看來，正是這種無廉恥無禮義的行為造成中國國勢不振，江河日下。需
要向租界所實行的外國制度與高尚道德看齊，這也是上海最值得稱道之處；而寓居
上海的中國人是其問題所在，需要把他們重新塑造成配得上這座城市的居民。這正

是《滬人寶鑒》的目標所在。

儘管最早期的指南書只是含蓄地提到了上海的民族構成及其與城市認同的關係，這個例子說明，1910年代種族問題已經公開化了。《滬人寶鑒》反映了分治與和諧的觀念，但將租界的規章制度說得好像是偏向給洋人提供便利似的。這本書是對種族平等觀念和《申江勝景圖》中表現的上海精彩華洋皆有份的觀點的一種反映，它對商務印書館在《上海指南》中勾勒的摩登都會的藍圖也是一種嚴厲的批評。

但衛理公會出版社的講法並不是沒人回應。1919年中華圖書集成公司出版的《上海遊覽指南》肯定得從這個角度來看。它的敘述口吻明顯帶著主人翁的自豪，透出一種中國人的主權和責任感。儘管衛理公會的指南書從未主導過對城市的講述，但這個例子表明，就上海的城市身份而言，仍然存在著矛盾的情感和揮之不去的張力。

上海的形象在不斷混融中一直變化著。這個城市引發了各種競爭性的表述。上海對這些互相矛盾的形象的包容和承擔，也表明它有能力把不同的利益吸收進來，變成自己的創造。這個城市整合性話語的缺失，表明缺乏一個統一的霸權結構，上海是多面的，而新的講述也不需要穿越漫長的歷史走廊。不過，後來的指南書中不斷對早期城市敘事有所回應，體現出了早期城市敘事的影響。

最關鍵的核心議題是對城市核心特徵的定義。由於對城市的基本特點——模範租界、多民族社區、主題公園——以及衡量它的道德標準存在爭議，娛樂業一直是一個高度敏感的話題，顯然它有成為城市標誌性隱喻的潛力。例如，美查精心地安排了各種象徵城市繁華的場景，但這些場景都無一例外圍繞著風月場。中文指南書中妓業不穩定的地位也反映了這一點，商務印書館一心要和批評上海蒙昧落後的老

講法撇清。當中國商界新勢力積極投入到理想城市及其形象的定義中來之後,「作為遊戲場的上海」又有問題了。上海仙境的比喻幾乎完全被摩登都會的形象取代了。在這一點上,商務印書館反駁了它視為錯誤的城市表述。

　　儘管這些不同的城市形象彼此競爭,但它們都有一個共同點:把上海寫成了一個天堂,一個獨一無二的地方。這個城市的獨特性,以及它和平繁榮的景象激發了想像,就連商務印書館嚴肅的指南書也在第三版中首次運用了 1870 年代的竹枝詞,回過頭來把上海寫成了一個安享富貴榮華、偎紅倚翠的溫柔鄉,這裡如此令人迷醉,讓人忘卻了中國現實生活中的責任和約束。[48]

　　隨著上海迅速成長為亞洲,乃至世界主要的金融商貿中心,上海作為經濟巨頭的形象逐漸將模範租界和遊戲場的形象吸收了進來。到了 1920 年代,爭議各方都接受了上海作為世界性大都會的概念。各方都主要將上海視為一個經濟勢力。達爾溫特曾經提出過的公私利益之間的平衡、葛元煦那種置身事外漸漸淡出了歷史視野。在後來的指南書中,工業、貿易產品和妓女都在同一類,它們既為上海的奢華增光添彩,也作為旅遊業的一部分推動城市發展,為城市增添魅力。

　　有關城市的比喻,意義改變了。點石齋和達爾溫特書中曾代表著公共精神和商業利益良好平衡的西式紀念碑和建築,在後來的中文指南書中再次出現,不過卻被當成了異國風情的代表。[49] 夢幻上海的比喻再次浮出水面,成了推銷上海和上海貨的市場口號。

　　最後,1920 年代商業化的城市指南用描述現代商業模範租界的詞彙給了上海一個「世界遊戲場」的名頭。[50] 在這裡,中國人不用離開祖國就能體驗西方和國外的感覺。在中華圖書集成公私 1923 年出版的《上海遊覽指南》中,作者把上海當作自

己的地盤來描寫。[51] 他們表達了對城市的自豪，並且不用證明自己的真實性。他們的城市是在中國的土地上，由外國人和中國人一起建立起來的一個國際大都會。

試執途人而問之曰：中國通商之埠，以何者為最繁盛，則莫不公推上海，可知上海者為全國菁華之所萃，中西鉅商之建設在乎此，達官顯貴之退隱在乎此，名流雅士之嘯詠在乎此，降而至采綠佳人，怡紅遊子，江湖術士亦莫不萬壑赴海，殊途而同歸。[52]

城市的新形象也有新的、更黑暗的一面。1920年代上海已經成了一個世界性的工業、商業中心，有組織犯罪也伴隨而來。報道上海這一陰暗面的指南書層出不窮，多數都和新式「黑幕」小說差不多。這類題目包括1914年出版的顛公的《上海騙術世界》，1923年出版的上海老江湖的《三教九流秘密真相》，以及1932年印行的王定九的《上海門徑》。這些指南書中，上海妓女和其他娛樂行業的身影隨處可見。這座城市的特點就是有許多互不相同，乃至尖銳對立的層面，而中國今天對此最通用的說法便是源於這些指南書。上海被簡化成了「冒險家的樂園」，這個形象源自於1930年代末一位西方作家的指南書標題。[53]

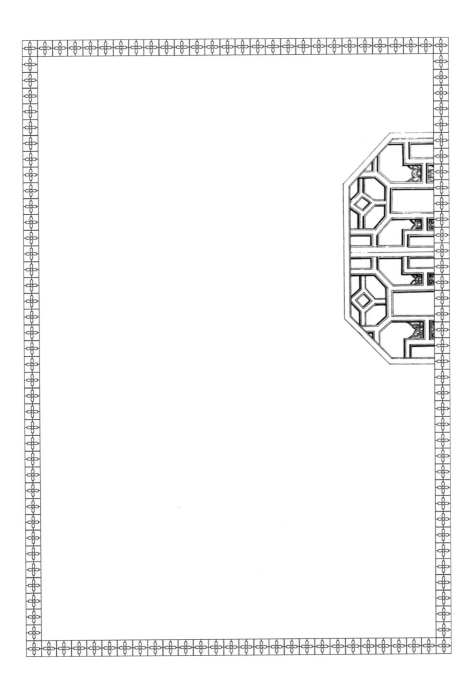

結語

從更開闊的視角來看，對於強調傳統的中國社會來說，上海妓女最重要的影響在於，她們讓新的，甚至破壞成規的事物在都市環境中變得令人神往，甚至成了中國繁榮、現代的標誌。在梁啟超等維新派著手「新民」、創辦《新小說》革新社會文化之前好幾十年，這一切就已發生了。

我們對上海19世紀末20世紀初的娛樂文化的這一研究討論了三個較為寬泛的主題。首先是娛樂無意中扮演的社會變遷和現代化的發動機的角色；第二個主題，是娛樂與這個國際商業中心，以及形成中的中國公共領域之間互相交織的關係；第三點，是名妓和通商口岸環境之間的關係，前者過去總是被按照性別來歸類，而後者一直以來都被稱作半殖民地。

說上海娛樂業在其自身以及整個中國文化、社會轉型中扮演了關鍵角色是有歷史依據的；我們分析了許多不尋常的歷史文獻，包括戲裝和家具等物質文化資料，以及插圖、照片、地圖等視覺文化資料。這個過程中，主要有三方參與其間：上海租界為娛樂業和娛樂文化的發展提供了獨特的條件；精明的上海名妓也很清楚租界特有的環境給她們帶來了何種機會，並積極地利用這種條件來吸引關注，發展生意；而正在形成的都市知識分子歷來就與名妓過從甚密，在上海出版市場上也有地位，在推動明星文化和娛樂刊物的過程中不經意間與名妓成了同盟。

這三方面的互動最令人矚目的成果，便是新型都市文化的產生，女性從此可以扮演公共角色；因為名妓的關係，令人舒適的西式設施也和「蓬萊仙島」的形象結合在一起。同時，報紙成了協商上海都市現代性的平台，並為全國人民所接受和期盼。不過，只是把包裝好的具有國際時尚誘惑力的現成的現代性和蓬勃發展的多文化貿易中心並置在一起，本身並不會產生都市現代性。生活方式和價值觀的改變需要一定的條件、軌跡和主體。

　　上海名妓顯然是十分出色的歷史主體。這群拚命追求新奇、時髦和享受的女子，令西方設施成了最令人嚮往的奢侈品，她們不遺餘力地自我標榜也為女性開啟了公共空間。無論是名妓還是寫名妓的記者，都不是有意識地在推進現代化。娛樂報紙通過追蹤報道妓女明星的生活贏得了市場，卻又和讀者一起指稱妓女們顛覆公序良俗、帶壞良家婦女。對名妓來說，這件事無關解放，但是行動更自由、露面機會更多，肯定對生意是有好處的。而且，作為舞台上的表演者和戲園包廂裡的觀眾，她們也為良家女子──首先是姨太太，然後是太太──打開了新的空間。正如其他對變遷的研究一樣，要證明上海妓女和民國都市女性的行為之間有什麼直接的、確定的聯繫是很難的，同樣，在更廣義的層面上，也很難證明上海妓女的表現和即將到來的中國的都市現代性之間有什麼關聯。不過，對當時的人來說，這一層聯繫卻十分明顯。無論別的地方採用了什麼類似的習慣，報紙上肯定會說這不過是在模仿上海。

　　名妓們走出了局限而排外的妓院來發展自己新的公共角色，並得以重塑身份，提升地位，從公眾對她們的看法中就可見一斑。她們的性感也是其中的一部分，這是她們吸引公眾的重要手段。沒有家族和家庭的干預，她們和客人以個人身份進行

的交往有自己的規則。可以說這種交往促成了新型的公開的性文化，男女可以在公共空間中更自在地來往。因為頂尖名妓並不想在性交易市場佔多大份額，她們只是努力通過拓展客人範圍、模糊自己和主要恩客的關係來提升娛樂服務的文化社會地位，因此這種影響可能會更大。當她們成了公共的藝人之後，她們更加迅速地和客人脫離私人關係。這種新的關係便是後來以娛樂報紙為媒介的大眾明星文化的雛形。而她們偏偏瞞著公眾繼續當名妓，被客人養也養情人，使得她們的公眾形象更令人神魂顛倒。她們改變這個行當的私享傳統並非是為了拋棄自己的客人，只不過是為了增強自己的經濟基礎。這可以給她們帶來經濟上、情感上更多的自由。而獨佔名妓的恩客則不得不容忍並學會欣賞這樣一個事實：與他們相戀的女人的生活正為廣大娛樂報紙讀者所津津樂道。他們也得接受這一點：名妓的職責要求她們一晚上要轉好幾個局，而且她們最終可能會從北京來的俊俏戲子中選一個當情人。他們勉強地承認了自己作為客人已被邊緣化的事實，並適應了一個新的角色——相當無力的都市知識分子。這些新型知識分子靠寫名妓的八卦新聞為生，卻為傳播這些女子的艷名立下了功勞。他們逐漸發展了一種都市諷刺的腔調，一面歎惋這些女子的影響力如此之大，一面鉅細無遺地描寫她們的風流韻事。這些文章也使得上海名妓進一步影響了都市女性。

名妓很清楚走向公眾的代價是什麼。就像今天的電影明星一樣，當媒體發現她們極具轟動效應，可以刺激報紙發行量的時候，她們就不再能選擇隱居，甚至可能變成大家的笑柄。名妓露面機會增多，貼身新聞報道不斷，最終成就了公共領域中著名的大膽、迷人的女性形象。名妓們社會地位升高、露面機會增加，使得她們的花銷和風險也增大了，反過來也推動了新的生意，例如報上會對她們前往其他通商

口岸城市的撈金之旅進行宣傳造勢。

這個發展引發了很多矛盾的情緒。中國受過教育的精英、傳教士，以及部分工部局的成員都覺得上海的名譽受到了威脅。但是，他們有什麼理由強行關閉這些妓院，或者禁止這些妓女在公共場合露面嗎？整個歐洲的目光都注視著巴黎，這裡獨具魅力的娛樂業，尤其是妓業對全世界的富人展現出了如此強大的吸引力，把巴黎變成了法國經濟上的「奶牛」。[1] 歐洲各大城市妓女都是合法的，她們被視為合法的娛樂業的一部分，也是吸引遊客的熱點。[2]

重要的社會變遷可能發生在最想不到的層面，由最不可能的人物來引領。對中國現代化歷程中諸如嚴復、梁啟超、章太炎等知識分子精英和政治領袖已經有了大量細緻的研究。不過，儘管學者們喜歡從知識分子的激進思想中尋找社會變遷的起源，但社會變遷同時在許多不同的層面進行，我們沒有理由厚此薄彼。實際上，這些投身政治的知識分子，標準的訴求不過是要改變現實——其實已經非常不同的現實。但在這種觀念成為大家的共識和行動指南、獲得文化地位之前，肯定有一個社會傳播的過程，而我們對這個過程知之甚少。就真正的中國現代化的文化史研究來說，這些日常生活的改變和細節的意義當然同樣值得重視：人們如何穿戴，異性在公共場合如何交往，私人空間如何裝飾，休閒包括什麼內容，女子在城市空間裡怎麼走路，上海城市人群中不同民族如何互動，西方的物質和習慣怎麼逐漸在上海被接受並傳播到遍及全國等等。這些都是真實的過程，不是規範性的計劃，但相比那些偉大的觀念得到的認可卻太少了。它們如何影響了現代性被接受的過程，還需要更多深入的研究。

上海的娛樂業絕不是一個規範化的現代化項目。正因為它從未把自己視為或裝

扮成現代化的代理人，它才是有效的。充滿魔力的上海風月場釋放出一串串變遷的誘餌。四個方面的「邊緣性」定義了它：它在「正常」的生意之外；它是由「良家」視野之外的女性提供的，沒有什麼力量能約束她們；它依賴角色扮演這樣的假裝遊戲，預示著最後還是要回到現實生活中；很顯然客人手裡的硬通貨是大洋，而不是信仰、價值觀或生活方式。客人可能短暫地、公開地墜入賈寶玉的角色而不承擔任何後果，他們可以逃離傳統的束縛，在上海這個都市現代性的大觀園裡，與自由奔放的美人們談一場摩登的戀愛。他為這個戀愛體驗埋單，把她變成市場上的一場商品交易，因此就獲得了嘗試、選擇或拒絕的自由。這個娛樂業的獨特商標成了上海最主要的吸引力之一，同時也是最重要的商業部門。今天這一切都太清楚了，娛樂業及其背後的娛樂經濟真是成了形塑社會慾望和意識的最重要的力量。而早期的娛樂部門還沒有任何形式的壟斷，因此上海妓女這樣的人物有可能扮演定義文化和娛樂界的重要角色。到 19 世紀末，這個部門變得如此巨大，堪稱中國龐大、混亂而毫無規劃的城市現代性實驗場，包括旅居者、文人、遊客以及不斷增長的富裕的有閒階層都參與其中。

不需要任何戰鬥的號令，上海的風月場就成功地改變了現狀，並且沒有引起太大的不快。城市現代性被名妓嵌入了玩笑、舒適和愉悅的框架，的確顯得更具誘惑力，也更容易接受。

對早期中文報紙的大部分研究，都以梁啟超的《時務報》等鼓吹政治的報紙為中心。最近有一批重要的研究開始關注晚清上海「現代」的公共領域。這些研究逐漸拓展了我們的理解，它們聚焦於《申報》等所謂的嚴肅報紙，關注報紙在培育民族主義的過程中扮演了何種角色，在舉國關注的問題上新聞社論如何發展成為國民

意見的代表，以及專業記者的發展歷程。我們這個研究裡的公共領域範圍更廣，包含了許多不同的形式和層面，其中既有名妓們作為初期的明星自我推銷的百變花招，也有她們在慈善和市政事業中承擔的公民責任；還包括連載了許多最重要的晚清譴責小說的專業娛樂報紙。這些娛樂報紙和出版物，與嚴肅報紙、政治宣傳報紙一樣，都以西方為模板，也採用了許多國外引進的技術。這些娛樂報紙進入市場時帶著明確的承諾——讓讀者享受名妓帶來的迷人的高雅娛樂，而不用擔心走得太近花銷太多、風險太大。比起《申報》等商業報紙，它們受市場驅動更徹底，這也讓它們在法律許可的公共領域中幹得有聲有色，有時候甚至超過了大報。它們不只是報道上海頂級名妓在公共場合的舉止，為她們宣揚艷名，還在連載小說中諷刺腐敗的清廷和無能的官僚。他們為娛樂報紙打下了一個和商業報紙差不多的牢固基礎，並給公民責任實踐提供了一個輕鬆的版本，評選花榜便是一例。上海妓女和報道她們的娛樂報紙，創造出了一個非凡的新社會結構。儘管這可能不符合「公共領域」的經典定義，但就影響公共意見而言，他們的確是發揮了作用。

在他們發展起來的三角關係中——名妓將生意做到了更廣大的顧客群體中，娛樂報紙滿足了公共性的不斷增長，市場迅速地做出反應，增加接近這種娛樂的機會——出現了一種新的以市場為基礎的娛樂的「民主化」。這不是政治民主，但很接近大眾化（popularization）的概念。這種三角關係形成、推動了兩股潮流，第一個潮流可以被稱作「娛樂的擴散」，從前只有精英男性才能狎妓，而現在她們面向了更廣大的都市人群。第二，在這個過程中，原來狎妓可以親睹芳容、一親芳澤，但現在是一群讀者看娛樂小報，只能和明星有一種抽象的親暱。娛樂的民主化和它的公共營銷是分不開的。

本研究不認為性別是與歷史無關的、承載著價值的抽象分析性概念,而是把它放到特殊的社會歷史變遷的情境中去。社會性別方法會預設男性女性之間的問題,而核心的問題就是在社會文化變遷過程中的權力與控制關係。儘管也可以在對上海妓業的分析中採用這一路徑,但以此作為分析框架則未免太傲慢和生硬了。似乎闡釋學的方法更為有效,這種方法讓材料自己揭示出了最重要的兩個問題:在新興的現代文化和政治領域中,娛樂是如何上升為一個重要的部門的;它和市場的關係又是怎樣的。

同樣,本研究也關注上海實際的權力機制,而不是將其概念化為殖民或半殖民等字眼,用這個框架來解讀材料。這些概念已經太具體了,它們今天的議題都足以讓歷史文獻沉默無語,這無助於我們理解歷史主體的行動、動機,乃至他們真實的歷史環境。帝國主義、殖民主義,或者更無用的「半殖民主義」都只能提供一個平面的分析框架,而上海的法律地位、內部機制,以及整體影響卻極為複雜。這個城市是一個悖論,由許多不同的層面組成。這裡由外國人管理,但由多民族人口構成,最大的一個群體是把自己視為「外國人」對立面的「中國人」。它本是給外國人建造的一個通商口岸,但很快就聚集了多個民族。上海租界不是殖民地,清政府一直保持著主權,但日漸失去了管理的實權。這裡也不是漢薩同盟式(漢薩同盟是德意志北部城市之間形成的商業、政治聯盟。漢薩〔Hanse〕一詞,德文意為「公所」或者「會館」。13世紀逐漸形成,14世紀達到興盛,加盟城市最多達到一百六十個。——譯註)的獨立城市,因為外國政府,尤其是法租界裡的法國人仍有很大的權力。[3] 不同群體和民族的影響也是多方面的。在租界的地方規章制度之下,中國商人協力將上海變成了一個國際商業中心,他們成功地積聚了大量的財富,以至在19世紀末,大多數主要地產都掌握在了中國人手裡。用殖民主義來概

括上海會錯失其真正的動力機制，誤解其文化認同。此外，還有一種觀點宣稱，正是上海（或中國）不是殖民地這一點，事實上完美地證明了「文化帝國主義」的力量。這種觀點模糊了上海真正的動力所在，其激進主義色彩也是自毀長城。[4] 實際上，作為典型的多民族移民社區，不同的文化傳統在這裡進行了大量的混合交融。

本研究展示了西方對上海娛樂文化的巨大影響，不過，對於跟日本相關的內容仍有很大一部分空缺，儘管在 1870—1880 年代，在繪畫等領域這一影響已經非常明顯。[5] 日本藝妓和妓女在租界發展的初期就來到了上海，但能證明其影響的證據不多。直到 20 世紀初，這種影響才開始顯現出來。日本藝妓和上海名妓的生意模式完全不同，直到明治時期，日本藝妓的活動都僅限於在封閉的室內，或城市郊外，最著名的例子就是江戶的吉原區。與之相比，租界內的上海名妓活動自由得多，經濟上也享有更大的自主權。

外國人管理租界，無意間使得女子有了更多的機會接觸公共生活，儘管其初衷是通過加強女子教育來實現這一點。租界活躍的經濟文化生活是政治霸權缺失和一套嚴格的都市行為規範相結合的產物。比起高度統一、價值先行的「殖民主義」概念，20 世紀初的上海更適於用霍比·巴巴的「混合」概念來解釋。

霍比·巴巴描繪了無法用既定的國籍、文化等因素來描繪的混合社區。「理論上有啟發意義，而且政治上更重要的是超越本地、本土人的敘述，關注表達文化差異的那些瞬間和過程。」文化的位置就在於相互的關聯之中。

「就在這種新生的縫隙中——在不同領域的重疊、變換中——不同主體間的各種民族的集體體驗、社區利益、文化價值不斷進行著溝通協商。」[6] 上海和上海娛樂文化被描述成在互相交織、替代的主體間性和集體經驗間可隨意協商的早期產品。

無論開放上海的各種力量的初衷是怎樣的，無論行政管理背後的原則是怎樣的，無論不同群體的人們搬到上海來目的為何，結果就是：在不同地區和民族文化價值混融、商業實踐和市民意識的基礎上，上海形成了一個獨特的、強大的身份認同。從政治上說，它成了中國土地上最開放、最具包容力的城市；上海的市民文化正是在這種大融合與霸權結構缺失的環境下發育起來的。

註釋

【導言】

1. 《靚裝照眼》,《遊戲報》, 1899 年 5 月 4 日, 2。
2. Corbin, *LAvenement des loisirs*。有關巴黎的研究以及休閒文化的興起,參見 Csergo, "Extension et mutation de loisir citadin", 12, 1-68。
3. Skinner, *City in Late Imperial China*.
4. 關於上海是變革的發動機,參見 Murphey, *Shanghai*; 上海是帝國主義的橋頭堡,參見 Murphey, *The Outsiders*; 上海是工人運動之城,參見 *Le Shanghai ouvrier des annees trente*; 上海是中國資本主義的搖籃,參見 S. A. Smith, *Like Cattle and Horses*。
5. 有關上海與行政、貿易、商業的關係,參見 Cochran, *Inventing Nanjing Road*; 有關移民社會,參見 Wakeman and Yeh, *Shanghai Sojourners*; Honig, *Creating Chinese Ethnicity*; 以及 Goodman, *Native Place, City, and Nation*; 關於上海是蓬勃的市場中心,參見 Johnson, *Shanghai*。
6. Lu Hanchao, *Beyond the Neon Lights*.
7. 安克強的書基於他 1993 年的論文 "La Prostitution a Shanghai aux19e-200 si e'cles (1849-1958)"。
8. Corbin, *Women for Hire*.
9. 與此相反,安克強的奠基性的論文 "Chinese Courtesans in Late Qing and Early Republican Shanghai" 強調了名妓娛樂賓客的文化氛圍,對我們理解娛樂文化有很大的幫助。
10. Hershatter, *Dangerous Pleasures*, 7.
11. 同上書, 8。
12. David Der-wei Wang, *Fin-de-Siecle Splendor*, 7.
13. 同上書, 59。
14. 同上書, 89。
15. 同上書, 72。
16. 自 1860 年代初起,在《北華捷報》(*North China Herald*)、城市指南等有關上海的書中,「模範租界」(model settlement) 一詞就被用來描述上海。

17・ Wright and Cartwright, *Twentieth Century Impressions*, 368.

18・ 劉晨和阮超在搜求仙草的時候迷路了，正飢腸轆轆時他們找到了一種美味的仙桃，又遇見了兩位絕世美女，為他們準備了奢華無比的住處。等他們終於克服了這些誘惑回到家裡的時候，才發現已經恍然過去了十世。完整的故事請參見劉義慶，《幽明錄》，引自《太平御覽》，ch.41，313-314。這首詩原有一條註：「輪船進吳淞，已見地火密佈。頃刻抵岸，則到處洋房，絕非凡境矣。」這個註釋引自更早的文本《春江花史》，作者鄒弢，筆名為「瀟湘館侍者」。這首詩是辰橋讚頌上海租界的《申江百詠》中的第一首。辰橋，《申江百詠》，第 79 頁。

19・ 斯卡利（Eileen Scully）認為，上海嘗試禁娼和查禁鴉片之後，造成犯罪率急劇上升。參見 Scully，"Wandering Whores"。

20・ 參見 Wagner，"The Shenbao in Crisis"，509-520；有關為上海塑造成「自由之城」所做的工作，請參見 Pat，*Short History*，64-66。

21・ 這沒有把中國居民的集體行動排除在外。行會、會館和個人常常向城市管理者表達其不平和要求。有些案例中，商人也會採取獨立行動，為自己的要求向管理者施加壓力。比如，曾經有一座橋只向中國人收取過橋費，從而激起了民憤，騷動的抗議者要求取消過橋費（參見《申報》1872 年 10 月的報道）。華人社會也參加了 1893 年維多利亞女王的生日慶典活動，但同時也加入了自己的活動。參見 Goodman，"Improvisations on a Semicolonial Theme"，889-926。

22・ 參見霍比・巴巴（Bhabha），*Location of Culture*。

23・ 此處「法律保護」這個說法，指的是上海租界內對商業的一般性的保護；並沒有特別保護娼妓業及賣淫活動的法律。法租界自 1877 年開始，公共租界自 1898 年開始，妓女寓所和妓女必須申領執照並上稅，因此妓女也就有了一定的法律權利。她們可以去法庭為一切事情打官司，可見其職業是合法的。清代有關賣淫的法律參見馬建石編，《大清律例通考校注》，352-353。有關晚明時期南京娼妓業的地方情況，參見 Levy，"The Gay Quarters at Nanking"，5-32。有關 19 世紀漢口的煙花柳巷，參見 Rowe，*Hankow*，594-595。有關此一時期妓女寓所和賣淫的研究，參見 Henriot，*Prostitution and Sexuality in Shanghai*，273-283。

24・ 張仲禮編，《近代上海城市研究》，219-236。

25・ 同上書，53-58。

26・ 清代有關服飾的規制最為細密煩瑣。在服飾等級上，無論名妓還是妓女，都與奴僕是一類，只准服用原色生絲、粗毛、褐色葛布、梭布、貂皮、羊皮，除此之外各種緞紗綾羅及細毛俱不能服用。參見《欽定禮部則例》，卷 34:4。有關清代的冠服制度，參見趙爾巽，《清史稿》，卷 77，3013-3098。

27・ 老上海，《胡寶玉》，79-80。

28・ Wagner, "Role of the Foreign Community".

29・「洋場才子」的字面意思就是「外國貿易中心的天才學者」，這個詞是模擬其原來的稱呼「江南才子」（長江南面江南地區的天才學者）而來。當時的中文將租界稱為「洋場」。

30・ 參見 Chang，*The Late-Ming Poet Ch'en Tzu-lung*；Ropp，"Ambiguous Images of Courtesan Culture"；以及 Wei-Yee Li，"Late Ming Courtesan"。

31・ Henriot, *Prostitution and Sexuality in Shanghai*, 75; Hershatter, *Dangerous Pleasures*, 70.

【第 1 章秀摩登：19 世紀末上海名妓的時尚、家具和舉止】

1· 嚴明，《中國名妓藝術史》；鄭志敏，《細說唐妓》；廖美雲，《唐妓研究》。

2· 參見王書奴，《中國娼妓史》，264。

3· 有關 18-19 世紀長江下遊南京、蘇州、揚州等繁華城市關停妓院的綜述，參見繆荃孫，《秦淮廣紀》，《序》，1-2；李鬥，《揚州畫舫錄》，189。全國的相關情況，參見王書奴，《中國娼妓史》，201-298。

4· 1860—1870 年代期間，上海的報紙報道了清政府頒布的關停老城廟以及租界內妓院的新規定。參見《北華捷報》1867 年 1 月 5 日關於 "Chinese Theaters" 的報道，2-3；《論禁娼新法》，《申報》，1875 年 12 月 31 日。在上海遊客的日記中也提到了禁娼和禁止賣淫。類似的個人敘述可以參看無名氏，《絳雲館日記》，309。

5· 鄒弢，《海上燈市錄》，1:17-18；辰橋，《申江百詠》，86。

6· 上海老城廟裡街道的狀況可參見張仲禮，《近代上海城市研究》，221、233。也有小說寫到了禁止馬車進入老城廟的禁令，可參見孫玉聲，《海上繁華夢》（1988），274。

7· 這個年代議論上海租界的文章中，常會寫到明亮的煤油燈和電燈。可參見點石齋，《上海勝景圖》，2:57。

8· Timothy J. Clark, *Painting of Modern Life*, 79.

9· 有關北京、蘇州、南京的名妓的內容，可參看《點石齋畫報》，元集，11，no.86，1897。後來《圖畫日報》也以連載圖片報道了上海的色情業（no.327-340，1910）。關於上海的住宅，可參看《點石齋畫報》，戊 4，no.28（1885）。

10· 王韜，《海陬冶遊錄》，5649。

11· 同上書，5694。

12· 葛元煦，《滬遊雜記》，28。

13· 很多晚清小說都描寫了妓女和恩客一起逛亨達利的場景。例如韓邦慶的《海上花列傳》，43-45；以及孫玉聲的《海上繁華夢》（1988），78。

14· 商務印書館，《上海指南》（1909），1:7。

15· 葛元煦，《滬遊雜記》（1989），28；袁祖志，《重修滬遊雜記》，2：9；韓邦慶，《海上花列傳》，43-45。

16· 袁祖志，《重修滬遊雜記》，2：9；孫玉聲的《海上繁華夢》（254）又重申了一遍。

17· 孫玉聲，《海上繁華夢》，244。

18· 參見《服妖論》，《申報》1888 年 3 月 9 日，1；《論上海市面之害在於奢》，《申報》，1888 年 1 月 21 日，1；無名氏，《絳雲館日記》。

19· 浪遊子，《海上煙花瑣記》，卷 4:5-6。

20· 這種扇子是最新的時尚，但並非西方進口，而是來自北京，價格極為昂貴，因名妓的使用開始流行；參見葛元煦，《滬遊雜記》1989，37-38。浪遊子在《海上煙花瑣記》卷 4：5 也提到了這種扇子。

21· 浪遊子，《海上煙花瑣記》，卷 4:6。

22 · 這三種高級妓女之間的界限不是很清晰。不過，一般認為書寓和長三主要是受過各種專門訓練的藝人。要進一步和她們發生性關係的客人先得在妓院裡辦很多次宴席，這也是名妓掙錢的主要手段，否則名妓根本不會考慮這種要求。儘管如此，這些頭等名妓在一個時期內一般只把一位恩客視為情人。希望前往名妓香閨會見的客人必須得有熟人引薦。這些妓院的規矩十分細密煩瑣。1860年代到1920年代間出現了很多冶遊指南，租界裡妓院的新規矩和高級妓女的等級早在1877年就有了記載。參見浪遊子，《海上煙花瑣記》；鄒弢，《海上燈市錄》；王韜，《淞濱瑣話》（1937），75-92。有關這類冶遊指南和筆記的討論見第二章。當代人的研究參見平襟亞，《舊上海的娼妓》；Hershatter，"Hierarchy of Shanghai Prostitution"，463-498；Henriot，"From a Throne of Glory"，132-163；以及 Henriot，*Prostitution and Sexuality in Shanghai*，22-33。

23 · 花雨小築主人，《海上青樓圖記》，卷6:3（1895年新刊版）。

24 · 池志澂，《滬遊夢影》，163。

25 · 有關上海妓院地點沿革的歷史，參見汪了翁，《上海妓院地點之沿革》，2。

26 · 滬上遊戲主，《海上遊戲圖說》，1-4。

27 · 《更正調頭》，《遊戲報》，1897年8月26日，2。

28 · 同上書。

29 · 浪遊子，《海上煙花瑣記》，卷4:9。

30 · 王韜在《海陬冶遊錄》（5694）裡有關於時裝、家具和公共場合舉止的大段描述。也可參看韓邦慶，《海上花列傳》，150。

31 · 小藍田懺情侍者，《海上群芳譜》，卷4:19。

32 · 韓邦慶，《海上花列傳》，301-302。

33 · 黃式權，《淞南夢影錄》，507。

34 · 小藍田懺情侍者，《海上群芳譜》，卷4:19；韓邦慶，《海上花列傳》149。

35 · 《圖畫日報》，no.54，1909，7。

36 · 孫玉聲，《海上繁華夢》，254。

37 · 上海商舖和家具的照片參見 Wright and Cartwright，*Twentieth Century Impressions*，525-572。

38 · 浪遊子，《海上煙花瑣記》，卷3:16。

39 · 于醒民，《上海，1862年》，424。

40 · 參見張泌，《妝樓記》，卷3:11。

41 · 王韜，《海陬冶遊錄》，5649。

42 · 小藍田懺情侍者，《海上群芳譜》，卷4:18。

43 · 蔣瑞藻，《小說考證》。這本書1908—1910年間首先由社會小說出版社出版。上海交通圖書館1918年發行了插圖版。後來在《海上花列傳》中，屠明珠這個人物似乎就是以胡寶玉為原型的。參見韓邦慶，《海上花列傳》，149，以及 David Der-wei Wang，*Fin-de-Sikle Splendor*，59-61。

44 · 這個題名為《胡寶玉》的長篇傳記出版於1897年，作者署名「老上海」。胡寶玉的其他傳記請參看鄒弢，《春江花史》，卷13-14；徐珂，《清稗類鈔》，卷10，娼妓類，123-126。

45· 老上海,《胡寶玉》,131。

46· 同上書,127。

47· 同上書,127-128。有關粵妓與外國人之間的關係,請參看鄒弢,《春江花史》,卷1:13。大部分當代學者都認為只有粵妓接待外國客人,我在研究中發現,越界也時常發生,胡寶玉的故事就是一個例子。《遊戲報》有時會報道日本客人去長三妓院的新聞,可參看《東西洋摻》,《遊戲報》,1899年3月11日,2。

48· 鄒弢說胡寶玉有一位出手大方的外國客人,給了她很多錢。參見鄒弢,《春江花史》,卷13。

49· 馬相伯,《航海匯豐銀行開辦時的大股東》,1155。

50· 參看韓邦慶,《海上花列傳》,549。

51· 小藍田懺情侍者,《海上群芳譜》,卷4:19。

52· 例如,有一位去上海的年輕人想去妓院看看,他的妻子最後允許他去了,只有一個條件——他得把他看到的寫下來,這樣她也能體會這一切。參見平江引年,《海上評花寶鑒》。

53· 女子著男裝去妓院的圖片可參見《挾妾同嫖》和《挈妾尋芳》。

54· 給女客人提供服務的妓女有時被稱為「人妖」,這個說法常用來指易裝癖者。參見老上海,《胡寶玉》,108-109;也可參見 Hershatter,*Dangerous Pleasures*,118。

55· 《遊青樓妓女待承歡》,《遊戲報》,1897年9月19日,2。

56· 孫玉聲,《海上繁華夢》,263。

57· 汪了翁,《上海六十年花界史》,549。

58· 整個1890年代,娛樂小說和類似《海上花列傳》和《海上塵天影》等小說講到名妓結婚的時候都很正常,不需要更多的解釋。同樣,名妓的傳記也常常提到她們曾經結過婚,後來又自己單過了。從《遊戲報》等娛樂小報1890年代的報道來看,婚姻失敗後重回上海的名妓不在少數。有關她們年齡的數據來自於四本冶遊指南:《海上群芳譜》(1884)、《鏡影簫聲二集》(1889)、《海上青樓圖記》(1892)和《海上花影錄》(1915)。這些資料裡記錄的名妓年齡很有意思。安克強和王韜的材料中,1850—1870年代時名妓中人數最多的是十五歲(38名裡面有24名)。從租界的資料來看,名妓年齡相對較大。1884年,37名妓女中有24名在十八到二十歲之間,只有5名十六歲或小於十六歲。這些指南書裡提到的大部分名妓也都上了1880年代的花榜。但這些數據也不太可靠。根據1889年的數據,大多數名妓都是十六七歲。1892年,十六歲、十八歲、二十歲的居多。1890年代名妓的平均年齡肯定比安克強給出的1860年的年齡要大(*Prostitution and Sexuality in Shanghai*,28)。可以假設數據中顯示出來的年齡增長是因為不少人離婚後回來重操舊業。有兩個問題相當重要。第一,諸如林黛玉和其他三位早已名聲在外的妓女雖然一直在做生意,但只有早期的指南書裡有收錄,後面的書裡沒有記載。這樣列出來的妓女年齡就人為地降低了。第二,名妓們常常改名字,因此頂尖名妓這個群體貌似不斷更新,其實部分是因為同一個人用了不同的花名。這群女人更年長,經驗更豐富,名頭更響亮,對公眾有更大的影響力,也更能掌控自己的生意。她們可以順利地重操舊業,這足以說明她們掌握自己命運的能力增加了。

59· 《鏡影簫聲初集》。

60· 參見 Alfieri,*Il gioco dell' amore*;Hibbett,*Floating World in Japanese Fiction*;以及 Briais,

Grandes Courtisanes du Second Empire。

61． 有關吉原的歷史，可參見 Longstreet and Longstreet，*Yoshiwara*；現代學者對於日本藝妓娛樂文化的研究可參看 Dalby，*Geisha*；有關日本娼妓史的內容，可參見 Nishiyama，*Yūjo*。

62． 很感謝 Ted Huters 和 Craig Clunas 在一次相關討論中給我提出的問題，這些問題啟發了我關於都市「注視文化」的論述。

63． 《論近今男女服飾之異》，《指南報》，1897 年 6 月 17 日，1-2。

64． 浪遊子，《海上煙花瑣記》，卷 4:6；鄒弢，《海上燈市錄》，1:24。

65． 浪遊子，《海上煙花瑣記》，卷 4:6。

66． 上海通社，《上海掌故叢書》，1:6。葉夢珠 17 世紀寫就的關於上海生活和風俗的手稿 1935 年才首次出版。

67． 同上書。

68． 《林黛玉衣裳出色》，《遊戲報》，1897 年 10 月 11 日，2。

69． 陳無我，《老上海三十年見聞錄》，152。這種珠花衣服究竟是什麼樣子，可以參見上海市戲曲學校中國服裝史研究組編，《中國歷代服飾》，310。

70． 《大金剛擇期戴帽》，《遊戲報》，1897 年 10 月 18 日，2。

71． 《興裝炫奇》，《遊戲報》，1897 年 11 月 2 日，2。

72． 徐珂，《清稗類鈔》，卷 12，《衣飾類》，53-54。《世界繁華報》上也介紹了這股服裝潮流：「現在北裡衣服，最時者腰身不過五寸半，出手一尺七寸袖口，四寸長短。雖視其人之身，然至長不過二尺七寸，以視從前又似短為貴矣。」《世界繁華報》，1901 年 12 月 26 日，4。

73． 《花樣一新》，《點石齋畫報》，寅集，3（1888），圖 23。

74． 《女扮男裝》，《遊戲報》，1897 年 9 月 20 日，2。

75． 《圖畫日報》，no.133，1909 年，7。Dorothy Ko 研究過纏足女性穿的鞋子，參見 *Every Step a Lotus*。

76． 《論海上婦女衣服》，《遊戲報》1897 年 11 月 7 日，1。

77． 同上書。張愛玲在其 1930 年代寫下的有關中國服飾變革的一篇文章中認為，服裝越來越緊身與當時的政治變革和社會變遷有關。她將這一服裝風格和意大利文藝復興時期的服裝相類比，當時的衣服非常緊，不得不在側面開點小口子以方便行動，參見《更衣記》，載張愛玲，《張愛玲全集》，3:70-71。

78． 梅花盦主，《申江時下勝景圖說》2:5。

79． 王韜，《海陬冶遊錄》，5649；上海城市指南裡也列出了這些舖子，可參見商務印書館，《上海指南》（1909）:7。

80． 王韜，《海陬冶遊錄》，5649。更多細節可參見韓邦慶，《海上花列傳》，469；儘管這是本小說，但還是有很多材料支持其中的說法，上海名妓經常拖欠裁縫工錢。

81． 不少書中都記載了上海服對全國的影響，例如 Mottle，*New China and Old*，101；徐珂，《清稗類鈔》，卷 12，《衣飾類》，53-54；還可參看中華圖書集成公司的《上海遊覽指南》，1919，3。

82． Secker，*Schen*，64（我的譯文）。

83． 正規報紙的例子可以參看《服妖論》，《申報》1888 年 3 月 9 日，1。娛樂小報的例子可參看《論滬上婦女服飾之奇》，《遊戲報》，1899 年 1 月 1 日，1-2。

84． 《論滬上婦女服飾之奇》，《遊戲報》，1899 年 1 月 1 日，1。

85． 《論近今男女服飾之異》，《指南報》，1897 年 6 月 17 日，1-2。

86． 《跑快馬車之出風頭》，《圖畫日報》，25:7（1909）。

87． 《論近今男女服飾之異》，《指南報》，1897 年 6 月 17 日，1。

88． 陳伯熙，《老上海》，101-102。

89． 衛泳，《悅容編》，1:69、73。

90． J. D. Clark, *Sketches in and around Shanghai*, 49.

91． Sacker, *Schen*, 21.

92． 例子可參看葛元煦，《滬遊雜記》（5989），17、52；黃式權，《淞南夢影錄》，98。

93． 池志澂，《滬遊夢影》，160。

94． 後來《申報》發表了很多這樣的竹枝詞，都是遊覽上海的遊客寫下的印象。顧炳權的《上海洋場竹枝詞》收錄了一部分這種竹枝詞。上海 1880 年代的交通工具到底有哪些，可參見池志澂，《滬遊夢影》，160；1890 年代的交通工具可參見梅花盦主，《滬遊紀略》，載《申江時下勝景圖說》，1:3。

95． 王韜，《海陬冶遊附錄》，5694。

96． 《狎妓忘親》，《點石齋畫報》，乙集，9（1884）。

97． 梅花盦主，《申江時下勝景圖說》，1:14。

98． 名妓的公開出行常常和某類事件聯繫在一起，也許是名妓的馬車因為超速而被警察拿下了，也許是偶遇恩客，恩客下車把自己的馬車讓給名妓，參見《恩客下車》，《遊戲報》，1899 年2月20日，2。《世界繁華報》上設了一個名為《海上看花日記》的欄目追蹤報道名花的行動，點評相關新聞。可參見《陳玉收心》，《世界繁華報》，1901年12月18日，2；以及《何如玉兜圈子》，《世界繁華報》，1901年12月23日，2。

99． 「校書」是對上海高級妓女的尊稱。原本「校書」指的是圖書編輯或校對者，這個字眼可能從校對時大聲朗讀的傳統演化而來。因為名妓也唱歌，這可能是她們被稱作「校書」的由來。參見薛理勇，《明清時期的上海娼妓》，151。

100．《各張艷幟》，《遊戲報》，1898 年 10 月 10 日，2。

101．上海娛樂業的各種豐富文獻中有大量的名妓行蹤的記錄。可參見葛元煦，《滬遊雜記》；《申江名勝圖說》；梅花盦主，《申江時下勝景圖說》，以及《遊戲報》、《世界繁華報》等 1890 年代的娛樂小報。

102．《中國難於變法》，《遊戲報》1899 年 2 月 18 日，1-2。

103．小藍田懺情侍者，《重訂海上群芳譜》，1:2-3。

104．徐珂《清稗類鈔》的「舟車類」（52）收錄了一則材料，詳細記錄這條遊行路線。

105．20 世紀初期，福州路東段發展成了「文化街」，上海的主要出版商和書店都在這裡。參見胡根喜，《四馬路》。

106．對 1890 年的福州路的詳細描述可參看 J. D. Clark，*Sketches in and around Shanghai*，49-63。

107．葛元煦，《滬遊雜記》（1989），53。

108．點石齋，《申江勝景圖》，2:56。

109‧有關張園的細節請參看上海通社編，《上海研究資料續集》，569-574。

110‧張園是公共空間的一部分，可參看熊月之，《張園：晚清上海一個公共空間研究》。

111‧曾樸，《孽海花》（*Flower in a Sinful Sea*），10；翻譯採用了 Crespigny 和 Liu 的版本。

112‧對南京路和上海商業文化的研究，可參見 Cochran，*Inventing Nanjing Road*。

113‧徐珂，《清稗類鈔》，卷 12，舟車類，52。

114‧細節請參見 Coates，*China Races*，3-138。

115‧老上海，《胡寶玉》，60。也可參看蔣瑞藻，《小說考證》，169-170。

116‧晚清娛樂小報和倡優小說常常寫這種事。可參見《賽馬說》，《遊戲報》，1899 年 5 月 1 日。《靚裝照眼》，《遊戲報》1899 年 5 月 4 日，2；蔣瑞藻，《小說考證》，413。

117‧這類車禍的報道可參見《跑快車之出風頭》，《圖畫日報》，no.25，7（1910）。

118‧《論坐夜馬車之盛》，《遊戲報》，1899 年 7 月 9 日，1。

119‧北京市藝術研究所、上海藝術研究所編，《中國京劇史》，185-187。

120‧北京女子去戲院看戲的情況參見前書。1911 年一位往北京的上海遊客吃驚地發現，在北京的戲院裡男女是分開坐的，他還說男女參觀公園的日子也不同。參見陸費達，《京津兩月記》，《小說月報》2.9（1911）：1。感謝 Denise Gimpel 提示我注意這篇文章。

121‧《婦女看戲竹枝詞》。

122‧《申報》有不少文章寫到禁演劇目，還列出了被禁演的劇目目錄。可見《第一藩司禁演淫戲告示》，《申報》，1890 年 4 月 27 日，3；《遍地論禁女伶》，《申報》，1890 年 1 月 7 日，3。關於上海工部局發佈的妓館、戲院、酒館禁用未成年人的規定，參見 Henriot，*Prostitution and Sexuality in Shanghai*，275。

123‧可參見《觀劇小記》，《申報》，1889 年 3 月 18 日，3。

124‧《花園演劇》，《申報》，1886 年 11 月 20 日，3；《花園演劇細述》，《申報》，1886 年 11 月 21 日，3。

125‧可參見《西報紀女優演劇助賑事》，《申報》，1906 年 9 月 24 日，17。

126‧黃式權，《淞南夢影錄》，116。

127‧《散戲館之擠軋》，《圖畫日報》，no.29（1909），7。

128‧考慮到 1890 年一個宴席要花費 12 塊，80 塊就顯得相當多了。可以與《申報》記者當時的月薪作個比較，當時他們的薪水大約是 10 塊到 40 塊不等，參見雷夫，《申報館之過去狀況》。

129‧《請客匪易》，《遊戲報》，1899 年 1 月 7 日，3。

130‧有關花船的內容，參見李斗，《揚州畫舫錄》，240-242；曾樸，《孽海花》，58-59；邗上蒙人，《風月夢》，33-34。

131‧1860 年代到 1870 年代間，上海的報紙報道了清政府關停老城廂和租界妓院的新規定。參見 "Chinese Theaters"，*North China Herald*，Jan. 5，1867，2-3；以及《論禁娼新法》，《申報》，1875 年 12 月 31 日，1。

132‧鄒弢，《海上燈市錄》，1:18b。王韜，《海陬冶遊錄》，5675、5680。清代禁娼的規定可參看繆荃孫，《秦淮廣紀》，序，1-2。對於清代禁娼的研究，可參見 Henriot，*Prostitution and Sexuality in Shanghai*，271-333；薛理勇，《明清時期的上海娼妓》，152；《上海妓女史》，347、356。

133．參看老上海，《胡寶玉》，131-132。

134．陸費達，《京津兩月記》，《小說月報》2.9（1911）：1；中原浪子，《京華艷史》，《新小說》（1908），7。

135．當時《申報》報道胡寶玉和十三旦緋聞的頭條新聞沒有點出胡寶玉的名字，但還是對這種關係表示了強烈的批評。參見十萬金鈴館主，《名花失品》，《申報》，1873年2月8日，2。浪遊子，《海上煙花瑣記》，3：8。

136．老上海，《胡寶玉》，128。

137．小藍田懺情侍者，《重訂海上群芳譜》，4：11。

138．王韜，《海陬冶遊錄》，5750；小藍田懺情侍者，《重訂海上群芳譜》，4：18；鄒弢，《春江花史》，1：13。

139．《潑婦搶物》，《申報》，1878年11月11日，2。

140．官員帽子上的頂珠代表他們的品級，藍寶石為三品，水晶石為五品。細節可參看上海市戲曲學校中國服裝史研究組編，《中國歷代服飾》，208。

141．《妓院公務》，《遊戲報》，1897年10月15日，1。

142．參見 "Chinese Theaters"，3。

143．Henriot, *Prostitution and Sexuality in Shanghai*, 284-285.

144．1876年地稅是 20,568.92 兩，在總數 96,321.19 兩中，一般地稅收入是外國 27,266.92 兩，華人 48,885.35 兩。租界的綜合稅收是 251,166.01 兩。參見 Municipal Council of Shanghai，*Report for the Year Ended 31st December 1876*，201。

145．王韜，《海陬冶遊附錄》，5694。

146．評估難度可參看 Henriot，*Prostitution and Sexuality in Shanghai*，257-258。

147．鄒弢，《春江花史》，卷5：13。

148．汪了翁，《上海六十年花界史》，35。

149．滬上遊戲主，《海上遊戲圖說》，1：1-14。

150．大家都知道有些名妓給他人代筆寫信。參見《可憐名姝》，《遊戲報》，1899年4月17日，2。

151．滬上遊戲主，《海上遊戲圖說》，1：4。

152．林黛玉去天津的時候正是義和團起事，八國聯軍入侵的階段。她躲在鄉下的難民中，當土匪劫掠難民時，她獻上珠寶才死裡逃生。林黛玉，《被難始末記》，1065-1084。

153．王書奴，《中國娼妓史》，288。

154．有很多關於名妓和照相的圖畫和文字報道。最早的記錄見於葛元煦，《滬遊雜記》，57。在王韜早期寫上海名妓的文章中也提到妓女中流行照相，參見王韜，《海陬冶遊錄》，5720。對中國早期照相的研究可參看 Thiriez，"Photography and Portraiture"。

155．浪遊子，《海上煙花瑣記》，卷3：11。

156．Catherine Yeh, "Creating the Urban Beauty", 419-420.

157．《閱金小寶喬遷詩以賀之》，《遊戲報》，1897年9月21日，2。

158．Timothy J. Clark, *Painting of Modern Life*, 79-146.

159．可參看《遊戲報》1898年9月13日的報道。

160・《論女子照相之便》,《世界繁華報》,1905 年 3 月 8 日,2。

161・上海攝影家協會、上海大學文學院編,《上海攝影史》,7。

162・《耀華照像說》,《遊戲報》,1898 年 10 月 4 日,2。

163・上海攝影家協會、上海大學文學院編,《上海攝影史》,7。

164・《東西耀華,倍人半價》,《世界繁華報》,1905 年 3 月 8 日,2。

165・參見唐振常編,《近代上海繁華錄》,253。

166・安克強專門討論了淫業的消亡,參見 Henriot,*Prostitution and Sexuality in Shanghai*,44-45。

167・劉惠吾,《上海近代史》,406-412。

168・老上海,《胡寶玉》,122。

169・詹塏,《花史》序言。有關詹塏及其作品的研究可參看 Ellen Widmer,"Inflecting Gender"。

【第 2 章上海・愛:新的遊戲規則】

* 本章部分材料曾經發表於 Catherine Yeh,"Reinventing Ritual: Late Qing Handbooks for Proper Customer Behaviour in Shanghai Courtesan Houses",*Late Imperial China* 19,no.2(Dec.1998):1-63。感謝《清史問題》雜誌惠允我再次引用這些材料。

1・ Hershatter,*Dangerous Pleasures*,70.

2・ 王韜的詳細介紹,可參見 Cohen,*Between Tradition and Modernity*;Catherine Yeh,"Life-Style of Four Wenren",419-470。

3・ 參見 Henriot,*Prostitution and Sexuality in Shanghai*,76-77。

4・ 王韜,《海陬冶遊錄》,5647-5648。

5・ 同上書,5678。有部晚清小說曾寫過類似的情節,揚州的一名妓女因為「不禮貌」被地痞流氓教訓,其實他們是想敲她竹槓。參見邗上蒙人,《風月夢》,第八章。

6・ 王韜,《海陬冶遊錄》,5678。

7・ 同上書,5671、5675。

8・ 毛祥驎,《墨餘錄》,2887。

9・ 《苦海航樂府》的手稿藏於蘇州大學圖書館。這部書從未刊印過,因此除了袁進和 Alexander Des Forges 曾經在書中引用過,很多學者都未曾留意。復旦大學的袁進教授幫我找了一份手抄本,非常感謝。

10・ 王韜在《海陬冶遊錄》中提到過這本書,該書的序言作者蔣劍人是王韜好友,王韜還曾大段引用過他的序言,參見王韜,《海陬冶遊錄》,5669-5670。蔣劍人和王韜是最早旅居上海租界與外國人打交道的一批人,有關他倆的研究可參見熊月之,《西學東漸與晚清社會》,以及 Catherine Yeh,"Life-Style of Four Wenren",428-434。

11. 《申江夷場竹枝詞》詳細介紹了租界妓女新的分類以及她們的行為和規矩。

12. 鄒弢，《海上燈市錄》，卷 2:17-18。

13. 第 5 章會有詳細討論。

14. 王韜，《海陬冶遊錄》，5689、5696。沒有證據表明這些新的分類（包括書寓在內）和等級制度是從老城廂學過來的，儘管有學者持這一觀點。雖然老城廂也有高級的歌妓，但王韜只是記下了她們的名字和妓院所在，描寫了她們各自的藝術特長。參見王韜《海陬冶遊錄》，5671、5675；以及毛祥驎，《墨餘錄》，2887。考察租界中的「書寓」的由來，可看看熊月之，《上海妓女史》，第 165-173 頁。王韜在《海陬冶遊錄餘錄》中也引用了苕溪醉墨生（也即苕溪墨莊主人）的竹枝詞，稱這些竹枝詞全面地描寫了租界風月場的新規矩。苕溪墨莊主人的《滬北竹枝詞》1877 年 2 月 14 日發表於《申報》，《青樓竹枝詞》1877 年 3 月 11 日發表於《申報》。有關租界建立前後妓女等級制度的發展，可參見熊月之，《上海妓女史》，第 105-170 頁；以及 Henriot，*Prostitution and Sexuality in Shanghai*，22-25。

15. 袁祖志，《滬北竹枝詞》，第 10 頁。

16. 顧炳權，《上海洋場竹枝詞》，第 10 頁。

17. 薛理勇，《上海妓女史》，第 155 頁。

18. 辰橋，《申江百詠》，卷 2:7。晚清的報紙如《申報》和後來的《遊戲報》上一般都稱長三為「書寓」或「校書」。

19. 袁祖志，《續〈滬北竹枝詞〉》，第 12-14 頁。

20. 池志澂，《滬遊夢影》，157。清末時這些在書場表演的妓女明星成了上海的一個賣點。參見《世界繁華報》1902 年 2 月間的廣告以及熊月之《上海妓女史》，168-171。

21. 王韜在《海陬冶遊錄》裡提到過這些富商，可能他們住在老城廂，有時候他們會叫妓女陪他們去西園（後來名叫豫園）的戲院看戲。這個慣例叫做戲局，王韜指出官方曾多次禁止這類活動，從他的描述中可以看出戲劇很少見，參見《海陬冶遊錄》，5680。此外還有唱局——叫歌妓來表演，以及茶圍——下午去妓院。這兩種活動在二石生寫寧波妓女的書裡都提到過，見《十洲春ండ》，4:4255。這位作者是上海有名的花界恩客。王韜在書中曾寫到二石生和一位上海名妓轟轟烈烈的戀愛，參見《海陬冶遊錄》，5672-5673。這樣說來，出局和茶圍的規矩可能是從江南帶過來的。

22. 自唐代起，娼妓就成了重要的文學主題，她們出現在古今各種體裁的文學作品裡，包括短篇小說、詩歌、戲劇、都市指南等等都有她們的身影，可參見孟元老的《東京夢華錄》。從明代初年開始有了關於妓院的各種指南書，但為數不多，也沒有介紹妓院的規矩和儀式。可參見朱元亮、張夢征編，《青樓韻語》。

23. 例如《牧令書輯要》（1870 ?），這套書分門別類地列出了官員的職責，並從早先的文獻中輯錄出官員的行為規範。Pierre-Etienne Will 2003 年 7 月在海德堡談到這類書的結構，感謝他提醒我注意這種可能性。

24. 把這些指南書和日本 18 世紀江戶吉原的嫖界指南作一番比較很有意思。《吉原出世鑒》（1754）列出了吉原最高級的妓女「太夫」（只有一位，名叫花紫），以及許多次一級的「格子」，「評判」的部分對每位名妓都作了評價。這部書的第二部分逐個介紹了吉原的妓館，還附上了插畫和地圖。另一本指南書是石川流宜寫的《吉原七福神》（1713），介紹了以花紫為首的三名太夫和八名格子。這

本書對這幾名高級妓女作了詳細的介紹，其他普通妓女的故事則較為簡略。書中所附的插圖主要是表現妓院內景。靜軒居士的《江戶繁昌記》（1832）描寫了江戶妓院裡學者、武士和僧人的腐朽淫亂的生活，從 1832 年到 1836 年間被列為禁書。它從個人角度描述了江戶和它的娼妓業。

《大江戶美人諾月雪花娘評判》記錄了當時的一次花界選美。而最著名的嫖界指南《吉原細見》（1803）有多個版本，對各位名妓有詳細的評點，對吉原生活的諸方面也都有仔細的觀察。這本書還附有地圖，標出了各個妓館的位置和招牌；詳盡的妓館目錄甚至還列出了妓女的名字；有的版本還附有不少表現吉原風情的插圖。這些指南都以私人的、主觀的口吻寫成，目的就是提供有關吉原的實用知識，它們關注的核心都是名妓個人和她們所在的妓館。上海的指南書有所不同，它更關注整個嫖界的儀式和規矩。上海指南書與日本 18 世紀的「灑落本」也有所不同。所謂「灑落本」，是一種描寫江戶時期花界生活的半虛構的文學樣式，其中的故事多以妓院生活為背景，敘述者的種種評論有助於讀者了解這個隱秘世界的運作機制。可參見 Schamoni，*Die "Sharebon" Santō Kyōdens und ihre literaturgeschichtliche Stellung*；以及 Scott Miller，"Hybrid Narrative of Kyōdens Sharebon"。

25． 這本書的作者署名不統一。序言中作者署名是「指引迷途生」，正文開始時又署名為「浪遊子」。

26． 花雨小築主人，《海上青樓圖記》，卷 1:1-2（1892）。

27． 王韜，《海陬冶遊附錄》，5695；蓬園（歐陽鉅源），《負曝閒談》，17:3b。

28． 賀蕭也對這些規矩有所討論，但她沒有把上海妓女的等級制和服務當作與租界環境互動的產物來研究。參見 *Dangerous Pleasures*，88-99。

29． 鄒弢，《海上燈市錄》，卷 2:17。

30． 孟元老，《東京夢華錄》，第 5 頁；王書奴，《中國娼妓史》，第 75-76 頁。

31． 韓邦慶，《海上花列傳》，第 38-45 頁。

32． 有關妓院的多層經濟機構，參見 Henriot，*Prostitution and Sexuality in Shanghai*，248-269。

33． 參見 Dalby，*Geisha*，173-175。

34． 有很多對妓客戀愛關係的記錄和研究，例如，可參見張春帆（漱六山房），《海上青樓沿革記》，以及 Hershatter，*Dangerous Pleasures*，503-516。

35． 盡管晚清的嫖界指南沒有什麼特別的建議，但後來 1920 年代的指南書中提出，客人沒有這種義務。參見王后哲，《上海寶鑒》，第 3 頁。

36． 「轉局」這個詞現在姚燮的筆下，但姚指的是妓女跟著客人去好幾個飯局。

37． Hershatter, *Dangerous Pleasures, chapter 2*; Catherine Yeh, "Urban Love Goes Private".

38． 關於上海名妓生活與生意中《紅樓夢》的核心位置，請參見第 5 章。

39． 1890 年代末，名妓會在《遊戲報》等娛樂小報的第一版刊登廣告，公佈她們自立門戶的消息。

40． 有關晚清上海妓院的財務安排，請參見 Henriot，*Prostitution and Sexuality in Shanghai*，chapter10；以及 Hershatter，*Dangerous Pleasures*，73-76。

41． Henriot, *Prostitution and Sexuality in Shanghai*, 233-234.

42． Wolfe 的 *Daily Life of a Chinese Courtesan* 詳細地記錄了現代妓院，包括簡單的小妓館中鴇母和妓女的複雜關係。

43· 有關細節請參見孫玉聲（海上覺悟生），《妓女的生活》，第 18-19 頁。

44· 《論滬妓積習太甚》，《遊戲報》，1899 年 7 月 20 日，1；《論近今男女服飾之異》，《指南報》，1897 年 6 月 17 日，1-2；《論坐夜馬車之盛》，《遊戲報》，1899 年 7 月 9 日，1；《論滬瀆書寓應酬當以陸蘭芬為第一》，《遊戲報》，1897 年 9 月 18 日，1。

45· 這種廣告裡，妓女自己花錢買自由稱作「自贖身」，這類廣告一般放在《調頭告白》這一欄目標題之下，例如，可參見《遊戲報》1898 年 10 月 10 日，1。

46· 王韜，《海阪冶遊錄》，5633-5684。

47· 黃式權認為西班牙妓女最漂亮，參見《淞南夢影錄》，第 124 頁。

48· 《申江名勝圖說》，1：16。

49· 小藍田懺情侍者（田春杭），《海上群芳譜》，4：52-53。

50· 《申江名勝圖說》，1：16。

51· 鄒弢，《海上燈市錄》，2：29-30；梁溪池蓮居士，《滬江艷譜》，第 22 頁。上海各種貨幣都通行，兌換匯率也不穩定。相關參考內容，參見 Eduard Kann，*The Currencies of China*，Shanghai: Kelly and Walsh，1926。

52· 梁溪池蓮居士，《滬江艷譜》，第 39 頁。

53· 黃式權，《淞南夢影錄》，第 128 頁。

54· 《申江名勝圖說》，1：17-18。

55· 小藍田懺情侍者（田春杭），《海上群芳譜》，4：20-22。

56· 鄒弢，《海上燈市錄》，2：30。

57· 同上書。

58· 黃式權描寫了一位喜歡向中國文人學習唐詩的日本妓女三三（或姍姍），參見《淞南夢影錄》，第 128 頁。

59· 小藍田懺情侍者（田春杭），《海上群芳譜》，4：21。根據 Eileen Scully 的研究，上海租界早期的西方妓女主要是美國人，她們被稱作「美國女孩」，生意很好，參見 "Taking the Low Road" 和 "Wandering Whores"。

60· 小藍田懺情侍者（田春杭），《海上群芳譜》，4：21-22。

61· 同上書，21-24。

62· 曹雪芹，《紅樓夢》，第 12 章。

63· 近期有關這些小說的研究，參見David Der-wei Wang，*Fin- de-Siecle Splendor*，53-116；Keith McMahon，"Fleecing the Male Customer"；以及Des Forges, *Street Talk and Alley Stories*，116-193。

64· 例如，可參見《冶遊當知擇地說》，《申報》1879 年 3 月 21 日，1。

65· 參見薛理勇，《上海妓女史》，第 155 頁。

66· 本研究參考的對妓業有所介紹的上海城市指南書包括：葛元煦，《滬遊雜記》；商務印書館，《上海指南》（1909、1912、1922）；黃人鏡，《滬人寶鑒》；中華圖書集成公司，《上海遊覽指南》；王后哲，《上海寶鑒》；沈伯經、陳懷圃編，《上海市指南》；以及《大上海指南》（1933，1947）。

67· 《圖畫日報》1909 年 7 月 1 日創辦於上海，發行了一年多，這是面向廣大讀者的最早的畫報。這家報紙重視社會新聞，連載了許多描寫上海各個生活側面的文章。我們引用的連載文章《上海曲院之現象》每天都見報，1910 年共連載了 75 期。這些連載文章也包括描寫上海妓女的《上海社會之現象》。儘管上海妓女和妓院經常被當作畫報描寫的對象，但唯有《圖畫日報》的連載文章系統、細緻地描寫了妓業的各種規制。由於該報紙同時也注重報道的歷史性，它為我們了解 20 世紀初期這些儀式的變化和發展提供了一個很好的視角。

68· 有關日本藝妓藝術和訓練的歷史及其現代發展，參見 Dalby，*Geisha*，97-117。

69· 薛理勇，《上海妓女史》，第 339-344 頁。

70· 參見《海上名花尺牘》，第 5 頁。

71· 林黛玉，《上海林黛玉眉史東杭州綠琴女史》，載漚上遊戲主，《海上遊戲圖說》。

72· 參見汪了翁，《上海六十年花界史》，《傳略》章，第 51 頁；陳無我，《老上海三十年見聞錄》，第 149 頁；陳伯熙，《上海軼事大觀》，第 416 頁，以及 Hershatter，*Dangerous Pleasures*，145-152。

73· 《汪珊寶寄周月卿書》。

74· 《陳玉卿覆李佩蘭》，第 8-9 頁。

75· 《朱文卿寄何笠夫》。

76· 《李巧仙覆孫少江》。

77· 《寄吳春意》。

78· 《與周文香》。

79· 《上海朱墨卿寄姑蘇馬笑拈書》。

80· 《上海陸小紅寄錢韻生書》。

81· 對名妓通信這一主題的討論詳見第 5 章。

82· 葛元煦，《滬遊雜記》，第 7。

83· 有關怡廟的內容，參見黃式權，《淞南夢影錄》，第 141 頁。

84· 「宣卷」中的「卷」可能指的是「寶卷」。有關這些文獻的介紹，參見 Daniel L. Overmyer，*Precious Volumes: An Introduction to Chinese Sectarian Scriptures from the Sixteenth and Seventeenth Centuries*（Cambridge: Harvard University Press, 1999）。

85· 《申江夷場竹枝詞》，第 2 頁。

86· 後來華亭聞野鶴在其《概論》中對這一趨勢有所總結。

87· 參見 Henriot，*Prostitution and Sexuality in Shanghai*，22-25。

88· 同上書，第 9 章、第 10 章。

89· 梅花盦主，《西俗雜記》，見《申江時下勝景圖說》，2: 附錄 1b。

90· Natascha Vittinghoff 在其 *Freier Fluss* 的第三章中證明了記者作為一個新興的階層是受職業而非地域限制的。

91· 盧漢超在其 "Away from Nanking Road" 一文中稱，儘管像南京路那樣漂亮的商業街可能在歷史的想像中具有迷人的異國風情，但上海里弄的生活卻沒有什麼洋派、迷人的。當然，移民原有的生活方式也會被帶到上海來並持續發揮著影響，但這篇文章忽略了城市對居住其間的人們的行為方

式所產生的影響。例如，當租界建立的時候，他們採用了西式鐘錶、鐘樓，以及七天為一周的日曆，這和中國其他地方的計時結構完全不同。這種新的時間安排本身就對上海生活各個方面都有影響。有關 19 世紀巴黎各省移民的地方時間表如何最終融合的過程，參見 Csergo，"Extension et mutation de loisir citadin"，127。

92． 有關明代的青樓指南，請參見朱元亮、張夢征編，《青樓韻語》，以及李雲翔，《金陵百媚》。

93． 清代絕大多數有關妓女和妓業的筆記都是模仿余懷的《板橋雜記》。這類書包括捧花生的《秦淮畫舫錄》、西溪山人《吳門畫舫記》、許豫《白門新柳記》、芬利它行者的《竹西花事小錄》、余蛟的《潮嘉風月記》以及蜀西樵也，《燕台花事錄》。

【第 3 章海上遊戲場：重演《紅樓夢》】

1． 抱玉生編，《花間楹帖》，第 1、2 章。
2． 王韜，《海陬冶遊附錄》，5709-5785。有關胡寶玉的內容出處同上書，5750。
3． 王韜，《海陬冶遊錄餘錄》，5787-5810。
4． 小藍田懺情侍者（田春杭），《海上群芳譜》，1:1-4（目錄）。
5． 花雨小築主人，《海上青樓圖記》，第 1-5 頁。
6． 王韜，《海陬冶遊錄》。
7． 有關 19 世紀的北京，參見蜀西樵也的《燕台花事錄》。廣東的情況參見余蛟的《潮嘉風月記》和支機生的《珠江名花小傳》。南京的介紹見繆荃孫的《秦淮廣紀》。蘇州參見西溪山人的《吳門畫舫錄》以及個中生手的《吳門畫舫續錄》。揚州的介紹參見芬利它行者的《竹西花事小錄》。寧波參見二石生，《十洲春雨》。
8． 西山松之助，《遊女》，第 164-165 頁。
9． 王韜，《海陬冶遊附錄》，第 5758 頁。
10． 鄒弢，《海上燈市錄》，2:28。
11． 有關《紅樓夢》續作的研究可參看 Widmer，"Honglou Meng Ying" 以及 "Honglou Meng Sequels"；有關租界的出版市場，參見 Wagner，"Ernest Major's Shenbaoguan"；有關太平天國起義之後上海印刷市場的發展，請參見 Wagner，"Making of Shanghai"。
12． 鄒弢，《海上塵天影》，第 432-455 頁。
13． 參見清水賢一郎（Shimizu Kenichith）對於 1920 年代中國中學生閱讀興趣的研究，"What Books Young People Loved Best"。
14． 有關《紅樓夢》在女性中如何受歡迎的內容，參見 Giles，*Chinese Sketches*，14；以及 Widmer，"Honglou Meng Sequels"。
15． 竹枝詞證明了上海的名氣和名妓對遊人的吸引力。例如，可參看 1889 年出版的劉夢音的《江滬雜詠》。他在為這種專寫上海的詩歌寫的序言中稱「我去上海看我的叔父，逗留了三個月。上海堪稱天下最繁華迷人的地方」（455-456）。

16． 參見 McMahon，"Fleecing the Male Customer"。

17． 參見苕溪墨莊主人，《湖北竹枝詞》。

18． 同上書。

19． 有關胡寶玉女扮男裝去漢口的故事，參見汪了翁，《上海六十年花界史》，第 35 頁。

20． 秦綠枝，《會樂里》，《新民晚報》，1996 年 3 月 3 日。

21． 王韜，《海陬冶遊附錄》，5758-5759。

22． 同上書，5753-5758；《本館重開花榜啟》，《遊戲報》，1898年7月16日，1；《金詞史忽投自薦書》，《遊戲報》，1897年11月6日，2；以及黃式權，《淞南夢影錄》，第138頁。有關花榜的內容，參見陳無我，《老上海三十年見聞錄》，第139-229頁。

23． 陳定山，《春申舊聞續集》，第 105 頁。

24． 王韜，《海陬冶遊附錄》，5720。有關黃月山、李巧玲以及大觀園戲園的報道，參見《潑婦搶物》，《申報》，1878 年 11 月 11 日，2。

25． 黃式權，《淞南夢影錄》，第 133-134 頁。

26． 《李巧仙覆孫少江》。

27． 鄒弢，《海上塵天影》，第 439-442 頁。

28． 邗上蒙人，《風月夢》，第 32 頁。

29． 有關紅樓夢的戲曲和小說，參見阿英，《紅樓夢書錄》，第 320-403 頁。

30． 《論近今男女服飾之異》，《指南報》，1897年6月17日，1-2；《婦女競穿馬甲耀眼》，《圖畫日報》，no.93（1909），7。這兩篇文章都指出是妓女掀起了著戲裝的潮流。也可參見《花影集選》。

31． 《婦女冬令亦穿靴子之矯健》，《圖畫日報》no.133（1909），7。這一時尚潮流是模仿早前妓女的風格。晚清妓女穿男靴的樣子可參見《花影集選》。

32． 有關上海妓女公共場合著男裝的報道，參見《願效雄飛》，以及《女扮男裝》，《遊戲報》，1897 年 9 月 20 日，2。妓女著男裝的樣子可見於《花影集選》，也可參見 Catherine Yeh，"A Taste of the Exotic West"。

33． 黃式權，《淞南夢影錄》，第 105 頁。

34． 1578 年 7 月 14 日，威尼斯通過了一項禁止妓女穿男裝的法令。據稱當時威尼斯最紅的妓女中特別流行穿男裝。參見 Poli，"La Cortigiane e la Moda"，100。

35． 李伯元，《本館遷居四馬路說》，《遊戲報》，1897 年 10 月 2 日，1。

36． 文學和繪畫作品經常以妓女香閨為描寫對象。例如，可參見《鏡影簫聲初集》，第 3、7、27、34、47 頁；吳友如，《海上百艷圖》，卷 3a:4、8、14、15 以及 3b:14、17、20、22；吳友如，《風俗志圖說》，10b:9；以及花雨小築主人，《海上青樓圖記》，3:2。

37． 《林黛玉重簾語鸚鵡》，《遊戲報》，1899 年 6 月 23 日，2。

38． 影樓拍攝的照片一定程度上是由可選擇的道具決定的。但從照片中來看，幾乎沒有重複的佈景，大概名妓對道具的選擇也有一定的發言權。

39． 曹雪芹，《紅樓夢》，第 12 章。毫無疑問，沒有妓女用王熙鳳作為花名。

40． 同上書，第 572-573 頁。

41 · 有關妓院裡的鏡子的描寫和插圖，參見浪遊子，《海上煙花瑣記》，卷 4:7；花雨小築主人，《海上青樓圖記》，3:21，5:8；《鏡影簫聲初集》，第 27 頁；梅花盦主，《申江時下勝景圖說》，2:12。

42 · 小藍田懺情侍者，《海上群芳譜》，4:19。

43 · 對於《紅樓夢》插圖的研究，參見阿英，《紅樓夢版畫集》。

44 · 對這些插圖的研究，參見 Catherine Yeh，"Creating the Urban Beauty"。

45 · 參見抱玉生編，《花間楹帖》，以及邗上蒙人，《風月夢》，第 77-85 頁。

46 · 邗上蒙人，《風月夢》，第 49 頁。

47 · 有關細節可參看《照錄來稿》，《遊戲報》，1903年2月10日，2；以及黃式權，《淞南夢影錄》，第146頁。有關這些選集可參見《海上名花尺牘》，第2-3頁，以及《李萍香出詩集》，《世界繁華報》，1901年5月5日，1。

48 · 黃式權，《淞南夢影錄》，第 146 頁。

49 · 同上書，第 146-147 頁。

50 · 黃式權，《淞南夢影錄》，第 108 頁。

51 · 梁谿半癡生，《滬上評花續錄》，第 5 頁。

52 · 冬郎是一位著名的唐朝詩人（韓偓——譯註），他以描寫名妓與情人命中注定的離別而聞名。

53 · 滬上遊戲主，《海上遊戲圖說》，1:2b。

54 · 棲霞、滄如編，《海上花影錄》，二集，「琴寓」條目之後。

55 · 竹枝詞作者通常都署筆名，而筆名常常與「賈寶玉」諧音。例如，1870年3月31日的《上海新報》上有一首很長的竹枝詞比較了上海和《紅樓夢》中的景色，作者署名為寶玉。

56 · 鄒弢，《馬齒錄》，第 1 頁。

57 · 黃式權，《淞南夢影錄》，第 133-134 頁。

58 · 鄒弢，《馬齒錄》，第 1 頁。

59 · 這裡提到的「謝女」不清楚是誰，但可能是像謝道韞這樣的謝家淪落風塵的受過教育的女子。引自徐渭，載於諸橋轍次，《大和漢辭典》（東京：大修館，1955-1960），13 卷，35827，172。

60 · 詹塏，《蘇韻蘭、謝三寶合傳》。

61 · 黃式權，《淞南夢影錄》，第 133-134 頁。

62 · 鄒弢，《馬齒錄》，第 3 頁。

63 · 雲水散人，《謝添香小傳》。

64 · 有關文化資本的概念，可參 Bourdieu，*Field of Cultural Production*，29-144。

65 · 許多晚清的狎邪小說都有類似的場景。例如，鄒弢的《海上塵天影》中也模仿《紅樓夢》寫起詩歌來（407），也玩起了《紅樓夢》中的紙牌遊戲（547）。還有以《紅樓夢》為主題的火花（430）。

66 · 鄒弢，《海上塵天影》，第 433-440 頁。

67 · 參見「紅樓」葉戲譜，5641；鄒弢，《海上塵天影》，第 548-562 頁；王韜，《海陬冶遊附錄》，5753、5756。

68 · 王樹村編，《民間珍品圖說〈紅樓夢〉》，第 102-103 頁。

69 · 同上書。

70· 《「紅樓夢」觔史》，16b。

71· 參見《擬說四種》。

72· 關於來到上海「如入夢境」的說法，參見《申江勝景圖說》的序。上海好比世界遊戲場的說法則可參見滬上遊戲主的《海上遊戲圖說》的序（無署名）。

73· Walter Benjamin, "Paris, Capital of the Nineteenth Century", 146-147.

74· 鄒弢，《海上塵天影》，第 707 頁。對於晚清小說中氫氣球及其他科學發明的早期圖像的研究，參見王德威，《重讀〈蕩寇志〉》，第 430-434 頁。

75· 葛元煦，《滬遊雜記》；點石齋，《申江勝景圖》；梅花盦主，《申江時下勝景圖說》。

76· 例如黃式權《淞南夢影錄》，池志澂（海天煙瘴曼恨生）《滬遊夢影》，以及孫玉聲《海上繁華夢》等等。

77· 鄒弢，《海上塵天影》，第 361-401 頁。

78· 同上書，第 340 頁。

79· 參見 Widmer, "Honglou Meng Sequels"。

80· 俞達（慕真山人），《青樓夢》，第 263 頁。

81· 王樹村編，《民間珍品圖說〈紅樓夢〉》，第 36-37，40-41 頁。

82· 韓邦慶，《例言》，《海上花列傳》，第 3 頁。

83· 吳趼人，《新石頭記》。這部小說先是 1905 年在《南方報》上連載，後來 1908 年出了單行本。有關吳趼人和這本小說的研究，參見 David Derwei Wang, *Fin-de-Siecle Splendor*，271-274。

84· 參見 Wagner, "Life as a Quote"，463-476，以及 "Die Biographie als Lebensprogramm"，133-142。

85· 有關《點石齋畫報》的社會史資料價值，可參看王爾民《點石齋畫報所展現之近代歷史脈絡》和《中國近代知識普及化傳播之圖說形式——以點石齋畫報為例》；李孝悌，《近代上海城市文化中的傳統與現代，1880-1930》；以及陳平原、夏曉虹，《點石齋圖像晚清》。

【第 4 章形象打造者：洋場才子和上海的娛樂出版業】

* 本章中使用的部分材料以前曾以 Cathy Yeh，"The Life-Style of Four Wenren in Late Qing Shanghai"，發表於 *Harvard Journal of Asiatic Studies* 57，no.2（Dec. 1997），419-470。在此感謝《哈佛五洲研究雜誌》（*Harvard Journal of Asiatic Studies*）惠允我重新使用這些資料。

1· 外國納稅人會議及工部局制定了公共租界的規章，而法租界則由法國租界工部局管理。

2· Wagner, "Role of the Foreign Community"。

3· 熊月之，《西學東漸與晚清社會》，第 350-391 頁。

4· 一位去北京的上海人吃驚地發現，北京沒有「準時」的觀念，參見陸費達，《京津兩月記》。

5· 珠泉居士，《續〈板橋雜記〉》，4919；Levy, "Feast of Mist and Flowers"，9-18。

6· 關於追懷晚明名妓的研究，可參見 Wei-Yee Li, "The Late Ming Courtesan"；葉凱蒂，《文化記

憶的負擔——晚清上海文人對晚明理想的建構》。

7· 余懷的書印行於 1654 年，已是明朝陷落之後。有關的研究和翻譯作品可參見 Levy，"Feast of Mist and Flowers"；Catherine Yeh, "Creating a Shanghai Identity"，106-110；Ropp，"Ambiguous Images of Courtesan Culture"，27-28；以及 Wei-Yee Li，"Late Ming Courtesan"，47-73。

8· 有關揚州的內容，可參見捧花生的《秦淮畫舫錄》和芬利它行者，《竹西花事小錄》。有關太平軍戰後南京的情況，參見許豫，《白門新柳記》。潮州的相關情況可參見余蛟，《潮嘉風月記》。

9· 葉凱蒂，《文化記憶的負擔——晚清上海文人對晚明理想的建構》。

10· 旅遊者數量很少，但各種指南書都宣稱 1880 年代上海與國內外頻繁的交通往來足以證明其吸引力。例如，葛元煦 1873 年寫道，上海「駕粵東、漢口諸名鎮而上之。來遊之人，中朝則十有八省，外洋則二十有四國」（《滬遊雜記》，第 7 頁）。葛元煦還給出了上海發往各地的汽船的時刻表，去天津和煙台的汽船一周兩班，去牛莊一月一班，去廣東、香港、福州和廈門至少一周兩班，外國輪船公司的船得還要勤；去寧波的船則是除了周日每天都有；每周三有船去大阪、長崎和神戶；去往漢口和長江沿岸各城的船也是每天都發。從目的地來看，遊客應該大多都是商務人士。而輪船公司保持通航的長江內陸城市包括鎮江、南京、蕪湖、大通、安慶、九江、武穴，最後到達漢口，從這點來看，可能這條航線也會給上海帶來大量的遊客。葛元煦分別列出了英國、中國、法國輪船公司的運行時刻表（第 76-77 頁）。根據袁祖志 1888 年重修的《滬遊雜記》記載，各輪船公司的通航點又增加了不少。現在包括了通州、江陰、儀徵、安慶、黃石崗、黃州、梧州、廈門和汕頭，輪船的數量也增加了。參見袁祖志，《重修滬遊雜記》，4：7-10。上海的第一條鐵路自 1898 年開始興建，與北部的交通變得更為便捷。到了 20 世紀初，根據商務印書館 1909 年的指南書記載，來上海的遊客數量大約每天有一兩萬人之多，該書開列的各種交通工具的名單相當長（6：1-14）。至於外國遊客，C. E. Darwent 神父 1903 年在指南書中寫道：「早就有必要編一本上海指南了。自 1900 年的義和團事件之後，新搬來的人們和剛到上海的遊客大量增加，他們有各種需求。從香港直接前往日本的日子已經一去不復返了，而且最近暫停運行的西伯利亞鐵路越來越受歡迎，因此很多人可能在規劃他們歐洲的路線時會選擇上海作為遠東的出發地。」（Shanghai, 1）通過西伯利亞鐵路、日本郵船會社（自 1909 年開始跑橫濱到上海一線），以及歐洲到遠東的各種遠洋班輪，來到上海的遊客肯定大幅增加了。其他有關上海旅遊的日記和筆記也記錄了遊人到上海的各種活動。關於上海的移民，可參見鄒依仁，《舊上海人口變遷的研究》。

11· 黃式權，《淞南夢影錄》，第 126 頁。

12· 安克強（Henriot）在他的 "Chinese Courtesans"，（36-49）以及 Prostitution and Sexuality in Shanghai（21-82）中詳細探討了王韜對上海妓女的大量描寫，也可參見 Catherine Yeh，"Life-style of Four Wenren，" 428-434。

13· Cohen，Between Tradition and Modernity，22-23；忻平，《王韜評傳》，第 30 頁。

14· McAleavy, Wang Tao, 5.

15· 同上書。

16· 李善蘭（1810-1882）是一位著名的數學家，他與墨海書館（London Missionary Society Press）的教士們通力合作，翻譯了大量介紹西方科學的著作。當時王韜的朋友還有翻譯西方醫學著作的管

嗣復（？-1860）。參見熊月之，《西學東漸與晚清社會》，266-270。

17・ 于醒民，《上海，1862 年》，第 409、416-419 頁。

18・ 王韜，《瀛壖雜誌》，第 3 頁。

19・ 王韜，《海陬冶遊錄》，5637-5640。有關王韜的生平，參見《王韜事跡考略》，上海通社，《上海研究資料》，679-689 頁。

20・ 有關早期老城廂妓女生活以及後來租界的妓女生活，參見 Henriot，"Chinese Courtesans"。

21・ 詳細分析可參見 Catherine Yeh，"Creating a Shanghai Identity"。

22・ 王韜，《海陬冶遊錄》，5633-5684，《海陬冶遊附錄》，5685-5785，《海陬冶遊餘錄》，5787-5810。

23・ 王韜，《海陬冶遊錄》，5639。

24・ 有關王韜及其描寫老城廂妓女的作品的研究，參見 Henriot，*Prostitution and Sexuality in Shanghai*，21-61.

25・ 王韜，《附廖寶兒小記》，5667。

26・ 參見王韜，《瀛壖雜誌》，第 97 頁。

27・ 王韜，《眉繡二校書合傳》，第 15 頁。

28・ 同上書，第 16 頁。

29・ 同上書。

30・ 有關鄒弢生平、作品的文獻資料很少。我找到的大多數他的作品都來自於吳曉玲教授的私人收藏，他慷慨地允許我使用這些資料。在上海圖書館可以找到鄒弢自費出版的自傳《馬齒錄》的藏本，這本書為我們提供了新的信息。同一時代的人對他的記述可見王韜為他的《海上塵天影》作的《海上塵天影序》。鄒弢小傳可見於談汚人編，《無錫縣志》，5036-5037。

31・ 《上海品艷百花圖》是一系列有關上海名妓和娛樂的叢書中的譯本，參見上海通社，《上海研究資料》，第 583 頁。這本書對妓女的等級分類以及姓名排序都與鄒弢的另一作品《吳門百艷圖》保持一致。儘管在這本書 1880 年版中作者署名是花下解人和司香舊尉（這已被證明是鄒弢的筆名），但在序言中鄒弢用自己著名的筆名「三借廬」來稱呼這本書的作者，並介紹說他是一名來自蘇州的才子，根據自身經驗寫作了本書。根據陳汝衡的介紹，俞達才是《吳門百艷圖》和《青樓夢》真正的作者，參見陳汝衡，《學苑珍聞》，第 89 頁。我沒有找到《上海研究資料》第 591 頁上列出的《遊滬筆記》這本書。鄒弢寫名妓的作品大多用的是筆名，諸如梁溪瀟湘館侍者、瘦鶴、瘦鶴此人、花下解人、司香舊尉和三借廬主人。鄒弢曾為梁溪池蓮居士的《滬上評花錄》和《滬江艷譜》作序。此外，他的作品還包括《三借廬筆談》和《（繪圖）澆愁記》以及小說《海上塵天影》。他也寫政論文章，例如《萬國近政考略》以及《洋務罪言》；參見《馬齒錄》，第 3 頁以及《海上塵天影》，第 3 頁。

32・ 《春江花史》，第 1 頁。

33・ 有關《益聞錄》（1879-1899）的歷史，請參見馬光仁，《上海新聞史》，第 54-55 頁。

34・ 談汚人編，《無錫縣志》，第 1037 頁。

35・ 要考證阿英的說法很難，因為所有為《瀛寰瑣記》寫稿的作者用的都是筆名。有關阿英的說法，參見他的《晚清文藝報刊述略》，第 7 頁；有關《瀛寰瑣記》的研究，參見 Wagner，"Ernest Major"，34-37。

36． 黃式權和《益聞錄》的關係可參見馬光仁，《上海新聞史》，第 56 頁。有關黃式權的研究，參見 Janku, *Nur leere Reden*，33-43。

37． 鄒弢，《讀書之難》，載《三借廬筆談》11:2（6031）。

38． 鄒弢，《馬齒錄》，第 1 頁。

39． 王韜，《海上塵天影序》，第 1-3 頁。其他朋友的獨立描述，可參見詹塏，《蘇韻蘭、謝三寶合傳》。

40． 王韜，《海陬冶遊錄餘錄》，5807-5808。

41． 黃式權，《淞南夢影錄》，第 136 頁。

42． 同上書，第 126、133-134、136、147 頁。

43． 我沒能找到這本《章台祭酒前事》。

44． 鄒弢，《春江花史》1:3-4。很多材料中都記錄了鄒弢寫給上海名妓的詩。例如，《海上繁華圖》記載了他寫給名妓李三三的詩（李三三：2），他的《三借廬筆記》幾乎整本都是詩集。

45． 鄒弢，《春江花史》，第 14-15 頁。

46． 民國早期，鄒弢在文學領域仍很活躍，他的《瘦鶴筆記》出版於 1918 年，又在《小說月報》上以戾天樓為名發表了《戾天樓脞談》，參見陳玉堂編，《中國近現代人物名號大辭典》，第 394 頁。

47． 有關竹枝詞的總體介紹，可參見雷夢水等編，《中華竹枝詞》，第 1-5 頁。

48． 楊靜亭，《〈雜詠〉序》。

49． 關於上海認同以及竹枝詞的研究，可參見 Mittler，*A Newspaper for China*，322-330。

50． 《申報》從第二期（1872 年 4 月 30 日）開始刊載詩歌，這一傳統一直延續到 1890 年 3 月 21 日才由於版面緊張不得不取消。關於《申報》在推動文學方面的作用，可參見 Wagner，"China's First Literary Journals"，以及陳平原、夏曉虹，《上海近代文學史》，第 118-120 頁。

51． 例 如，"Ten Views of the Foreign Settlements of Shanghai"，*The Shanghai Evening Courier*，August 31，5874。

52． 從 1870 年代起，「洋場」就被廣泛用於稱呼上海的租界。例如，可參見葛元煦，《滬遊雜記》，第 7 頁。顧炳權的《上海洋場竹枝詞》收集了近千首這類竹枝詞。

53． 雲間逸士，《洋場竹枝詞》。

54． 《滬上青樓竹枝詞》，第 431-432 頁。

55． 黃式權，《淞南夢影錄》，第 131 頁。

56． 有關這個問題有兩種不同的說法。薛理勇認為袁祖志在小刀會起義之後仍然住在租界裡，參見《上海妓女史》，第 139-140 頁。不過，根據徐恭時的說法，袁祖志 1881 年在福州路建房之前都住在老城廂，參見徐恭時，《序》，第 5 頁。

57． 袁祖志晚年時期，約 1893-1896 年間，在上海另一家報紙美國人福開森（Calvin Ferguson，1866-1945）主辦的《新聞報》擔任編輯。那時候年逾七旬的袁祖志忙於編纂自己的文集《隨園全集》，因此在他的社論中多有謬誤，弄得報社常常要撤稿。後來上海最著名的記者、小說家孫玉聲回憶說，他經常得重寫袁祖志的稿子，參見孫玉聲，《蒼山舊主軼事》。

58． 鄒弢，《三借廬筆談》，1:10。按孫玉聲的說法，這個名字源於屋前漂亮的柳樹。參見《退醒廬筆記》，第 30-31 頁。

59· 陳無我,《楊柳樓台》。

60· 陳無我,《老上海三十年見聞錄》,第 162 頁。

61· 袁祖志絕大多數的竹枝詞和楹聯都收入了 1888 年出版的《重修滬遊雜記》。

62· 同一時期也有一位名叫三三或姍姍的日本藝妓住在上海,袁祖志也為她寫了詩詞。參見黃式權,
《淞南夢影錄》,第 128 頁。

63· 鄒弢,《春江花史》,第 6 頁。

64· 小藍田懺情侍者(田春杭),《海上群芳譜》,1:6-9。

65· 黃式權,《淞南夢影錄》,第 128 頁;小藍田懺情侍者(田春杭),《重訂海上群芳譜》,5:7;鄒弢,
《春江花史》,1:6。

66· 梁溪池蓮居士,《滬江艷譜》附錄,1;薛理勇,《上海妓女史》,第 139 頁。根據汪了翁的記載,
一個沒讀過什麼書的來自商人家庭的年輕人十分迷戀李三三,為了跟她共度第一個良宵不惜花費重
金。她後來還教過他文學。這位年輕的情人後來被另一個嫉妒的商人之子用手槍打死了,此後李
三三開始絕食,最終懸樑自盡。參見汪了翁,《上海六十年花界史》,第 35-39 頁。

67· 袁祖志,無題《竹枝詞》,載小藍田懺情侍者,《重訂海上群芳譜》,5:7-8。

68· 黃式權,《淞南夢影錄》,第 126 頁。

69· 陳無我,《老上海三十年見聞錄》,第 204-206 頁。

70· 袁祖志,《上海感事詩》;袁祖志在這裡第一次署上了自己的字號。

71· 有關樂府的研究,可參見 Kiyohide Masuda, *Gakitfu no rekishiteki kenkyū*。

72· 顧炳權,《上海洋場竹枝詞》,第 461 頁。

73· 參見 Catherine Yeh, "Creating the Urban Beauty"。

74· Wagner, "Role of the Foreign Community"; Kim, "New Wine in Old Bottles"。

75· 了解中國畫報發展簡史,可參見阿英,《中國畫報發展之經過》。關於點石齋畫報以及吳友如對中國
畫報發展的巨大影響,參見余月亭,《我國畫報的始祖——點石齋畫報的初探》;瓦格納,《進入全
球想像圖景:上海的點石齋畫報》。關於《點石齋畫報》反映的社會生活,可參見 Ye Xiaoqing,
Dianshizhai Pictorial。

76· 瓦格納,《進入全球想像圖景:上海的點石齋畫報》。

77· 例如,《申報》詳細報道了名妓胡寶玉和李巧玲如何在人前爭鬥,參見《潑婦搶物》,《申報》,
1878 年 12 月 4 日,2。有關妓女的報道內容廣泛,既有熱情的讚美詩詞、感傷的身世故事、對其
不幸命運充滿同情的報道,也有表現她們傲慢、冷漠和背信棄義的報道。

78· 《遊戲報》發行於 1897-1910 年間,《世界繁華報》則發行於 1901-1910 年。有關李伯元和小報的
研究可參見阿英,《晚清文藝報刊述略》,第 55-61 頁;魏紹昌編,《李伯元研究資料》,第 450-
459 頁;祝均宙,《上海小報的歷史沿革》。

79· 程蕙英的《鳳雙飛》寫於 18 世紀末 19 世紀初,李伯元將這部一直未刊刻的手稿以附送單頁的形式
連載在《遊戲報》上,參見李伯元,《本報附送〈鳳雙飛〉唱本緣起》。

80· 這類小說還包括 1903 年刻印的《官場現形記》,以及 1905 年付梓印刷的《庚子國變彈詞》。李伯
元也刊印他同事的小說,例如 1906 年印行的吳趼人的《糊塗世界》。

81·《指南報》創辦於 1896 年 6 月 6 日，一直發行到 1897 年秋季。有關細節可參見祝均宙，《上海小報的歷史沿革》，42(1988):163-167，以及《李伯元與指南報》。

82· 李伯元，《創刊詞》，《指南報》，1896 年 6 月 6 日，1。

83· 李伯元，《論遊戲報之本意》，《遊戲報》，1897 年 4 月 25 日，1。

84· 李伯元，《記本報開創以來情形》，《遊戲報》，1898 年 1 月 16 日。有些文章報道了李伯元和西方、日本友人交遊往來的情況，例如《論滬濱書寓應酬當以陸蘭芬為第一》，《遊戲報》，1897 年 9 月 18 日，1; 以及《勉知守舊》，《遊戲報》，1899 年 6 月 22 日，2。

85· 例如，可參見《正名》，《遊戲報》，1898年9月21日，3；以及《更正芳名》，《遊戲報》，1898年10月11日，3。前者是更正一位已幸福出嫁的名妓的信息；後者是對寫錯的名妓名字加以更正。

86· 有關李伯元住址的信息來自於李錫奇，《南亭回憶錄》，1.59。但是，張乙廬和魏紹昌認為李伯元的辦公室在大馬路，參見魏紹昌，《李伯元研究資料》，第 15 頁。

87· 李錫奇，《南亭回憶錄》，第 64 頁；澄碧，《小說家李伯元》，第 41 頁。

88· 澄碧，《小說家李伯元》，第 41 頁。

89· 李伯元曾登廣告徵召記者加入設在城裡的英文部，參見李伯元，《招尋訪事人》。

90· 有關藝文社及其報紙的內容參見《遊戲報》11 月 10、11 日，1; 亦可參見張乙廬，《李伯元逸事》，第 14-15 頁。

91· 1903-1906 年間李伯元也擔任商務印書館主辦的文學雜誌《繡像小說》的編輯，並在上面連載了自己的政治小說。

92· 李伯元，《遊戲主人告白》，《遊戲報》，1899 年 3 月 19 日，1。

93· 鄭逸梅，《南亭亭長》。

94· 魏紹昌，《李伯元研究資料》，第 7-8 頁。

95· 同上書，第 490-491 頁。

96· 同上書，第 91 頁。

97· 魏紹昌第一個對李伯元是否為《海天鴻雪記》的作者提出了質疑。最近對這個問題的研究，可參見祝均宙，《李伯元重要逸文——證實〈海天鴻雪記〉非李之作》。

98· 參見魏紹昌，《李伯元研究資料》，第 491-492 頁。

99· 參見李伯元，《本館遷居四馬路說》，《遊戲報》，1897 年 10 月 2 日，1; 以及《佈告訪友》，《遊戲報》，1897 年 10 月 31 日。

100·龐樹柏(獨笑)，《紅脂識小錄》，第 522 頁。李萍香回到上海之後也有一些詩詞發表，可參見《世界繁華報》，1906 年 9 月 5 日。

101·《本館特開花叢經濟科告白》，《世界繁華報》，1901 年 6 月 30 日，1。花榜評選結果於三個月後刊出，參見《特開花叢經濟特科榜》，《世界繁華報》，1901 年 9 月 27 日，2。

102·參見魏紹昌，《李伯元研究資料》，第 522 頁。有關李萍香的故事可參見陳伯熙，《老上海》，第 509-510 頁，以及棲霞、澹如編，《海上花影錄》，第二卷；亦可參見 Hershatter，*Dangerous Pleasures*，153-157。

103·賀蕭(Hershatter)用的是這本書的 1920 年版，但從《世界繁華報》上的廣告來看，這本詩集初版

於 1906 年。這些詩的翻譯可參看 *Dangerous Pleasures*，154-155。

104 · 《論李萍香被拘事》，《世界繁華報》，1901 年 12 月 7 日，1。

105 · 《李萍香被拘及過堂詳志》，《世界繁華報》，1901 年 12 月 7 日，2-3；《李萍香案結》，《世界繁華報》，1901 年 12 月 8 日，1。

106 · 《送李萍香歸嘉禾序》，《世界繁華報》，1901 年 12 月 9 日。

107 · Catherine Yeh, "A Public Love Affair", 32-36.

108 · 《李萍香案結》，《世界繁華報》，1901 年 12 月 8 日，1。

109 · 《李萍香阿潘結怨》，《世界繁華報》，1901 年 12 月 10 日，2。

110 · 關於李萍香的生平有很多不同的版本。最近的研究可參見 Hershatter，*Dangerous Pleasures*，153-157。

111 · 魯迅，《中國小說史略》，第236-268頁；David Der-wei Wang，*Fin-de-Siecle Splendor*，chapter 2；Alexander Des Forges，*Street Talk and Alley Stories*。

112 · 參見 Bernheimer，*Figures of Ill Repute*。

113 · 《海上繁華夢》印行時孫玉聲用的是筆名「古滬警夢癡仙」。後來他最著名的筆名是「海上漱石生」。他的真名是孫家振。

114 · 孫玉聲的《報海前塵錄》提供了很多有關早期中文報紙的歷史信息。

115 · 孫玉聲，《李伯元》。

116 · 王韜的《淞隱漫錄》連載於《點石齋畫報》第 6-122 期（1884 年 6 月末到 1887 年 10 月中），參見 Wagner, "Joining the Global Imaginaire"。

117 · 這部小說最初從 1898 年 7 月 27 日起在《采風報》上開始連載，後來 1901-1902 年間在《笑林報》上接著連載。1903 年由笑林報館出了第一本單行本，署名是筆名「古滬警夢癡仙」。孫玉聲接著又寫了《海上繁華續夢》，1909-1910 年間在《圖畫日報》上連載。

118 · Patrick Hanan 找到了這部小說的英文原版，參見 "The First Novel Translated into Chinese"，85-86。

119 · 參 見 Catherine Yeh，"Zeng Pu's Niehaihua"，195-199；Bernal，*Chinese Socialism* to 1907，24；Nakamura，"Shinmatsu tantei shōsetsu shikō"，4:390。從 1870 年代早期開始，在報紙雜誌上連載非小說類的散文也很常見。

120 · David Der-wei Wang 將這批小說稱為現代性的先鋒，參見 *Fin-de-Siecle Splendor*，23-27。

121 · 傅湘源，《「大世界」史話》，第 4 頁。

122 · 有關《大世界報》的初步研究可看 Catherine Yeh, "Deciphering the Entertainment Press 1896-1920"。

123 · 這方面的發展可見 Wagner, "The Making of Shanghai"。應該補充一句，上海也是各種教育革新的實驗和發展基地，這給文人提供了更重要的工作機會。

【第5章 城市的大眾之花和媒體明星】

1． 根據阿英的統計，約有 32 種報紙可算作小說，但按照李伯元的說法大約有 60 種小報，參見阿英，《晚清文藝報刊述略》，第 51-52 頁。祝均宙估計大約有 40 種，參見《上海小報的歷史沿革》，42（1988）：164。

2． 小報包括有《笑報》，1897；《消閒報》，1897；《采風報》，1898；《趣報》，1898；《春江花月報》，1901-1904；《及時行樂報》，1901；《笑林報》，1901；《花天日報》，1902；《花世界》，1903。大多數這種小報都是由重要大報主辦的，例如，《笑林報》屬於《中西滬報》和《字林滬報》。大多數小報都壽命不長，只有少數能維持較長時間，李伯元的兩家報紙就是其中的佼佼者。這些成功的小報也是保得最好的，而其他報紙僅僅留下了名字而已。

3． 有關《遊戲報》的發行量，參見《遊戲報》，1897 年 10 月 4 日，1。

4． 1897 年 11 月 10 日、11 日的《遊戲報》上，刊登了兩篇同樣名為《添設經售報處》的文章，報道該報銷量增加。

5． 參見李伯元，《本館遷居四馬路說》，《遊戲報》1897 年 10 月 2 日，1；以及《錄〈天南新報〉論上海四大金剛》，《遊戲報》，1899 年 5 月 28 日，1。

6． 《都的花》（Kyoto Flower）最早發行於明治 30 年（1898 年），作為《都新聞》（Miyako shinbun）的副刊，《都的花》以妓女和演員為主要人物，專門報道娛樂界，包括新聞、俳聞以及有關時尚的各種文章。

7． 晚清上海花界指南中有很多關於胡寶玉、李三三的報道。例如，有關胡寶玉的報道可看王韜，《海陬冶遊附錄》，5750；有關李三三的內容參看黃式權，《淞南夢影錄》，第 128 頁。這些內容也都被寫進了各種晚清小說，例如老上海，《胡寶玉》，以及蔣瑞藻，《小說考證》。李三三是抽絲主人《海上名妓四大金剛傳奇書》中的一個人物。

8． 《遊張園四大金剛》，《遊戲報》1897 年 10 月 12 日，2。

9． 後來有關四大金剛的歷史故事對於金小寶是否四大金剛之一還有疑問。據說她太年輕了，不可能屬於這個德高望重的團體。但從《遊戲報》來看，毫無疑問她是四大金剛之一。晚清以來有無數關於四大金剛的傳記、軼聞、傳說和新聞報道，例如，汪了翁，《上海六十年花界史》，第 56-57 頁；陳無我，《老上海三十年見聞錄》，第 28 頁；以及孫玉聲，《退醒廬筆記》，第 148-149 頁。有關四大金剛的研究，可參見上海市文史館編，《舊上海的煙賭娼》，第 167-168 頁；Hershatter，*Dangerous Pleasures*，169-171。

10． 《懸額待補》，《遊戲報》，1899 年 6 月 18 日，2。上海圖書館所藏的這份舊報紙缺最早的幾期，包括本段引文中提到的第一篇文章所在的那一期也找不到。

11． 《擬舉上海嫖客四大金剛說》，《遊戲報》，1899 年 7 月 15 日，1。

12． 同上。

13． 參見 Janku，*Nur leere Reden*，147-203。

14． 這齣戲名為《四大金剛》，1898 年曾在上海公共租界的滿庭芳戲院排演，但最終上海縣的官員宣佈禁演此戲，參見《海上繁華》，《遊戲報》，1898 年 9 月 21 日，2。這裡說的小說是抽絲主人的《海上名妓四大金剛傳奇書》。

15· 《賽馬說》，《遊戲報》，1899 年 5 月 1 日，1-2。

16· 《靚裝照眼》，《遊戲報》，1899 年 5 月 4 日，2。

17· 《西曆一千八百九十九年上海春賽第三志》，《遊戲報》，1899 年 5 月 5 日，2。

18· 《賽相好》，《遊戲報》，1899 年 5 月 5 日，2。

19· 有證據表明李伯元、歐陽鉅源和四大金剛關係不錯。例如，他們都參加了籌建花塚的會議，參見陳無我，《老上海三十年見聞錄》，106-108。1900 年李伯元也曾告誡過林黛玉不要去天津，參見林黛玉，《被難始末記》，1b-2a。從《遊戲報》1898 年末到 1899 年初對金小寶建花塚一事的報道中也可以明顯地看到李伯元的欽佩之情。最後，同樣重要的是，據說歐陽和林黛玉曾有一段感情，參見霧裡看花客，《真正老林黛玉》，轉引自魏紹昌，《李伯元研究資料》，第 519 頁。

20· 例如，可參見《遊園雜記》，《世界繁華報》，1901 年 10 月 17 日，2。

21· 抽絲主人，《海上名妓四大金剛傳奇書》，卷 4:3，第 17-18 頁。「名妓」是稱呼著名高級妓女的舊語，但在這裡使用意義有些不同。從前她們只是在很小的圈子裡享有盛名，但現在其名氣隨著報紙遠播到了各個讀者大眾中。借用「星星」之比喻的「明星」一詞，二十年後才隨著好萊塢電影明星的概念傳入中國。為了表明她們廣為大眾認可，這部小說的標題採用了「時下」一詞。

22· 《老變相》，《遊戲報》，1899 年 3 月 7 日，3。

23· 「進門」一詞含義豐富，很有意思。同是這個詞，既可以表示嫁入某家，也可以表示妓女加入某個妓院。

24· 「住家」指的是僅供貴客私享的高級妓院，一般在門口沒有招牌，參見浪遊子，《海上煙花瑣記》，卷 1:1。

25· 《海上看花日記》，《世界繁華報》，1901 年 10 月 1 日，2。

26· 祝如椿在青樓中一直很活躍，民國成立後她與林黛玉等其他妓女明星一起成立了「青樓進化團」，為年輕的妓女提供教育。參見汪了翁，《上海六十年花界史》，第 556-557 頁。

27· 李伯元，《遊戲主人擬舉行遴芳會議》，《遊戲報》，1897 年 10 月 4 日，1。

28· 1910 年代的上海花榜採用民國時期的政治術語，如「總統」、「總理」等等為競選分類。參見陳無我，《老上海三十年見聞錄》，第 410 頁，以及 Hershatter，*Dangerous Pleasures*，171-174。

29· 李伯元，《遊戲主人擬舉行遴芳會議》，《遊戲報》，1897 年 10 月 4 日，1。

30· 早在 1656 年，清代一位膽大的蘇州學者就用科舉考試的名目來選花榜，給優勝者冠以「狀元」、「榜眼」等頭銜，但他被公開鞭撻至死，參見王書奴，《中國娼妓史》，第 311 頁。

31· 明代選花榜的例子可參見李雲翔，《金陵百媚》；對清代花選的簡單描述可參考王書奴，《中國娼妓史》，第 311-312 頁。

32· 例如，可參考梁溪池蓮居士，《滬上評花錄》。

33· 例如，可見鄒弢，《吳門百艷圖》。

34· 有些最近的研究使用了有誤或未經證實的材料。例如，平襟亞在《舊上海的娼妓》中稱 1897 年花榜中的勝者是林、陸、張、金這四位最著名的妓女（第 166 頁），其實《遊戲報》上公佈的上榜者名單是張四寶、金小寶、祝如椿。薛理勇關於上海花榜的研究也引用了平襟亞這個不準確的說法，他自己也有些說法不確，例如在提到 1877 年花榜的勝者時，將李佩雲誤為朱佩蘭，參見《上海妓女史》，第 150-158、133-136、149 頁。賀蕭（Gail Hershatter）也錯誤地將 1897 年的花選和之前的花選等同起來，但其實當年的花選採用了讀者投票的制度，不同於往年。參見 *Dangerous Pleasures*，165。

35． 王韜，《淞濱瑣話》，第87頁，以及《海陬冶遊附錄》，第5753-5763頁；亦可參見花萼樓主，《花底滄桑錄》，《新聲》2（1921）：1。

36． 王韜，《海陬冶遊附錄》，第5719-5720頁。亦可參見汪了翁，《上海六十年花界史》，第77-79頁；以及 Henriot，*Prostitution and Sexuality in Shanghai*，65。

37． 王韜，《海陬冶遊附錄》，第5753-5758頁。

38． 同上書，第5753頁。更多有關李佩蘭的細節，可參見黃式權，《淞南夢影錄》，第107-108頁。

39． 有關更早的花榜的記錄可參見萬曆十九年（即1591年）的《金陵蓮花台仙會》，參見王書奴，《中國娼妓史》，第199頁；李雲翔，《金陵百媚》，以及《吳姬百媚》。用「花朝」一詞來代表花界選美，可參見王書奴，《中國娼妓史》，第199頁。

40． 王韜的《海陬冶遊餘錄》中有公之放的小傳，第5753-5754頁。

41． 薛理勇指出，朱霞是朱霞仙姑，道教神仙泰山帝君的女兒。從這裡的上下文來看，雲中白鶴的形象表明了她的性格、樣貌和氣質，而且說明她精通講故事和音樂。參見薛理勇，《上海妓女史》，第135頁。

42． 王韜，《海陬冶遊附錄》，第5754-5755頁。

43． 參見王書奴對花選中不斷變換的審美取向的討論，《中國娼妓史》，第241-252頁。

44． 細節請參見王韜，《海陬冶遊附錄》，第5753、5756-5757頁。

45． 1880-1882年的花選可參見《庚辰春季申江花榜獎聯》、《辛巳春季滬濱花榜》、《辛巳秋季滬濱花榜》、《壬午滬濱花朝艷榜》、《壬午夏季花榜》。1883年癡情醉眼生所定的冬季花榜，可參見小藍田懺情侍者，《海上群芳譜》，2：5。1888、1889年的花選，可參見花雨小築主人，《海上青樓圖記》，1：11，2：4，27，其中提到揚州來的王金鳳奪得了1888年和1889年冬季花榜的一甲一名。

46． 例如，可參見抽絲主人，《海上名妓四大金剛傳奇書》，張春帆，《九尾龜》，以及夢花館主江陰香，《九尾狐》。

47． 薛理勇的《上海妓女史》對兩者做了簡單對比，第137-141頁。

48． 《辛巳春季滬濱花榜》。

49． 參見棲霞、澹如編，《海上花影錄》金小寶、林黛玉條目下的內容。

50． 其他例子包括1884年小藍田懺情侍者的《海上群芳譜》，以及1892年刊印的花雨小築主人的《海上青樓圖記》。

51． 上海通社，《上海研究資料》，第584-585頁。這裡的文本可能跟出自同一個作者之手的《吳門百艷圖》相同。

52． 《鏡影簫聲初集》成了晚清繡像花界指南的主要圖片來源，花雨小築主人著名的《海上青樓圖記》便是一例。這本書從吳友如的《海上百艷圖》中選取圖片，在題目上稍作改動，於1890-1893年間印行。參見 Catherine Yeh，"Creating the Urban Beauty"，419-420。

53． 王韜，《海陬冶遊附錄》，第5709頁。

54． 文人一般在品花寶鑒和花界指南的序言中抒發這種感情，參見花雨小築主人，《海上青樓圖記》。

55． 《申報》、《遊戲報》等報紙經常刊登有關上海妓女的新書廣告。

56． 李伯元（遊戲主人），《凡例六條》，重印於陳無我，《老上海三十年見聞錄》，第205頁。

57． 陳無我，《老上海三十年見聞錄》，第206頁。

58· 陳伯熙，《小報志略》（1919），第 137 頁。

59· 由於上海圖書館所藏的《遊戲報》期數不全，有關花榜的記錄也不完整。我在本研究中比對了多種材料，對於《遊戲報》缺失的日期主要依靠陳無我的《老上海三十年見聞錄》，他引用了許多原文。遺憾的是，陳無我書中這些引用文章時間順序常常是錯誤的，而且陳無我也經常自擬題目來替換原來的標題。李伯元在 1898、1899、1900 年評定了三次花榜，參見魏紹昌，《李伯元研究資料》，第 518-519 頁，除了這些花榜之外，他還在 1898、1899、1900 年主持了三次「花選」，評選結果也曾以單行本出版，參見遊戲主人，《庚子花選錄》。

60· 李伯元，《遊戲主人告白》，《遊戲報》，1899 年 3 月 19 日，1。

61· 例如，可見《金詞史忽投自薦書》，《遊戲報》，1897 年 11 月 6 日，2。《金寶仙不願登榜》，第 202-203 頁。

62· 參見袁祖志，《倉山舊主撰春江丁酉年夏季花榜序》，第 204-205 頁，由於報紙缺損，花榜舉行的具體日期不確。

63· 《美人雅脫致遊戲主人書》，第 203 頁。

64· 李伯元，《遊戲主答客論開花榜之不易》，第 194-195 頁。

65· 袁祖志，《倉山舊主撰春江丁酉年夏季花榜序》，第 204-205 頁。

66· 同上書。

67· 《遊戲主答客論開花榜之不易》，載陳無我，《老上海三十年見聞錄》，第 194-195 頁。

68· 陳無我，《花榜揭曉訛言》。

69· 陳無我，《狀元誤報》，第 43 頁。

70· 《遊戲報》稱，1897 年花榜上榜的十名妓女中，有七位 1898 年便嫁人了，參見《難除綺障》，《遊戲報》，1898 年 10 月 8 日，2。報上也會報道花榜勝者找到結婚對象的新聞，例如《名花有主，詞史從良》，《遊戲報》，1897 年 9 月 19 日，2；以及《好月常圓》，《遊戲報》，1897 年 9 月 21 日，2。

71· 參見李伯元，《遊戲主人擬舉行遴芳會議》，《遊戲報》，1897 年 10 月 4 日，1。

72· 據 1898 年《遊戲報》報道，貼有花榜前三名照片的《遊戲報》特刊一面世，報社外的街道就擠滿了人。當天上午一萬份報紙便銷售一空，後來幾天報社和耀華影樓不得不加印了幾千份報紙來滿足大家的需要。參見《遊戲報》，1898 年 10 月 1 日，1。

73· 同上書。

74· 李伯元，《凡例六條》。陳無我，《老上海三十年見聞錄》，第 218-221 頁；《世界繁華報》，1901 年 6 月 24 日。

75· 李伯元，《丁酉夏季春江武榜弁言》。

76· 比如，可參見《聽小如意彈琵琶因考而論》，《遊戲報》，1897 年 10 月 10 日，1；《顧曲閒談》，《遊戲報》，1897 年 10 月 14 日，2。有關李伯元努力尋找歌唱天才的文章，可參見《顧曲閒談》，《遊戲報》，1897 年 10 月 14 日，2；以及《當筵顧曲林寶珠青睞時承》，《遊戲報》，1897 年 10 月 24 日，2。

77· 《本館特開花叢經濟科告白》，《世界繁華報》，1901 年 6 月 30 日，1。本次花榜的結果三個月後也刊登了出來，見《特開花叢經濟特科榜》，《世界繁華報》，1901 年 9 月 27 日，2。

78· 《遊戲報》有好幾篇文章報道了有文才的上海名妓，但也遺憾地承認，這不是客人們尋找的；上

海喜歡別的東西，可參見《可憐名姝》，《遊戲報》，1899 年 4 月 17 日，2。關於上海妓女的識
字率的問題有過很多討論，參見 Henriot, "Chinese Courtesans", 47。從當時報紙上的報道
來看，上海頂級名妓的識字率可能比 Henriot 認為的要高，參見 *Prostitution and Sexuality in
Shanghai*，29-32。這個判斷基於對四種花界指南的研究，包括小藍田懺情侍者 1884 年出版的《海
上群芳譜》、1887 年出版的《鏡影簫聲》、1892 年問世的花雨小築主人的《海上青樓圖記》，以及
樓霞、澹如 1915 年編纂的《海上花影錄》。數據顯示（Henriot, *Prostitution and Sexuality in
Shanghai*, 27)，正如王韜所說，高級妓女中絕大部分來自蘇州或蘇州周邊地區，或者就是生於蘇
州。一般來說，在蘇州訓練後來到上海的高級妓女似乎都是自立門戶，識字率也相對較高。也有來
自常熟（秦川）的。儘管在上海的青樓中廣東妓女已經成了很重要的組成部分，但這個群體顯然在
數據中被低估了。同樣，上海的日本妓女和西方妓女的數字也被低估了。在《海上群芳譜》所載的
98 名高級妓女中，據說有 12 個都非常精通文學。《海上青樓圖記》的 100 位名妓中，有 5 位的小
傳中提到了她們精通文學，這裡的「精通文學」意思是她們會寫詩。精通文學的妓女的數字意味著
其他妓女中有一定文化水平的比例可能更多。從 13% 和 5% 的精通文學的比例來看，應該說具有實
用讀寫能力、能看書讀報的比例應該還要高幾倍，明顯高於江南地區普通女性的識字率。Henriot
根據王韜的說法也得出了相似的比例，但他認為這個識字水平還比較低。我相信是他誤讀了王韜的
信息。王韜提到了一些名妓出眾的文采，但他並沒有弄一張社會學問卷到處調查，還在「有文化」
一項上打鈎。儘管如此，正如 Henriot 所指出的，絕大多數女孩還是出身貧苦人家，讀寫能力肯定
不高。指南書的作者也許只是按照明末知書達理的名妓套路在寫作。當時妓院都是官辦的，也許意
味著妓女的教育水平會更高。不過，上海風月場的生意已經由文人（科場士子）與名妓間的文化娛
樂變成了更為實際的尋歡作樂，多是音樂表演和侑酒侍宴。而且，從前文人與名妓享受的那種文學
遊戲的安逸已經被上海都市的瘋狂吞噬了。上海獨特的「叫局」、「轉局」的系統生動地體現了這
一點，妓女們不斷有人叫局，一個晚上之內就要在好幾位客人之間轉局。上海對妓女提出了看書讀
報，甚至懂財務等其他文化要求，狎妓的性質也隨之發生了變化。

79· 《蘇台走馬共盼花榜》，《遊戲報》，1899 年 5 月 14 日，2。

80· 參與投票者要在推薦信開頭註明自己的姓名、妓館，或者在自我介紹中提供這些信息。

81· 雲水洗眼人，《致遊戲主人論林黛玉書》，《遊戲報》，1897 年 11 月 22 日。

82· 按照陳伯熙的說法，客人要為花藝付錢。儘管 1917 年大世界舉辦的花選中投票者的確要花錢買選票，
   但沒有確鑿的證據證明《遊戲報》舉辦的花選也要花錢買選票。參見陳伯熙，《老上海》，1:137-138。

83· 有關妓女明星們為照片擺拍的報道，可參見《北里花容》，《遊戲報》，1899 年 5 月 29 日，2。

84· 關於後來其他娛樂小報主辦的花榜，可參見 Henriot，*Prostitution and Sexuality in Shanghai*，65-66。

85· 《遊戲報》報道了很多戲子和他人姬妾偷情引起的訟案，其中最著名的是高彩雲案，從 1899 年 3 月
   到 7 月一直有報道。

86· 《葬花初議》，《遊戲報》，1898 年 10 月 5 日，2。

87· 同上書。

88· 陳無我，《群芳義塚始末》。

89· 李伯元，《擬建花塚募捐小啟》，《遊戲報》，1898 年 10 月 8 日，1。他在更早的一篇文章中也提出

了這個觀點，參見李伯元，《募捐購置花塚議》，《遊戲報》，1898 年 10 月 6 日，1-2。

90 · 《代校書林黛玉等擬募捐購置花塚小啟》，《遊戲報》，1898 年 10 月 9 日，1。

91 · 同上書。

92 · 《代林黛玉校書致陸蘭芬、金小寶、張書玉諸校書勸捐花塚箋》，《遊戲報》，1898 年 10 月 7 日，參見陳無我，《老上海三十年見聞錄》，100-109。

93 · 《捐建義塚叢談》，《遊戲報》，1898 年 11 月 14 日，2；意花室主人，《紀金小寶校書論花塚捐事》，《遊戲報》，1899 年 1 月 30 日，1-2。

94 · 《人願力》，《遊戲報》，1898 年 10 月 9 日，2。

95 · 1890 年代高級妓女的數量大約有兩三千人，分發出 1,600 本捐冊應該是合理的，因為不是所有人都願意參加。

96 · 陳無我，《群芳義塚始末》，第 106-107 頁。

97 · 《人願力》，《遊戲報》，1898 年 10 月 9 日，2；《捐建義塚叢談》，《遊戲報》，1898 年 11 月 14 日，2。

98 · 《捐建義塚叢談》，《遊戲報》，1898 年 11 月 14 日，2。

99 · 同上。

100 · 參見《錄〈天南新報〉論上海四大金剛》，《遊戲報》，1899 年 5 月 28 日，1。

101 · 比如《賦得四大金剛創建花塚》，《遊戲報》，1899 年 1 月 1 日，3；為此事而作的詩詞可參見《玉鈎集》。

102 · 《新詩又見》，《遊戲報》，1899 年 1 月 1 日，2。

103 · 《塚志碑文誄詞彙錄》。

104 · 意花室主人，《紀金小寶校書論花塚捐事》，《遊戲報》，1899 年 1 月 30 日，1-2。

105 · 同上書。

106 · 《籌捐入己》，《遊戲報》（日期不詳，約在 1899 年 1 月間）。林黛玉在其《林黛玉自述苦衷函》中引用了這篇文章。

107 · 林黛玉，《林黛玉自述苦衷函》。

108 · 林黛玉的債務總是會帶給她婚姻，未婚夫會替她還清所有欠債。不過這些婚姻都很短命，這個慣例被人稱作「洗澡」。參見陳伯熙，《林黛玉小史》。

109 · 《薛寶釵林黛玉相率冒名》，《遊戲報》，1899 年 3 月 19 日，2。

110 · 同上書。

111 · 陳無我，《群芳義塚始末》，第 107 頁。

112 · 《金小寶詞史花塚地購成募捐擴充基址建修祠宇啟》，《遊戲報》，1899 年 3 月 13 日，1-2。

113 · 《錄〈天南新報〉論上海四大金剛》。

114 · 陳無我，《群芳義塚始末》。

115 · 《新百花塚》，《圖畫日報》12（1909）:6，這裡有個印刷錯誤，12 被印成了 13。

116 · 病紅山人（龐樹柏）、惜秋生，《玉鈎痕傳奇》，第 119-120 頁。

117 · 有關晚清妓女從事的慈善活動，可參黃式權，《淞南夢影錄》，第 107-108 頁；詹塏，《藍橋別墅傳》，第 2 頁；《李金桂傳》，第 3 頁。

118 · 林黛玉，《林黛玉自述苦衷函》。

119 · 意花室主人，《紀金小寶校書論花塚捐事》，《遊戲報》，1899 年 1 月 30 日，1-2。

120 · 安克強根據娛樂小報登載的點名欠費告白推斷，這份報紙肯定只是在很小的一個恩客圈子裡流行（*Prostitution and Sexuality in Shanghai*, 68）；這個論斷沒有考慮到該報每天 800 份的發行量，這說明對這個圈子感興趣的人要多得多。

121 · 《調頭告白》，《遊戲報》，1898 年 10 月 9 日，1。

122 · 《世界繁華報》，1901 年 6 月 24 日，1。

123 · 刊登小如意告白的那一期《遊戲報》已經佚失了。李伯元曾提到過這一篇文章，見《書小如意登本報追討漂賬告白後》，《遊戲報》，1897 年 9 月 28 日，1。

124 · 《聽小如意彈琵琶因考而論》，《遊戲報》，1897 年 10 月 10 日，1。

125 · 《書玉峰漁隱金含兩登本報告白後》，《遊戲報》，1897 年 10 月 4 日，1。登載這些告白的幾期《遊戲報》已經佚失了。

126 · 《書館蜚聲》，《遊戲報》，1899 年 8 月 27 日，3。

127 · 《海上移情》，《遊戲報》1899 年 8 月 28 日，2。

128 · 齊國官妓的歷史可參看王書奴，《中國娼妓史》，第 31 頁；Henriot，*Prostitution and Sexuality in Shanghai*，第 1、2 章。

129 · 《書場續志》，《遊戲報》，1899 年 8 月 30 日，2。

130 · 參見薛理勇，《上海妓女史》，第 348 頁。

131 · 點石齋編，《申江勝景圖》，卷 2，30。

132 · 池志澂，《滬遊夢影》，第 157 頁。

133 · 老上海，《胡寶玉》，第 94 頁。

134 · 對戲園的報道是《遊戲報》和其他娛樂報紙的常設欄目。

135 · 關於她如何生意失敗，又如何回到上海的內容，可參見《林黛玉》，《世界繁華報》，1904 年 5 月 20 日，2。有另一個說法是，漢口的軍管當局害怕醜聞，把她驅逐了出來，可參見《瀟湘館主之今昔談》，《新聲》9（1922）：12。

136 · 直到 1909 年其他報紙上還有林黛玉演出的廣告，例如《民立報》第 91 期（1911）第 2 版上還有群仙茶園的廣告。

137 · 感謝 Joshua Fogel 告訴我這個史實，有關細節請參見 Fogel，"Japanese Travelogues of China"，31。

138 · 有關名妓的慈善捐款活動，可參見黃式權，《淞南夢影錄》，第 107-108 頁；詹塏，《藍橋別墅傳》，第 2 頁；《李金桂傳》，第 3 頁。

【第 6 章晚清繡像小說中上海名妓的形象】

1 · 「此一時期的小說和繪畫中，妓女是非常普遍的主題，不僅因為她是惹眼的社會現象，更重要的是，妓女形象能刺激藝術家用藝術手法來控制和發洩她對男性統治構成的假想的威脅」。不過，我相信，巴黎和上海這樣的城市培育了這種特殊的妓女，它們也是這幅圖景中不可忽視的一部分。要

想理解 19 世紀巴黎和上海的妓女或名妓給男性氣質施加的這種「威脅」，必須把城市自身也當作一個主要的參與者來考量。

2· 有關蘇小小的傳說，參見古吳墨浪子，《西泠韻跡》，第 79-106 頁。關於理想化的名妓，可參見 Idema，"Shih Chün-pao's and Chu Yu-tun's Ch'ü-chiang-ch'ih"，217-265。

3· 蔣防，《霍小玉傳》，第 64-76 頁。

4· 馮夢龍，《杜十娘怒沉百寶箱》，第 485-500 頁。有關馮夢龍和明末白話小說的研究，參見 Hanan，*The Chinese Vernacular Story*。

5· 馮夢龍，《杜十娘怒沉百寶箱》，第 499 頁。

6· 參看《水滸傳》中的閻婆惜；施耐庵，《水滸傳》，第 381-399 頁。另可參見《金瓶梅》中的李桂姐；笑笑生，《金瓶梅詞話》，第 486-492 頁。

7· 對這部小說的分析可參見 Hanan，"Fengyue Meng and the Courtesan Novel"。

8· 王德威（David Derwei Wang）在對《海上花列傳》的分析中指出了上海這座城市的重要性。參見 *Fin-de-Siecle Splendor*，89。

9· 例如，可參見韓邦慶的《海上花列傳》、鄒弢的《海上塵天影》、二春居士的《海天鴻雪記》、抽絲主人的《海上名妓四大金剛傳奇書》、夢花館主江陰香的《九尾狐》、張春帆的《九尾龜》，以及平江引年的《海上品花寶鑒》。

10· 魯迅，《中國小說史略》，第 263-264 頁。魯迅提出，以下表現妓客關係的小說都繼承了《紅樓夢》的遺產：陳森的《品花寶鑒》、魏子安（魏秀仁）的《花月痕》以及俞達的《青樓夢》。這些作品是上海狹邪小說的鼻祖。

11· David Der-wei Wang, *Fin-de-Siecle Splendor*, 58.

12· 同上書，72。

13· 有關西方城市小說的研究可參見 Wirth-Nesher, *City Codes*。

14· 魯迅討論晚清狎邪小說時涉及了過去記述名妓生活的作品和傳記，但沒有劃分出明確的界限。參見魯迅，《中國小說史略》，第 256 頁。

15· 唐代都城長安的情況可見於崔令欽的《教坊記箋訂》以及孫棨的《北里志》；明代都城南京可見於李雲翔，《金陵百媚》。清代有關妓女的文學大部分都和富裕的商業城市有關，例如捧花生的《秦淮畫舫錄》、西溪山人的《吳門畫舫錄》和芬利它行者的《竹西花事小錄》。

16· 李雲翔，《金陵百媚》；余懷，《板橋雜記》。

17· 王韜的《海陬冶遊錄》序言註明該書寫於 1860 年，這本書以筆記體的形式提供了上海成為國際通商口岸以來最早的文字描寫。整個 1870-1880 年代，王韜一直致力於描寫上海的青樓，他的青樓筆記和傳記突出了上海作為娛樂中心富貴迷人的一面。

18· 黃式權，《淞南夢影錄》，第 107、146、548 頁。

19· 同上書，第 107 頁。

20· 有關 16 世紀的威尼斯及其妓女和妓女文學，可參見 Alfieri，*Il gioco dell'amore*；18 世紀的江戶可參見 Hibbett，*Floating World in Japanese Fiction*；19 世紀的巴黎可參見 Bernheimer，*Figures of Ill Repute*。

21． 阿英，《晚清戲曲小說目》，第89頁；David Der-wei Wang，*Fin-de Siecle Splendor*，89。

22． 孫玉聲，《海上繁華夢》，第1頁。

23． 同上書。

24． 倚虹，《人間地獄》，第5頁。

25． 魯迅，《中國小說史略》，第264頁。

26． 夢花館主江陰香，《九尾狐》，第176頁。

27． 平江引年，《海上品花寶鑒》，第22-23頁。

28． 我很感謝 Laura Wu 提醒我注意到這一點。據我所知，這兩個部分寫作時間稍有間隔。

29． 抽絲主人，《海上名妓四大金剛傳奇書》，卷3:1。

30． 這部小說提到了這個特殊事件，以證明報紙有能力提高上海名妓的地位，參見抽絲主人，《海上名妓四大金剛傳奇書》，卷2:13。

31． McMahon, "Fleecing the Male Customer".

32． 夢花館主江陰香，《九尾狐》，第28-29頁。

33． 老上海，《胡寶玉》，第72-73頁。

34． 夢花館主江陰香，《九尾狐》，第54頁。

35． 《海上花列傳》中就寫到一名妓女被恩客的夫人請去上海最著名的番菜館一品香，參見韓邦慶，《海上花列傳》，第57章。

36． 夢花館主江陰香，《九尾狐》，第169-170頁。

37． Pott, *A Short History of Shanghai*, 18.

38． 夢花館主江陰香，《九尾狐》，第170頁。

39． 孫玉聲，《海上繁華夢》，第218頁。

40． 同上書，第54頁。

41． 二春居士，《海天鴻雪記》，第3-7頁。

42． 有關「真誠的名妓」可參見 Rosenthal，*The Honest Courtesan*。

43． 王韜認識《九尾龜》的作者張春帆，他稱該書主人公韓秋鶴的故事是以作者與一位上海名妓的愛情故事為藍本的。至於《海上塵天影》的主人公張秋谷，雖然沒有直接的證據，但我們有理由認為這個人物就是鄒弢自我的翻版。參見 David Der-wei Wang，*Fin-de-Siecle Splendor*，81。

44． 1870、1880年代的作品一般都把上海描寫成富貴溫柔鄉，而名妓則是其中最耀眼的光芒，例如王韜的《海陬冶遊餘錄》對公共租界的描寫，鄒弢的《海上燈市錄》，以及1880年代無數表現上海的繪畫作品。稍晚些的作品視角有所不同，例如點石齋的《申江勝景圖》，《申江名勝圖說》，以及梅花盦主的《申江時下勝景圖說》和漚上遊戲主的《海上遊戲圖說》等一些1880年代出現的作品。

45． 例如，胡寶玉去戲園看十三旦表演的故事，最早就是《申報》報道的，參見第1章註135。

46． 例如馮夢龍的《賣油郎獨佔花魁》，第32-73頁；《杜十娘怒沉百寶箱》，第485-500頁。

47． 有關文學插圖的研究可參見阿英，《清末石印精圖小說戲曲目》，以及 Hegel，*Reading Illustrated Fiction*，164-289。

48． 對吳友如和《點石齋畫報》的介紹，可參見 Wagner, "Joining the Global Imaginaire"；以及

Kim，"New Wine in Old Bottles"。

49． 馮夢龍，《蔣興哥重會珍珠衫》，第5頁。

50． 我所見到的《九尾狐》和《九尾龜》最早的繡像單行本是上海書局1917年印行的版本。

51． Zhang Yingjin 在比較了《孽海花》和《京華艷史》兩本小說之後提出，「19世紀初的中文小說中，北京和上海並沒有很大的不同，後來幾十年這一情況才逐漸有了變化」（*The City in Modern Chinese Literature and Film*，120）。但我相信，兩部小說真實的文本並不支持這個結論。《京華艷史》一開篇就很明顯是一部政治小說，有明確的思想框架作為主導原則，目的是支持政治改革。儘管它的確圍繞北京的妓女在展開描寫，但最終並沒有把它變得與《孽海花》相似。《京華艷史》三章之後就結束了，從楔子部分和三章正文來看，很難明確無疑地判斷出這本書將如何發展，而且材料也不足以支持 Zhang Yingjin 所謂的小說中的北京和上海沒有明顯差別的判斷。

【第7章上海指南：城市身份形成過程中的娛樂業】

* 感謝紐約的羅南熙（Nancy Norton Tomasko）博士和海德堡的瓦格納（Lothar Wagner）博士為我提供了他們私人收藏的西文指南書。蔣經國國際學術交流基金會歐洲漢學學會提供的「圖書館旅費補助」讓我得以前往倫敦和萊頓查詢更多文獻，謹在這裡一併表示誠摯的謝意。

1． 這個上海城市指南書的研究從屬於一項更大的研究，西方和日文的上海指南書也包括在內。

2． Charles E. Darwent, *Shanghai*, 156.

3． 本書書名有個更文學化的翻譯：*Miscellanea by/for（Someone）Taking a Trip to Shanghai*。上海早期的文獻，許多都包含了很有歷史價值的信息，但本研究關注的是有正式的城市指南書特徵的作品，因此筆記、日記、遊記等都不包含在內。西語的指南書也有同樣的限制條件。

4． 葛元煦，《滬遊雜記》，1876。

5． 《滬遊雜記》的日語書名叫做 *Shanghai hanji ki*（《上海繁昌記》）。參見鄭祖安《題記》，第5頁。

6． 葛元煦，《滬遊雜記》，1989，第7頁。

7． 同上書，第8頁。

8． 《都門紀略》第一版印行於1864年。很感謝 Susan Naquin 跟我分享她對這本指南書的研究筆記。這本指南書的文學類型在中國有悠久的歷史。這是寫給「故都」，紀念逝去的繁華都市的書。楊衒之寫於6世紀中葉的《洛陽伽藍記》和1147年孟元老獻給開封的《東京夢華錄》都屬於這一類。

9． 葛元煦，《滬遊雜記》，第52頁。

10． 參見鄒依仁，《舊上海人口變遷的研究》，第90，141頁。

11． 葛元煦在《滬遊雜記》序言中提到，孔子編《詩經》也曾將許多情詩包括在內，因此他的指南書寫到妓業也是無可厚非的。他說妓業已成上海重要特色，「不載則嫌其缺略」。儘管葛元煦書中包含了大量有關妓院的細節，但他主要是引用相關的詩歌和竹枝詞來間接介紹的。

12． 參見18、19世紀的此類主題的銅版畫和石版畫。這類作品可能是類似美國 Currier and Ives 公司

以及法國厄比納爾的石印書商出版的那種單獨的畫冊，也可能是有關克里米亞戰爭的書籍做插圖。後一種作品可以參見 Bouvet，*Le Grand Livre des images d'Epinal*。

13． 點石齋，《申江勝景圖》，第 1 頁。

14． 點石齋主人，《石印申江勝景圖出售》。

15． 點石齋，《申江勝景圖》，第 1 頁。

16． Wagner, "Ernest Major", 45.

17． 參見 Wagner，"The Shenbao in Crisis"，127。

18． 有關美查和其印刷企業，請參見 Wagner，"The Making of Shanghai"。

19． 這些早期指南書中有一本很有名，就是他的 *The Treaty Ports of China and Japan: A Complete Guide to the Open Ports of Those Countries, Together With Beijing, Edo, Hong Kong, and Macao: Guide Book and Vade Mecum; For Travellers, Merchants, and Residents in General*。本書 1867 年在倫敦和香港兩地出版。

20． 最能代表上海西文指南書的「勢力範圍」觀點的書，莫過於日本帝國政府鐵路於 1913-1917 年間出版的 *Twentieth Century Impressions of Hong Kong, Shanghai, and Other Treaty Ports of China: Their History, People, Commerce, Industries, and Resources and Japan, An official guide to eastern Asia; trans-continental connections between Europe and Asia*。

21． 這類指南書的例子包括 Hotel Metropole 的 *Guide to Shanghai (complimentary)*（1903）、Palace Hotel 的 *Guide to Shanghai*（1907）和 *Shang-hai: and the Valley of the Blue River, Madrolle's Handbooks*（1912），以及 Carl Crow 的 *Handbook for China*（1913）。

22． Darwent, *Shanghai*（1903），1.

23． 參見 Catherine Yeh，"Representing the City"。

24． Darwent, *Shanghai*（1920），1.

25． 達爾溫特為了突出公共利益戰勝商業利益，並且只有在上海這種城市環境中才有可能發生，特意在他 1920 年的修訂版中提到了財產權的問題，「江邊風景究竟屬於誰？是公眾，更確切地說，是工部局代表公眾擁有它。」（同上書，第 1 頁。）

26． 同上書，第 5-6 頁。

27． 同上書，第 15-16 頁。

28． 同上書，第 113-114 頁。

29． 參見鄒依仁，《舊上海人口變遷的研究》，第 141 頁。

30． Darwent, *Shanghai*（1903），19.

31． 同上書，第 155-156 頁。

32． 參見 Hughes，*Barcelona*。

33． J. D. Clark, *Sketches in and around Shanghai, etc.*，49.

34． 在 1920 年的版本中，達爾溫特坦率地提到這條大道是滋生罪惡的溫床，這裡他指的是鴉片煙館。「為什麼罪惡總是比德行有更多利益呢？」

35． Darwent, *Shanghai*（1903），149.

上海・愛

36· 要充分了解達爾溫特寫作指南書之前上海的商界是什麼規模，可以參看 *The China Directory*。

37· Darwent, *Shanghai*（1903），203.

38· 參見 Yeh, "Representing the City"。

39· 1903 年商務印書館曾有部分股權屬於日資（投資結束於 1914 年）。在投資合作期間，日本方面曾派遣顧問來到商務印書館，這可能對《上海指南》的形式和視角有所影響。有關這個問題可參見高翰卿，《本館創業史》。有關日本與商務印書館的關係，參見樽本照雄，《初期商務印書館研究》，第79-300頁。

40· 商務印書館，《上海指南》（1909），第 1 頁。

41· 同上書，卷 9:7。

42· 商務印書館，《上海指南》（1912），第 1 頁。

43· 華亭聞野鶴，《概論》。

44· 筆名黃人鏡的作者也以英文署名為 Wong Tsao-ling（Huang Zaoling），參見黃人鏡，《漚人寶鑒》。

45· 同上書，英文序言及中文序言無頁碼，第 1 頁。

46· 同上書，第 124-125 頁。

47· 同上書，第 105-106 頁。

48· 商務印書館，《上海指南》（1922），第 1 頁。

49· 中華圖書集成公司，《上海遊覽指南》（1923），書前插圖頁。

50· 同上書，第 1 頁。

51· 同上書，第 1-2 頁。

52· 華亭聞野鶴，《概論》，第 1 頁。

53· G. E. Miller, *Shanghai-The Paradise of Adventurers*（中譯本為密勒，《上海冒險家的樂園》）。

【 結語 】

1· L. S. Mercier, *Nouveau Paris*，1799，3:56，引自 Csergo, "Extension et mutation du loisir citadin"，123。

2· 對普通妓女來說也是一樣，不過，尤其是在巴黎，當局會強行要求妓女進行健康檢查，後來上海法租界也這樣實行了。安克強曾使用過法租界衛生處的檔案，參見 Henriot, "La Prostitution a Shanghai" and "Prostitution et 'police des moeurs' a Shanghai"。

3· 1862 年曾經有人討論，考慮到上海在政治和商業上具有很強的獨立性，可否按中世紀漢薩聯盟城市的路子來變革上海的城市身份。外國領事們平息了這一爭論。

4· Rey Chow, *Writing Diaspora*，8.

5· 賴毓芝，《伏流潛借：1870 年代上海的日本網絡與任伯年作品中的日本養分》。

6· Homi Bhabha, *The Location of Culture*, 1, 2.

參考書目

【中文部分】

· 阿英，《紅樓夢版畫集》，上海：上海出版公司，1955。

· 阿英，《紅樓夢書錄》，上海：上海古籍出版社，1981。

· 阿英，《清末石印精圖小說戲曲目》，載《小說閒談四種》，上海：上海古籍出版社，1985，pt.4，126-141。

· 阿英，《晚清文藝報刊述略》，北京：中華書局，1959。

· 阿英，《晚清戲曲小說目》，上海：上海文藝聯合出版社，1954。

· 阿英，《中國畫報發展之經過——為〈良友〉一百五十期幾年號作》，載《阿英美術論文集》，75-83，北京：人民美術出版社，1982。

· 阿英編，《庚子事變文學集》，北京：中華書局，1959。

· 包天笑，《釧影樓回憶錄》，香港：大華出版社，1971。也參見「天笑」。

· 抱玉生編，《花間楹帖》，上海：擊鉢庵，1861。

· 北京市藝術研究所、上海藝術研究所編，《中國京劇史》，北京：中國戲劇出版社，1990。

· 《北里花容》，《遊戲報》，1899年5月29日，2。

· 《北里妝飾志》，《世界繁華報》，1901年12月26日，4。

· 《本報告白》，《新新小說》3（1904）封二。

· 《本館重開花榜啟》，《遊戲報》，1898年7月16日，1。

· 《本館特開花叢經濟科告白》，《世界繁華報》，1901年6月30日，1。

· 卞玉清編，《上海歷史明信片》，上海：同濟大學出版社，1993。

· 《筆記小說大觀》，台北：新新書局，1988。

· 病紅山人（龐樹柏）、惜秋生，《玉鈎痕傳奇》，載陳無我，《老上海三十年見聞錄》，119-120。

· 《佈告訪友》，《遊戲報》，1897年10月31日，1。

· 《采風報》，1898年5月-1910（？），孫玉聲主編。

· 《曹孟蘭被逼關門》，《遊戲報》，1897年10月5日，2。

· 《曹孟蘭重墮風塵》，《遊戲報》，1897年11月12日，2。

· 曹雪芹，《紅樓夢》，北京：人民文學出版社，1982。

· 曹禺，《日出》，成都：四川人民出版社，1985。

· 陳伯海、袁進，《上海近代文學史》，上海：上海人民出版社，1993。

· 陳伯熙，《老上海》，上海：上海泰東圖書局，1919。重印名為《上海軼事大觀》，上海：上海書店，2000。

· 陳伯熙，《林黛玉小史》，載《老上海》，102。

· 陳伯熙，《小報志略》，載《老上海》，137-138。

· 陳超南、馮懿有，《老廣告》，上海：上海人民出版社，1998。

· 陳從周、章明編，《上海近代建築史稿》，上海：上海三聯書店，1990。

· 陳定山，《春申舊聞續集》，台北：晨光月刊出版社，1955。

· 陳平原，《20世紀中國小說史》，北京：北京大學出版社，1989。

· 陳平原、夏曉虹，《點石齋圖像晚清》，天津：百花文藝出版社，2001。

· 陳平原、王德威、商偉編，《晚明與晚清：歷史傳承與文化創新》，武漢：湖北教育出版社，2002。

· 辰橋，《申江百詠》，又名《申江竹枝詞》，木刻本。上海，1887。重印於顧炳權編，《上海洋場竹枝詞》，79-92。

· 陳汝衡，《學苑珍聞》，上海：上海古籍出版社，1982。

· 陳森，《品花寶鑒》，1849。重印於林健毓編，《晚清小說大系》。

· 陳無我，《花榜揭曉訛言》，載《老上海三十年見聞錄》，203。

· 陳無我，《老上海三十年見聞錄》，1928；上海：上海書店，1997。

· 陳無我，《群芳義塚始末》，載《老上海三十年見聞錄》，106-107。

· 陳無我，《楊柳樓台》，載《老上海三十年見聞錄》，3。

· 陳無我，《塚志碑文誄詞彙錄》，載《老上海三十年見聞錄》，124-128。

· 陳無我，《狀元誤報》，載《老上海三十年見聞錄》，43。

· 《陳玉收心》，《世界繁華報》，1901年12月18日，2。

· 《陳玉卿覆李佩蘭》，載滬上遊戲主，《海上遊戲圖說》，1:8-9。

· 陳玉堂編，《中國近現代人物名號大辭典》，杭州：浙江古籍出版社，1992。

· 晨報。

· 澄碧《小說家李伯元》，載魏紹昌編，《李伯元研究資料》，41。

· 《程丙本新鐫全部繡像紅樓夢》，載《紅樓夢叢書》，台北：廣文書局。

· 程蕙英，《鳳雙飛》，清嘉慶年間手稿，自1897年11月12日起連載於《遊戲報》。

· 池志澂（海天煙璋曼恨生），《滬遊夢影》，原稿年代約為1893年，上海：上海古籍出版社，1989。

· 《癡說四種》，上海：申報館，1877。

· 《蟲天子》，參見張廷華。

· 《籌捐入己》，《遊戲報》（日期不詳，約在1899年1月間）。重印於陳無我，《老上海三十年見聞錄》，128。

· 抽絲主人（吳趼人），《海上名妓四大金剛傳奇書》，木刻本，100回4卷本。上海，1898。

· 《春江花月報》，1901-1904。

· 崔令欽，《教坊記箋訂》，台北：紅葉書局，1973。

· 《大金剛擇期戴帽》，《遊戲報》，1897年10月18日，2。

· 《大上海指南》，上海：光明書局，1933，1947。

· 《大世界》，1917-1931。

· 《代校書林黛玉等擬募捐購置花塚小啟》，《遊戲報》，1898 年 10 月 9 日，1。

· 《代林黛玉校書致陸蘭芬金小寶張書玉諸校書勸捐花塚箋》，《遊戲報》，約 1898 年 10 月 7 日，重印於
陳無我，《老上海三十年見聞錄》，108-109。

· 《代某校書致皮條客人書》，《遊戲報》，1899 年 4 月 27 日，1-2。

· 《當筵顧曲林寶珠青睞時承》，《遊戲報》，1897 年 10 月 24 日，2。

· 鄧志謨，《灑灑編》。Naikaku 文庫晚明版。

· 顛公，《上海騙術世界》，上海：掃葉山房，1914。

· 點石齋編，《上海縣城廂租界全圖》，上海：點石齋，1884。

· 點石齋，《申江勝景圖》。上海：點石齋，1884。

· 《點石齋畫報》，上海，1884-1898。

· 點石齋主人，《石印申江勝景圖出售》，《申報》，1884 年 12 月 28 日，1。

· 《調頭告白》，《遊戲報》，1898 年 10 月 9 日，1。

· 《第一藩司禁演淫戲告示》，《申報》，1890 年 4 月 27 日，3。

· 《東西耀華，倍人半價》，《世界繁華報》，1905 年 3 月 8 日，2。

· 《東西洋摻》，《遊戲報》，1899 年 3 月 11 日，2。

· 《都會摩登：月份牌 1910-1930》，香港：三聯書店，1994。

· 《恩客下車》，《遊戲報》，1899 年 2 月 20 日，2。

· 二春居士（歐陽鉅源，1883-1907），《海天鴻雪記》，上海：世界繁華報館，1904。

· 《20 世紀大舞台》，1904。

· 二石生，《十洲春雨》，重印於張廷華，《香艷叢書》，15，4:4199-4278。

· 方行、湯志鈞編，《王韜日記》，北京：中華書局，1987。

· 費成康，《中國租界史》，上海：上海社會科學院出版社，1991。

· 《飛影閣畫報》，1890 年 10 月 -1893 年 4 月，1893 年 4 月 -1894 年 5 月間又名《飛影閣記士畫報》，
1894 年 6 月 -1895 年 10 月又名《飛影閣記士畫冊》，吳友如編。

· 馮夢龍，《杜十娘怒沉百寶箱》，載《警世通言》，485-500。

· 馮夢龍，《蔣興哥重會珍珠衫》，載《古今小說》。

· 馮夢龍，《警世通言》，北京：作家出版社，1956。

· 馮夢龍，《賣油郎獨佔花魁》，載《醒世恆言》，32-73。

· 馮夢龍，《醒世恆言》，北京：作家出版社，1956。

· 馮夢龍編，《古今小說》，萬曆年間（1573-1619）；福州：福建人民出版社，1980。

· 《風俗志》，《世界繁華報》，1902 年 10 月 25 日。

· 芬利它行者，《竹西花事小錄》，年代不詳（1869），重印於張廷華，《香艷叢書》，12，3:3343-3364。

· 傅湘源，「大世界」史話，上海：上海大學出版社，1999。

· 《服妖論》，《申報》，1888 年 3 月 9 日，1。

· 《賦得四大金剛創建花塚》，《遊戲報》，1899 年 1 月 1 日，3。

· 《婦女冬令亦穿靴子之矯健》，《圖畫日報》，no.133（1909），7。

· 《婦女競穿馬甲耀眼》，《圖畫日報》，no.93（1909），7。

· 《婦女看戲竹枝詞》，載《續刊上海竹枝詞》，21-26。

· 《婦女時報》，1911-1917。

· 《婦女雜誌》，1915-1931。

· 改琦，《紅樓夢圖詠》，木刻本，上海，1879；台北：藝文印書館，1974。

· 高翰卿，《本館創業史》，載商務印書館，1897-1992，《商務印書館九十五年》，8-9。

· 葛元熙，《滬遊雜記》，上海，1876；上海：上海古籍出版社，1989。

· 《各張艷幟》，《遊戲報》，1898 年 10 月 10 日，2。

· 《庚辰春季申江花榜獎聯》，載《續刊上海竹枝詞》。

· 《更正調頭》，《遊戲報》，1897 年 8 月 26 日，2。

· 《更正芳名》，《遊戲報》，1898 年 10 月 11 日，3。

· 個中生手，《吳門畫舫續錄》。載張廷華，《香艷叢書》，17，5:4823-4846。

· 公益書社編，《滬江色藝指南》，上海：公益書社，1908。

· 顧炳權編，《上海洋場竹枝詞》，上海：上海書店出版社，1996。

· 《觀劇小記》，《申報》，1889 年 3 月 18 日，3。

· 管園耐德翁，《都城紀勝》，1235；北京：中國商務出版社，1982。

· 歸鋤子，《紅樓夢補》，上海：申報館，1879。

· 《國立北京大學中國民俗學會民俗叢書》；台北，1973。

· 《顧曲閒談》，《遊戲報》，1897 年 10 月 14 日，2。

· 古吳墨浪子，《西湖佳話》，17 世紀；上海：上海古籍，1980。

· 古吳墨浪子，《西泠韻跡》，載《西湖佳話》，79-106。

· 《海上繁華》，《遊戲報》，1898 年 9 月 21 日，2。

· 《海上繁華圖》，木刻本，上海，1885。

· 《海上驚鴻影》，上海：有正書局，1913，無頁碼。

· 《海上看花日記》，《世界繁華報》，1901 年 10 月 1 日，2。

· 《海上名花尺牘》，載滬上遊戲主，《海上遊戲圖說》，1-14。

· 《海上青樓樂景圖》，石版畫，上海，1892。

· 《海上奇書》，1892。韓邦慶創刊。

· 《海上移情》，《遊戲報》1899 年 8 月 28 日，2。

· 韓邦慶（韓子雲，筆名「花也憐儂」），《海上花列傳》，上海，1892-1894；原石版畫插圖版重印於台北：皇冠雜誌社，1987，無頁碼；無插圖版重印於北京：人民文學出版社，1985。

· 邗上蒙人，《風月夢》，前言時間 1848 年。初版於上海：申報館，1883；重印於濟南：齊魯書社，1991。

· 漢上寓公，《新漢口》，無出版地：六一書局，1909。

· 《好月常圓》，《遊戲報》，1897 年 9 月 21 日，2。

· 《何如玉兜圈子》，《世界繁華報》，1901 年 12 月 23 日，2。

· 《紅樓復夢》，上海：申報館，1876。

· 《「紅樓夢」觚史》，載《癡說四種》。

· 《「紅樓」葉戲譜》，晚清時期。重印於張廷華，《香艷叢書》，5，ch.20。

· 胡根喜，《四馬路》，上海：學林出版社，2001。

· 胡適，《海上花列傳序》，載《胡適文存》，集 2，3:1-3。

· 胡適，《胡適文存》，1928。重印於台北：遠東圖書公司，1953。

· 胡適，《十七年的回顧》，載《胡適文存》，集 2，3:1-3。

· 《花世界》，1903-？。

· 《花樣一新》，《點石齋畫報》，寅集，3（1888），圖 23。

· 花萼樓主，《花底滄桑錄》，《新聲》1、2、4、5、8、9（1921），無頁碼。

· 黃人鏡，《滬人寶鑒》，上海：衛理公會出版社，1913。

· 黃式權，《淞南夢影錄》，上海，1883。重印於上海：上海古籍出版社，1989。

· 話石主人，《「紅樓夢」精義》，載《癡說四種》。

· 《花天日報》，1902-？。

· 華亭聞野鶴，《概論》，載中華圖書集成公司，《上海遊覽指南》（1919），1。《花影集選》，上海，
  1928。無頁碼。

· 花雨小築主人，《海上青樓圖記》，4 卷本石版畫，上海，1892。同作者有另一 6 卷本版本，刊行於
  1895 年。

· 《花園演劇》，《申報》，1886 年 11 月 20 日，3。

· 《花園演劇細述》，《申報》，1886 年 11 月 21 日，3。

· 《滬地論禁女伶》，《申報》，1890 年 1 月 7 日，3。

· 《滬江艷譜》，參看梁溪池蓮居士。

· 《滬江色藝指南》，參看公益書社。

· 《滬江月》。

· 《滬上青樓竹枝詞》，載顧炳權，《上海洋場竹枝詞》，431-432。

· 滬上遊戲主，《海上遊戲圖說》，石版畫，4 卷，上海，1898。

· 《紀金小寶校書論花塚捐事》，《遊戲報》，1899 年 1 月 13 日，1-2。

· 《寄吳春意》，載滬上遊戲主，《海上遊戲圖說》，1:12。

· 蔣防，《霍小玉傳》，載魯迅編，《唐宋傳奇集》，64-76。

· 蔣瑞藻，《小說考證》，上海：上海古籍出版社，1984。

· 江蘇古籍出版社編，《蘇州桃花塢木板年哈》，南京：江蘇古籍出版社，1991。

· 《金寶仙不願登榜》，載陳無我，《老上海三十年見聞錄》，202-203。

· 《金詞史忽投自薦書》，《遊戲報》，1897 年 11 月 6 日，2。

· 《金小寶詞史花塚地購成募捐擴充基址建修祠宇啟》，《遊戲報》，1899 年 3 月 13 日，1-2。

· 《金小寶祝如椿相罵》，《世界繁華報》，1901 年 10 月 1 日，3。

· 《鏡影簫聲初集》，東京：1887。

· 《鏡影簫聲貳集》，未出版手稿，1889 年，藏於上海市圖書館。

· 《靚裝照眼》，《遊戲報》，1899 年 5 月 4 日，2。

· 《捐建義塚叢談》，《遊戲報》，1898 年 11 月 14 日，2。

· 菊園，《啟民社始末記》，載周劍雲編，《菊部叢刊·歌台新史》，上海：1918。重印於民國叢書，第二輯，卷 1，69:25-37。上海，1990。

· 《開果盤》，《圖畫日報》，no.177（1909），7。

· 《可憐名姝》，《遊戲報》，1899 年 4 月 17 日，2。

· 孔尚任，《桃花扇》，北京：人民出版社，1956。

· 賴毓芝，《伏流潛借：1870 年代上海的日本網絡與任伯年作品中的日本養分》，《美術史研究集刊》14（2003）:159-242。

· 浪遊子（指引迷途人），《海上煙花瑣記》，4 卷，上海，1877。也參見指迷生，《海上冶遊備覽》。

· 《老變相》，《遊戲報》，1899 年 3 月 7 日，3。

· 老上海（吳趼人？），《胡寶玉》，1907。

· 雷夫，《申報館之過去狀況》，載申報館，《最近之五十年》，28b。

· 李伯元，《本報附送鳳雙飛唱本緣起》，《遊戲報》，1897 年 11 月 12 日，1。

· 李伯元，《本館遷居四馬路說》，《遊戲報》，1897 年 10 月 2 日，1。

· 李伯元，《佈告訪友》，《遊戲報》，1897 年 10 月 31 日。

· 李伯元，《創刊詞》，《指南報》，1896 年 6 月 6 日，1。

· 李伯元，《丁酉夏季春江武榜弁言》，載陳無我，《老上海三十年見聞錄》，218。

· 李伯元（遊戲主人），《凡例六條》，《遊戲報》。重印於陳無我，《老上海三十年見聞錄》，205。

· 李伯元，《庚子國變彈詞》，連載於《世界繁華報》，1901 年 10 月 -1902 年 10 月。

· （遊戲主人），《庚子花選錄》。

· 李伯元，《觀美國影戲記》，《遊戲報》，1897 年 9 月 5 日，1。

· 李伯元，《官場現形記》，連載於《世界繁華報》，1902 年 4 月 -1905 年 6 月。

· 李伯元，《記本報開創以來情形》，《遊戲報》，1898 年 1 月 16 日。重印於魏紹昌，《李伯元研究資料》，455-456。

· 李伯元，《論遊戲報之本意》，《遊戲報》，1897 年 4 月 25 日，1。重印於魏紹昌，《李伯元研究資料》，453-454。

· 李伯元，《募捐購置花塚議》，《遊戲報》，1898 年 10 月 6 日，1-2。

· 李伯元，《擬建花塚募捐小啟》，《遊戲報》，1898 年 10 月 8 日，1。

· （遊戲主人），《書小如意登本報追討漂賬告白後》，《遊戲報》，1897 年 9 月 28 日，1。

· 李伯元，《文明小史》，台北：廣雅出版有限公司，1984。

· 李伯元，《遊戲主答客論開花榜之不易》，載陳無我，《老上海三十年見聞錄》，194-195。

· 李伯元，《遊戲主人告白》，《遊戲報》，1899 年 3 月 19 日，1。重印於陳無我，《老上海三十年見聞錄》，193。

· 李伯元，《遊戲主人擬舉行遴芳會議》，《遊戲報》，1897 年 10 月 4 日，1。重印於陳無我，《老上海

三十年見聞錄》，214。

· 李伯元，《招尋訪事人》，《遊戲報》，1897 年 10 月 6 日。

· 李斗，《揚州畫舫錄》，揚州：江蘇廣陵古籍刻印社，1984。

· 李昉等編，《太平御覽》，台北：新興書局，1959。

· 李格非，《洛陽名園記》，在《叢書集成》，初編。

· 李靜山，《雜詠》，載楊靜亭，《增補都門紀略》，1879，6:2。

·《李萍香阿潘結怨》，《世界繁華報》，1901 年 12 月 10 日，2。

·《李萍香案結》，《世界繁華報》，1901 年 12 月 8 日，1。

·《李萍香被拘及過堂詳志》，《世界繁華報》，1901 年 12 月 7 日，2-3。

·《李萍香出詩集》，《世界繁華報》，1901 年 5 月 5 日，1。

·《李巧仙覆孫少江》，載滬上遊戲主，《海上遊戲圖說》，1:7。

· 李汝珍，《繪圖鏡花緣》，上海：點石齋，1888。

· 李孝悌，《近代上海城市文化中的傳統與現代，1880-1930》，載劉翠溶、石守謙編，《第三屆國際漢學會議論文集》。

· 李錫奇，《南亭回憶錄》，2 卷，油印手稿。

· 李雲翔，《金陵百媚》，前言 1618 年。藏於 Naikaku 書庫。

· 梁谿半癡生，《滬上評花續錄》，木刻本，上海，1881。

· 梁溪池蓮居士，《滬江艷譜》，木刻本，上海，1883。

·《良友畫報》，1926-1941。

· 廖美雲，《唐妓研究》，台北：學生書局，1995。

·《聊存公評》，《遊戲報》，1903 年 2 月 10 日。

·《禮拜六》，1914-1923。重印於揚州：江蘇廣陵古籍刻印社，1987。

· 林黛玉，《被難始末記》，歐陽鉅源（？）序，1901。重印於阿英，《庚子事變文學集》，1065-1084。

· 林黛玉，《林黛玉自述苦衷函》，載陳無我，《老上海三十年見聞錄》，128。

· 林黛玉，《上海林黛玉眉史東杭州綠琴女史》，載滬上遊戲主，《海上遊戲圖說》，1:1。

·《林黛玉》，《世界繁華報》，1904 年 5 月 20 日，2。

·《林黛玉重簾語鸚鵡》，《遊戲報》，1899 年 6 月 23 日，2。

·《林黛玉衣裳出色》，《遊戲報》，1897 年 10 月 11 日，2。

· 林健彌編，《晚清小說大系》，台北：廣雅出版有限公司，1984。

· 劉翠溶、石守謙編，《第三屆國際漢學會議論文集：經濟史，都市文化與物質生活》，台北：「中央研究院」歷史語言研究所，2002。

· 劉惠吾，《上海近代史》，上海：華東師範大學出版社，1985。

· 劉夢音，《江滬雜詠》，1889。重印題名為《上海竹枝詞》，載顧炳權，《上海洋場竹枝詞》，417-418。

· 劉義慶，《幽明錄》，引自《太平御覽》，ch.41，313-314。

·《梨園公報》，1928-1931。

· 陸費達，《京津兩月記》，《小說月報》2.9（1911）:1。

· 《錄〈天南新報〉論上海四大金剛》，《遊戲報》，1899 年 5 月 28 日，1。

· 魯迅編，《唐宋傳奇集》，上海：北新書局，1929。

· 魯迅，《狹邪小說》，載《中國小說史略》，156-168。

· 魯迅，《中國小說史略》，北京：人民文學出版社，1989。

· 《論曹孟蘭被逼關門》，《遊戲報》，1897 年 10 月 7 日，1。

· 《論上海婦女衣服》，《遊戲報》1897 年 11 月 7 日，1。

· 《論滬妓積習太甚》，《遊戲報》1899 年 7 月 20 日，1。

· 《論滬濱書寓應酬當以陸蘭芬為第一》，《遊戲報》，1897 年 9 月 18 日，1。

· 《論滬上婦女服飾之奇》，《遊戲報》，1899 年 1 月 1 日，1-2。

· 《論禁娼新法》，《申報》，1875 年 12 月 31 日。

· 《論近今男女服飾之異》，《指南報》，1897 年 6 月 17 日，1-2。

· 《論妓院與商務相維繫》，《采風報》，1898 年 11 月 18 日，1。

· 《論李萍香被拘》，《世界繁華報》，1901 年 12 月 7 日，1。

· 《論女子照像之便》，《世界繁華報》，1905 年 3 月 8 日，2。

· 《論上海校書歌唱》，《遊戲報》，1897 年 10 月 8 日，2。

· 《論上海市面之害在於奢》，《申報》，1888 年 1 月 21 日，1。

· 《論坐夜馬車之盛》，《遊戲報》，1899 年 7 月 9 日，1。

· 羅蘇文，《近代上海教育、科學、文化事業的拓展與推進》，《史林》3（1992）：55-62。

· 羅蘇文，《石庫門：尋常人家》，上海：上海人民出版社，1991。

· 馬光仁，《上海新聞史（1850-1949）》，上海：復旦大學出版社，1996。

· 馬建石編，《大清律例通考校注》，北京：中國政法大學出版社，1991。

· 馬俊良編，《龍威秘書》，重印於嚴一萍，《百部叢書集成》。

· 馬良春、李富田編，《中國文學大詞典》，天津：天津人民出版社，1991。

· 馬相伯，《上海匯豐銀行開辦時的大股東》，載《一日一談》。重印於朱維錚編，《馬相伯集》。

· 馬相伯，《一日一談》。重印於朱維錚編，《馬相伯集》。

· 馬相伯，請參見朱維錚。

· 毛祥麟，《墨餘錄》，載《筆記小說大觀》，3：2843-2910。

· 梅禹生，《青泥蓮花記》，重印於台北：廣文書局，1980。

· 梅花盦主編，《申江時下勝景圖說》，2 卷，上海，1894。重印於《國立北京大學中國民俗學會民俗叢書》。

· 《美人雅脫致遊戲主人書》，載陳無我，《老上海三十年見聞錄》，203。

· 《夢顯宦公子受驚》，《遊戲報》，1897 年 10 月 6 日，2。

· 孟元老，《東京夢華錄》。北京：中國商業出版社，1982。

· 夢花館主江陰香，《九尾狐》，6 卷插圖版。上海：上海交通圖書館，1918。重印於《中國近代小說大系》第 1 卷。

· 《勉知守舊》，《遊戲報》，1899 年 6 月 22 日，2。

· 繆荃孫，《秦淮廣紀》，上海：商務印書館，1914。

· 密勒，《上海冒險家的樂園》，Axue 譯，1937；上海：上海文化出版社，1956。

· 《名花有主，詞史從良》，《遊戲報》，1897 年 9 月 19 日，2。

· 《名校書聰慧絕倫》，《遊戲報》，1897 年 12 月 7 日，2。

· 《民呼日報》，上海：1909 年 5-8 月。

· 《民立報》，1910-1912。

· 《難除綺障》，《遊戲報》，1898 年 10 月 8 日。

· 《擬舉上海嫖客四大金剛說》，《遊戲報》，1899 年 7 月 15 日，1。

· 《女扮男裝》，《遊戲報》，1897 年 9 月 20 日，2。

· 歐陽鉅源，參見蓮園、二春居士及惜秋生（病紅山人條目下）。

· 《跑快馬車之出風頭》，《圖畫日報》，25:7（1909）。

· 龐樹柏（獨笑），《紅脂識小錄》，上海：國學書市，1925。重印於魏紹昌，《李伯元研究資料》，522。

· 捧花生，《畫舫餘談》，1818。重印於張廷華，《香艷叢書》，13，4:4943-4980。

· 捧花生，《秦淮畫舫錄》，1817。重印於張廷華，《香艷叢書》，14，3901-3970。

· 平襟亞，《舊上海的娼妓》，載上海市文史館，《舊上海的煙賭娼》，159-171。

· 平湖黃金台鶴樓，《〈紅樓夢〉雜詠》。載《癡說四種》。

· 平江引年，《海上評花寶鑒》，2 卷。上海：最精通書莊，1911。

· 《潑婦搶物》，《申報》，1878 年 11 月 11 日，2。

· 《挈妾尋芳》，《點石齋畫報》，1880 年代。重印於 Henriot, *Chinese Courtesans*, 43。

· 秦綠枝，《會樂里》，《新民晚報》，1996 年 3 月 3 日。

· 《欽定禮部則例》，台北：成文出版社，1966。

· 《青青電影》，1934。

· 《請客匯易》，《遊戲報》，1899 年 1 月 7 日，3。

· 棲霞、滄如編，《海上花影錄》，2 卷，上海：商務印書館，1915。無頁碼。

· 蓮園（歐陽鉅源），《負曝閒談》，連載於《繡像小說》1903-1905 年 6-10，12-41 期。

· 《趣報》，1898。

· 《人願力》，《遊戲報》，1898 年 10 月 9 日，2。

· 《壬午滬濱花朝艷榜》，載梁溪池蓮居士，《滬江艷譜》，1-2。

· 《壬午夏季花榜》，載梁溪池蓮居士，《滬江艷譜》，2-3。

· 《賽相好》，《遊戲報》，1899 年 5 月 5 日，2。

· 《賽馬說》，《遊戲報》，1899 年 5 月 1 日，1-2。

· 《散戲館之擠軋》，《圖畫日報》，no.29（1909），7。

· 上海老江湖，《三教九流秘密真相》，上海：南洋圖書公司，1923。

· 《上海陸小紅寄錢韻生書》，載滬上遊戲主，《海上遊戲圖說》，1:3-4。

· 《上海曲院之現象》，《圖畫日報》，no.229-304（1909-1910）。

· 上海攝影家協會、上海大學文學院編，《上海攝影史》，上海：上海人民美術出版社，1992。

· 上海史資料叢刊編，《清代日記叢抄》，上海：上海人民出版社，1982。

· 《上海新報》，1862-1872。

· 《上海朱墨卿寄姑蘇馬笑拈書》，載滬上遊戲主，《海上遊戲圖說》，1:8。

· 上海市文史館編，《舊上海的煙賭娼》，上海：百家出版社，1988。

· 上海市戲曲學校中國服裝史研究組編，《中國歷代服飾》，上海：學林出版社，1994。

· 上海通社編，《上海研究資料》，1935。上海：上海書店，1985。

· 上海通社編，《上海研究資料續集》，1937。上海：上海書店，1984。

· 上海通社編，《上海掌故叢書》，上海：上海通社，1935。

· 《尚時畫報》，1911。

· 商務印書館，《上海指南》，上海：商務印書館，1909，1912，1922。

· 商務印書館，《1897-1992 商務印書館九十五年——我與商務印書館》，北京：商務印書館，1992。

· 苔溪墨莊主人（苔溪醉墨生），《滬北竹枝詞》，《申報》，1877 年 2 月 14 日，3。

· 苔溪醉墨生（苔溪墨莊主人），《青樓竹枝詞》，《申報》，1877 年 3 月 11 日，3。

· 沈伯經、陳懷圃編，《上海市指南》，上海：中華書局，1933。

· 沈雲龍編，《近代中國史料叢刊》，100 集。台北：文海出版社，1966。

· 《申報》，1872-1949。

· 申報館，《西事類編》，上海：申報館，1885。

· 申報館編，《最近之五十年》，1922。上海：上海書店，1987。

· 《申報館書目》，上海：申報館，1877。

· 《申報館續書目》，上海：申報館，1879。

· 《申江名勝圖說》，木刻本，2 卷。上海：管可壽齋，1884。

· 《申江夷場竹枝詞》，北京中國科學院圖書館館藏 1860 年代手稿。

· 《申江竹枝詞》，1860 年代。手稿。載《申江夷場竹枝詞》。

· 史梅定編，《追憶——近代上海圖史》，上海：上海古籍出版社，1996。

· 施耐庵，《水滸傳》，北京：人民文學出版社，1981。

· 《世界繁華報》，1901 年 5 月 7 日 -1910 年 4 月 22 日。

· 《史林》。

· 《時事畫報》，1907。

· 十萬金鈴館主，《名花失品》，《申報》，1873 年 2 月 8 日，2。

· 《書陸蘭芬金小寶爭毆事》，《遊戲報》，1899 年 5 月 17 日，1。

· 《書玉峰漁隱金含香兩登本報告白後》，《遊戲報》，1897 年 10 月 4 日，1。

· 《書場續志》，《遊戲報》，1899 年 8 月 30 日，2。

· 《書館蜚聲》，《遊戲報》，1899 年 8 月 27 日，3。

· 蜀西樵也，《燕台花事錄》。重印於張廷華，《香艷叢書》12，3:3365-3394。

· 《送李萍香歸嘉禾序》，《世界繁華報》，1901 年 12 月 9 日。

· 孫國群，《舊上海娼妓秘史》，河南：河南人民出版社，1988。

· 孫棨，《北里志》，載楊家駱編，《中國學術名著》，155：25-42。

· 孫玉聲，《報海前塵錄》，連載於《申報》，1931-1932。

· 孫玉聲，《蒼山舊主軼事》，載《報海前塵錄》。

· 孫玉聲（孫家振，筆名「海上漱石生」），《海上繁華夢》，最初自 1898 年 7 月 27 日連載於《采風報》，後來 1901-1902 年間連載於《笑林報》。單行本發行於上海：笑林報館，1903（作者筆名為「古滬警夢癡仙」）。上海：商務印書館，1923。南昌：江西人民出版社，1988。頁碼索引見 1988 年版。

· 孫玉聲，《海上花列傳》，載《退醒廬筆記》，113-114。

· 孫玉聲，《黑幕中之黑幕》，載《大世界》，1917 年 7 月 1 日 -19（？）。

· 孫玉聲（「海上覺悟生」），《妓女的生活》，上海：上海春明書店，1939。

· 孫玉聲，《李伯元》，載《退醒廬筆記》，109。

· 孫玉聲，《退醒廬筆記》，上海，1925。太原：山西古籍出版社，1995。

· 《蘇台走馬共盼花榜》，《遊戲報》，1899 年 5 月 14 日，2。

· 談汚人編，《無錫縣志》，上海：上海社會科學院出版社，1994。

· 湯顯祖（1550-1617），《牡丹亭》，載《湯顯祖集》，北京：中華書局，1962，4 卷。

· 唐振常編，《近代上海繁華錄》，上海：商務印書館，1994。

· 唐振常，《上海史》，上海：上海人民出版社，1989。

· 陶慕寧，《青樓文學與中國文化》，北京：東方出版社，1993。

· 樽本照雄，《初期商務印書館研究》。大阪：清末小說研究社，2000（Osaka: Shinmatsu Shōsetsu Kenkyūsha）。

· 《特開花叢經濟特科榜》，《世界繁華報》，1901 年 9 月 27 日，2。

· 《添設經售報處》，《遊戲報》，1897 年 11 月 10 日，1。

· 天笑（包天笑），《蘇州繁華夢》，上海：改良小說社，1911。

· 天笑，《新蘇州初編》，上海：上海改良小說社，1910。

· 《聽小如意彈琵琶因考而論》，《遊戲報》，1897 年 10 月 10 日，1。

· 《圖畫日報》，1909 年 8 月 16 日 -1910 年 8 月。

· 《圖畫旬報》，1909。

· 瓦格納，《進入全球想像圖景：上海的點石齋畫報》，《中國學術》8（2001 年 4 月）：1-96。

· 瓦格納，《申報館早期的書籍出版（1872-1875）》，載陳平原、王德威、商偉編，《晚明與晚清：歷史傳承與文化創新》，169-178。

· 王德威，《重讀蕩寇志》，載陳平原、王德威、商偉編，《晚明與晚清：歷史傳承與文化創新》，423-440。

· 王德威，《小說中國：晚清到當代的中文小說》，台北：麥田出版公司，1993。

· 王定九，《上海門徑》，上海：上海中央書店，1932。

· 王爾民，《點石齋畫報所展現之近代歷史脈絡》，載《近代文化生態及其變遷》。

· 王爾民，《近代文化生態及其變遷》，南昌：百花出版社，2002。

· 王爾民，《中國近代知識普及化傳播之圖說形式——以點石齋畫報為例》。《「中央研究院」近代研究所集刊》，no.19，1990。

· 王后哲，《上海寶鑒》，上海：上海世界書局，1925。

· 汪了翁，《上海妓院地點之沿革》，載《上海六十年花界史》，1-2。

· 汪了翁，《上海六十年花界史》，上海：世新書局，1922。

· 《汪珊寶寄周月卿書》，載滬上遊戲主，《海上遊戲圖說》，1:1-2。

· 王樹村編，《民間珍品圖說〈紅樓夢〉》，台北：大東圖書，1996。

· 王書奴，《中國娼妓史》，1933。上海：三聯書店，1988。

· 王韜，《附廖寶兒小記》，載《海陬冶遊錄》，5663-5668。

· 王韜，《海上塵天影敘》，載鄒弢，《海上塵天影》，1-3。

· 王韜，《海陬冶遊附錄》，前言 1873 年。香港，1883。重印於張廷華，《香艷叢書》，20，5:5685-5786。

　 王韜，《海陬冶遊錄》，前言 1860 年。重印於張廷華，《香艷叢書》，20，5:5633-5684。

· 王韜，《海陬冶遊錄餘錄》，前言 1878 年。重印於張廷華，《香艷叢書》，20，5:5787-5810。

· 王韜，《漫遊隨錄》，載王錫祺，《小方壺齋輿地叢鈔》。

· 王韜，《眉繡二校書合傳》，載《淞隱漫錄》。載《點石齋畫報》，乙：no.23，1884 年 10 月 15 日，16。

· 王韜，《淞隱瑣話》，1887。重印於徐復初編，《香艷趣語》，75-92。

· 王韜，《淞隱漫錄》，連載於《點石齋畫報》第 6 期（1884 年 6 月甲 6）至（1887 年 10 月子 2）。

· 王韜，《談艷》，載《淞濱瑣話》。重印於徐復初，《香艷趣語》，75-92。

· 王韜，《弢園尺牘》，1876。重印於《近代中國史料叢刊續輯》，vol.100，ch.4. 台北：文海出版社，
　 1983。

· 王韜，《弢園文錄外編》，1883，重印於上海：中華書局，1958。

· 王韜，《瀛壖雜誌》，1870，重印於上海：古籍出版社，1989。

· 王錫祺，《小方壺齋輿地叢鈔》，重印於杭州：杭州古籍書店，1985。

· 《萬國公報》，1874-1907。

· 魏紹昌編，《李伯元研究資料》，上海：上海古籍出版社，1980。

· 魏紹昌，《晚清四大小說家》。台北：台灣商務印書館，1993。

· 魏紹昌，《吳趼人研究資料》，上海：上海古籍出版社，1980。

· 衛泳，《悅容編》，17 世紀，4 卷本，重印於張廷華，《香艷叢書》，1，ch.2，67-78。

· 魏子安（魏秀仁），《花月痕》，1859，重印於台北：廣雅出版有限公司，1984。

· 《閔金小寶喬遷詩以賀之》，《遊戲報》，1897 年 9 月 21 日，2。

· 吳趼人，《滬上百多談》，1914。重印於魏紹昌，《晚清四大小說家》，107-108。

· 吳趼人，《糊塗世界》，1906 年連載於《世界繁華報》，重印於林健毓，《晚清小說大系》。

· 吳趼人，《新〈石頭記〉》，1905 年連載於《南方報》，1908 年上海改良小說社發行單行本。重印於南昌：
　 江西人民出版社，1988。

· 吳友如，《風俗志圖說》，載《吳友如畫寶》，卷 3，10a、10b、11a、11b。

· 吳友如，《海上百艷圖》，載《吳友如畫寶》，卷 1，3a、3b。

· 吳友如，《吳友如畫寶》，石版畫。上海，1908。13 集。另有 3 卷本，上海：上海書店，1983。

· 吳圳，《清末上海租界社會》，台北：文史哲出版社，1978。

· 霧裡看花客（錢昕伯），《真正老林黛玉》，上海：上海民國圖書館，1919。重印於魏紹昌，《李伯元研究資料》，519-520。

· 無名氏，《絳雲館日記》，重印於上海史資料叢刊，《清代日記叢鈔》。

· 夏曉虹，《晚清文人婦女觀》，北京：作家出版社，1996。

· 《香巢未定》，《遊戲報》，1897 年 10 月 15 日，2。

· 《小顧蘭蓀》，載花雨小築主人，《海上青樓圖記》，2：18。

· 《笑報》，1897。

· 小藍田懺情侍者（田春杭），《滄海遺珠錄》，木刻本，上海，1886。

· 小藍田懺情侍者（田春杭），《重訂海上群芳譜》，石版畫，4 卷本。上海，1886。

· 小藍田懺情侍者（田春杭），《海上群芳譜》，石版畫，4 卷本，上海：申報館，1886。

· 《笑林報》，1901-1910，孫玉聲主編。

· 《小說畫報》，1917-1920。

· 《小說林》，1907-1908，曾樸主編。

· 《小說時報》，1909-1917。

· 《小說月報》，1909-1931。

· 《消閒報》，1897-1903 年後。

· 《瀟湘館主之今昔談》，《新聲》9（1922）：12。

· 笑笑生，《明萬曆本金瓶梅詞話》，東京：大安株式會社，1963。

· 《挾妓同嫖》，《點石齋畫報》，重印於 Cohn，*Vignettes from the Chinese*，101。

· 《西報紀女優演劇賑事》，《申報》，1906 年 9 月 24 日，17。

· 《謝燕燕詞史小傳》，《圖畫日報》，no.47，1910 年 8 月 1 日。

· 《西曆一千八百九十九年上海春賽第三志》，《遊戲報》，1899 年 5 月 5 日，2。

· 《新百花塚》，《圖畫日報》12（1909）：6。

· 忻平，《王韜評傳》，上海：華東師範大學出版社，1990。

· 新世界報社編，《花國百美圖》，上海：生生美術公司，1918。

· 《新小說》，1902-1906，梁啟超創辦。

· 《新聲》，1921-1922。

· 《新詩又見》，《遊戲報》，1899 年 1 月 1 日，2。

· 《新聞報》，1893-1949。

· 《新聞大學》。

· 《新聞研究資料》。

· 《新新小說》，1904-1907，可能是陳景韓主編。

· 《辛巳春季滬濱花榜》，載梁溪池蓮居士，《滬上評花錄》，1-2。

· 《辛巳秋季滬濱花榜》，載梁溪池蓮居士，《滬上評花錄》，2-3。

· 熊月之編，《上海通史》，15 卷本，上海：上海人民出版社，1999。

· 熊月之，《西學東漸與晚清社會》，上海：上海人民出版社，1994。

· 熊月之，《張園：晚清上海一個公共空間研究》，載張仲禮，《中國近代城市企業，社會，空間》，334-359。

· 稀奇古怪，《老上海見聞錄》，上海：上海國光書店，1936。

· 《繡像小說》，1903-1906，李伯元主編。

· 西溪山人，《吳門畫舫錄》，1806，重印於張廷華，《香艷叢書》，17，5：4763-4809。

· 《西廂記》，王實甫著，13世紀。吳曉玲校註，北京，1954。

· 徐復初編，《香艷趣語》，上海：上海仿古書店，1937。

· 徐恭時，《序》，載顧炳權，《上海洋場竹枝詞》，1-8。

· 《續刊〈上海竹枝詞〉》，木刻本，上海，1880。

· 徐珂，《清稗類鈔》，12卷本，台北：台灣商務印書館，1983。

· 許敏，《士，娼，優——晚清上海社會一瞥》，《上海研究》9（1993）：37-48。

· 徐慶治，《〈紅樓夢〉排律》，載《癡說四種》。

· 許豫，《白門新柳記》，木刻本，1872。上海，1875。

· 徐載平、徐瑞芳，《清末四十年〈申報〉史料》，北京：新華出版社，1988。

· 《懸額待補》，《遊戲報》，1899年6月18日，2。

· 《薛寶釵林黛玉相率冒名》，《遊戲報》，1899年3月19日，2。

· 薛理勇，《明清時期的上海娼妓》，載上海市文史館，《舊上海的煙賭娼》，150-158。

· 薛理勇，《上海妓女史》，香港：海峰出版社，1996。

· 《學人》。

· 嚴明，《中國名妓藝術史》，台北：文津出版社，1992。

· 嚴一萍編，《百部叢書集成》，台北：藝文印書館，1967。

· 楊家駱編，《中國學術名著》，台北：世界書局，1956-1961。

· 楊靜亭，《都門雜詠》，載楊靜亭，《增補都門紀略》，卷6。

· 楊靜亭，《〈雜詠〉序》，載《增補都門紀略》，1897，6：1。

· 楊靜亭編，徐永年增輯，《都門紀略——徐永年增輯》，北京：榮祿堂，1864。沈雲龍，《近代中國史料叢刊》，第72輯，716卷據1907年版重印。

· 楊靜亭編，《增補都門紀略》，8卷本，北京：京都堂，1879。紐約，哥倫比亞大學東亞圖書館複本。

· 楊衒之，《洛陽伽藍記》，重印於周祖謨編，《洛陽伽藍記校釋》。

· 《揚州夢》，上海：上海國學維持社，1915。

· 姚燮，《苦海航樂府》，1850年代。手稿藏於蘇州大學圖書館善本室。

· 《耀華照像說》，《遊戲報》，1898年10月4日，2。

· 葉夢珠，《閱世編》，手稿，17世紀。初版刊行於上海通社，《上海掌故叢書》，第一輯，第11卷。

· 葉凱蒂，《從19世紀上海地圖看對城市未來定義的爭奪戰》，《中國學術》1.3（2000）：88-121。

· 葉凱蒂，《清末上海妓女服飾，傢具與西洋物質文明的引進》，《學人》9（1996）：381-438。

· 葉凱蒂，《上海：「世界遊戲場」——晚清妓女生意經》，載張仲禮，《中國近代城市企業，社會，空間》，308-335。

· 葉凱蒂，《文化記憶的負擔——晚清上海文人對晚明理想的建構》，載陳平原、王德威、商煒主編，《晚

明與晚清：歷史傳承與文化創新》，53-63。

· 《冶遊當知擇地說》，《申報》，1879 年 3 月 21 日，1。

· 倚虹，《人間地獄》，1923。上海：上海古籍出版社，1991。

· 意花室主人，《紀金小寶校書論花塚捐事》，《遊戲報》，1899 年 1 月 30 日，1-2。

· 《瀛環瑣記》，1872-1875。

· 《益聞錄》，1879-1899。

· 庸伶，《梨園公報出版感言》，《梨園公報》，1928 年 9 月 5 日，1。

· 《遊戲報》，1897-1910（？），李伯元主編。

· 《遊青樓妓女待承歡》，《遊戲報》，1897 年 9 月 19 日，2。

· 遊戲主人，參見李伯元。

· 《遊園雜記》，《世界繁華報》，1901 年 10 月 17 日，2。

· 《遊張園四大金剛》，《遊戲報》，1897 年 10 月 12 日，2。

· 俞達（慕真山人），《青樓夢》，上海：申報館，1878。長沙：岳麓書社，1988。

· 余淡心，珠泉居士等，《秦淮香艷叢書》，重印於台北：廣文書局，1991。

· 余懷，《板橋雜記》，1654。重印於張廷華，《香艷叢書》第 13 輯，4:3637-3672。

· 余蛟，《潮嘉風月記》，1875。重印於張廷華，《香艷叢書》第 1 輯，1:241-274。

· 于醒民，《上海，1862 年》，上海：上海人民出版社，1991。

· 余月亭，《我國畫報的始祖 —— 點石齋畫報的初探》，載《新聞研究資料》，1981.5，149-181。

· 《與周文香》，載滬上遊戲主，《海上遊戲圖說》，1:12。

· 袁祖志（倉山舊主），《倉山舊主書申江陋習》，載滬上遊戲主，《海上遊戲圖說》，2:12b-14a。

· 袁祖志，《倉山舊主撰春江丁酉年夏季花榜序》，載陳無我，《老上海三十年見聞錄》，204-205。

· 袁祖志，《重修滬遊雜記》，4 卷本。上海：申報館，1888。

· 袁祖志，《滬北竹枝詞》，《申報》，1872 年 9 月 9 日，重印於顧炳權，《上海洋場竹枝詞》，10。

· 袁祖志（海昌太憨生），《滬上竹枝詞》，載《重修滬遊雜記》，卷 3:20a-22a。

· 袁祖志，《上海感事詩》，載《重修滬遊雜記》，卷 3:7a。首發時署名為懺情生，載葛元煦，《滬遊雜記》，49-50。

· 袁祖志（懺情生），《續滬北竹枝詞》，《申報》，1872 年 5 月 18 日，重印於顧炳權，《上海洋場竹枝詞》，12-14。

· 《願效雄飛》，《點石齋畫報》，樂，1894，95。

· 《閱報載謝桂香遞冤書一則因書其後》，《遊戲報》，1898 年 6 月 29 日，1。

· 《閱本報所紀避債無台一則有感而書》，《遊戲報》，1897 年 10 月 24 日，1。

· 《月月小說》，1906-1908，吳趼人主編。

· 《輿服炫奇》，《遊戲報》，1897 年 11 月 2 日，2。

· 《玉鈎集題辭》，重印於陳無我，《老上海三十年見聞錄》，113-117。

· 雲間逸士，《洋場竹枝詞》，載顧炳權，《上海洋場竹枝詞》，383-387。

· 雲水散人，《謝添香小傳》，《遊戲報》1896 年 10 月 27 日，1。

· 雲水洗眼人，《致遊戲主人論林黛玉書》，《遊戲報》，1897 年 11 月 22 日。

· 《葬花初議》，《遊戲報》1898 年 10 月 5 日，2。

· 曾樸，《孽海花》，重印於上海：上海古籍出版社，1979。

· 詹塏，《花史》，上海：鑄新社，1906。

· 詹塏，《藍橋別墅傳》，載《柔鄉韻史》，2。

· 詹塏，《李金桂傳》，載《柔鄉韻史》，3。

· 詹塏，《柔鄉韻史》，上海：文藝消遣所，1907。

· 詹塏，《蘇韻蘭、謝三寶合傳》，載《柔鄉韻史》，1：30-33。

· 張愛玲，《張愛玲全集》，16 卷本，台北：皇冠雜誌社，1968。

· 張愛玲，《張愛玲註譯海上花》，台北：皇冠雜誌社，1983。

· 張春帆（漱六山房），《海上青樓沿革記》，《萬歲雜誌》，1.2-9。1932 年 8 月 16 日 -12 月 1 日。

· 張春帆，《九尾龜》，1907-1910。重印於中國近代小說大系。

· 張弓長，《中國的妓女與文學》，台北：常春樹書坊，1975。

· 張泌，《妝樓記》，唐代。重印於嚴一萍，《百部叢書集成》。

· 張廷華（蟲天子）編，《香艷叢書》，5 卷本，1908。北京：人民文學出版社，1992。

· 張乙廬，《李伯元逸事》，載魏紹昌，《李伯元研究資料》，14-15。

· 張仲禮編，《近代上海城市研究》，上海：上海人民出版社，1990。

· 張仲禮，《中國近代城市企業、社會、空間》，上海：上海社會科學院出版社，1998。

· 趙爾巽編，《清史稿》，北京：中華書局，1976。

· 《照錄來稿》，《遊戲報》，1903 年 2 月 10 日，2。

· 鄭逸梅，《南亭亭長》，重印於魏紹昌，《李伯元研究資料》，22-23。

· 鄭逸梅，《孫玉聲珍藏李伯元遺印》，載《鄭逸梅選集》，2：169-170。

· 鄭逸梅，《鄭逸梅小品續集》，1933。重印於魏紹昌，《李伯元研究資料》，22-23。

· 鄭逸梅，《鄭逸梅選集》，3 卷本。哈爾濱：黑龍江人民出版社，1991。

· 鄭志敏，《細說唐妓》，台北：文津出版社，1997。

· 鄭祖安，《題記》，載葛元煦，《滬遊雜記》，1-5。

· 《妓院公務》，《遊戲報》，1897 年 10 月 15 日，1。

· 《正名》，《遊戲報》，1898 年 9 月 21 日，3。

· 支機生，《珠江名花小傳》，載張廷華，《香艷叢書》，第 8 輯，2：2003-2031。

· 指迷生，《海上冶遊備覽》，上海，1883。台北「中研院」史語所藏副本。上海 1891 年重印這一版本，初版可能更早。1877 年刊行的浪遊子《海上煙花瑣記》包含了本書絕大部分條目，還有更多內容，表明該書應該是指迷生這一作品的增廣版。

· 《指南報》，1896-1897。李伯元主編。

· 《中國難於變法》，《遊戲報》，1899 年 2 月 18 日，1-2。

· 《中國學術》。

· 《中國近代小說大系》，南昌：百花洲文藝出版社，1991。

· 中華圖書集成公司，《上海遊覽指南》。上海：中華圖書集成公司，1919、1923。

·《中華文學史料》。

·《中西滬報》。

· 中原浪子，《京華艷史》，連載於《新新小說》，1908 年 5-7 卷。

·《塚志碑文誄詞彙錄》，重印於陳無我，《老上海三十年見聞錄》，124-128。

· 周劍雲編，《菊部叢刊》，上海：交通圖書局，1918。重印於《民國叢書》第二輯，第 69 卷。上海，1990。

· 周密，《武林舊事》，1280。重印於北京：商務印書館，1982。

· 周芜編，《中國版畫史圖錄》，上海：上海人民美術出版社，1988。

· 周祖謨編，《洛陽伽藍記校釋》，北京：中華書局，1963。

· 祝均宙，《李伯元與指南報》，《新聞大學》（1990 年冬）：48-50。

· 祝均宙，《李伯元重要逸文——證實〈海天鴻雪記〉非李之作》，《中華文學史料》1（1990 年 6 月）：59-65。

· 祝均宙，《上海小報的歷史沿革》，《新聞研究資料》42（1988 年）：163-179；43（1988 年）：137-153；44（1988 年）：211-220。

· 朱維錚編，《馬相伯集》，上海：復旦大學出版社，1996。

·《朱文卿寄何笠夫》，載滬上遊戲主，《海上遊戲圖說》，1：4-5。

· 朱元亮、張夢徵編，《青樓韻語》，1616 年木刻本。張夢徵插圖，黃一彬、黃端甫、黃桂芳刻板。藏於中國國家圖書館。重印於《中國古代板畫叢刊二編》，卷 4。上海：上海古籍出版社，1994。

· 珠泉居士，《續「板橋雜記」》，1785。重印於張廷華，《香艷叢書》，第 18 輯，5：4909-4942。

·《字林滬報》，1882-1899。

· 鄒弢（〔梁溪〕瀟湘館侍者），《春江花史》，木刻本，2 卷。上海，1884。

· 鄒弢，《海上塵天影》，上海，1896。重印於南昌：江西人民出版社，1988。

· 鄒弢，《海上燈市錄》，木刻本，2 卷。上海，1884。又名《春江燈市錄》。

· 鄒弢，《[繪圖] 澆愁集》，前言 1877 年。上海：大聲圖書局，1914。

· 鄒弢，《馬齒錄》，私人出版，上海，1908。

· 鄒弢，《三借廬筆談》，載《筆記小說大觀》，卷 28。

· 鄒弢，《上海品艷百花圖》，上海，1880。

· 鄒弢，《瘦鶴隨筆》，載《滬江月》2，no.5（1918 年）。

· 鄒弢（花下解人）編，《吳門百艷圖》，司香舊尉（鄒弢筆名）序，木刻本，出版地不詳，1880。

· 鄒依仁，《舊上海人口變遷的研究》，上海：上海人民出版社，1980。

· 樽本照雄，《新編增補清末民初小說目錄》，濟南：齊魯書社，2002。

【外文部分】

· Alfieri, Bruno, ed. *Il gioco dell'amore: Le cortigiane de Venezia dal Trecento al Settecento*（The game of love: Venetian courtesans from the fourteenth to the eighteenth century). Milan: Berenice, 1990.

· *All About Shanghai: A Standard Guidebook*. Shanghai: University Press, 1934. Reprint, Hong Kong: Oxford University Press, 1983.

· Bakhtin, Mikhail Mikhailovich. *The Dialogic Imagination: Four Essays by M. M. Bakhtin*. Edited by Michael Holquist, Translated by Caryl Emerson and Michael Holquist. Austin: University of Texas Press, 1985.

· Bastid-Bruguiere, Marianne, ed. *European Thought in Chinese Literati Culture*. In press.

· Benjamin, Walter. "Paris, Capital of the Nineteenth Century." In Demetz, *Walter Benjamin*, 146-162.

· Bernal, Martin. *Chinese Socialism to 1907*. Ithaca, N.Y.: Cornell University Press, 1976.

· Bernheimer, Charles. *Figures of Ill Repute: Representing Prostitution in Nineteenth-Century France*. Cambridge, Mass.: Harvard University Press, 1989.

· Bhabha, Homi K. *The Location of Culture*. London and New York: Routledge, 1994.

· Bickers, Robert A., and Christian Henriot, eds. *New Frontiers: Imperialism's New Communities in East Asia, 1842-1953*. Manchester, U. K.: Manchester University Press, 2000.

· Bickers, Robert A., and Jeffrey Wasserstrom. "Shanghai's 'Dogs and Chinese Not Admitted' Sign: Legend, History, and Contemporary Symbol."*The China Quarterly* 142 (June 1995): 444-466.

· Bierwisch, W., ed. *Die Rolle der Arbeit in verschiedenen Epochen und Kulturen* (The role of labor in different epochs and cultures). Berlin: Akademie Verlag, 2003.

· Bourdieu, Pierre. *The Field of Cultural Production: Essays on Art and literature*. New York: Columbia University Press, 1993.

· Bouvet, Mireille-Bénédicte. *Le Grand Livre des images d' Épinal* (The grand book of images from Épinal). Paris: Solar, 1996.

· Briais, Bernard. *Grandes Courtisanes du Second Empire* (Grand courtesans of the second Empire). Paris: Librairie Jules Tallandier, 1981.

· Cahill, James. "The Emperor's Erotica (Ching Yüan Chai so-shih II)." *Kaikodo* (1999): 24-43.

· Cahill, James. "The Shanghai School in Later Chinese Painting." In Mayching Kao, ed. *Twentieth-Century Chinese Painting, 54-77*. New York: Oxford University Press, 1988.

· Cahill, James. "Three Zhangs." *Orientations*, October 1996, 59-68.

· Chang, Kang-i Sun. *The Late-Ming Poet Ch'en Tzu-lung: Crises of Love and Loyalism*. New Haven, Conn.: Yale University Press, 1991.

· Chartier, Roger. *The Cultural Origins of the French Revolution*. Translated by Lydia G. Cochrane. Durham, N. C.: Duke University Press, 1991.

· *The China Directory, for the year 1875*. Hong Kong: China Mail, 1875.

· "Chinese Theaters." *North China Herald*, January 5, 1867, 2-3.

· Chow, Rey. *Writing Diaspora: Tactics of Intervention in Contemporary Cultural Studies*. Bloomington: Indiana University Press, 1993.

· Clark, J. D. (John D.), ed. *Sketches in and around Shanghai, etc.* Shanghai: Shanghai Mercury and Celestial Empire, 1894.

· Clark, Timothy J. *The Painting of Modern Life: Paris in the Art of Manet and His Followers.* Princeton, N. J.: Princeton University Press, 1984.

· Claypool, Lisa. *The Social Body: "Beautiful Women" Imagery in Late Imperial China.* Master's thesis, Department of Art History, University of Oregon, 1994.

· Coates, Austin. *China Races.* Hong Kong: Oxford University Press, 1984.

· Cochran, Sherman, ed. *Inventing Nanjing Road: Commercial Culture in Shanghai, 1900-1945.* Ithaca, N. Y.: East Asia Program, Cornell University, 1999.

· Cohen, Paul. *Between Tradition and Modernity: Wang T'ao and Reform in Late Ch'ing China.* Cambridge, Mass.: Council on East Asian Studies, Harvard University, 1987.

· Cohn, Don J., comp. and trans. *Vignettes from the Chinese: Lithographs from Shanghai in the Late Nineteenth Century.* Hong Kong: The Chinese University of Hong Kong Press, 1990.

· Corbin, Alain. *Women for Hire: Prostitution and Sexuality in France after 1850.* Cambridge, Mass.: Harvard University Press, 1990.

· Corbin Alain, ed. *L'Avènement des loisirs, 1850-1960* (The coming of leisure). Paris: Aubier, 1995.

· Crespigny, Rafe de, and Liu Ts'un-yuan. "A Flower in a Sinful Sea." *Renditions 17 and 18* (Autumn 1982): 137-192.

· Crow, Carl. *Handbook for China.* Shanghai: Hwa-mei Book Concern, 1913. Reprint, Taipei: Chengwen Chuban Gongsi, 1973.

· Csergo, Julia. "Extension et mutation du loisir citadin, Paris 19e siècle-début 20e siècle" (The expansion and shifts in urban leisure of Paris during the nineteenth century). In Corbin, *L'Avènement des loisirs, 1850-1960*, 121-168.

· Dalby, Liza. *Geisha.* Reprint, New York: Vintage Books, 1985.

· Darwent, Charles Ewart. *Shanghai: A Handbook for Travellers and Residents to the Chief Objects of Interest in and around the Foreign Settlements and Native City.* Shanghai: Kelly and Walsh, 1903.

· Darwent, Charles Ewart. *Shanghai: A Handbook for Travellers and Residents to the Chief Objects of Interest in and around the Foreign Settlements and Native City.* Revised edition, Shanghai: Kelly and Walsh, 1920. Reprint, Taipei: Ch'eng Wen Publishing, 1973.

· Demetz, Peter, ed. *Walter Benjamin: Reflections, Essays, Aphorisms, Autobiographical Writing.* New York: Schocken Books, 1978.

· Des Forges, Alexander Townsend. "Street Talk and Alley Stories: Tangled Narratives of Shanghai from 'Lives of Shanghai Flowers' (1892) to 'Midnights' (1933)." Ph. D. diss., Princeton University, 1998.

· Dolezelova-Velingerova, Milena, ed. *The Chinese Novel at the Turn of the Century.* Toronto: University of Toronto Press, 1980.

· Dyce, Charles M. *The Model Settlement: Personal Reminiscences of Thirty Years' Residence in the Model Settlement Shanghai 1870-1900*. London: Chapman and Hall, 1906.

· Edgren, Søren. "The *Ching-ying Hsiao-sheng* and Traditional Illustrated Biographies of Women." *The Gest Library Journal 5* (November 2, 1992): 161-173.

· Elvin, Mark. "The Administration of Shanghai, 1905-1914." In Mark Elvin and G. William Skinner, *The Chinese City between Two Worlds*, 131-159.

· Elvin, Mark, and G. William Skinner, eds. *The Chinese City between Two Worlds*. Stanford, Calif.: Stanford University Press, 1963.

· *European Settlements in the Far East: China, Japan, Corea, Indo-China, Straits Settlements, Malay States, Siam, Netherlands, India, Borneo, The Philippines, Etc.* New York: Charles Scribner's Sons, 1900.

· Faure, David, ed. *Town and Country in China: Identity and Perception*. Oxford: Palgrave in association with St. Antony's College, 2002.

· Feng Menglong, *Stories Old and New: A Ming Dynasty Collection*. Translated by Shuhui Yang and Yunqin Yang. Seattle: University of Washington Press, 2000.

· Feng Menglong. *Stories to Caution the World: A Ming Dynasty Collection, Volume 2*. Translated by Shuhui Yang and Yunqin Yang. Seattle: University of Washington Press. 2005.

· Fischer-Lichte, Erika. *The Semiotics of Theater*. Translated by Geremie Gaines and Doris L. Jones. Bloomington: University of Indiana Press, 1992.

· Fogel, Joshua A., ed. "Japanese Travelogues of China in the 1920s: The Accounts of Akutagawa Ryūnosuke and Tanizaki Jun'ichirō." *Chinese Studies in History* 30. 4 (summer 1997): 3-103.

· Geertz. Clifford. *The Interpretation of Cultures: Selected Essays*. New York: Basic Books, 1973.

· Giles, Herbert A. *Chinese Sketches*. London: Trubner & Co., Ludgate Hill; Shanghai: Kelly & Co., 1876.

· Ginzburg, Carlo. *The Cheese and the Worms: The Cosmos of a Sixteenth-Century Miller*. Translated by John and Anne Tedeschi. Middlesex, U. K.: Penguin Books, 1980.

· Goodman, Bryna. "Improvisations on a Semicolonial Theme, or, How to Read a Celebration of Transnational Urban Community." *The Journal of Asian Studies* 59.4 (November 2000): 889-926.

· Goodman, Bryna. *Native Place, City, and Nation: Regional Networks and Identities in Shanghai, 1853-1937*. Berkeley: University of California Press, 1995.

· *The Great Qing Code*. Translated by William C. Jones, with the assistance of Tianquan Cheng and Yongling Zhang. Oxford, U.K.: Clarendon Press, 1994.

· Green, Owen Mortimer. "Introduction." *In Shanghai of To-day, I*.

· Green, Owen Mortimer, ed. *Shanghai of To-day: A Souvenir Album of Fifty Vandyck Prints of "The Model Settlement."* Shanghai: Kelly and Walsh, 1927.

· Gronewold, Sue. *Beautiful Merchandise: Prostitution in China 1860-1936*. New York: Harrington Park Press, 1985.

- *The Guide to Shanghai*. Shanghai: Oriental Advertising Co., 1914.
- Haan, J. H. *Thalia and Terpsichore on the Yangtze: Foreign Theatre and Music in Shanghai 1859-1865. A Survey and a Calendar of Performances*. Vol. I of *The Sino-Western Miscellany, being Historical Notes about Foreign Life in China*. Amsterdam, private printing, 1988.
- Hanan, Patrick. *The Chinese Vernacular Story*. Cambridge, Mass.: Harvard University Press, 1981.
- Hanan, Patrick. "Fengyue Meng and the Courtesan Novel." *Harvard Journal of Asiatic Studies* 58.2 (December1998): 345-372.
- Hanan, Partrick. "The First Novel Translated into Chinese." *In Chinese Fiction of the Nineteenth and Early Twentieth Centuries*, 85-109. New York: Columbia University Press, 2004.
- Hegel, Robert E. *Reading Illustrated Fiction in Late Imperial China*. Stanford, Calif.: Stanford University Press, 1998.
- Henriot, Christian. *Belles de Shanghai: Prostitution et sexualité en Chine aux 19e-20e siècle* (Shanghai beauties: Prostitution and sexuality in China during the nineteenth and twentieth centuries). Paris: CNRS-éditions, 1997.
- Henriot, Christian. "Chinese Courtesans in Late Qing and Early Republican Shanghai (1849-1925)." *East Asian History* 8 (1994): 33-52.
- Henriot, Christian. "Courtship, Sex, and Money: The Economics of Courtesan Houses in Nineteenth and Twentieth-Century Shanghai." Paper presented at the Association for Asian Studies Annual Conference, Honolulu, April 1996.
- Henriot, Christian. " 'From a Throne of Glory to a Seat of Ignominy,' Shanghai Prostitution Revisited (1849-1949)." *Modern China* 22 (1996): 132-163.
- Henriot, Christian. "La Prostitution à Shanghai aux 19e-20e siècles (1849-1958)" (Prostitution in Shanghai during the nineteenth and twentieth centuries [1849-1958]). 3 vols. Doctorat d'ètat, Paris, 1992.
- Henriot, Christian. *Prostitution and Sexuality in Shanghai: A Social History, 1849-1949*. Cambridge: Cambridge University Press, 2001.
- Henriot, Christian. "Prostitution et 'police des moeurs' à Shanghai aux 19e-20e siècle " (Prostitution and the "vice squad" in Shanghai during the nineteenth and twentieth centuries). *In La Femme en Asie Orientale*. Lyon: Université de Lyon, 1988, 64-93.
- Hershatter, Gail. *Dangerous Pleasures: Prostitution and Modernity in Twentieth-Century Shanghai*. Berkeley: University of California Press, 1997.
- Hershatter, Gail. "The Hierarchy of Shanghai Prostitution 1870-1949." *Modern China* 10 (1989): 463-498.
- Hibbett, Howard. *The Floating World in Japanese Fiction*. Tokyo: Charles E. Tuttle, 1996.
- Holoch, Donald. "A Novel of Setting: *The Bureaucrats*." In Dolezelova-Velingerova, *The Chinese Novel at the Turn of the Century*, 76-115.

· Honig, Emily. *Creating Chinese Ethnicity: Subei People in Shanghai 1850-1980*. New Haven, Conn.: Yale University Press, 1992.

· Hotel Metropole. *Guide to Shanghai (complimentary)*. Shanghai: Hotel Metropole, 1903. Huebner, Jon W. "Architecture and History in Shanghai Central District." *Journal of Oriental Studies* 26.2 (1988): 209-269.

· Huebner, Jon W. "Architecture on the Shanghai Bund." *Papers on Far Eastern History* 39 (1989): 127-165. Hughes, Robert. *Barcelona*. New York: Vintage, 1993.

· Idema, Wilt. "Shih Chün-pao's and Chu Yu-tun's *Ch'ü-chiang-ch'ih*: The Variety of Mode within Form." *T'oung Pao* 66.4-5 (1980): 217-265.

· Jameson, David, Andrew J. Nathan, and Evelyn S. Rawski, eds. *Popular Culture in Late Imperial China*. Berkeley: University of California Press, 1985.

· Janku, Andrea. *Nur leere Reden: Politischer Diskurs und die Shanghaier Presse im China des späten 19. Jahrhunderts*. (Just empty talk: Political discourse and the Shanghai press during the late nineteenth century). Wiesbaden, Germany: Harrassowitz, 2003.

· Japan. Tetsudōin. *An official guide to eastern Asia: trans-continental connections between Europe and Asia*. 5 vols. Tokyo: Imperial Japanese Government Railways, 1913-1917.

· "A Japanese Guide-book for Eastern Asia." *The Times*, March 3, 1914, 3.

· Johnson, Linda Cooke. *Shanghai: From Market Town to Treaty Port, 1074-1858*. Stanford, Calif.: Stanford University Press, 1995.

· Johnston, William Crane. *The Shanghai Problem*. Westport, Conn.: Hyperion Press, 1937.

· Kim, Nanny. "New Wine in Old Bottles? Making and Reading an Illustrated Magazine from Late Nineteenth Century Shanghai." In Wagner, *Joining the Global Public*.

· Ko, Dorothy. *Every Step a Lotus: Shoes for Bound Feet*. Berkeley: University of California Press, 2001.

· Laing, Ellen Johnston. "Erotic Themes and Romantic Heroines Depicted by Ch'iu Ying." *Archives of Asian Art* 49 (1996): 68-91.

· Lee, Leo Ou-fan. *Shanghai Modern: The Flowering of a New Urban Culture in China 1930-1945*. Cambridge, Mass.: Harvard University Press, 1999.

· Levy, Howard S. "A Feast of Mist and Flowers: The Gay Quarters of Nanking at the End of the Ming." Typescript. Tokyo, 1966.

· Levy, Howard. "The Gay Quarters at Nanking." In "A Feast of Mist and Flowers," 1-32.

· Levy, Howard. "The Gay quarters of Ch'ang-an." *Orient/West* 7.10 (1962): 121-128; 8.6 (1963): 115-122; 11.1 (1964): 103-110.

· Li, Wei-Yee. "The Late Ming Courtesan: Invention of a Cultural Ideal." In Widmer and Chang, *Writing Women in Late Imperial China*, 47-73.

· Liu, Tao Tao, and David Faure, eds. *Unity and Diversity: Local Cultures and Identities in China*.

Hong Kong: Hong Kong University Press, 1996.

· Longstreet, Stephen, and Ethel Longstreet. *Yoshiwara, the Pleasure Quarters of Old Tōkyō*. Tokyo: Yehbooks, 1988.

· Lu Hanchao. "Away from Nanking Road: Small Stores and Neighborhood Life in Modern Shanghai." *Journal of Asian Studies* 54.1 (1995): 93-123

· Lu Hanchao. *Beyond the Neon Lights: Everyday Shanghai in the Early Twentieth Century*. Berkeley: University of California Press, 1999.

· Masuda, Kiyohide. *Gakufu no rekishi teki kenkyū* (Studies in the history of *yuefu* poetry). Tokyo, 1969.

· McAleavy, Henry. *Wang Tao: The Life and Writings of a Displaced Person*. London: The China Society, 1953.

· McMahon, Robert Keith. *Causality and Containment in Seventeenth-Century Chinese Fiction*. Leiden, Netherlands: Brill, 1988.

· McMahon, Robert Keith. "Fleecing the male customer in Shanghai brothels of the 1890s." *Late Imperial China* 23.2 (2002): 1-28.

· Miller, G. E. *Shanghai-The Paradise of Adventurers*. New York: Orsay Publishers, 1937. Chinese translation under Mile.

· Miller, Scott. "The Hybrid Narrative of Kyōden's *Sharebon*." *Monumenta Nipponica* 43.2 (summer 1988): 133-152.

· Mittler, Barbara. *A Newspaper for China? Power, Identity and China in China's News Media*. Cambridge, Mass.: Harvard Asia Council, 2004.

· Montalto de Jesus, Carlos A. *Historic Shanghai*. Shanghai: The Shanghai Mercury, 1909.

· Moule, Ven. Arthur E., B. D. *New China and Old, Personal Recollections and Observations of Thirty Years*. London, 1902. Reprint, Taipei: Ch'eng Wen Publishing, 1972.

· Municipal Council of Shanghai. *Report for the Year Ended 31st December 1876*. Shanghai: Carvalho & Co., 1877.

· Municipal Council of Shanghai. *Report for the Year Ended 31st December 1892*. Shanghai: Kelly and Walsh, 1893.

· Murphey, Rhoads. *The Outsiders: The Western Experience in India and China*. Ann Arbor: Michigan University Press, 1977.

· Murphey, Rhoads. *Shanghai: Key to Modern China*. Cambridge, Mass.: Harvard University Press, 1953.

· Nagasawa, Kikuya. *Mindai sōzuhon zuroku* (Illustrated anthology of Ming dynasty book illustrations). Tokyo: Yamamoto Shoten, 1962.

· Nakamura, Tadayuki. "Shinmatsu tantei shōsetsu shikō-hanitsu wo chū shin to shite" (Draft history of the late Qing detective novel-with a focus on the translations). *Shinmatsu shōsetsu kenkyū* 2

(1978):121-154; 3 (1979) : 236-286; 4 (1980) : 372-428.

· Nathan, Andrew, and Leo Lee. "The Beginning of Mass Culture." In Jameson, Nathan, and Rawski, *Popular Culture in Late Imperial China*, 360-398.

· Nienhauser, William H., ed. *The Indiana Companion to Traditional Chinese Literature*. Revised edition. Bloomington: Indiana University Press, 1986.

· Nishiyama, Matsunosuke. Yūjo (Ladies of pleasure). Tokyo: Tōkyōdo, 1980.

· *North China Herald*. 1850-1941.

· *An Official Guide to Eastern Asia; Trans-continental Connections Between Europe and Asia. Vol. 4, China*. Tokyo: The Imperial Japanese Government Railways, 1913.

· Oriental Advertising Company Limited. *The Guide to Shanghai*. Shanghai: The Oriental Press, 1914.

· Owen, Stephen. *The Great Age of Chinese Poetry: The High T'ang*. New Haven, Conn.: Yale University Press, 1981.

· Owen, Stephen. *Remembrances: The Experience of the Past in Classical Chinese Literature*. Cambridge, Mass.: Harvard University Press, 1986.

· Palace Hotel. *Guide to Shanghai*. Shanghai: Palace Hotel, 1907.

· Plaks, Andrew. *Four Masterworks of the Ming Novel: Ssu ta ch'i-shu*. Princeton, N.J.: Princeton University Press, 1987.

· Poli, Doretta Davanzo. "La Cortigiane e la Moda " (The courtesan and fashion). In Alfieri, *Il gioco dell'amore*, 99-103.

· Pott, Hawks. *A Short History of Shanghai*. Shanghai: Kelly and Walsh, 1928.

· Ropp, Paul S. "Ambiguous Images of Courtesan Culture in Late Imperial China." In Widmer and Chang. *Writing Women in Late Imperial China*, 27-28.

· Rosenthal. Margaret F. *The Honest Courtesan: Veronica Franco, Citizen and Writer in Sixteenth-Century Venice*. Chicago: University of Chicago Press, 1992.

· Roux, Alain. *Le Shanghai ouvrier des années trente: Coolies, gangsters et syndicalistes*. Paris: L'Harmattan, 1993.

· Rowe, William. *Hankow: Conflict and Community in a Chinese City, 1796-1895*. Stanford, Calif.: Stanford University Press, 1989.

· Schafer, Edward H. *The Golden Peaches of Samarkand: A Study of T'ang Exotics*. Berkeley: University of California Press, 1963.

· Schamoni, Wolfgang. *Die "Sharebon" Santō Kyōden und ihre literaturgeschichtliche Stellung* (The *Sharebon* by Santō Kyōden and their position in the history of literature). Ph. D. diss., Bonn University, 1970.

· Schorske, Carl E. *Fin-de-Siècle Vienna: Politics and Culture*. New York: Vintage Books, 1981.

· Scully, Eileen P. "Taking the Low Road to Sino-American Relations: 'Open Door' Expansionists and the Two China Markets." *Journal of American History* 82.1 (June 1995) : 62-83.

· Scully, Eileen. "Wandering Whores: American Prostitutes on the Pacific Frontier."Paper presented at the conference "Foreign Communities in East Asia (19th-20th Centuries)," MRASH, Lyon, France, Institut d'Asie Orientale, March 20-21, 1997.

· Secker, Fritz. *Schen: Studien aus einer Chinesischen Weltstadt* (Shanghai: Studies from a Chinese metropolis). Tsingtau: Adolf Haupt, 1913.

· *Shang-hai: and the Valley of the Blue River, Madrolle's Handbooks*. Paris and London: Hachette and Company, 1912.

· *The Shanghai Evening Courier*. 1874-?.

· Shanghai Mercury, ed. *Shanghai by Night and Day*. Shanghai: Shanghai Mercury, ca. 1900.

· Shanghai Mercury, ed. *1843 Shanghai 1893. The Model Settlement. Its Birth, its Youth, its Jubilee*. Shanghai: Shanghai Mercury Office, 1893.

· *Shanghai of to-day: A Souvenir Album of Fifty Vandyck Prints of "The Model Settlement"*. Shanghai: Kelly and Walsh, 1927.

· Shimizu,Kenichirō. "What Books Young People Loved Best in1920s Beijing: Space and Structure of the Readership of *Jingbao Fukan*." Paper presented at the conference "From the Late Ch'ing Era to the1940s: Cultural Field and Educational Vista," held at Taiwan National University, October 2002.

· *Shinmatsu shōsetsu kara* (The late Qing fiction newsletter).

· *Shinmatsu shōsetsu kenkyū* (Studies in late Qing fiction).

· Skinner, William G., ed. *The City in Late Imperial China*. Stanford, Calif.: Stanford University Press, 1977.

· Smith, D. Warres. *European Settlements in the Far East: China, Japan, Corea, Indo-China, Straits Settlements. Malay States, Siam, Netherlands, India, Borneo, The Philippines, Etc*. New York: Charles Scribner's Sons, 1900.

· Smith, S. A. *Like Cattle and Horses: Nationalism and Labor in Shanghai, 1895-1927*. Durham, N. C.: Duke University Press, 2002.

· Summer, Matthew H. *Sex, Law, and Society in Late Imperial China*. Stanford, Calif.: Stanford University Press, 2000.

· *Tai Edo bijin taku tsuki-yuki-hana jōhyōban* (Ranking of the beautiful women in Great Edo). Tokyo: Kyōan Dō, 1859.

· Tarumoto, Teruo. Shoki Shōmu in shokan kenkyū (Study on the early period of Shangwu publishing house). Osaka: Shinmatsu Shōsetsu Kenkyūsha, 2000.

· "Ten Views of the Foreign Settlements of Shanghai." *The Shanghai Evening Courier*. August 31, 1874.

· Thiriez, Regine. "Photography and Portraiture in Nineteenth-Century China." *East Asian History17/18* (June/December 1999): 77-102.

· *The Treaty Ports of China and Japan: A complete guide to the Open Ports of Those Countries, Together with Peking, Kedo [Tokyo] Hong Kong and Macao*. London and Hong Kong: Mayers,

上海 · 愛

Dennys and Kind. 1867.

· *Twentieth Century Impressions of Hong Kong, Shanghai, and Other Treaty Ports of China: Their History, People, Commerce, Industries, and Resources.* London: Lloyd's Greater Britain Publishing Company, 1908.

· Vittinghoff, Natascha. *Freier Fluss: Die Anfänge des Journalismus in China (1860-1911)* (Free flow: The beginnings of journalism in China, 1860-1911). Wiesbaden, Germany: Harassowitz, Opera Sinologica 9, 2002.

· Vittinghoff, Natascha. "Readers, Publishers and Officials in the Contest for a Public Voice and the Rise of a Modern Press in Late Qing China (1860-1880)." *T'oung Pao* 37 (1999): 393-455.

· Vittinghoff, Natascha. "Useful Knowledge and Appropriate Communication: The Field of Journalistic Production in Late Nineteenth Century China." In Wagner, *Joining the Global Public.*

· Wagner, Rudolf G. "China's First Literary Journals." Paper presented at conference on early Chinese periodicals, Prague, 1998.

· Wagner, Rudolf G. "The Concept of Work/Labor/Arbeit in the Chinese World: First Explorations." In Bierwisch, *Die Rolle der Arbeit*, 103-136.

· Wagner, Rudolf G. "Die Biographie als Lebensprogramm: Zur didaktischen Funktion der chinesischen Biographik" (Biography as a life-program: The didactic functions of Chinese biographical writing). In Walter Berschin and Wolfgang Schamoni, eds., *Biographie: "So der Westen wie der Osten?" Zwölf Studien* (Biography: "The same in the West as in the East?"), 133-142. Heidelberg, Germany: Mattes Verlag, 2003.

· Wagner, Rudolf G. "Ernest Major. A Life." In *The Making of the Chinese Media Capital.*

· Wagner, Rudolf G. "Ernest Major's Shenbaoguan and the Formation of Late Qing Print Culture." Paper prepared for the conference "The Formation of a Multiethnic Urban Culture: The Shanghai Concessions 1850-1910," Heidelberg, Germany, 1998.

· Wagner, Rudolf G. "Joining the Global Imaginaire: The Shanghai Illustrated Newspaper *Dianshizhai huabao*." In Wagner, *Joining the Global Public.*

· Wagner, Rudolf G. "Life as a Quote from a Foreign Book: Love, Pavel, and Rita." In H. Schmidt-Glintzer, ed., *Das andere China: Festschrift für Wolfgang Bauer zum 65. Geburtstag* (The other China: Festschrift for Wolfgang Bauer on the occasion of his sixty-fifth birthday), 463-476. Wolfenbutteler Forschungen, vol.62. Wiesbaden, Germany: Harrassowitz, 1995.

· Wagner, Rudolf G. "The Making of Shanghai into the Chinese Media Capital: The Role of the Shenbaoguan Publishing House 1872-1895." Paper presented at the Conference on Shanghai Urban History, Shanghai Academy of Social Sciences, 1997.

· Wagner, Rudolf G. *The Making of the Chinese Media Capital: Ernest Major and Shanghai.* In preparation.

· Wagner, Rudolf G. "The Role of the Foreign Community in the Chinese Public Sphere." *China*

Quarterly 152.6 (1995) : 423-43.

· Wagner, Rudolf G. "*The Shenbao* in Crisis: The International Environment and the Conflict between Guo Songtao and the Shenbao."*Late Imperial China* 20.1 (1999) : 107-138.

· Wagner, Rudolf G. ed. *Joining the Global Public: Word, Image, and City in the Early Chinese Newspapers, 1870-1910*. In press.

· Wakeman, Frederic E., Jr., and Wen-hsin Yeh, eds. *Shanghai Sojourners*. Berkeley, Calif.: Institute of East Asian Studies, 1992.

· Wang, David Der-wei. *Fin-de-Siècle Splendor: Repressed Modernities of Late Qing Fiction, 1848-1911*. Stanford, Calif.: Stanford University Press, 1997.

· Widmer, Ellen. "*Honglou Meng* sequels and the Female Reading Public." Unpublished paper.

· Widmer, Ellen. "*Honglou Meng Ying* and Its Publisher, Juzhen Tang of Beijing." *Late Imperial China* *23*, no. 2 (December 2002) : 33-52.

· Widmer, Ellen. "Inflecting Gender: Zhan Kai/Siqi Zhai's "New Novels" and Courtesan Sketches." *Nannü* 6.1: 136-168.

· Widmer, Ellen, and Kang-i Sun Chang, eds. *Writing Women in Late Imperial China*. Stanford, Calif.: Stanford University Press, 1997.

· Wirth-Nesher, Hana. City Codes: *Reading the Modern Urban Novel*. Cambridge: Cambridge University Press, 1996.

· Wolfe, Barnard. *The Daily Life of a Chinese Courtesan. Climbing up a Tricky Ladder: With a Chinese Courtesan's Dictionary*. Hong Kong: Learner's Bookstore, 1980.

· Wright, Arnold, and H. A. Cartwright, eds. *Twentieth Century Impressions of Hong Kong, Shanghai, and Other Treaty Ports of China: Their History, People, Commerce, Industries, and Resources*. London: Lloyds Greater Britain Publishing Company, 1908.

· Wu ji baimei (Hundred beauties of Suzhou) . 1617 edition in Hōsa Bunko, Nagoya, Japan.

· Ye Xiaoqing. *The Dianshizhai Pictorial: Shanghai Urban Life, 1884-1898*. Ann Arbor: University of Michigan Press, 2003.

· Yeh, Catherine V. "Creating a Shanghai Identity-Late Qing Courtesan Handbooks and the Formation of the New Citizen." In Liu and Faure, *Unity and Diversity*, 107-123.

· Yeh, Catherine V. "Creating the Urban Beauty: The Shanghai Courtesan in Late Qing Illustrations." In Zeitlin and Liu, *Writing and Materiality in China*, 397-447.

· Yeh, Catherine V. "Deciphering the Entertainment Press 1896-1920: The *Youxi bao*, the *Shijiie fanhua bao* and their Descendants."In Wagner, *Joining the Global Public*.

· Yeh, Catherine V. "The Intellectual as the Courtesan: A Trope in Twentieth Century Chinese Literature." Conference paper presented at Harvard University, 1990.

· Yeh, Catherine V. "Li Boyuan and His Shanghai Entertainment Newspaper *Youxi bao*." In Wagner, *Joining the Global Public*.

· Yeh, Catherine V. "The Life-style of Four *Wenren* in Late Qing Shanghai." *Harvard Journal of Asiatic Studies* 57.2 (December 1997): 419-470.

· Yeh, Catherine V. "A Public Love Affair or a Nasty Game? The Chinese Tabloid Newspaper and the Rise of the Opera Singer as Star." *European Journal of Asian Studies* 3 (2003): 13-51.

· Yeh, Catherine V. "Reinventing Ritual: Late Qing Handbooks for Proper Customer Behavior in Shanghai Courtesan Houses." *Late Imperial China* 19.2 (December1998): 1-63.

· Yeh, Catherine V. "Representing the City: Shanghai and Its Maps." In Faure, *Town and Country in China*, 166-202.

· Yeh, Catherine V. "Shanghai as Entertainment: The Cultural Construction and Marketing of Leisure, 1850-1910." Paper presented at conference The Formation of a Multiethnic Urban Culture: The Shanghai Concessions 1850-1910. Heidelberg, Germany, 1998.

· Yeh, Catherine V. "A Taste of the Exotic West: Fashion and Furniture in Shanghai Courtesan Houses at the Turn of the Century." In Bastid-Bruguiere, *European Thought in Chinese Literati Culture*.

· Yeh, Catherine V. "Playing with the Public: Late Qing Courtesans and Their Opera Singer Lovers." In Bryna Goodman and Wendy Larson, eds., *Gender in Motion: Divisions of Labor and Cultural Change in Late Imperial and Moden China*. Lanham, MD: Rowman and Littlefield, 145-168.

· Yeh, Catherine V. "Zeng Pu's *Niehai hua* as a Political Novel: A World Genre in a Chinese Form." Ph. D. diss., Harvard University, 1990.

· Yeh, Catherine V. and Christian Henriot, eds. *Chinese Urban Studies Workshop: A Reader (1850-1990)*. Compiled for a workshop on Chinese urban studies, Lyon, France, 1996.

· Yeh, Catherine V. and Rudolf G. Wagner, eds. *The Formation of a Multiethnic Urban Culture: The Shanghai Concessions, 1850-1910*. In press.

· Yeh, Wen-Hsin. "Corporate Space, Communal Time: Everyday Life in Shanghai's Bank of China." *The American Historical Review* 100, no.1 (February 1995): 97-122.

· Yoshiwara saiken (A detailed guide to Yoshiwara). Tokyo, 1803.

· Yoshiwara shusse kan (A guide to the eminent [courtesans of] Yoshiwara). Tokyo, 1754.

· *Yūjo hyōban ki* (A record of judgments on courtesans). Tokyo, 1765.

· Zeitlin, Judith T., and Lydia H. Liu, eds. *Writing and Materiality in China*. Cambridge, Mass.: Harvard University Asia Center, 2003.

· Zhang, Yingjin. *The City in Modern Chinese Literature and Film*. Stanford, Calif.: Stanford University Press, 1996.

上海·愛
SHANGHAI LOVE

名妓、洋場才子和娛樂文化
COURTESANS, INTELLECTUALS,
& ENTERTAINMENT CULTURE
1850-1910

作者
葉凱蒂

譯者
楊可

責任編輯
程豐餘

書籍設計
嚴惠珊

出版
三聯書店(香港)有限公司
香港北角英皇道四九九號北角工業大廈二十樓

發行
香港聯合書刊物流有限公司
香港新界大埔汀麗路三十六號三字樓

印刷
美雅印刷製本有限公司
香港九龍觀塘榮業街六號四樓 A 室

印次
二零一三年四月香港第一版第一次印刷

規格
特十六開 (150 mm × 205 mm) 452 面

國際書號
978-962-04-3377-1
© 2013 Joint Publishing (H.K.) Co., Ltd.
Published & Printed in Hong Kong

本書由生活·讀書·新知三聯書店出版,
經由原出版者授權由本公司在香港、台灣、澳門地區出版發行本書繁體版。